lonely planet

CAMBODGE

Nick Ray,
Madévi Dailly, David Eimer

SOMMAIRE

Temple du Bayon, Angkor Thom (p. 134)

Ta Prohm (p. 142)

Maisons sur pilotis, Kompong Pluk (p. 113)

Angkor à vélo (p. 129)

LE CAMBODGE

LE VOYAGE COMMENCE ICI

La magie du Cambodge opère sur moi depuis 1995, et cela fait maintenant plus de 20 ans que je m'y suis installé. Les temples d'Angkor sont incontournables, et Phnom Penh est une capitale aussi dynamique qu'accueillante. Loin des villes, on découvre les plages désertes des îles tropicales, ou encore la beauté sauvage de la chaîne des Cardamomes. Pour les aventuriers avides de liberté, le pays s'explore à moto, en remontant le Mékong ou en suivant la côte cheveux au vent et coucher de soleil à l'horizon

Mais la vraie richesse du Cambodge réside indéniablement en son peuple. Les Cambodgiens ont traversé de terribles épreuves, mais grâce à leur courage et à leur optimisme sans faille, ils ont su les surmonter et garder le sourire. On ne peut qu'admirer et apprécier les habitants de ce mystérieux royaume.

Nick Ray
@lpnickray

Mon expérience préférée est d'emprunter les chemins cachés d'Angkor à vélo (p. 129), un réseau de sentiers reliant les sites phares comme Ta Prohm et le Bayon.

SUR LE TERRAIN

Nos auteurs présentent les lieux qui, pour eux, incarnent le mieux le Cambodge.

ANGKORVECTOR/SHUTTERSTOCK ©

Je suis nostalgique d'un Cambodge qui n'existe plus, quand le rythme de vie était plus lent et que les cyclo-pousses circulaient doucement dans les nuits embaumant le jasmin. Des traces de cette magie survivent à **Kep** (p. 254), avec ses hamacs et ses villas modernistes abandonnées. Prenez un bon livre, posez-vous loin des touristes et profitez d'un coucher de soleil magistral depuis la terrasse d'un restaurant local, en dégustant du crabe au poivre vert.

Madévi Dailly

@madevidailly

Franco-cambodgienne, Madévi est autrice de livres portant sur les voyages et la gastronomie, et gardienne de la légendaire recette de rouleaux de printemps de sa mère.

JM TRAVEL PHOTOGRAPHY/SHUTTERSTOCK ©

Kampot (p. 246) est comme un modèle réduit du Cambodge : une rivière qui serpente à travers la ville, un parc national grouillant de faune à ses portes, une ambiance chaleureuse qui enchante ses visiteurs, de beaux vestiges d'architecture coloniale et une respectable scène culinaire. Non loin de là, les fameuses plantations de poivre de Kampot sortent à nouveau de terre, symboles de la résurgence cambodgienne de ces dernières années.

David Eimer

David est auteur et journaliste, et a écrit plusieurs livres sur la Chine et la Birmanie.

Temples d'Angkor

L'incontournable site archéologique, trésor de l'humanité (p. 121)

Musée national de Phnom Penh

À la découverte des merveilles khmères (p. 51)

Psar Thmei

Arpenter le "nouveau marché" de Phnom Penh (p. 60)

Phnom Penh

Prendre le pouls de la capitale (p. 42)

Koh Rong Sanloem

Farniente sur des plages idylliques (p. 242)

Kep

Au marché aux crabes, en déguster un au poivre vert (p. 254)

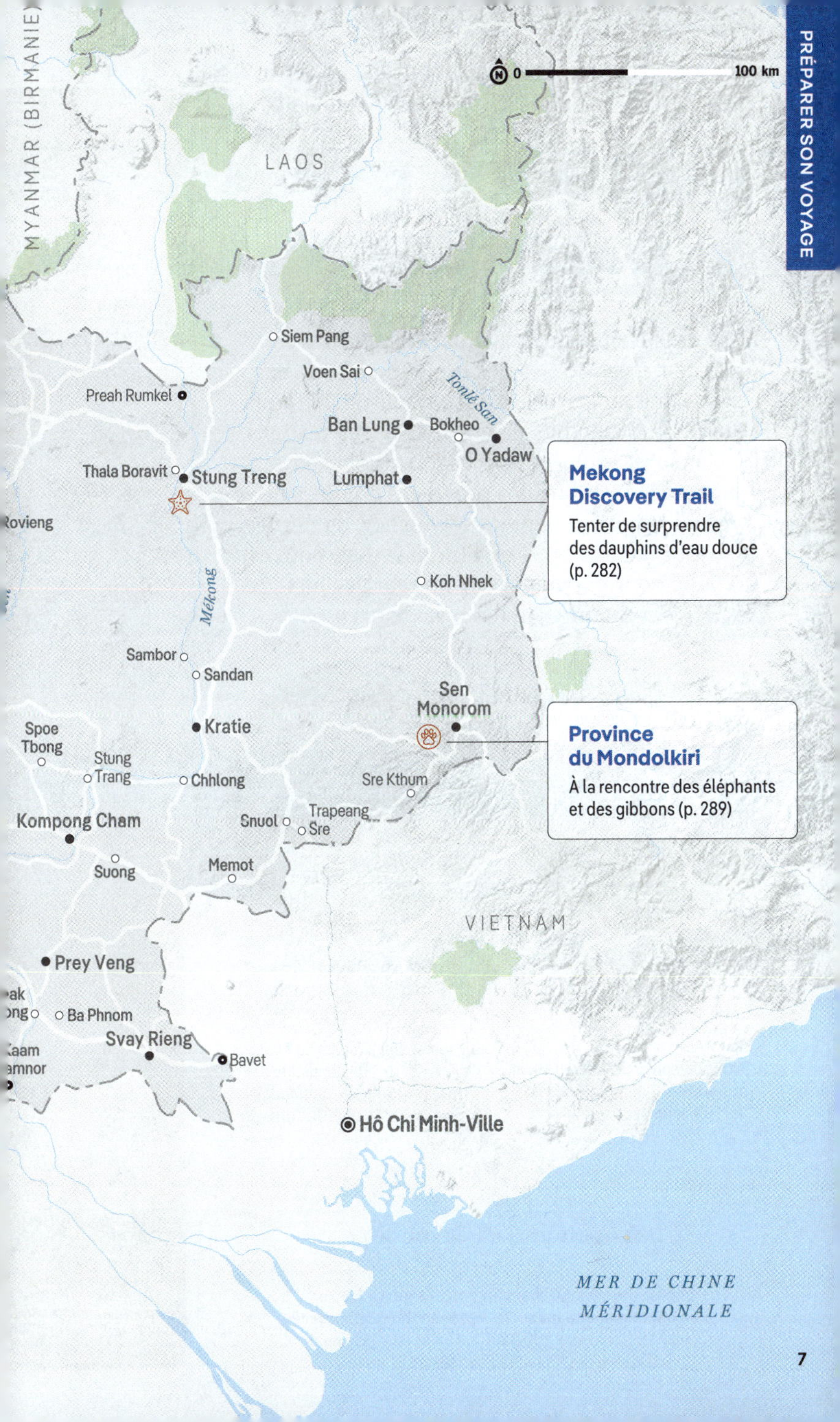

0 100 km
MYANMAR (BIRMANIE)
LAOS
Siem Pang
Voen Sai
Tonlé San
Preah Rumkel
Ban Lung
Bokheo
O Yadaw
Thala Boravit
Stung Treng
Lumphat
Rovieng
Mekong Discovery Trail
Tenter de surprendre des dauphins d'eau douce (p. 282)
Koh Nhek
Mékong
Sambor
Sandan
Sen Monorom
Kratie
Spoe Tbong
Stung Trang
Chhlong
Province du Mondolkiri
À la rencontre des éléphants et des gibbons (p. 289)
Sre Kthum
Trapeang Sre
Snuol
Kompong Cham
Suong
Memot
VIETNAM
Prey Veng
Ba Phnom
Svay Rieng
Bavet
Hô Chi Minh-Ville
MER DE CHINE MÉRIDIONALE

TEMPLES ANCIENS

Le vaste site archéologique d'Angkor, avec des centaines de temples toujours debout, est sans conteste parmi les plus remarquables du patrimoine mondial. Quantité d'autres vestiges à explorer sont disséminés à travers le pays, en particulier dans les provinces reculées de Preah Vihear et Banteay Meanchey, au nord. Réveillez la Lara Croft ou l'Indiana Jones qui est en vous pour partir à la découverte de l'histoire fascinante d'un empire disparu.

Une visite par ordre chronologique

Commencez par Sambor Prei Kuk (p. 200), poursuivez par Phnom Kulen (p. 154) et les temples de Roluos (p. 130), terminez par Angkor.

Un nouveau site au Patrimoine mondial ?

L'ensemble de temples du Xe siècle de Koh Ker (p. 158) candidate pour être le prochain site cambodgien classé au patrimoine de l'Unesco.

Les coutumes du Cambodge

L'émissaire chinois Tchéou Ta-Kouan a vécu à Angkor en 1296. Ses *Mémoires sur les coutumes du Cambodge* (Jean Maisonneuve, 2003) offrent un aperçu fascinant de la vie des Khmers à l'apogée de l'empire.

Moine, Angkor Vat (p. 121)

LES TEMPLES LES PLUS FASCINANTS

Angkor Vat ❶, le temple des temples, surpasse tous les autres avec ses bas-reliefs splendides et ses apsaras sculptées. (p. 121)

Les ruines enserrées dans les racines et la végétation du **Ta Prohm** ❷ baignent dans une atmosphère digne d'*Indiana Jones*. (p. 142)

Le **Prasat Preah Vihear** ❸, perché sur une falaise en face des monts Dangrek, est l'un des temples les plus spectaculaires. (p. 188)

La monumentale cité fortifiée d'Angkor Thom se déploie autour des visages énigmatiques du **Bayon** ❹. (p. 134)

La capitale préangkorienne de **Sambor Prei Kuk** ❺ fut le troisième site cambodgien inscrit au Patrimoine mondial. (p. 200)

Boeng Yeak Lom (p. 286)

LA VIE SUR L'EAU

L'eau est omniprésente au Cambodge. Le puissant Mékong, qui déferle depuis le Laos et se déverse au Vietnam, retient toute l'attention, mais de nombreux autres lacs et cours d'eau façonnent le visage du pays. Sur leurs rives ont fleuri de charmantes villes.

En bateau sur la Sangker

De Battambang à Siem Reap, la Sangker serpente entre temples et villages avant de se déverser dans le lac Tonlé Sap.

En kayak à Kampot

Après avoir découvert l'architecture coloniale française de Kampot, explorez la charmante Prek Tek Chhouu en paddle ou kayak (p. 247).

DIVAGATIONS AQUATIQUES

Suivez le **Mekong Discovery Trail** ❶ pour aller voir les dauphins, explorer à vélo les îles du Mékong et loger chez l'habitant. (p. 282)

Découvrez les villages flottants et oiseaux rares du **Tonlé Sap** ❷. (p. 116)

Plongez dans le lac de cratère de **Boeng Yeak Lom** ❸, la plus belle piscine naturelle du pays. (p. 286)

Randonnez jusqu'aux imposantes **chutes de Bou Sraa** ❹. (p. 291)

Explorez la jungle au fil de la **rivière Tatai** ❺ et découvrez sa faune discrète, ses chutes d'eau, et ses ravissants écolodges. (p. 223)

MARCHÉS ET SHOPPING

Soieries, coton tissé main, textiles colorés, statues, sculptures et laques : on trouve tout cela et plus encore sur les marchés de campagne comme dans les boutiques des grandes villes. On déniche aussi facilement des vêtements de marques à prix cassés fabriqués sur place. N'oubliez pas de marchander sur les marchés, où les prix sont souvent gonflés.

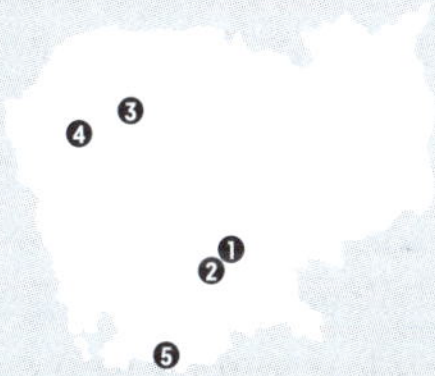

Kramas colorés

Puissant symbole de l'identité khmère, le *krama* (foulard à carreaux) reste largement porté à la campagne. Le souvenir cambodgien par excellence !

Pour la bonne cause

Plusieurs boutiques de Phnom Penh et de Siem Reap contribuent au renouveau des savoir-faire traditionnels tout en soutenant des personnes démunies ou handicapées.

Se restaurer au marché

Les marchés cambodgiens ont presque tous un espace de restauration ; tentez le Psar Thmei de Phnom Penh et le Psar Chaa de Siem Reap.

ACHATS MÉMORABLES

Le **Psar Thmei** ❶, marché central de Phnom Penh installé dans un édifice Art déco, est le parfait endroit pour dénicher un souvenir. (p. 60)

Vêtements, chaussures, sacs et artisanat local se côtoient dans le dédale du **Marché russe** ❷ de Phnom Penh. (p. 70)

Le **Psar Chaa** ❸ (vieux marché) est l'un des meilleurs endroits de Siem Reap pour acheter artisanat et souvenirs. (p. 105)

La scène artistique de **Battambang** ❹ est en pleine effervescence, comme en témoignent les galeries de la ville. (p. 177)

Le très populaire **marché aux crabes** ❺ de Kep vend des fruits de mer frais de jour comme de nuit. (p. 254)

SOLEIL ET SABLE

Palmiers, hamacs et solitude baignée de soleil : les plages du sud du Cambodge ont un petit air de paradis. Sihanoukville, qui a connu un essor puis un déclin fulgurants, est le point de départ des ferries ralliant la plupart des îles aux paisibles plages de sable blanc. Station balnéaire historique et assoupie, Kep est une destination plus discrète, dotée d'hôtels de charme et de restaurants de fruits de mer, tout comme Koh Tonsay (l'"île du lapin").

Saison des plages

La meilleure saison pour aller à la plage au Cambodge est la saison sèche (novembre à mai). La saison des pluies n'est pas idéale en raison de l'état agité de la mer et... de la pluie.

Tenue appropriée

Les Cambodgiens ont l'habitude de se baigner en partie ou totalement habillés. Se baigner nu ou topless n'est pas du tout approprié. Couvrez-vous dès que vous quittez la plage.

Snorkeling et plongée

Koh Rong et Koh Rong Sanloem comptent plusieurs prestataires de plongée. Certains hôtels et auberges de jeunesse organisent des sorties de snorkeling.

Koh Rong Sanloem (p. 242)

ÎLES ET PLAGES ENCHANTERESSES

L'île de **Koh Rong** ❶, aux plages de sable blanc, recèle la plage animée de Koh Toch et la divine Long Beach. (p. 234)

Koh Rong Sanloem ❷, petite voisine de Koh Rong, a pour atouts la séduisante baie de Saracen et la légendaire Lazy Beach. (p. 242)

Kep ❸, la plus ancienne station balnéaire du pays, fait rimer hôtels de charme et produits de la mer, près des plages de sable de l'île de Koh Tonsay. (p. 254)

L'archipel plus sauvage de **Koh Sdach** ❹ recèle une fabuleuse vie marine ainsi que des restaurants et hébergements authentiques. (p. 240)

Koh Kong ❺, île quasi inhabitée, promet plages désertes et lagon secret. (p. 220)

NUITS FESTIVES

Bars à cocktails chics ou brasseries artisanales, clubs LGBTQI+ ou extravagants spectacles de drag queens – Phnom Penh vibre jusqu'au bout de la nuit. Siem Reap n'est pas en reste avec sa célèbre Pub Street et son nouveau quartier en vogue. Quant aux îles du Sud, la fête y bat son plein.

Jusqu'à la dernière commande

Les bars, pubs et clubs n'ont pas d'horaire de fermeture officiel et restent ouverts tant qu'il y a des clients.

Happy hour

La plupart des bars et restaurants ont des offres très avantageuses en happy hour, et parfois des réductions portant sur toute une journée ; les boissons sont souvent à moitié prix, ou à deux pour le prix d'une.

Bières nationales

L'Angkor Beer a longtemps dominé le marché, mais son règne est contesté depuis quelques années par des brasseries émergentes, dont la Cambodia Beer.

VIE NOCTURNE ANIMÉE

À **Phnom Penh ❶**, profitez de l'happy hour au bord du fleuve, continuez avec la tournée des bars de Bassac Lane, puis terminez la nuit dans un club. (p. 71)

Il y a tant de bars aux abords du vieux marché de **Siem Reap ❷** que l'une de rues a été baptisée Pub Street. (p. 107)

La baie de Saracen, sur **Koh Rong Sanloem ❸** est le théâtre de fêtes qui durent toute la nuit. (p. 242)

La vivante **Kampot ❹**, sur l'embouchure d'un fleuve, compte d'excellents bars et restaurants. (p. 246)

Le centre historique de **Battambang ❺** abrite quelques vieux bars pittoresques. (p. 174)

Musée national, Phnom Penh (p. 51)

VISITES HISTORIQUES

Pour ce qui est des palais et des musées, difficile de battre Phnom Penh, siège du Palais royal et du Musée national. Siem Reap possède toutefois un remarquable musée dédié à Angkor ; Battambang abrite le plus intéressant des musées provinciaux.

Tenue correcte exigée

Il est indispensable de porter une tenue appropriée couvrant épaules et genoux pour visiter le Palais royal de Phnom Penh.

Angkor Conservation

Angkor Conservation, à Siem Reap, recèle l'une des plus belles collections de sculptures khmères du pays ; l'édifice, souvent fermé, se visite parfois, pour un prix d'entrée modique.

L'HISTOIRE À PORTÉE DE MAIN

Le **Palais royal** ❶ de Phnom Penh renferme l'impressionnante pagode d'Argent. (p. 49)

Le **Musée national de Phnom Penh** ❷ abrite la plus belle collection de sculptures khmères au monde. (p. 51)

Le **Musée national d'Angkor** ❸, à Siem Reap, offre un condensé de l'histoire de l'Empire khmer. (p. 104)

Le **musée Sosoro** ❹ retrace l'histoire de l'argent au Cambodge. (p. 62)

Linteaux, frontons et sculptures anciens sont à découvrir au **musée de Battambang** ❺. (p. 177)

AU CŒUR DE LA JUNGLE

Les rizières et les plantations de palmiers à sucre qui semblent se dérouler à l'infini finissent par céder la place aux paysages vallonnés et aux forêts luxuriantes de l'Est sauvage, dans les provinces peu visitées du Mondolkiri et du Ratanakiri ; elles hébergent toutes deux de remarquables projets écotouristiques. À l'ouest, la chaîne des Cardamomes s'élève plus haut encore, couverte de forêts tropicales denses où s'épanouissent des espèces menacées ; on trouve d'accueillants hébergements chez l'habitant à Chi Phat et Stung Areng.

DE GAUCHE À DROITE : DON MAMMOSER/SHUTTERSTOCK ©, MICHELLE HOLIHAN/SHUTTERSTOCK ©, KOLAYTOR/SHUTTERSTOCK ©

Zones protégées

Le Cambodge compte plus de 50 zones protégées – parcs nationaux, sanctuaires animaliers et biosphères – équivalant à 41% du pays.

Wildlife Alliance

Wildlife Alliance (wildlifealliance.org) donne aux voyageurs l'opportunité de vivre des expériences écotouristiques mémorables, comme des remises en liberté d'animaux sauvages.

Oiseaux rares

Le nord du Cambodge abrite des espèces rares d'oiseaux de milieux humides, dont la grue antigone et l'ibis géant.

Phnom Kulen (p. 154)

IMMERSIONS SAUVAGES

Dans la **province du Mondolkiri** ❶, on fait connaissance avec les pachydermes de l'Elephant Valley Project et on observe les gibbons de la réserve faunique de Keo Seima. (p. 289)

Explorez la légendaire **chaîne des Cardamomes** ❷, qui abrite une biodiversité surprenante, et la jungle qui borde la rivière Tatai. (p. 228)

Suivez les routes de terre rouge de la **province du Ratanakiri** ❸ jusqu'au vaste parc national de Virachey et au Boeng Yeak Lom, beau lac de cratère. (p. 284)

La montagne sacrée de **Phnom Kulen** ❹ abrite la cité perdue de Mahendraparvata ainsi que des temples du début de la période angkorienne. (p. 154)

Sillonnez les murailles d'**Angkor Thom** ❺, dernière capitale de l'Empire khmer, au cœur de l'une des plus anciennes jungles du pays. (p. 133)

AVENTURES GOURMANDES

Le riz, le poisson et la soupe constituent la base de la cuisine du Cambodge, où l'on peut faire des repas remarquables aussi bien dans des marchés modestes que dans des restaurants haut de gamme. Siem Reap et Phnom Penh rivalisent pour le titre de capitale culinaire, mais des villes plus modestes comme Kep, Kampot ou Battambang ne sont pas en reste côté gastronomie. Il est rarement nécessaire de réserver, hormis à Phnom Penh et à Siem Reap au plus fort de la haute saison touristique (décembre à février).

Un grillon, ça vous dit ?

En plus des célèbres mygales frites de Skuon, les Cambodgiens apprécient les grillons, les scarabées, les larves et les fourmis – un temps d'avance dans l'élevage d'insectes !

Sauce de poisson

Le *teuk trey*, l'un des condiments les plus utilisés dans la cuisine, ne peut être transporté dans les vols internationaux en raison de restrictions sur les substances dégageant une odeur forte.

Cours de cuisine

Amoureux de la cuisine cambodgienne, découvrez-en les secrets en suivant un cours à Phnom Penh, Siem Reap, Battambang ou Kampot.

Amok (p. 32)

DÉLICES CULINAIRES

Les nombreux restaurants de **Phnom Penh** ❶ assurant une formation à des personnes défavorisées sont l'occasion d'un repas solidaire. (p. 73)

Les circuits gastronomiques de **Siem Reap** ❷ sont réputés, tandis que le nouveau quartier montant de la ville met à l'honneur la cuisine khmère moderne. (p. 96)

Le crabe au poivre de Kampot qui se déguste directement sur le **marché aux crabes** ❸ de Kep est incontournable. (p. 254)

Pas chers et sympathiques, les cours dispensés dans la ville fluviale et décontractée de **Battambang** ❹ permettent de s'initier à la gastronomie locale. (p. 177)

À vous le poisson frais, les crevettes et les calamars grillés sur la plage dans les **îles du Sud** ❺. (p. 214)

VILLES ET RÉGIONS

Composez votre voyage selon vos envies.

Siem Reap et les temples d'Angkor

TRÉSORS DE L'HUMANITÉ

Porte d'entrée d'Angkor Vat, Siem Reap commence à rivaliser avec la capitale tant ses restaurants sophistiqués, ses bars branchés et ses boutiques chics impressionnent. Le site d'Angkor, classé au Patrimoine mondial, abrite certains des plus spectaculaires temples au monde.

p. 96

Nord-ouest du Cambodge

VILLES FLUVIALES, TEMPLES RECULÉS, AUTHENTICITÉ

Au nord-ouest, on trouve l'historique Battambang ainsi que plusieurs temples cachés dans la jungle. Une des plus belles croisières du Cambodge relie Battambang à Siem Reap par la rivière Sangker. Sur le lac Tonlé Sap, on peut explorer le plus grand des villages flottants, Kompong Luong.

p. 168

Côte sud et les îles

PLAGES, ÎLES, ÉCOTOURISME ET HISTOIRE

La côte sud du Cambodge propose toute une sélection de stations balnéaires en vogue, et ses îles tropicales sont de plus en plus populaires. Parsemée de parcs nationaux et de réserves naturelles, la région est parfaite pour le trek, le VTT, l'escalade, le kayak et la plongée.

p. 214

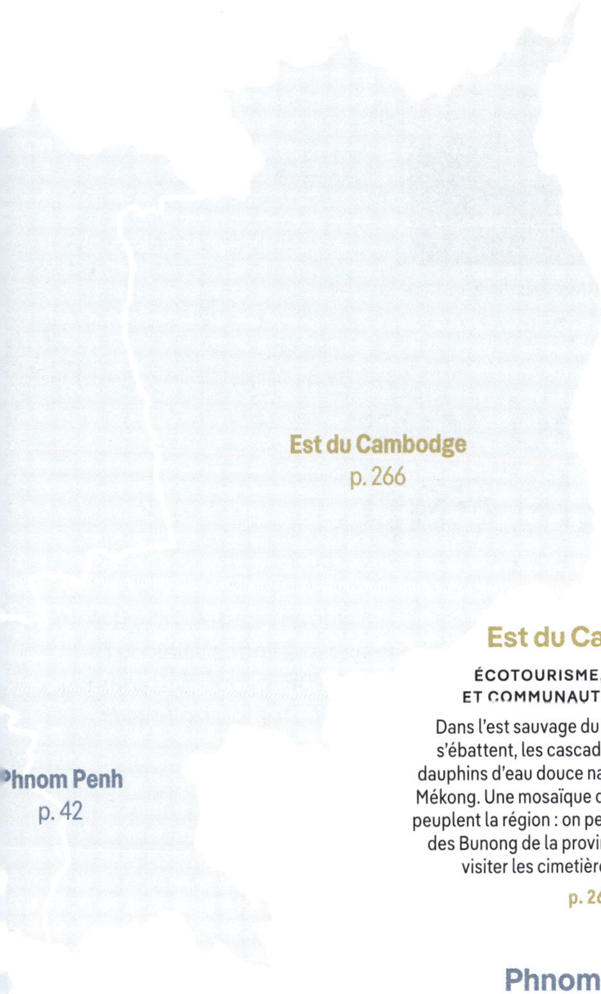

Est du Cambodge

ÉCOTOURISME, ÉLÉPHANTS ET COMMUNAUTÉS INDIGÈNES

Dans l'est sauvage du pays, les éléphants s'ébattent, les cascades rugissent, et des dauphins d'eau douce nagent dans le puissant Mékong. Une mosaïque de minorités ethniques peuplent la région : on peut partir à la rencontre des Bunong de la province du Mondolkiri ou visiter les cimetières du Ratanakiri.

p. 266

Phnom Penh

LE CŒUR BATTANT DU CAMBODGE MODERNE

En plein essor, la capitale est idéale pour prendre le pouls du Cambodge. Ses contrastes font sa richesse : marchés traditionnels et boutiques de designers, cuisine de rue et restaurants gastronomiques, happy hour à bas prix et bars sophistiqués perchés sur les toits.

p. 42

NATUREPIXEL/SHUTTERSTOCK ©

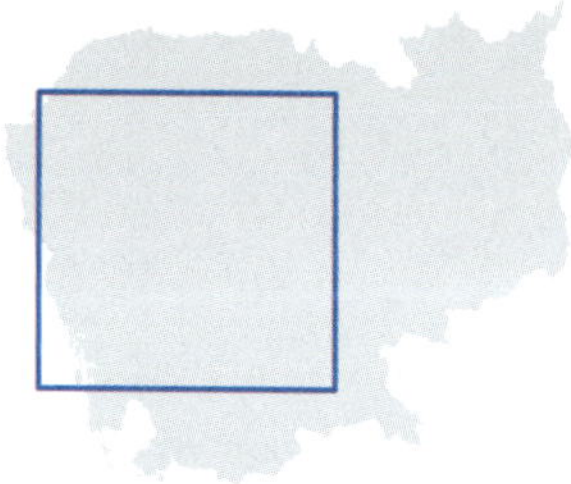

Vue sur le lac Tonlé Sap depuis Siem Reap (p. 102)

ITINÉRAIRES

Le grand tour du Tonlé Sap

Durée : 7 jours **Distance :** 850 km

Le Tonlé Sap domine le paysage du Cambodge central. Il s'agit du plus grand lac de l'Asie du Sud-Est. Plusieurs grandes villes du pays en ponctuent les rives, dont Phnom Penh, la bucolique Battambang et l'incontournable Siem Reap, aux portes des temples d'Angkor.

1

PHNOM PENH 2 JOURS

Démarrez à **Phnom Penh** (p. 43), célèbre pour son Palais royal et son Musée national. La capitale est aussi connue pour la variété de ses restaurants, son Marché russe, et ses nuits aussi animées que ses jours.

***Détour :** suivez la rivière Tonlé Sap jusqu'à **Kompong Luong** (p. 205) sur le lac Tonlé Sap. Tout y flotte sur les eaux : maisons, écoles, cliniques, et même bars à karaoké. 3 heures*

2

BATTAMBANG 2 JOURS

Direction **Battambang** (p. 174), au nord-est. Ville coloniale parmi les mieux préservées du pays, elle offre un aperçu de la vie rurale cambodgienne. Au nombre de ses curiosités, mentionnons le fameux train de bambou, le cirque Phare Ponleu Selpak, et les temples et sanctuaires qui couronnent les collines des environs. Prenez ensuite le bateau vers Siem Reap pour un lent voyage sur la sinueuse Sangker.

ALEKSANDAR TODOROVIC/ SHUTTERSTOCK ©, AMNAT30/SHUTTERSTOCK ©

3

SIEM REAP 1 JOUR

Laissez-vous envoûter par **Siem Reap** (p. 102), l'une des destinations les plus riches en activités du pays. Entre deux visites de temples, vous aurez l'embarras du choix, qu'il s'agisse de≈cours de cuisine, de circuits organisés en vespa, de *wakeboard* dans un parc aquatique, ou encore de minigolf dans un Angkor Vat miniature...

4

LES TEMPLES D'ANGKOR 2 JOURS

Les temples d'Angkor sont sans pareils. Admirez la perfection d'**Angkor Vat** (p. 121), l'étrangeté du **Bayon** (p. 134) et la beauté sauvage du **Ta Prohm** (p. 142), avant de continuer votre périple vers **Kbal Spean** (p. 155) ou le **Beng Mealea** (p. 157), drapé de jungle.

Détour : *les temples préangkoriens de **Sambor Prei Kuk** (p. 200) sont moins imposants que leurs célèbres cousins, mais leur cadre forestier est ravissant.* *3 heures*

Bateaux de pêche, Kep (p. 254)

ITINÉRAIRES

Explorer la côte sud

Durée : 10 jours **Distance :** 750 km

Lancez-vous dans une odyssée de la côte sud, entre villes en bord de rivière, îles tropicales et plages divines. Pensez au train pour certains tronçons du voyage (de Takeo à Kampot ou de Kampot à Sihanoukville), puis faites un détour vers les contreforts de la chaîne des Cardamomes à Chi Phat.

1

TAKEO 1 JOUR

Départ à **Takeo** (p. 257), petite capitale provinciale au sud de Phnom Penh. Prenez un bateau pour explorer Angkor Borei, l'ancienne capitale préangkorienne, et le temple perché de Phnom Da (voir photo). Si vous voyagez à moto ou en voiture, envisagez une pause aux temples angkoriens de Tonlé Bati et Phnom Chisor ou, en chemin, à la réserve animalière de Phnom Tamao.

2

KAMPOT 2 JOURS

Continuez au sud vers la ville fluviale de **Kampot** (p. 246). De là, vous pourrez explorer le parc national de Bokor, des pagodes nichées dans des cavernes et des plantations de poivre. En amont de la rivière, on s'amuse dans les parcs aquatiques flottants, en kayak ou en paddle. Kampot s'affirme aussi en tant que destination gastronomique.

3

KEP 1 JOUR

Proche de Kampot, la paisible station balnéaire de **Kep** (p. 254), la Riviera du Cambodge, était jadis surnommée Kep-sur-Mer. Après de longues années de délaissement, la ville se réveille enfin, avec l'arrivée de nombreux hôtels de charme et complexes hôteliers, et une réputation bien méritée pour son crabe frais et ses fruits de mer. Koh Tonsay figure parmi ses îles voisines.

4

LES ÎLES DU SUD ⏱3 JOURS

Prenez le joli train côtier de Kampot à Sihanoukville, d'où vous pourrez rejoindre les îles paradisiaques de **Koh Rong** (p. 234) et **Koh Rong Sanloem** (p. 242). Leurs plages sont superbes, notamment celles de Long Beach, Long Set Beach et Pagoda Beach à Koh Rong, ou la baie de Saracen à Koh Rong Sanloem, en forme de croissant.

5

CHI PHAT ⏱2 JOURS

Aventurez-vous dans les contreforts du massif des Cardamomes à **Chi Phat** (p. 225). Ce village en bord de rivière constitue une base pour des expériences d'écotourisme dans la jungle alentour, dont le trekking, le VTT, les croisières en bateau et la station de relâchement de Wildlife Alliance. Vous pourrez dormir chez l'habitant, ou au Cardamom Tented Camp du parc national de Botum Sakor.

6

KOH KONG ⏱1 JOUR

Continuez vers l'ouest jusqu'à **Koh Kong** (p. 220), à l'orée de la frontière thaïlandaise. Ses attraits écotouristiques comptent notamment la réserve naturelle de Peam Krasaop (voir photo), la plus vaste mangrove du Cambodge et la grande île de Koh Kong. Depuis cette dernière, vous pourrez traverser les Cardamomes vers Battambang, au nord, ou passer en Thaïlande.

MAREK POPLAWSKI/SHUTTERSTOCK ©

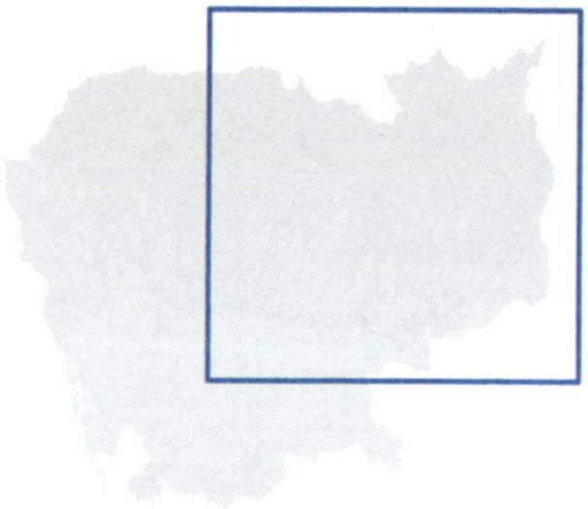

Kompong Cham (p. 272)

ITINÉRAIRES

Le Nord et le Nord-Est

Durée : 10 jours **Distance :** 1300 km

Faites une grande boucle de Phnom Penh à Siem Reap sur cet itinéraire, qui suit le Mékong jusqu'à Kratie avant de dévier vers les montagnes des provinces du Mondolkiri et du Ratanakiri. Retournez vers l'ouest pour rejoindre le spectaculaire Prasat Preah Vihear, sur le chemin de Siem Reap.

1

KOMPONG CHAM 1 JOUR

Suivez le Mékong jusqu'à la tranquille **Kompong Cham** (p. 272), idéale pour explorer l'île de Koh Paen et les temples qui émaillent les environs, comme le Vat Nokor Bachey (voir photo), temple du XIIe siècle, et la pagode Vat Maha Leap, du XIXe siècle. Si vous voyagez en voiture ou à moto, restez sur les routes au bord du fleuve, depuis et vers Kompong Cham, pour une vue sur le Mékong.

2

KRATIE 2 JOURS

Allez vers le nord jusqu'à **Kratie** (p. 276), capitale provinciale réputée pour ses superbes couchers de soleil sur le Mékong. Observez les rares dauphins de l'Irrawaddy près de Kampi, et louez un vélo pour explorer les chemins de Koh Trong, une île accueillante au milieu du Mékong où l'on peut passer la nuit.

3

PROVINCE DU MONDOLKIRI 3 JOURS

Gagnez les collines de la **province du Mondolkiri** (p. 289) dans l'Est sauvage, terre du peuple Bunong et de ses éléphants. Marchez aux côtés du troupeau avec l'Elephant Valley Project (voir photo), cherchez les gibbons à la réserve faunique de Keo Seima, ou contemplez les chutes d'eau de Bou Sraa. Pour explorer cette région reculée, basez-vous à Sen Monorom.

CESARE PALMA/SHUTTERSTOCK ©, JIMMY JUNG/SHUTTERSTOCK ©, SNUDUWELA/SHUTTERSTOCK ©

4

PROVINCE DU RATANAKIRI
⏱ 2 JOURS

Continuez vers la **province du Ratanakiri** (p. 284), bordant les frontières laotienne et vietnamienne. La région est réputée pour ses cascades, et pour le lac de cratère de Boeng Yeak Lom (voir photo), proche de la capitale provinciale de Ban Lung. On peut aussi y observer les gibbons, ou partir en randonnée dans le parc national de Virachey.

5

STUNG TRENG ⏱ 1 JOUR

Laissant les hautes terres derrière vous, rejoignez le Mékong à **Stung Treng** (p. 280), centre de transit et de commerce près de la frontière du Laos. Ses attractions incluent des forêts alluviales d'aspect irréel, au nord de la rivière, ainsi que les chutes de Preah Nimith, une partie du Mékong qui se déverse en cascades du Laos au Cambodge.

6

PRASAT PREAH VIHEAR
⏱ 1 JOUR

Sur la route entre Stung Treng et Siem Reap, faites un pèlerinage vers le **Prasat Preah Vihear** (p. 188). Sanctuaire montagnard par excellence, le temple occupe l'un des emplacements les plus spectaculaires de l'ancien Empire khmer, couronnant les monts Dangrek avec, à la clef, une vue exceptionnelle sur les plaines. On trouve pensions et hôtels à la toute proche Sra Em.

QUAND PARTIR

Le Cambodge se découvre tout au long de l'année, mais la plupart des visiteurs misent sur l'hiver pour éviter la pluie.

À en croire certains expatriés d'humeur facétieuse, le Cambodge a trois saisons : chaude, plus chaude et encore plus chaude. Or, si la température descend rarement sous les 30°C en journée, on l'a pourtant vue en deçà de 15°C au cœur de l'"hiver". Les Cambodgiens, eux, distinguent les saisons comme suit : la saison fraîche (novembre-février), la saison sèche (mars-mai), puis la saison des pluies (juin-octobre). Les touristes évitent cette dernière, bien que les averses en soient brèves et que le paysage s'y pare d'un vert hypnotique. Les mois à éviter sont plutôt mai, d'une chaleur étouffante, et septembre, en pleine mousson.

L'art de marchander

Selon les destinations, on peut parfois négocier un prix réduit pour se loger pendant la basse saison (mai à septembre). Les sites touristiques populaires afficheront sans doute leurs promotions sur Internet, mais les plus confidentiels peuvent être ouverts à un compromis.

PAROLE D'HABITANT

LÀ-HAUT SUR LA MONTAGNE

Sovanda Horn est propriétaire de l'agence de voyages spécialisée Solo Landscapes (sololandscapes.co).

J'aime le Cambodge sauvage, au fin fond des Cardamomes ou au nord-est, où l'on se retrouve loin de tout dans un décor vert émeraude, surtout à mi-saison. Dans le massif des Cardamomes, les treks autour de Khnong Phsar ou de la vallée d'Areng sont spectaculaires, entre montagnes et vallées brumeuses. Au milieu des pins, on est tranquille et l'air est frais.

Fête du Nouvel An khmer, Angkor Vat (p. 122)

TOUT SUR LA MOUSSON

Le climat cambodgien est rythmé par les vents de mousson, qui créent deux saisons distinctes. De juin à octobre, le vent de mousson du sud-ouest amène avec lui une forte humidité et des pluies abondantes. De novembre à mars, celui du nord-est, plus léger, fait baisser l'humidité et régule les températures.

La météo au fil des mois

JANVIER	FÉVRIER	MARS	AVRIL	MAI	JUIN
Temp. max. en journée : **31°C**	Temp. max. en journée : **33°C**	Temp. max. en journée : **34°C**	Temp. max. en journée : **35°C**	Temp. max. en journée : **35°C**	Temp. max. en journée : **34°C**
Jours de pluie : 1	Jours de pluie : 1	Jours de pluie : 3	Jours de pluie : 6	Jours de pluie : 14	Jours de pluie : 15

BASSE SAISON (DE MAI À SEPTEMBRE)

La saison des pluies teint les paysages d'émeraude et emplit le ciel d'incroyables nuages. Les hébergements moins chers et la couverture nuageuse en font une période idéale pour visiter les temples. La côte sud reste fréquentée par les Européens pendant les grandes vacances.

Les grands rendez-vous

Les Chinois du Cambodge célèbrent le **Nouvel An chinois**, qui équivaut à la fête du Têt pour les Vietnamiens. Des dragons dansent tout autour de la ville.
Janvier/février

Le **Nouvel An khmer** est un festival majeur pour les Cambodgiens. Sur trois jours, ils fonts leurs offrandes aux *vat*, nettoient leurs maisons et échangent des cadeaux.
Avril

Pendant **P'chum Ben (fête des Morts)**, on rend hommage aux défunts par des offrandes aux *vat*. Au rythme des chants et des cérémonies, les sanctuaires se parent de mille couleurs.
Septembre/octobre

Célébrant la victoire de Jayavarman VII sur les Cham, **Bon Om Tuk (fête de l'Eau)** marque aussi l'inversion du cours du Tonlé Sap, sur lequel ont lieu des courses de bateaux à Phnom Penh et à Siem Reap.
Octobre/novembre

Autres festivals et événements

Habituellement organisé en janvier, l'**Angkor Photo Festival** sublime l'art de la photographie à Siem Reap.
Janvier

La **cérémonie du Sillon sacré**, conduite par la famille royale, est un rituel agricole fêté pour marquer le début de la saison de la culture du riz. **Mai**

La communauté LGBTIQ+ de Phnom Penh célèbre la **Gay Pride** avec plusieurs événements à la F3 Friends Futures Factory. **Juin**

Chaque année, le **Festival de la mer** se tient dans une province différente : Preah Sihanouk, Kampot, Kep ou Koh Kong. **Décembre**

PAROLE D'HABITANT

EN BORD DE MER

Réalisatrice primée du film *The Last Reel* (*La Dernière Bobine*), Kulikar Sotho est aussi copropriétaire d'Hanuman Travel (hanumantravel.com), une agence de voyages locale de premier plan.

Pendant la saison sèche, je descends vers la côte pour me plonger dans les eaux turquoise et profiter de l'air marin. Mes destinations favorites sont Kep, avec son écrin de jungle et son délicieux crabe au poivre vert, et Koh Rong, dont le sable est si fin qu'il semble fait de talc.

Course de bateaux de Bon Om Tuk

HAUTE SAISON (DE NOVEMBRE À MARS)

La météo devient douce et venteuse, avec des températures quasi méditerranéennes. Particulièrement prisée par les touristes, surtout autour des fêtes de fin d'année : pensez à réserver bien à l'avance pour ces périodes.

JUILLET	AOÛT	SEPTEMBRE	OCTOBRE	NOVEMBRE	DÉCEMBRE
Temp. max. en journée : **33°C**	Temp. max. en journée : **33°C**	Temp. max. en journée : **32°C**	Temp. max. en journée : **32°C**	Temp. max. en journée : **31°C**	Temp. max. en journée : **31°C**
Jours de pluie : 16	Jours de pluie : 16	Jours de pluie : 19	Jours de pluie : 17	Jours de pluie : 9	Jours de pluie : 4

À GAUCHE : TWINSTERPHOTO/SHUTTERSTOCK © À DROITE : COLLECTION CHRISTOPHEL/ALAMY STOCK PHOTO ©

AVANT DE PARTIR AU CAMBODGE

Nos recommandations pour bien se préparer

Dans sa valise

Rester décontracté Les vêtements légers et amples, notamment en coton ou en lin, sont les mieux adaptés pour la chaleur moite. À moins de fréquenter les lieux huppés de Phnom Penh ou de Siem Reap, les tenues chics ne s'imposent pas au Cambodge, où l'on se soucie peu du look.

Avoir chaud en "hiver" Si vous vous rendez dans les hauteurs du Nord-Est (provinces du Mondolkiri ou du Ratanakiri) ou dans la chaîne des Cardamomes entre novembre et mars, emportez une veste ou un pull pour les soirées fraîches.

Tenue appropriée Sur la côte sud, un sarong ou un paréo sur le maillot s'impose dès que l'on quitte la plage. Se baigner nu sur une plage publique est inenvisageable.

À savoir

Salutations Appelée *sompiah*, la salutation traditionnelle implique de joindre les mains à la manière d'une prière et de se pencher en avant.

Temples bouddhiques Lors des visites, portez des vêtements couvrant coudes et genoux, déchaussez-vous et ôtez tout couvre-chef. Les femmes ne doivent jamais toucher un moine.

Gardez votre calme Ne vous énervez jamais en public contre un Cambodgien ; cela est très mal vu et lui fera "perdre la face".

LIRE

River of Time. Mémoires de la guerre du Vietnam et du Cambodge. Jon Swain (Équateurs, 2019). Récit autobiographique de la prise de Phnom Penh par les Khmers rouges. Le film *La Déchirure* (1984) s'en inspire.

Le Portail, François Bizot (Folio, 2002). L'auteur fait le récit de l'évacuation de Phnom Penh sous la contrainte des Khmers rouges.

La Nuit du Dragon. Voyages en Indochine. Norman Lewis (Olizane, 2013). Récit de voyage à travers l'Indochine française à la veille de l'indépendance.

Le Génocide au Cambodge, 1975-1979. Race, idéologie et pouvoir, Ben Kiernan (Gallimard, 1998). Pour en savoir plus sur l'origine des Khmers rouges, lisez cet essai d'un professeur à l'université de Yale.

Le Cambodge à nouveau étonnera le monde, Sam Rainsy (Balland, 2018). Le politique Sam Rainsy expose dans cet essai ses idées pour le pays.

L'Année du lièvre, Tian (Gallimard BD, coll. Bayou). L'auteur de BD Tian est né au Cambodge 3 jours après la prise de pouvoir par les Khmers rouges. Arrivé en France en 1980, il a décidé de consacrer à l'histoire de son pays natal une trilogie, dont le premier tome est paru en 2011.

En quelques mots

Contrairement à ce qui se passe en Thaïlande et au Vietnam, l'anglais, en dehors des seuls milieux touristiques, est largement parlé au Cambodge.

Pour autant, cela vaut la peine d'apprendre quelques mots de khmer par courtoisie envers les habitants, généralement ravis de cet effort.

L'alphabet local, dérivé du sanskrit, est en revanche difficile à assimiler dans le cadre d'un court séjour.

Johm riab sua Manière formelle de dire "bonjour".

Arun suor sdei "Bonjour" (le matin) ; **suor sdei** seul est une façon moins formelle de dire "bonjour".

Sohk sabaay "Comment ça va ?" – expression très courante pour saluer.

Sohm "S'il vous plaît" ; **sohm toh** signifie "Excusez-moi".

Aw kohn "Merci" ; ajoutez **charan** pour "merci beaucoup".

Baat/jaa "Oui" : les hommes disent **baat**, les femmes disent **jaa**.

Bong srei "Frère" ou "sœur" lorsqu'on s'adresse à un interlocuteur du même âge ; **bong on** sert pour s'adresser à quelqu'un de plus jeune.

Bai "Riz", la base de tout repas cambodgien ; **bai char** est le "riz frit".

Juay/chhouy pong La phrase clé pour appeler à l'aide si vous avez un problème.

Th'lay pohnmann "Combien cela coûte-t-il ?" – très utile pour marchander sur les marchés.

VOIR

La Déchirure, Roland Joffé (1984 ; photo ci-dessus). Film essentiel sur les Khmers rouges relatant l'histoire d'un journaliste américain et de son confrère et interprète cambodgien.

D'abord ils ont tué mon père, Angelina Jolie (2017). Adaptation du bestseller de Luong Ung racontant son enfance tragique sous les Khmers rouges.

L'Image manquante, Rithy Panh (2013). Ce documentaire sur les Khmers rouges primé à Cannes en 2013 dans la catégorie Un Certain regard est aussi le premier film cambodgien nommé pour le meilleur film étranger aux Oscars.

ÉCOUTER

VannDa Le plus grand rappeur cambodgien – écoutez le tube "Time to Rise" qu'il a enregistré avec Kong Nay, maître du *chapey* (luth à deux cordes).

Yos Olarang Une légende des années 1970, dont la chanson "Jis Cyclo" est un classique absolu.

Tiny Toones (tinytoones.org). Association caritative qui promeut le hip-hop pour aider les jeunes à s'épanouir loin de la drogue.

Best Cambodia Podcasts (player.fm/podcasts/cambodia). Tout sur le pays, d'Angkor aux Khmers rouges, en passant par l'influence chinoise (en anglais).

KOMNGUI/GETTY IMAGES ©

Poisson grillé, Psar Thmei, Phnom Penh (p. 60)

À TABLE !

La cuisine khmère peut être l'une des grandes révélations d'un voyage au Cambodge, d'autant plus qu'elle reste souvent méconnue à l'étranger.

Quelle que soit votre origine, vous rencontrerez au cours de votre voyage des aliments inhabituels, voire étranges, selon vos critères. Farouchement omnivores, les Cambodgiens n'hésitent pas à consommer des insectes, des algues, des vessies de poisson, des fœtus de canard ou encore des araignées. Le vin dans lequel marine un cobra est ainsi censé renforcer la virilité. Aucun aliment n'est tabou pourvu qu'il soit sain et nourrissant, et qu'il ait bon goût.

Il n'en demeure pas moins que ce qui fait vraiment le goût de la cuisine khmère, ce sont ses racines secrètes, ses herbes et ses tubercules aromatiques. Ensemble, ils confèrent aux salades, aux en-cas, aux soupes et aux ragoûts un arôme particulier. Un arôme qui sent bon le Cambodge.

Riz, nouilles et soupes

Provenant des nombreuses rizières de la campagne cambodgienne, le riz est l'aliment de base du pays, au point que, en langue khmère, le verbe "manger", *nyam bai*, signifie littéralement "manger du riz". Beaucoup de Cambodgiens ne sauraient se passer de leur dose quotidienne en la matière. La meilleure variété provient de la province de Battambang, le grenier à riz du pays.

Pour un plat vraiment emblématique du Cambodge, essayez la *kyteow*, roborative soupe de nouilles et de riz qui devrait vous caler pour un moment. Vous n'aimez pas les nouilles ? Optez pour le *bobor* (bouillie de riz), une véritable institution nationale que l'on pourra améliorer avec du poisson frais et

Les essentiels

AMOK
Curry de poisson dans une feuille de bananier ; souvent qualifié de plat national.

NAM BEN CHOC
Nouilles de riz, curry rouge de poulet ou bouillon de poisson et légumes frais.

TUK KREUNG
Soupe ou sauce piquante à base de poisson fermenté et de légumes frais.

KHOR CHROUK
Ragoût de porc avec du sucre de palme et un œuf (voire de petits œufs de caille).

un peu de gingembre. Un repas cambodgien inclut presque toujours une *samlor* (soupe traditionnelle). La *Samlor machou bunlay* (soupe de poisson aigre-douce à l'ananas et aux épices) est particulièrement prisée.

Poisson

Un proverbe cambodgien affirme que "*mien teuk, mien trey*" : "Là où il y a de l'eau, il y a des poissons". Les cours d'eau sont nombreux au Cambodge. Ils fournissent le poisson qui est fermenté pour faire le *prahoc* (pâte de poisson fermentée) si essentiel à la cuisine khmère. D'une extraordinaire variété, les poissons consommés sont de toutes tailles et de toutes formes, du poisson-chat géant du Mékong à la petite friture que l'on grignote en sirotant une bière. Le *trey ahng* (poisson grillé) est une spécialité cambodgienne qui est souvent servie sous forme de morceaux de poisson roulés dans une feuille de laitue ou d'épinards et trempés dans du *teuk trey*, une sauce de poisson au goût puissant.

Fruits tropicaux

La découverte de nombreux fruits tropicaux fait partie intégrante du voyage au Cambodge. Parmi les plus gros, le jacque (*khnau*) se rencontre souvent, tout comme le durian (*tourain*), qui se repère de loin à son odeur.

Le mangoustan (*mongkut*) et le ramboutan (*sao mao*) sont aussi très prisés. La peau violet foncé du mangoustan cache de délicieux quartiers blancs, tandis que l'intérieur du ramboutan rappelle le litchi, avec une écorce épineuse rouge et verte.

La saison cambodgienne des mangues (*svay*) va de mars à mai. D'autres variétés sont disponibles toute l'année, mais ce sont vraiment celles de la pleine saison qui sont les meilleures.

Durian

VÉGÉTARIENS ET VÉGANS

Peu de Cambodgiens comprennent le concept de végétarisme strict et beaucoup affirmeront qu'un plat est végétarien alors qu'il ne l'est pas uniquement pour faire plaisir au client. Si vous n'êtes pas trop strict et acceptez de consommer des sauces de poisson et d'autres condiments de ce genre, vous pourrez vous nourrir sans difficulté. La plupart des restaurants internationaux proposent quelques plats végétariens à la carte et l'on trouve maintenant dans les grands centres touristiques d'excellents restaurants végétariens et végans.

Dans les restaurants cambodgiens et chinois, les légumes sautés et le riz sauté aux légumes figurent toujours sur la carte, mais sachez qu'ils auront probablement été cuits dans les woks où l'on prépare aussi du poisson et de la viande. Tradition hindoue oblige, les restaurants indiens servent généralement d'authentiques plats végétariens.

Étal de légumes, Psar Chaa, Siem Reap (p. 107)

BANH CHEV
Crêpe de riz garnie d'herbes, de germes de soja et de viande ou de poisson.

LOK LAK
Dés de bœuf dans une sauce maison, délicieux lorsque trempés dans une sauce poivre-sel-citron vert.

CUONG
Rouleaux de printemps frais ; peuvent être commandés végans, ou avec des crevettes ou de la viande.

SONGKHYA LAPEAU PAEM
Sorte de crème caramel présentée dans une citrouille vide, et dite "crème à la citrouille".

Spécialités locales

L'un des meilleurs moyens de goûter aux différentes saveurs de la cuisine cambodgienne est de se rendre dans l'espace de restauration d'un marché ou d'un centre commercial.

Styles de cuisson

Char Sauté ; une façon populaire de cuisiner la viande et le poisson avec du *kreung* (citronnelle, ail, échalotes, galanga, feuilles de citron vert et curcuma) ou du *kynay* (gingembre).
Ahng Grillé ; la façon par défaut de cuire le poulet, les brochettes de viande, les produits de la mer ou même les légumes.
Khor Ragoût ; cuisson dans des plats en terre cuite de mets savoureux comme le porc caramélisé aux œufs de caille.
Jamhoi À la vapeur ; une façon courante de préparer les légumes frais comme les ipomées ou les épinards, ou même le poisson.

Cuisine de rue

Bobor Gruau de riz semblable au *congee* chinois, souvent mangé avec du poisson séché et des oeufs ou additionné de piment et de poivre noir.
Chek chien Beignets de bananes. Un en-cas populaire à toute heure.
Lort Petites nouilles blanches ressemblant à des germes de soja. Délicieuses sautées avec du bœuf.

Chek chien

Krâlan Riz gluant au lait de coco et haricots cuit dans un tube de bambou au barbecue.
Teuk ampeau Jus de canne à sucre fraîchement pressé avec un soupçon de citron vert, d'ananas ou de mandarine.

Oserez-vous ?

Criquet Ça vous dit ?
Fœtus de canard Dans son œuf.
Durian Un fruit à l'odeur tellement pestilentielle qu'il est interdit dans les avions.
Prahoc Pâte de poisson fermentée, à la limite de l'arme biologique.
Araignées Des tarentules frites. Miam !

MARIE MARTIN/GETTY IMAGES ©

TABLES D'EXCEPTION

Sombok (p. 50). Dirigé par les jumelles Kimsan, ce restaurant en bord de rivière à Phnom Penh élève la fusion khmère à un autre niveau.
Cuisine Wat Damnak (p. 107). L'un des premiers restaurants gastronomiques du pays à avoir ouvert, à Siem Reap. Le menu dégustation saisonnier de huit plats est une valeur sûre.
Jaan Bai (p. 179). Notre adresse favorite de Battambang, avec sa déco minimaliste et sa cuisine fusion audacieuse. Aide à la formation de jeunes défavorisés.
Marché aux crabes (p. 254). Dégustez le plat emblématique de Kep dans l'un des petits restaurants au-dessus de la mer.
Twenty Three Bistro (p. 249). Le bistro à l'occidentale de Kampot propose une cuisine savoureuse à des prix abordables.

UNE ANNÉE DANS L'ASSIETTE

FÉVRIER

Dans les hauteurs de la province du Mondolkiri, c'est la saison des avocats, que l'on utilise dans tout le pays pour diverses préparations.

MARS

La récolte du poivre de Kampot débute en mars et peut durer deux mois avant l'arrivée de la saison des pluies. Le poivre rouge est le dernier à être cueilli et le plus cher.

AVRIL

C'est la pleine saison de la *svay* (mangue). Les mangues cambodgiennes, qui mûrissent sous l'effet des chaudes températures de mars à mai, sont réputées pour leur saveur.

JUIN

La saison du *kulen* (litchi) bat son plein à travers tout le pays. C'est au litchi que la montagne sacrée de Phnom Kulen doit son nom, en raison des litchis sauvages qui y poussent.

DE GAUCHE À DROITE : ADAM ROBERTS WORLD PHOTOGRAPHY/GETTY IMAGES ©, JM TRAVEL PHOTOGRAPHY/SHUTTERSTOCK ©, LUKASZ JANYST/ SHUTTERSTOCK ©, KWANCHAI.C/SHUTTERSTOCK ©

L'ART DE...

Manger comme les Cambodgiens

Si vous entrez dans une cuisine cambodgienne, vous découvrirez qu'il suffit d'un bon feu, d'eau, de quelques couteaux, d'un mortier et d'un pilon, ainsi que d'un ou deux woks pour préparer des plats savoureux. Les Cambodgiens font trois repas par jour, mais ils sont aussi des grignoteurs invétérés et ont toujours quelque chose au goût sucré, salé, amer ou acide à portée de main.

Petit-déjeuner

Le petit-déjeuner se compose habituellement de *kyteow* (soupe de riz et nouilles) ou de *bobor* (bouillie de riz). Le café et les boulangeries sont devenus très populaires auprès des étudiants et des employés de bureau. Vous trouverez des baguettes à n'importe quelle heure du jour ou de la nuit.

Déjeuner

Pour la plupart des Cambodgiens, le déjeuner commence tôt, vers 11h, car beaucoup sont debout depuis 5h du matin. Traditionnellement, le déjeuner se prend en famille, mais dans les grandes villes, beaucoup de salariés optent pour le restaurant ou le marché. Vous trouverez dans toutes les villes du pays quantité de petites échoppes bon marché, mais s'il s'agit de prendre un repas d'affaires, les Khmers choisiront des adresses plus sophistiquées.

Dîner

Le dîner est le repas familial par excellence. Les mets sont disposés autour d'un grand plat de riz central et chaque convive a un petit bol pour lui, qu'il remplit d'abord de quelques cuillerées avant d'ajouter la viande, le poisson et/ou les légumes. Le même principe s'applique si vous sortez dîner avec des amis cambodgiens et nous vous conseillons de les laisser se charger de la commande (non sans avoir fait part de vos préférences).

Ne pas en faire un plat

Si vous commandez plusieurs plats dans un restaurant, ne vous souciez pas de l'ordre dans lequel il faut les manger : le serveur les disposera au centre de la table à mesure qu'ils seront prêts. Chacun goûte ce qui le tente, même ce qu'il n'a pas choisi sur la carte.

COURS DE CUISINE

Les cours de cuisine sont très prisés au Cambodge et vous pourrez découvrir les secrets de la cuisine khmère en plusieurs endroits du pays.
Battambang Coconut Lyly et Nary Kitchen (p. 177), tous deux situés dans la même rue, proposent d'excellents cours de cuisine.
Kampot Des cours de cuisine très originaux autour d'un ingrédient, le poivre, à La Plantation (p. 253), au pied de la chaîne de Phnom Voar.
Siem Reap Vous pourrez prendre des cours de cuisine végétarienne au Peace Cafe (p. 111).

Bonnes manières

Au Cambodge, faites comme les Cambodgiens. Voici quelques règles à suivre.

Observez votre hôte

Attendez que votre hôte s'assoie le premier. Ne refusez pas la nourriture que l'on sert dans votre bol.

Baguettes

Apprenez à manger les soupes aux nouilles avec des baguettes. Ne laissez pas vos baguettes en forme de V dans votre bol, c'est un symbole de mort.

Pourboires

Laissez un pourboire de 5 à 10% dans les restaurants pour compenser le faible salaire des serveurs. N'en laissez pas si le service est déjà compris dans l'addition.

Porter un toast

Buvez à chaque fois que quelqu'un porte un toast, mais de petites gorgées à chaque fois, car cela peut durer toute la soirée.

SL LIANG/GETTY IMAGES ©

PETER CHOO/SHUTTERSTOCK ©

Kayak, Kampot (p. 247)

ACTIVITÉS DE PLEIN AIR

Le puissant Mékong traverse le cœur du Cambodge, séparant le Nord-Est montagneux des basses terres. L'arrière-pays foisonne de parcs nationaux, et la côte sud toute en courbes promet de belles aventures.

Le Cambodge rattrape peu à peu ses voisins : Phnom Penh et Siem Reap proposent une myriade d'activités, la côte sud est idéale pour les amateurs de sports aquatiques, et le Nord-Est promet des escapades des plus sauvages. Que vous soyez amateur de randonnée ou de vélo, de sommets ou de profondeurs, le Cambodge saura vous conquérir. Plus de 7 millions d'hectares du royaume sont classés réserves naturelles ou parcs nationaux, soit 41% du pays.

Trekking

Le Cambodge n'est pas connu pour ses treks, notamment au vu des mines toujours présentes sur son territoire, mais le pays comprend de nombreuses régions où l'on peut marcher sans inquiétude. Dans le Nord-Est, les provinces du Mondolkiri et du Ratanakiri émergent en tant que destinations phares pour le trekking, grâce à leur beauté sauvage, à leurs cascades rugissantes et à leurs villages de minorités.

Les parcs nationaux du pays sont bien établis et équipés de centres d'accueil. Ceux de Bokor, Kirirom et Phnom Kulen proposent d'excellents treks sur une journée. Pour un trek sur plusieurs jours, dirigez-vous vers le Virachey au Ratanakiri. Les amoureux de la nature apprécieront Chi Phat, la vallée d'Areng, Khnong Phsar et le massif des Cardamomes. Angkor est idéale pour une promenade au milieu des temples.

Plus d'activités de plein air

ESCALADE
Climbodia (p. 249) propose des sorties d'escalade dans la province de Kampot, qui regorge de formations karstiques.

TYROLIENNE
Cap sur les tyroliennes de **Shinta Mani Wild** (p. 84), du **Cardamom Tented Camp** (p. 227) et de **BeTreed Adventures** (p. 191).

QUAD
Ils sont de plus en plus populaires au Cambodge, où les chemins de terre ne manquent pas. Prestataires à **Siem Reap** (p. 114) et à **Phnom Penh** (p. 65).

EN FAMILLE

Devenez gardien d'ours le temps d'une journée en passant dans les coulisses de l'excellente **réserve animalière de Phnom Tamao** (p. 81), proche de Phnom Penh.

Joignez-vous au troupeau de l'**Elephant Valley Project** (p. 292), une maison de retraite pour pachydermes au cœur de la jungle du Mondolkiri, dans le nord-est du Cambodge.

Envolez-vous dans la jungle ancestrale avec **Angkor Zipline** (p. 146), près de Siem Reap, et écoutez les chants des gibbons qu'elle abrite.

Partez à la rencontre des dauphins d'eau douce du Mékong à **Kampi** (p. 278), juste au nord de Kratie.

Faites un pèlerinage vers la montagne sacrée de **Phnom Kulen** (p. 154), avec sa cascade, sa belle rivière et sa gigantesque statue du Bouddha taillée dans la roche.

Vélo

Les cyclistes aventuriers pourront explorer le Cambodge à vélo, mais compte tenu des fameux nids-de-poule du pays, mieux vaut privilégier le VTT. Si certaines routes sont en mauvais état, on trouve souvent une piste parfaitement praticable sur le côté. Voyager lentement permet des interactions plus naturelles avec les habitants. Les vélos se louent dans les pensions et les hôtels, et se transportent sur les toits des minibus.

Pédaler entre les temples d'Angkor permet de mieux apprécier l'ampleur colossale du site. Entre Kratie et Stung Treng, le Mekong Discovery Trail offre aux cyclistes un aperçu de la vie rurale en bord de fleuve. On peut deviner un avenir radieux au VTT dans les provinces du Mondolkiri et du Ratanakiri, striées de superbes pistes.

LES MEILLEURS SPOTS

Retrouvez les meilleurs spots et itinéraires sur la carte en p. 38.

Vélo, Angkor Thom (p. 133)

Sports nautiques et sorties en bateau

Les fonds marins des îles Koh Rong et Koh Rong Sanloem s'explorent en plongée ou en snorkeling. S'ils ne sont pas aussi spectaculaires qu'en Indonésie ou aux Philippines, les paysages aquatiques du Cambodge ne sont pas en reste. Les eaux largement inexplorées au large de la côte entre Koh Kong et Sihanoukville pourraient d'ailleurs faire du Cambodge une destination phare pour la plongée en Asie. Les sites de plongée de Koh Tang et de Koh Pring sont particulièrement riches ; il est possible d'y dormir "sur place" à bord d'un bateau. Tout au long de la côte, de nombreux sports nautiques s'offrent à vous : kayak, paddle, voile...

Sans surprise, les tours en bateau sont fort appréciés par les touristes, dont la très pratique remontée de la rivière Sangker entre Siem Reap et Battambang. Pendant la saison des pluies, quand le Mékong et le Tonlé Sap sont à leur apogée, faites comme les Cambodgiens et privilégiez le bateau.

OBSERVATION DE LA FAUNE

La jungle foisonne d'animaux, comme dans la **réserve faunique de Keo Seima** (p. 291), avec ses éléphants et gibbons.

ORNITHOLOGIE

On trouve de nombreuses espèces d'oiseaux aquatiques, comme l'ibis géant, l'oiseau national, visible à **Tmat Boey** (p. 193).

WAKEBOARD

À Siem Reap, l'**ICF Wake Park** (p. 116) offre tout un éventail de sports nautiques, dont le wakeboard, le ski nautique et le *kneeboard*.

KAYAK ET PADDLE

Les amateurs de paddle et de kayak raffolent de Kampot, avec sa rivière de **Prek Tek Chhouu** et sa "**cathédrale verte**" (p. 247).

LES MEILLEURS SPOTS

Notre sélection d'activités de plein air.

Vélo

1. **Temples d'Angkor** (p. 129)
2. **Battambang** (p. 177)
3. **Koh Dach** (p. 77)
4. **Kampot** (p. 249)
5. **Koh Trong** (p. 278)

Snorkeling et plongée

1. **Koh Rong** (p. 234)
2. **Koh Rong Sanloem** (p. 242)
3. **Koh Tonsay** (p. 256)
4. **Koh Sdach – archipel** (p. 241)
5. **Koh Thmei** (p. 233)

Parcs nationaux
1 Parc national de Phnom Kulen (p. 154)
2 Parc national de Bokor (p. 252)
3 Parc national de Kirirom (p. 84)
4 Parc national des Cardamomes méridionales (p. 228)
5 Parc national de Virachey (p. 287)
Kayak, paddle et wakeboard
1 Îles du Sud (p. 214)
2 Kampot (p. 246)
3 Kratie (p. 279)
4 Rivière Tatai (p. 223)
5 Stung Treng (p. 283)
Trekking
1 Chaîne des Cardamomes (p. 86)
2 Temples d'Angkor (p. 140)
3 Réserve faunique de Keo Seima (p. 291)
4 Parc national de Phnom Kulen (p. 154)
5 Parc national de Virachey (p. 287)
LAOS
VIETNAM
Parc national de Virachey
Veun Sai
Trapeang Kriel
Preah Rumkel
Ville de Preah Vihear (Tbeng Meanchey)
Ban Lung
Stung Treng
Mékong
Sen
Koh Nhek
Kompong Thom
Kratie
Baray
Chhlong
Sre Khtum
Snuol
PHNOM PENH
Prey Veng
Kaam Samnor
MER DE CHINE MÉRIDIONALE
0
100 km

CAMBODGE

SUR LA ROUTE

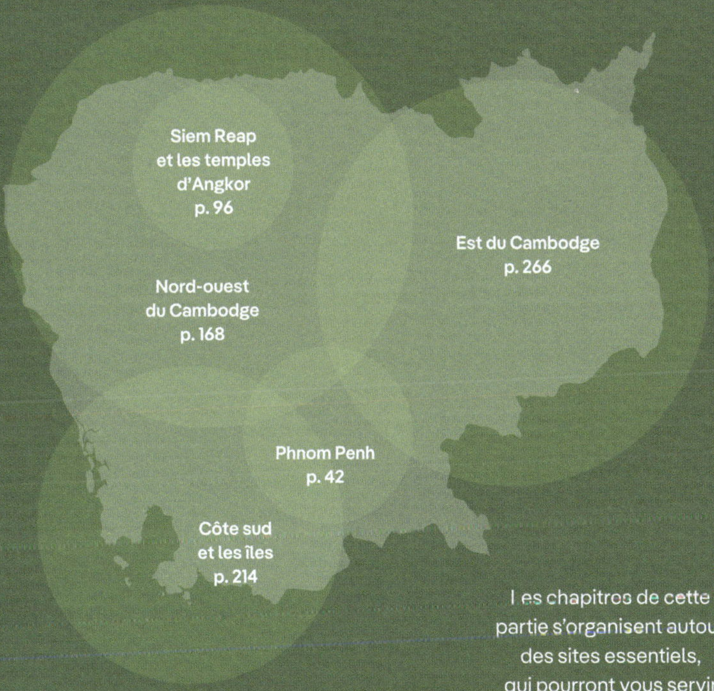

Les chapitres de cette partie s'organisent autour des sites essentiels, qui pourront vous servir de base pour partir à la découverte des environs. Vous y trouverez toutes nos recommandations ainsi que des conseils d'habitants de la région pour vivre des expériences uniques.

Angkor Vat (p. 122)

Musée national **(p. 51)**

PHNOM PENH

LE POULS DU CAMBODGE D'AUJOURD'HUI

Phnom Penh est le cœur battant de la vie politique et économique du pays. L'Asie d'antan s'y révèle par touches, à l'ombre d'une capitale en perpétuelle évolution.

Phnom Penh, au confluent du passé tourmenté du pays, de son présent et de ce vers quoi l'Asie du Sud-Est tend, a de quoi faire naître et durer bien des rêves. Vous gagnerez à découvrir la capitale cambodgienne dans toute sa richesse, qu'il s'agisse d'un bel emplacement sur les rives du Mékong, des flèches dorées du Palais royal ou des moines y déambulant en robes safran.

Certes, cette métropole en plein développement pourra également mettre vos sens et vos nerfs à rude épreuve. Les motos s'y faufilent à toute allure sans se soucier des piétons ; les marchés sont un concert de parfums et de cris et les rues résonnent de ces sons propres aux villes industrielles. Mais l'ensemble participe de son charme et de son mystère.

NALIDSA SUKPRASERT/GETTY IMAGES ©

L'ancienne "Perle de l'Asie" a souffert de la guerre et du régime des Khmers rouges. Elle s'en est relevée pour prendre place parmi les pôles urbains les plus dynamiques de ce pan du monde. C'est désormais une cité vivante et animée où cafés, bars et restaurants gastronomiques se multiplient, et où les immeubles poussent comme des champignons.

Plusieurs sites de ses environs font d'agréables excursions. Le plus accessible est Koh Dach, deux belles îles sur le Mékong idéales pour une balade à VTT ou en transport local. Oudong, ancienne capitale cambodgienne ponctuée de stupas, s'explore facilement sur une demi-journée et peut se combiner à la visite de Kompong Chhnang.

Le temple angkorien de Tonlé Bati et la pagode qui coiffe la colline de Phnom Chisor sont proches de la NH2 (National Highway 2), vers Takeo, et peuvent se visiter en même temps que l'excellente réserve animalière de Phnom Tamao, où l'on peut s'approcher d'animaux (représentants d'espèces menacées) à la faveur de visites guidées.

Sur la route de la côte sud, le parc national de Kirirom, l'aire protégée la plus proche de Phnom Penh, offre un peu de fraîcheur sous les pins. Les contreforts de la chaîne des Cardamomes se prêtent à de belles randonnées, à l'occasion d'une excursion d'un jour ou deux depuis la capitale. Ses vallées noyées de brume et ses sommets rarement arpentés forment un paysage superbe, riche de beaux enchaînements de cascades.

QUARTIERS PRINCIPAUX

S'orienter

Phnom Penh est une capitale relativement petite, comparée à ses voisines, dans laquelle on s'oriente facilement. En revanche, la circulation y est dense et chaotique. Les embouteillages sont fréquents le matin et en fin de journée, en particulier aux abords des deux grands boulevards Monivong et Norodom, orientés nord-sud, et du Russian Confederation Blvd, menant à l'aéroport.

DEPUIS L'AÉROPORT

L'aéroport international de Phnom Penh est à 7 km à l'ouest du centre-ville. Le Wi-Fi y est gratuit et il y a des DAB sur place. Un guichet officiel assure la réservation des taxis et *tuk-tuk* pour le centre-ville ; comptez 15/10 $US et 30 minutes à 1 heure de trajet. Le bus n°3 relie l'aéroport au Psar Thmei ("nouveau marché" ; 1 500 r, 5h-20h30).

VOITURE ET MOTO

On peut louer une voiture (à partir de 35 $US/jour) par l'intermédiaire d'agences à Phnom Penh ; les prix augmentent rapidement si l'on sort de la capitale. Pour louer un scooter 100 cm^3, comptez environ 5 $US par jour ; pour une moto tout-terrain 250 cm^3, à partir de 15 $US par jour. Vous devrez laisser votre passeport au loueur.

TUK-TUK

Il existe deux sortes de *tuk-tuk* à Phnom Penh : les traditionnelles *remork-moto* (motos avec chariot) et de nouveaux *tuk-tuk* de style indien. Les premiers sont généralement plus chers, un trajet dans le centre-ville coûtant entre 2 et 3 $US. Quel que soit le véhicule, le paiement doit se faire à la course et non au nombre de passagers. Les applications PassApp et Grab garantissent des tarifs fixes.

CYCLO-POUSSE ET VÉLO

Le cyclo est un mode de transport reposant pour aller d'un site à l'autre en ville, mais se révèle peu commode pour les longues distances. Un court trajet coûte entre 1 et 3 $US. Certaines pensions louent des vélos pour 1-2 $US/jour.

0
1 km
NORD
DE PHNOM PENH
p. 58
Vat Phnom
Phnom
Penh
Freedom Park
Palais royal
et quai
p. 48
Palais royal
Pagode d'Argent
SUD
DE PHNOM PENH
p. 66
Musée
du Génocide
Tuol Sleng

Planifier son séjour

Prévoyez au moins trois jours dans la capitale cambodgienne, voire davantage si vous aimez l'animation nocturne – c'est l'une des villes les plus dynamiques de la région.

NGUYEN QUANG NGOC TONKIN/SHUTTERSTOCK ©

Palais royal (p. 49)

Jour 1

Matin

- Sortez de bon matin pour assister aux séances d'aérobic au bord de l'eau, puis prenez un bon petit-déjeuner avant de visiter le superbe **Palais royal** (p. 49) et la non moins remarquable **pagode d'Argent** (p. 50). Le **Musée national** (p. 51) renferme une collection de sculptures khmères sans égale dans le monde.

Après-midi

- Après un déjeuner engagé à la **F3 Friends Futures Factory** (p. 56), qui soutient des adolescents, admirez l'architecture Art déco du **Psar Thmei** ("nouveau marché" ; p. 60), mais faites plutôt vos emplettes au **Marché russe** (p. 70).

Soir

- Terminez la journée par une tournée des bars de **Bassac Lane** (p. 71) à l'happy hour, puis par une soirée en ville.

Vous aimerez aussi...

À Phnom Penh, on se plaît à profiter de la vie de la rue et à flâner de bar en café et en boutique. Mais la ville recèle d'autres trésors encore...

FLÂNER AU BORD DE L'EAU

Baladez-vous au **crépuscule** sur la promenade bordant le Tonlé Sap, où les habitants font de la gym.

FAIRE UN REPAS GASTRONOMIQUE

Découvrez la gastronomie khmère au **Cuisine Wat Damnak** ou au **Sombok** (p. 50).

EXPLORER LES RUELLES

Perdez-vous dans un dédale de petites rues (p. 73), comme **Palace Lane** ou **Langka Lane**.

DE GAUCHE À DROITE : CESARE PALMA/SHUTTERSTOCK ©, KAZAK97/GETTY IMAGES ©, CESARE PALMA/SHUTTERSTOCK ©

Jour 2

Matin

- Commencez la journée par une promenade guidée dans l'ancien quartier français avec **Khmer Architecture Tours** (p. 63) ou découvrez le **Vat Phnom** (p. 59), où les Khmers prient pour s'attirer la chance.

Après-midi

- Après un déjeuner dans le quartier tendance de BKK, rejoignez deux sites poignants, mais essentiels pour comprendre l'histoire récente du Cambodge. Le **musée du Génocide Tuol Sleng** (p. 68) était une véritable usine de mort sous le régime des Khmers rouges ; une visite à compléter par le **camp d'exécution de Choeung Ek** (p. 69).

Soir

- Une **croisière au crépuscule** (p. 56) sur le Mékong vous révélera les beautés de la ville et du Palais royal.

Jour 3

Matin

- L'heure est à l'escapade ! Malgré l'expansion rapide de la capitale, il ne vous faudra pas longtemps pour en sortir et découvrir, dans un cadre plus campagnard, des temples moins visités, comme ceux de l'ancienne capitale, **Oudong** (p. 78).

Après-midi

- Sur le chemin du retour à Phnom Penh, faites une halte à **Koh Dach** (p. 77), deux îles sur le Mékong aisées à explorer à vélo, et où vous verrez des tisseurs de soie à l'œuvre.

Soir

- Découvrez la gastronomie khmère à travers la cuisine du **Malis** (p. 50), un restaurant très réputé.

ÉCUMER LES DISTILLERIES

Visitez les **distilleries Seekers** et **Samai** (p. 71) ou l'une des microbrasseries artisanales.

VOIR LE VIEUX PHNOM PENH

La **place de la Poste** (p. 61) compte encore des édifices coloniaux français bien conservés.

VOUS BALADER EN CYCLO AUTOUR DU PALAIS

Les **cyclo-pousses** (p. 64) permettent d'explorer dans le calme les rues alentour.

VOUS ÉVADER EN PLEINE NATURE

Les contreforts de la **chaîne des Cardamomes** (p. 86) recèlent cascades et points de vue.

PALAIS ROYAL ET QUAI

Pour les infos pratiques, voir le Carnet d'adresses p. 88

Ce quartier central, le plus fréquenté par les visiteurs, concentre maints sites remarquables, dont le Palais royal, la pagode d'Argent et le Musée national. Les quais ne sont pas moins attrayants ; c'est là que le puissant Mékong rencontre le Tonlé Sap, dont le cours change de direction chaque année avec la saison des pluies, ce qui en fait une barrière naturelle contre les inondations. Ponctuée de palmiers et de drapeaux flottant au vent, la promenade au bord de l'eau offre une vue dégagée sur le fleuve, longeant une enfilade de restaurants raffinés, de bars et de petites boutiques. L'endroit est particulièrement beau au crépuscule – une heure où des habitants s'y retrouvent pour pratiquer de l'aérobic ou de la danse. C'est aussi là que l'on vient chercher la fraîcheur de la brise aux jours les plus chauds.

À SAVOIR

Les cyclo-pousses se font plus rares au profit des *tuk-tuk, moto-dop* et taxis ; c'est toutefois un mode de transport délassant pour de courts trajets dans Phnom Penh. Le quartier du Palais royal est tout indiqué pour tenter l'expérience, car la circulation, en particulier autour du palais et du musée, est plus calme que sur les grands boulevards.

INCONTOURNABLES
1 Palais royal
2 Pagode d'Argent

VOIR
3 F3 Friends Futures Factory
4 Musée national du Cambodge
5 Vat Ounalom

SE RESTAURER
6 The Waterside

PRENDRE UN VERRE ET FAIRE LA FÊTE
(voir 6) Rukkha Sky Bar & Tapas

Somptueux Palais royal

LA DEMEURE DES ROIS ET DES REINES DU CAMBODGE

Avec ses toits typiques de l'architecture khmère et ses dorures, ce **remarquable édifice** dominait autrefois la ligne d'horizon de la capitale. Il fut érigé en 1866, année où le roi Norodom Ier (r. 1860-1904) déplaça, trois ans après la mise en place du protectorat français, la capitale d'Oudong à Phnom Penh. Il présente une ressemblance frappante avec le palais royal de Bangkok. Résidence de l'actuel roi Sihamoni, le vaste domaine est en partie fermé au public. Les visiteurs n'ont accès qu'à la salle du Trône et à un ensemble de bâtiments voisins. Le dimanche, de nombreux Khmers, dont certains viennent de la campagne alentour, se rendent au palais : le visiter en leur présence constitue une expérience authentique.

On entre par la partie est du domaine, proche du **pavillon Chan Chaya**. Celui-ci accueillait jadis des danses traditionnelles. Il est illuminé la nuit à l'occasion de fêtes ou d'anniversaires.

La **salle du Trône** est la principale curiosité de l'ensemble palatial. Surmontée d'une tour de 59 m de haut inspirée du Bayon d'Angkor, elle sert au couronnement et aux cérémonies importantes. Nombre d'ornements en ont été détruits par les Khmers rouges.

Au sud de la salle du Trône, remarquez le curieux **pavillon Napoléon III**. Offerte au roi Norodom Ier par l'empereur français, cette construction aux nombreux éléments métalliques semble peu adaptée au climat cambodgien. De fait, elle fut édifiée pour l'inauguration du canal de Suez en 1869 avant d'être démontée et transférée au Cambodge quelques années plus tard.

LE PALAIS ROYAL : INFOS PRATIQUES

Le prix de la visite libre est de 10 $US, auxquels il faut ajouter 10 $US supplémentaires pour une visite guidée.
Le palais est ouvert tous les jours de 8h à 11h et de 14h à 17h.
Il est impératif de porter des vêtements couvrant les genoux et les coudes ; si ce n'est pas le cas, vous devrez acheter un sarong à la billetterie.
Il arrive que le port du masque soit exigé lors de la visite.

Pavillon Napoléon III

LA PAGODE D'ARGENT

Le billet d'entrée au Palais royal comprend l'accès à la **pagode d'Argent** (p. 50), temple majestueux bâti à l'origine comme lieu de culte privé de la famille royale.

TABLES GASTRONOMIQUES À PHNOM PENH

Cuisine Wat Damnak $$$
Restaurant cambodgien proposant un menu déjeuner d'un excellent rapport qualité/prix et, le soir, un menu dégustation à base de produits de saison.

Sombok $$$
Restaurant khmer contemporain servant une cuisine fusion inventive et sophistiquée, dans un superbe cadre au bord de l'eau.

Kravanh $$
Élégant restaurant aménagé dans une villa française. Au menu : salades composées traditionnelles, soupes parfumées et spécialités régionales.

Malis $$
Adresse chic où se régaler en plein air de bœuf cuit à la vapeur dans une feuille de lotus et de soupes et salades traditionnelles. Réservez.

Musée national

ÉGALEMENT DANS LE QUARTIER DU PALAIS ROYAL

Le temple du bouddha d'Émeraude

UN SANCTUAIRE DE TRÉSORS ROYAUX

Le temple extravagant de la **pagode d'Argent**, sis dans l'enceinte du Palais royal, est également appelé Vat Preah Keo (pagode du Bouddha d'Émeraude) en raison du bouddha éponyme occupant son piédestal central. La pagode d'Argent doit son nom aux cinq tonnes de ce métal recouvrant son sol – la plupart des 5 000 dalles, d'un kilo chacune, ont été dissimulées afin de les protéger, mais on peut en voir quelques-unes près de l'entrée. À l'intérieur sont conservés de somptueux bouddhas en pierres et métaux précieux.

Construite en bois en 1892, sous le règne du roi Norodom Ier, et sans doute inspirée du Vat Phra Keo de Bangkok, la pagode fut rebâtie en 1962. Les Khmers rouges l'épargnèrent afin

BOUTIQUES-HÔTELS AUTOUR DU PALAIS ROYAL

Palace Gate Hotel
Dans une villa française en face du Palais royal, des chambres quatre étoiles avec tout le confort moderne. **$$$**

Pavilion
Lits à baldaquin et superbe mobilier dans une villa française de caractère. Les enfants ne sont pas admis. **$$**

Penh House
Hôtel tendance, avec bar-restaurant sur le toit et piscine à débordement donnant sur les jardins du palais. **$$**

d'afficher, aux yeux du monde, leur souci de préserver l'héritage culturel du pays. Bien que plus de la moitié de ses trésors aient été perdus, volés ou détruits lors des troubles qui suivirent l'invasion vietnamienne, ce qui subsiste témoigne, comme peu d'autres lieux au Cambodge, de l'éclat et de la richesse de la civilisation khmère.

Un escalier en marbre d'Italie mène à la pagode. Rivalisant avec le sol en argent se dresse le bouddha d'Émeraude, impressionnante sculpture en cristal de Baccarat, posé sur un piédestal doré. Autre pièce somptueuse, un bouddha en or massif, grandeur nature, orné de 2 086 diamants, dont un de 25 carats. Réalisé dans les ateliers du palais en 1906-1907, il pèse 90 kg. Juste en face, un coffret en Formica renferme un stupa miniature, en or et en argent, contenant une relique du Bouddha rapportée du Sri Lanka. À gauche se trouve un bouddha en bronze de 80 kg et à droite, un bouddha en argent. Tout à droite, des figurines en or massif relatent l'histoire du Bouddha. Le long des murs, on découvre de beaux exemples de l'artisanat khmer, dont des masques élaborés portés lors des ballets traditionnels et des dizaines de bouddhas en or. Les nombreux cadeaux précieux offerts aux monarques cambodgiens par des chefs d'État étrangers semblent bien insipides en regard de l'exubérance et de la diversité de l'art khmer. Les photographies sont interdites à l'intérieur de la pagode d'Argent.

Le mur d'enceinte de la pagode d'Argent est orné d'une grande fresque illustrant l'épopée indienne du *Ramayana* (*Reamker* au Cambodge). Spectaculaire par endroits, ce récit illustré commence au sud de la porte est et comprend des descriptions saisissantes de la bataille de Lanka, combat mythique opposant Rama et son armée de singes au démon Ravana et à ses géants. Réalisée vers 1900, la fresque a été pour partie restaurée récemment.

Un musée de chefs-d'œuvre cambodgiens

REMARQUABLE COLLECTION DE STATUES KHMÈRES

Le **Musée national** renferme la plus belle collection au monde de sculptures khmères – plus d'un millénaire de somptueuses réalisations d'un art exceptionnel. Conçu par l'archéologue, ethnologue et photographe français George Groslier (1887-1945), et situé juste au nord du Palais royal, il occupe un bel ensemble de bâtiments traditionnels en terre construits, autour d'un jardin, entre 1917 et 1920. Le musée conserve aussi des

suite p. 53

VOLS À L'ARRACHÉ

Problème récurrent à Phnom Penh, les vols à l'arraché visent souvent les étrangers. Si les voleurs à moto, généralement en binôme, sévissent plutôt le long du quai et aux alentours des marchés, ils peuvent opérer n'importe où et n'importe quand. Nombre d'expatriés et de touristes se sont blessés en tombant de vélo lors de vols. Gardez toujours votre sac serré contre vous afin que nul ne puisse le saisir. Ne portez pas d'appareil photo de valeur autour du cou et gardez votre téléphone portable près du corps ou hors de vue. Les voleurs opèrent en un éclair.

RESTAURANTS CAMBODGIENS POPULAIRES À PHNOM PENH

Sleuk Chhouk
Une expérience gourmande, élégante et authentique, avec des plats tels que la soupe aux œufs de poisson. **$$**

Yi Sang Riverside
Dînez, au bord de l'eau, d'une cuisine de rue cambodgienne, dont des *naom banchok* (nouilles de riz au curry). **$**

Bopha Phnom Penh
Aussi appelé le Titanic, ce restaurant perché au-dessus de l'eau et orné de sculptures sert une cuisine exotique. **$$**

PROMENADE À PIED DANS PHNOM PENH

Entre circulation erratique, voitures garées sur les trottoirs et conducteurs peu soucieux des piétons, Phnom Penh ne semble pas idéale pour se balader à pied. Pourtant, avec un brin de confiance et de patience, c'est la manière la plus gratifiante d'en découvrir l'architecture, assez variée. Entamez la promenade sur le lieu des origines de la ville, au **1 Vat Phnom** (p. 59). En partant vers le sud, vous découvrirez, au fil du boulevard Norodom, divers témoins de l'architecture coloniale française, dont un vieux bureau des douanes d'inspiration Art nouveau. Laissez vos pas vous mener vers l'ouest, dans la St 130, par l'étonnante halle Art déco du **2 Psar Thmei** (p. 60), dont l'immense dôme a de faux airs de ziggourat.

Repartez du marché par la St 63 jusqu'à son intersection avec la St 154 que vous emprunterez vers l'est au beau milieu de divers édifices coloniaux. Zigzaguez ensuite jusqu'au **3 Musée national** (p. 51), remarquable édifice couleur brique, édifié entre 1917 et 1920 sous l'égide du français George Groslier et inspiré de temples figurant sur des bas-reliefs antiques. À deux pas, le **4 Palais royal** (p. 49) constitue lui-même un trésor d'architecture khmère traditionnelle.

Rejoignez au sud le très soigné **5 parc du Vat Botum**, avant d'emprunter vers l'ouest le boulevard Sihanouk ; là, à l'abri d'un stupa haut de 27 m, se dresse la **6 statue en bronze de Norodom Sihanouk**, décédé en 2012. La promenade s'achève au **7 monument de l'Indépendance** (1958), inspiré de la tour centrale d'Angkor Vat. Vous trouverez de nombreux bars et cafés où prendre un verre juste au sud de ce monument, notamment dans **8 Bassac Lane** (p. 71).

Parc du Vat Botum

suite de la p. 51

poteries et des bronzes des périodes préangkoriennes du Funan et du Chenla (IVe-IXe siècle), de la période Indravarman (IXe et Xe siècles) et de l'époque classique d'Angkor (Xe-XIVe siècle), ainsi que des objets plus récents, comme une belle barge royale en bois.

La plupart des visiteurs commencent par la gauche et suivent le sens des aiguilles d'une montre, dans l'ordre chronologique. L'une des premières sculptures importantes que l'on découvre est le grand fragment – tête, épaules et deux bras relativement intacts – d'une imposante statue en bronze de Vishnou allongé, découverte en 1936 lors de fouilles au Mébon occidental, près d'Angkor Vat. C'est dans le pavillon sud que commence la collection préangkorienne qui illustre l'évolution stylistique, du prosaïsme des formes humaines de la sculpture indienne à celles, divines, de la sculpture khmère, qui se produisit entre le Ve et le VIIIe siècle. Parmi les pièces remarquables figurent l'imposante statue de Vishnou à huit bras (VIe siècle) trouvée

BARS PERCHÉS DE PHNOM PENH

Sora
Ce bar, qui occupe une plateforme au 37e étage du Vattanac Capital, appartient au Rosewood Hotel. Tongs et débardeurs interdits.

Celeste
Non moins vertigineux, le Celeste, perché au 32e étage du Penthouse Residence, tourne lentement sur lui-même.

Juniper
Spécialisé dans le gin, ce bar jouit d'une superbe vue depuis le 12e étage du Point Hotel (happy hour de 17h à 19h).

Rukkha
Ce bar en plein air, surplombant les quais depuis un 4e étage, possède un jardin vertical et propose cocktails, tapas et en-cas inventifs.

AUTRES MARCHÉS DE PHNOM PENH

Psar Reatrey
Davantage prisé des Khmers, le marché de nuit s'installe tous les soirs. Prix élevés, n'hésitez pas à marchander.

Psar O Russei
Sur les centaines de stands du plus grand marché de la ville, on trouve de tout : nourriture, cosmétiques importés…

Psar Olympic
En vente dans ce marché couvert moderne : pièces de vélo, vêtements, électronique et diverses denrées.

QUAND VISITER PHNOM PENH

Janvier-février
La cohue des vacanciers s'estompe et une brise de nord-est caresse les berges du fleuve. C'est à cette période que les températures sont les plus fraîches, bien que le mercure atteigne régulièrement 30°C.

Septembre-octobre
De fortes pluies alternent avec un soleil de plomb, et nombre d'hôtels cassent leurs prix. Des inondations frappent certains quartiers.

Octobre-novembre
La fête de l'Eau, s'empare des berges du fleuve. La saison des pluies touche à sa fin et la campagne aux alentours de la capitale est luxuriante.

SERGEI MUGASHEV/SHUTTERSTOCK ©

Vat Ounalom

à Phnom Da et un étonnant Harihara, forme syncrétique des dieux Shiva et Vishnou, provenant de Prasat Andet, dans la province de Kompong Thom.

La collection angkorienne comprend plusieurs impressionnantes statues de Shiva des IXe, Xe et XIe siècles, une énorme sculpture de deux singes en plein combat (Koh Ker, Xe siècle), une jolie stèle du XIIe siècle de la province d'Oddar Meanchey gravée de scènes de la vie de Shiva, et une superbe statue de Jayavarman VII (r. 1181-1219), assis dans une posture méditative, la tête inclinée (Angkor Thom, fin du XIIe siècle). Ces dernières années, des statues pillées, autrefois disséminées dans des musées à travers le monde, ont été rendues au Cambodge ; ce fut notamment le cas de superbes pièces provenant de Koh Ker, qui avaient fait l'objet d'un vaste trafic par le marchand d'antiquités britannique Douglas Latchford.

AUTRES MUSÉES REMARQUABLES AU CAMBODGE

Si le Musée national de Phnom Penh renferme la plus belle collection du pays, d'autres institutions culturelles méritent d'être mentionnées, dont l'excellent **Musée national d'Angkor** (p. 104), à Siem Reap, et le **musée de Battambang** (p. 177).

BISTROTS DE PHNOM PENH

Pépé Bistro
Ce bistrot français de grande classe propose une carte sans cesse renouvelée. **$$**

Bistrot Langka
Fine cuisine française dans une ambiance intime. Le tartare de bœuf et le *tataki* de thon sont délectables. **$$**

Penh 278
Bistrot populaire et raffiné à la cuisine internationale moderne servie en intérieur climatisé ou dans le ravissant jardin. **$$**

Les photos, interdites dans les salles, sont autorisées dans la cour centrale. Des guides proposent des visites commentées dans plusieurs langues, dont le français. Des audioguides sont par ailleurs disponibles en huit langues. Des brochures détaillées sur le musée sont également vendues à l'accueil, dont le *Nouveau Guide du Musée national*, édité en versions française et anglaise. Vous trouverez aussi divers ouvrages de référence sur l'art khmer, dont certains en français.

Prévoyez au moins une heure pour la visite, voire deux pour profiter pleinement des collections ou prendre un verre au café du musée (p. 61).

Le mémorable temple de Vat Ounalom

DEMEURE D'UN PATRIARCHE BOUDDHISTE

Siège du bouddhisme cambodgien, ce **lieu de culte** fondé en 1443 compte 44 bâtiments. Très endommagé sous les Khmers rouges, le *vat* a depuis retrouvé son animation. Le chef de la congrégation Maha Nikaya, le principal ordre monastique bouddhiste du pays, y réside, entouré de nombreux moines.

Au 1er étage du bâtiment principal, à gauche de l'estrade, se dresse une statue de Huot Tat, quatrième patriarche Maha Nikaya, qui fut assassiné, en 1975, par les sbires de Pol Pot. La statue, réalisée en 1971 à l'approche de ses 80 ans, fut jetée dans le Mékong par les Khmers rouges, comme pour montrer que le bouddhisme n'avait plus sa place dans le pays. Elle fut retrouvée après la chute du régime. À droite de l'estrade se trouve la statue d'un ancien patriarche Dhammayuttika Nikaya, autre grand courant bouddhiste auquel appartient la famille royale.

Prenez l'escalier à gauche derrière l'estrade pour découvrir, à l'étage, une vitrine abritant un petit bouddha birman en marbre, mis en pièce par les Khmers rouges et restauré depuis. Ne manquez pas la vue sur le Mékong (mais la porte en haut de l'escalier est souvent fermée).

Derrière le bâtiment principal, un stupa contient un cil du Bouddha. Une inscription en pali (une langue indienne ancienne) surplombe l'entrée. À l'intérieur de ce stupa doré se cache un temple angkorien en grès datant du XIIe siècle, mais il vous faudra probablement trouver un gardien pour vous ouvrir la porte.

RESTAURANTS INTERNATIONAUX SUR LES BERGES

Metro Hassakan $$
De petites assiettes de dégustation, mais aussi des grandes, avec excellents steak et poulet rôti au miel et au soja.

The Waterside $$
Situation idéale au bord du Tonlé Sap et carte comprenant viandes de choix, confit d'agneau et succulentes assiettes assorties. Uniquement le soir.

La Croisette $$
Adresse chic et courue dotée d'une agréable terrasse à l'étage. Dans l'assiette : pâtes et gnocchis maison, côtelettes d'agneau et steaks copieux, ainsi que des spécialités cambodgiennes.

LES QUATRE VISAGES DU MÉKONG

Lors d'une **croisière** (p. 56) au crépuscule, voyez d'un autre œil "Krong Chaktomuk", la ville aux quatre visages, en découvrant le point de rencontre des deux bras du Mékong, du Bassac et du Tonlé Sap.

OÙ SE RESTAURER À PETITS PRIX

Aeon Mall Food Court
Soupes de nouilles, riz sauté et sushis bon marché, au rez-de-chaussée d'une galerie commerciale huppée. $

Marché russe
Le meilleur marché alimentaire de la ville. Le grand parking se remplit de barbecues de fruits de mer à partir de 16h. $

Flavours of Cambodia
Stands de spécialités locales dans l'espace de restauration climatisé du 4e étage de la galerie marchande Sorya. $

LES CLUBS QUI BOUGENT À PHNOM PENH

Pontoon
Les meilleurs DJ locaux et quelques pointures internationales. Le Pontoon Pulse attenant est un club lounge.

Epic
Méga-club dans un gigantesque entrepôt, visant une clientèle de jeunes Cambodgiens aisés.

Heart of Darkness
Véritable institution, l'endroit accueille des spectacles de travestis du mercredi au samedi.

Vito
Club attirant un public plus âgé aspirant à discuter et à danser sur des tubes rétro.

Croisières sur le fascinant Mékong

PHNOM PENH AU CRÉPUSCULE

Les croisières sur le **Tonlé Sap** et le **Mékong** sont très appréciées des visiteurs. Elles sont très agréables au crépuscule, lorsque le soleil rougeoyant descend derrière les flèches du Palais royal. De nombreux bateaux de croisière sont proposés à la location le long du quai, à 500 m au nord de l'endroit où sont amarrés les bateaux touristiques. Il suffit de se présenter et d'organiser la location sur place. Vous pourrez apporter vos boissons, mais de la bière et des breuvages sans alcool sont aussi en vente à bord.

On peut également opter pour une croisière en groupe, de 45 minutes environ. Les départs se font toutes les 30 minutes de 17h à 19h30 depuis l'embarcadère touristique.

Memorable Cambodia propose des excursions d'une demi-journée à Koh Dach (l'île de la Soie) ou d'une journée à Oudong, organisées par d'enthousiastes étudiants d'une école de tourisme. Les croisières au coucher du soleil, à 17h et 18h30, remportent aussi un vif succès. Les croisières en groupe pour Koh Dach partent à 9h et 11h de l'embarcadère touristique (trois passagers minimum).

Un nouvel épicentre culturel

ESPACE COMMUNAUTAIRE OÙ APPRENDRE ET SE RESTAURER

F3 Friends Futures Factory est un nouvel espace participatif dont l'ambition est de devenir le cœur culturel du centre de Phnom Penh. Il accueille régulièrement concerts, ateliers familiaux et expositions, ainsi qu'un marché de créateurs indépendants. Un bar est aménagé dans la cour avec tables et sièges en palettes. Le restaurant Friends, immensément populaire, a été contraint de fermer durant la pandémie, mais il est question d'ouvrir dans la cour un espace inspiré de la cuisine de rue pour redonner vie à quelques plats phares du restaurant.

C'est ici qu'est basée l'organisation de protection de l'enfance ChildSafe (thinkchildsafe.org), qui œuvre à sensibiliser les touristes aux questions liées à l'exploitation des enfants. Des activités amusantes et interactives sont proposées, en lien avec les programmes d'action sociale de Friends International (friends-international.org),

NE MÉLANGEZ PAS LES FACTORIES !

Deux lieux différents portent le nom de Factory à Phnom Penh : la F3 Friends Futures Factory, en plein centre, mais aussi **Factory Phnom Penh** (p. 71), vaste espace de coworking et d'ateliers d'artistes dans le sud de la ville.

OÙ MANGER DES NOUILLES À PHNOM PENH

Noodle House
Dans un édifice colonial restauré, des plats de nouilles allant du *kyteow* (soupe) cambodgien au pad thaï. $

Special Pho
Superbe emplacement proche du quai pour déguster un bon phô ou des nouilles sautées à prix modiques. $

Parc du Vat Botum
Des stands de nouilles au curry, ouverts à l'année, sont installés face au parc. $

© LORENZO BERNINI 0/SHUTTERSTOCK ©

Croisières au crépuscule sur le Mékong

l'organisation-mère de ChildSafe : leçons de cuisine dans le restaurant dédié à l'association, visites guidées de la ville en *tuk-tuk* ou encore cours d'artisanat et de mixologie. Ces activités sont, pour les visiteurs, autant d'occasions de contribuer à une initiative positive et engagée, tout en se divertissant et en découvrant la culture khmère, loin des visites souvent néfastes d'écoles et d'autres orphelinats qui ne relèvent en définitive que du business touristique.

Le Nail Bar propose des soins des mains et des pieds, la pose de vernis et des services de coiffure pour aider l'association Mith Samlanh à former des enfants des rues à un métier. Les prix sont modiques.

OÙ VOIR DE L'ART CONTEMPORAIN À PHNOM PENH

Chhan Dina est à la fois une artiste reconnue et la propriétaire de la Chhan Dina Gallery. Voici quelques-unes de ses galeries d'art préférées :

The Gallerist
Galerie installée dans la désormais tendance St 240, qui présente une collection sans cesse renouvelée d'œuvres de grands artistes cambodgiens contemporains.

Java Creative Café
Ce lieu soutient les artistes cambodgiens depuis plus de vingt ans. C'est à la fois une galerie d'art et un excellent café.

Meta House
Ce centre culturel géré par des Allemands renferme une grande galerie accueillant des expositions temporaires, mais aussi des spectacles nombreux et divers – danse, théâtre, musique...

Vous pouvez consulter kumnooh.com, guide en ligne de l'art contemporain au Cambodge.

OÙ ÉCOUTER DE LA MUSIQUE LIVE À PHNOM PENH

Oscar's on the Corner
Des groupes, allant du blues au punk français, se produisent tous les soirs dans ce bar, à l'angle de la St 104.

Battbong
Bar industriel chic à l'éclairage tamisé, avec concerts régulièrement programmés.

Craft
Ce bar, au cœur de Palace Lane, accueille régulièrement des groupes, pour certains locaux.

NORD DE PHNOM PENH

L'ANCIEN QUARTIER FRANÇAIS

Pour les infos pratiques, voir le Carnet d'adresses p. 89

Le quartier nord de Phnom Penh fut largement façonné par les Français sous le protectorat, comme en témoignent de nombreux édifices municipaux, dont la poste centrale. Les environs de la place de la Poste, remarquablement conservés, comptent aujourd'hui encore des restaurants et de petits cafés d'inspiration française.

Le Vat Phnom est l'édifice emblématique du quartier, voire de la ville, dont il est le temple le plus ancien. Le parc qui l'entoure se distingue par sa luxuriance ; les habitants sont nombreux à venir y chercher l'ombre aux heures les plus chaudes de la journée.

Le Psar Thmei (ou Marché central), autre élément marquant du paysage, est un lieu de vie animé, au cœur de la ville, où une clientèle locale vient faire ses emplettes et marchander. On se plaît à y flâner, autant pour son ambiance que pour le remarquable édifice Art déco qu'il occupe.

À SAVOIR

Les jardins luxuriants du Vat Phnom abritent une faune d'une grande richesse, notamment de nombreux oiseaux. Les calaos qui hantent les lieux à la recherche de nourriture sont peut-être les plus spectaculaires, mais on aperçoit aussi quantité de singes (à observer de loin par crainte des morsures). Des chauves-souris frugivores prennent leur envol à la tombée de la nuit.

Vat Phnom

INCONTOURNABLES
1 Vat Phnom

VOIR
2 CDC
3 Ambassade de France
4 Poste centrale
5 Bibliothèque nationale
6 Psar Thmei
7 Musée Sosoro

SE LOGER
8 Onederz Hotel
9 Raffles Hotel Le Royal
10 The Eighty8

SE RESTAURER
11 18 Rik Reay BBQ
12 Armand's
13 Le Manolis
14 Palais de la Poste

PRENDRE UN VERRE
15 Brown Coffee
16 Cam Cup Cafe
17 Elephant Bar
18 Oskar Bistro

Provoquer la chance au Vat Phnom

LE TEMPLE FONDATEUR DE LA VILLE

Ce **temple** se dresse sur une butte de 27 m. L'accès principal se trouve sur le versant est, où un grand escalier gardé par des lions et flanqué de balustrades en forme de *naga* (serpent mythique) mène au *vat*. De nombreux croyants viennent y prier dans l'espoir d'attirer la chance. Le vihara (sanctuaire) fut construit et reconstruit à plusieurs reprises, en 1434, 1806, 1894 et 1926. Le grand stupa qui s'élève à l'ouest renferme les cendres du roi Ponhea Yat (r. 1421-1467). Un pavillon, au sud du passage reliant le vihara au stupa, renferme une statue de Madame Penh, à qui la cité doit son nom. En contrebas du vihara, un sanctuaire hétéroclite est dédié au génie Preah Chao, cher à la communauté chinoise de la ville.

SAMBO L'ÉLÉPHANTE

Sambo a été pendant des années contrainte de transporter des touristes, sur le site du Vat Phnom. En 2014, elle a pu rejoindre pour une retraite bien méritée l'**Elephant Valley Project** (p. 293), dans la province du Mondolkiri.

RESTAURANTS FRANÇAIS DU NORD DE PHNOM PENH

Armand's $$$
Les meilleurs steaks de la ville, flambés au cognac. L'endroit est petit ; pensez à réserver.

Palais de la Poste $$$
Raviolis de langoustine, carpaccio de bœuf et pétoncles grillés au poivre de Kampot – les plats sont aussi succulents qu'élégamment présentés.

Khema $$
Spécialités françaises d'un excellent rapport qualité/prix : bœuf bourguignon, saucisse de Toulouse, jarret d'agneau, mais aussi plats de pâtes et délicieux desserts.

AMNAT30/SHUTTERSTOCK ©

Psar Thmei

ÉGALEMENT DANS LE NORD DE PHNOM PENH

L'emblématique Psar Thmei

MARCHÉ CENTRAL ET HISTORIQUE

Point de repère au centre de la capitale, le Psar Thmei ("nouveau marché") est souvent appelé **marché central**, en raison de sa taille et de son emplacement. Construit en 1937 dans le style Art déco, il est coiffé d'un dôme immense évoquant une ziggourat babylonienne, qui compterait parmi les dix plus grands du monde.

La conception du bâtiment permet une ventilation optimale, si bien qu'il reste frais et aéré même quand la chaleur est étouffante. Récemment rénové avec le soutien du gouvernement français, le marché a retrouvé sa splendeur d'antan. Il est divisé en quatre ailes remplies d'échoppes de bijoux en or et en argent, de monnaies anciennes, de montres de pacotille, de vêtements, etc. La section des produits frais ravira les photographes. Sur le côté ouest, en face du

HÔTELS DE LUXE DANS LE NORD DE PHNOM PENH

Raffles Hotel Le Royal
Un prestigieux palace historique, dans l'esprit de l'Oriental de Bangkok et du Raffles de Singapour. **$$$**

Rosewood Phnom Penh
Hôtel de luxe à la pointe de la modernité dans un gratte-ciel emblématique, le Vattanac Capital. **$$$**

Hyatt Regency Phnom Penh
La réception occupe un édifice colonial restauré. Palais royal et Musée national sont visibles depuis les chambres. **$$$**

boulevard Monivong, on trouve des stands de restauration. Le marché est l'une des meilleures adresses de la capitale en matière de cuisine de rue ; on y vend aussi bien des insectes frits que du *bobor* (soupe de riz) ou du *kyteow* (soupe de nouilles), à des prix modiques.

Plaisant à explorer, le Psar Thmei est connu pour ses prix souvent excessifs et a la réputation, comme on dit au Cambodge, de "vous raser la tête".

Explorer l'architecture du nord de Phnom Penh

LES TRACES LAISSÉES PAR L'INDOCHINE FRANÇAISE

C'est dans le nord de Phnom Penh, appelé autrefois la "Perle de l'Asie", que l'on peut voir les édifices anciens les mieux conservés. Khmer Architecture Tours (p. 63) propose des circuits guidés à pied et en cyclo pour en découvrir les plus remarquables.

La place de la Poste, encadrée de majestueux édifices vieux d'un siècle ou plus, est l'un des héritages architecturaux de l'Indochine française les mieux préservés. La **poste centrale** – par ailleurs l'endroit idéal pour envoyer du courrier – date de 1895. Le bâtiment renferme également l'excellent Cam Cup Cafe. Parmi les autres adresses notables de la place, citons le Palais de la Poste, restaurant qui occupe l'ancien bâtiment de la Banque d'Indochine dont il a conservé les portes blindées ; l'ancien hôtel Manolis, qui sert de décor au film *City of Ghosts* (réalisé par Matt Dillon en 2003, avec Matt Dillon, James Caan et Gérard Depardieu) et connaît une seconde vie grâce au restaurant et bar à vins **Le Manolis** ; et enfin l'ancien Hôtel de la Poste, très délabré mais peut-être en passe d'être restauré par le groupe hôtelier Royal Group.

La **Bibliothèque nationale** occupe un bel édifice de 1924, près du Vat Phnom. Les Khmers rouges, qui la transformèrent en écurie, en détruisirent la majorité des ouvrages. Beaucoup furent jetés dans les rues et récupérés par des habitants. Certains les restituèrent à la bibliothèque après 1979, tandis que d'autres en déchirèrent les pages pour emballer des denrées. Aujourd'hui, l'édifice abrite, entre autres livres, une collection de volumes usés en anglais et en français. Non loin, le **Raffles Hotel Le Royal**, en plus d'être l'hôtel de luxe le plus connu de la ville, est un véritable monument historique. De nombreux

CAFÉS SYMPATHIQUES À PHNOM PENH

Brown Coffee
L'un des meilleurs cafés de la ville dans ce navire amiral de la chaîne cambodgienne Brown Coffee.

Cam Cup Cafe
Cet élégant petit café sert des bières fraîches, des infusions et d'excellents plats khmers bon marché.

Museum Café
Envie d'un cadre à la fois culturel et verdoyant ? Prenez votre café dans les vastes jardins du Musée national (p. 51).

L'HOMME QUI CONSTRUISIT PHNOM PENH

Vann Molyvann est considéré comme l'architecte qui façonna le Phnom Penh moderne, à travers plusieurs édifices emblématiques de la "nouvelle architecture khmère". Vous pourrez les découvrir avec **Khmer Architecture Tours** (p. 63). Le documentaire *The Man Who Built Cambodia* (Christopher Rompré, 2017) lui est consacré.

CUISINES DU MONDE À PHNOM PENH

Topaz
Escargots de Bourgogne à l'ail et steak tartare figurent à la carte de ce restaurant résolument français. **$$$**

Mexicano
Les tacos du Mexicano, à la nouvelle adresse chic sur le quai, sont toujours aussi délicieux. **$$**

Hummus House
Une institution de la cuisine libanaise à Phnom Penh, où déguster keftas, falafels et grillades traditionnels. **$**

journalistes célèbres travaillant à Phnom Penh y ont résidé entre 1970 et 1975 ; plus récemment, Joe Biden et Angelina Jolie y ont séjourné.

À l'extrémité nord du boulevard Monivong, l'**ambassade de France** joua un rôle significatif dans les journées dramatiques qui suivirent la chute du régime, le 17 avril 1975. Environ 800 ressortissants étrangers et 600 Cambodgiens y trouvèrent refuge. Dans les 48 heures qui suivirent, les Khmers rouges firent savoir au vice-consul français qu'ils refusaient de reconnaître le statut souverain de l'ambassade et que, si les Cambodgiens qui s'y trouvaient réfugiés ne leur étaient pas livrés, ils l'investiraient par la force et n'en épargneraient personne. Les Cambodgiennes mariées à un étranger eurent le droit de rester, mais non les Cambodgiens mariés à une étrangère. Les expatriés virent ainsi employés, collègues, amis et conjoints franchir les portes sous escorte et, pour la plupart, disparaître à jamais. Dès la fin du mois, les étrangers furent expulsés du Cambodge et renvoyés par camions. Ce drame est relaté par l'anthropologue François Bizot, lui-même protagoniste de ces événements, dans son livre *Le Portail* (Folio, 2002), porté à l'écran, en 2014, par Régis Wargnier, dans *Le Temps des aveux.*

Aujourd'hui, un haut mur blanchi à la chaux entoure le vaste ensemble, qui a retrouvé sa fonction première, et la France promeut largement la langue et la culture française dans son ancien protectorat.

Le Vat Phnom (p. 59) est un incontournable de l'exploration architecturale du nord de Phnom Penh. Si vous vous trouvez à proximité à la tombée de la nuit, vous verrez peut-être de grosses chauves-souris frugivores s'envoler des arbres des jardins du **Conseil pour le développement du Cambodge (CDC)**, sis à l'est du temple. Le majestueux édifice colonial était la demeure du gouverneur-général du Cambodge du temps de la présence française, puis fut utilisé par Pol Pot comme bureau principal à l'époque du Kampuchéa démocratique (ou Cambodge démocratique ; nom officiel du Cambodge de 1975 à 1979, du temps des Khmers rouges).

SIROTER UN COCKTAIL À PHNOM PENH

Elephant Bar
Le bar du Raffles attire journalistes, personnalités politiques et autres célébrités depuis près d'un siècle. Happy hour de 16h à 21h.

Oskars
Ce gastropub haut de gamme allie bar et restaurant à la perfection. On y sert des cocktails créatifs, une grande variété de vins et même des dîners jusqu'en fin de soirée.

Battbong
Ce faux bar clandestin est toujours bondé. Pour y entrer, cherchez le distributeur de Coca-Cola au bout de Langka Lane et son bouton caché. Spécialités de cocktails.

Une question d'argent

LE MUSÉE DE L'ÉCONOMIE ET DE LA MONNAIE

Si l'intitulé ne fait pas forcément rêver, le tout nouveau **musée Sosoro** est pourtant l'un des mieux agencés du pays. Il retrace l'histoire de l'argent et de l'économie au Cambodge, depuis l'ère du troc à Angkor, sous l'Empire khmer, en passant par l'abolition du numéraire et la destruction de la Banque

LE PHNOM PENH GAY

Blue Chilli
Les spectacles de travestis organisés à 23h du mercredi au samedi attirent une clientèle gay comme hétéro.

Space Hair Salon
Sous la houlette de son propriétaire, ce salon de beauté et de coiffure (le jour) se mue en bar gay le soir.

Prumsodun Ok & Natyarasa
Troupe de danseurs homosexuels revisitant les classiques khmers dans un esprit contemporain.

Elephant Bar

centrale par les Khmers rouges, pour enfin conclure sur la relative stabilité actuelle. Occupant un imposant bâtiment municipal de 1908, il est organisé autour d'expositions interactives qui insufflent vie au contenu.

Circuits thématiques dans et autour de Phnom Penh

ARCHITECTURE, MYSTÈRE ET AVENTURE

Si vous aspirez à explorer l'héritage de la colonisation française dans le centre de Phnom Penh, à plonger dans les quatre principales religions du Cambodge sur des lieux saints ou à découvrir à pied l'architecture khmère du Sangkum (1953-1970), **Khmer Architecture Tours** est fait pour vous. Chaque dimanche a lieu l'une de ces trois visites. Les dates

BONNES AUBERGES DE JEUNESSE DE PHNOM PENH

Mad Monkey $
Adresse dynamique et populaire qui a récemment déménagé dans un ancien boutique-hôtel.

The Eighty8 $
Chambres privées, dortoirs impeccables et capsules à la japonaise ; bar avec billard et piscine.

The Big Easy $
Adresse populaire dans St 172, la rue des routards ; dortoirs bon marché, chambres et bar animé.

Onederz $
Auberge idéalement située sur le quai, avec piscine et bar sur le toit.

UN DÉCOR DE FILM PRISÉ

La **place de la Poste** (p. 61) apparaît dans de nombreux films, dont *Deux Frères*, de Jean-Jacques Annaud (2004), où y est campé un marché des années 1920, et *City of Ghosts* de et avec Matt Dillon, dans lequel Gérard Depardieu joue le rôle de l'hôtelier grincheux du Manolis.

OÙ S'APPROVISIONNER À PHNOM PENH

Super Duper
L'un des rares supermarchés ouverts 24h/24, pratique pour les creux au milieu de la nuit.

Thai Huot
Chaîne de supermarchés proposant de nombreux produits français ; bon choix de fromages et de charcuterie.

Lucky Market
Cette chaîne de supermarchés cambodgiens a le vent en poupe et compte plusieurs succursales dans la capitale.

MANGER CAMBODGIEN À PETITS PRIX À PHNOM PENH

18 Rik Reay BBQ $
L'un des meilleurs restaurants de grillades dans le quartier du quai. Nombre d'habitants viennent y déguster viandes et fruits de mer grillés.

Sovanna II BBQ $
L'ampleur du choix et le prix modique de la bière locale attirent une clientèle de Cambodgiens et d'expatriés.

Nesat Seafood House $
Des produits de la mer à prix plancher et cuisinés à la perfection, servis dans un cadre branché aux inspirations maritimes.

Boat Noodle Restaurant $
Restaurant thaïlando-cambodgien établi de longue date, réputé pour ses soupes de nouilles et ses curries très épicés.

MARK ANDREWS/ALAMY STOCK PHOTO ©

Poisson frit et salade de mangue, Boat Noodle Restaurant

et les horaires figurent sur le site Internet (ka-tours.org). Vous pourrez par ailleurs organiser un circuit privé sur mesure n'importe quel jour de la semaine ; ceux-ci sont plus coûteux, mais le prix baisse à mesure qu'augmente le nombre de participants.

La visite de la ville peut se doubler d'une chasse au trésor avec **Urban Tales** : vous suivrez la trace d'un mystérieux explorateur français à la recherche d'un objet khmer ancien. Les visites partent de la Bibliothèque nationale et se déroulent sur environ 3 km dans le centre historique. Réservez en ligne (www.urban-tales.com/phnom-penh/) au moins 48 heures à l'avance.

Cyclo Tours soutient les conducteurs de cyclo-pousse, nombreux à vivre dans la rue en peinant à subsister de leur travail. Les circuits en cyclo se révèlent un moyen agréable de découvrir les sites de la ville. Des parcours à thème (tournée des pubs ou visites culturelles) sont aussi proposés.

OÙ PRENDRE UN VERRE EN REGARDANT UN MATCH À PHNOM PENH

Score
Avec son écran XXL et ses TV sur tous les murs, ce bar est l'endroit tout indiqué pour regarder un match.

Hops Brewery
Bar à bière haut de gamme, avec brasserie sur place, où sont retransmis des matchs de football.

Duplex
Taverne belge avec un grand choix de bières, doublée d'un vaste espace extérieur où sont retransmis les grands matchs.

Village Quad Bike Trails organise quant à lui des excursions en quads automatiques, faciles à conduire (2 passagers au maximum), dans la campagne des environs de Phnom Penh. Les circuits d'une journée incluent le temple de Tonlé Bati et la réserve animalière de Phnom Tamao. Si proche que soit la ville, ils permettent de découvrir de superbes paysages ruraux. Des sorties plus longues sont aussi programmées. L'agence se situe à 300 m avant l'entrée du camp d'exécution de Choeung Ek. Réservez par téléphone car le nombre de participants est limité.

Shopping solidaire

DE L'ARTISANAT EN SOUTIEN AU CAMBODGE

De belles boutiques vendent de l'artisanat et des textiles de qualité afin de financer des projets d'aide aux Cambodgiens défavorisés, notamment des amputés victimes de mines antipersonnel, des victimes de trafic et des femmes vulnérables. Ce sont de bonnes adresses pour dépenser quelques dollars tout en faisant une bonne action.

La **Cambodian Handicraft Association** vend de beaux vêtements en soie, des foulards, des jouets et des sacs confectionnés par des victimes de mines antipersonnel.

L'ONG **Daughters of Cambodia** gère divers programmes visant à former et à aider d'anciennes prostituées et victimes du trafic sexuel. Les vêtements, les sacs et les accessoires de mode sont fabriqués à partir de coton bio et de teintures naturelles.

Rajana, l'une des meilleures boutiques d'artisanat, œuvre en faveur de la formation et de salaires décents. Objets insolites en métal, bijoux, articles en bambou, jolies chemises, tentures et bougies : on y trouve de tout.

ONG créée par la princesse Norodom Marie, **Sobbhana** forme des femmes au tissage traditionnel. Sa ravissante boutique recèle de superbes soieries.

À l'entrée du Vat Than, la boutique **Watthan Artisans** vend des soieries et autres objets, dont des sacs à main de style contemporain confectionnés par une coopérative de victimes des mines et de la polio. Il y a également sur place des ateliers de menuiserie et de tissage.

OÙ SE RESTAURER ET PRENDRE UN VERRE À PHNOM PENH

Keo "Thida" Chenda est la propriétaire du Back Street Bar.

Qu'est-ce qui vous a poussé à ouvrir ce bar ? Les femmes à tenir un bar sont assez rares au Cambodge, et même ma famille ne comprend pas vraiment mon choix. Mais j'adore ça. C'est ce qui m'a permis d'être une femme indépendante et de trouver une communauté où je me sens bien.

Quel est votre restaurant préféré dans le quartier ? Il y en a tellement et de toutes sortes, aussi bien de la cuisine de rue cambodgienne que de la gastronomie française. On ne meurt pas de faim à Bassac Lane !

Quel est le meilleur bar de Bassac Lane ? Nous travaillons dur pour faire du Back Street Bar la meilleure adresse de la rue, bien qu'il y ait beaucoup d'excellents bars alentour. Pour moi, c'est le Back Street ou rien !

OÙ MANGER UN BURGER À PHNOM PENH

Burgershack
L'un des meilleurs restaurants de burgers de la ville, avec des spécialités comme le Quarter-Flounder (burger au poisson). $

The Vine
Très apprécié pour ses excellents burgers, ce lieu est aussi un bar à cocktails et un salon de coiffure ! $

Garage Sale
Autre bar-restaurant de burgers du quartier de Langka Lane, spécialisé dans les *smashburgers*. $

SUD DE PHNOM PENH

L'ANIMATION DES BARS ET DES MARCHÉS

Les secteurs branchés de Phnom Penh se nichent dans des ruelles des quartiers sud. La St 240½, rebaptisée Palace Lane, est l'une des rues historiques de l'animation nocturne, avec ses bars et ses graffitis. Bassac Lane, qui concentre sur une petite surface quantité de restaurants et de bars, est sans conteste la plus réputée.

Le Marché russe est l'un des sites phares du sud de Phnom Penh : vêtements et souvenirs s'entassent dans les allées exiguës de ce lieu chaotique. C'est aussi l'épicentre du quartier animé de Tuol Tom Pong, où nombre de restaurants, bars et cafés ont ouvert récemment.

Toutefois, pour la plupart des visiteurs, les souvenirs les plus marquants – et les plus glaçants – sont ceux associés aux lieux de mémoire du génocide perpétré par les Khmers rouges : le musée du Génocide Tuol Sleng et le camp d'exécution de Choeung Ek. Si le Cambodge est parvenu à se reconstruire au cours des dernières décennies, ces sites poignants témoignent de l'ampleur du traumatisme qu'a connu le pays.

Pour les infos pratiques, voir le Carnet d'adresses *p. 91*

À SAVOIR

Entre shopping, cuisine de rue et bars animés, on peut facilement passer une après-midi et une soirée au Marché russe. Après avoir flâné dans ses allées labyrinthiques, vous pourrez vous sustenter aux stands de restauration installés sur le parking. Enfin, on aperçoit le marché sous un angle nouveau depuis le Sundown Social Club de la St 440.

Marché russe (p. 70)

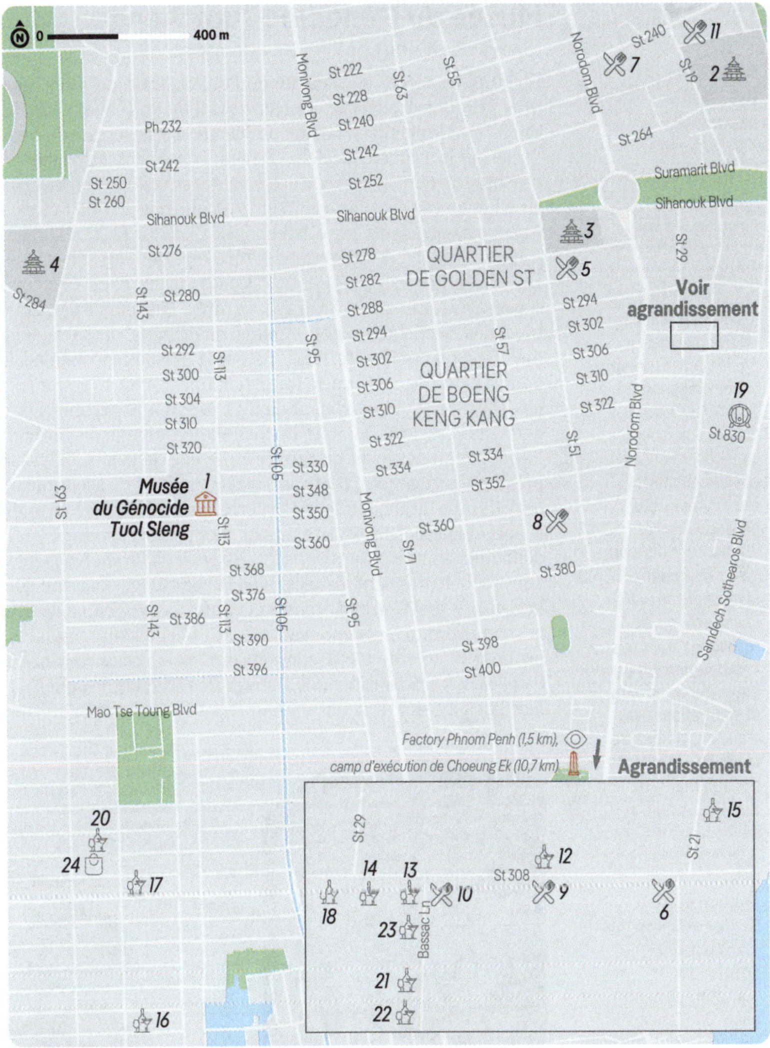

INCONTOURNABLE
1 Musée du Génocide Tuol Sleng

VOIR
2 Vat Botum
3 Vat Langka
4 Vat Moha Montrei

SE RESTAURER
(voir 5) Bistrot Langka
5 Burgershack
6 Ella Greek Kitchen
7 Enso Cafe
8 Farm To Table
(voir 5) Garage Sale
9 Mama Wong's
10 Piccola Italia Da Luigi
11 Planta

PRENDRE UN VERRE ET FAIRE LA FÊTE
12 Back Street Bar
(voir 11) Bong Bong Bong
13 Casa Diego
14 Harry's Bar
15 Hub Street Cocktails
16 La Petanque
17 Long After Dark
(voir 14) Phnom Penh Yacht Club
18 Red Bar
19 Samai Distillery
20 Sundown Social Club
21 The Library
22 Welsh Embassy
23 White Rabbit

SHOPPING
24 Marché russe

Musée du Génocide Tuol Sleng

L'USINE DE LA MORT DES KHMERS ROUGES

En 1975, les forces de sécurité de Pol Pot firent du lycée Tuol Svay Prey la prison de haute sécurité 21, ou S-21. Ce site devint rapidement le plus grand centre de détention et de torture du pays, dirigé par le tristement célèbre Douch. Transformé en **musée**, il constitue un témoignage bouleversant des atrocités commises par les Khmers rouges. Entre 1975 et 1978, quelque 20 000 détenus furent massacrés au camp d'exécution de Choeung Ek. Les Khmers rouges tenaient des registres méticuleux de leurs exactions. Les prisonniers qui passaient par le S-21 étaient photographiés, souvent avant et après avoir été torturés. Plusieurs salles sont tapissées de clichés en noir et blanc de détenus, probablement tous exécutés par la suite. À mesure que la "révolution" s'enfonçait dans la barbarie, les Khmers rouges commencèrent à s'entretuer ; des bourreaux qui officiaient au S-21 furent ainsi exécutés par leurs successeurs. Lorsque l'armée vietnamienne entra dans Phnom Penh au début de l'année 1979, elle ne trouva que sept prisonniers vivants au S-21 ; ils devaient leur survie à leur talent de peintre ou de photographe. Quatorze autres avaient été torturés à mort à l'approche des Vietnamiens ; des photographies de leurs dépouilles sont exposées dans les salles où ils furent retrouvés. Leurs sépultures sont visibles dans la cour. Il va sans dire que la visite de Tuol Sleng est très éprouvante. L'aspect banal du lieu le rend d'autant plus épouvantable. Les cellules improvisées, les instruments de torture, ou encore les barbelés destinés à empêcher les prisonniers de se jeter des balcons, évoquent la face la plus noire de la nature humaine.

Musée du Génocide Tuol Sleng

THANACHET MAVIANG/SHUTTERSTOCK ©

D'AUTRES HISTOIRES DERRIÈRE TUOL SLENG

La visite du musée gagne à se faire avec un guide, qui vous relatera l'histoire de certaines victimes apparaissant sur les photographies. Un audioguide est également disponible.

Deux rescapés de Tuol Sleng, Chum Mey et Bou Meng, sont encore en vie et viennent parfois témoigner de leur passage dans la prison. Tous les jours, à 9h, est projeté *S-21, la machine de mort khmère rouge*, du réalisateur franco-cambodgien Rithy Panh, qui comprend des entretiens avec d'anciens gardes de la prison. Un autre documentaire, *Behind the Wall*, est diffusé à 15h45.

Le musée doit beaucoup au **Documentation Center of Cambodia** (www.dccam.org), fonds de documentation créé par le Cambodian Genocide Program de l'université de Yale (États-Unis). Ses chercheurs ont mené des travaux de traduction de confessions et de documents provenant de Tuol Sleng, de cartographie des charniers et de conservation des preuves des crimes perpétrés.

Camp d'exécution de Choeung Ek

À LA MÉMOIRE DES VICTIMES DU GÉNOCIDE

Entre 1975 et 1978, environ 20 000 hommes, femmes et enfants (y compris des nourrissons), détenus et torturés au S-21, furent conduits dans ce charnier pour y être massacrés et sommairement enterrés. C'est aujourd'hui un **lieu de mémoire**, témoin singulièrement paisible des atrocités commises ici. L'excellent audioguide, disponible en plusieurs langues, dont le français, est compris dans le billet d'entrée.

Les dépouilles de 8 985 personnes, la plupart entravées et les yeux bandés, furent exhumées en 1980 des fosses creusées dans cet ancien verger de longaniers ; 43 des 129 charniers ont été laissés intacts. Des ossements et des fragments de tissu ressurgissent çà et là. Plus de 8 000 crânes, rangés par sexe et âge, sont visibles derrière les vitres du stupa du Souvenir, érigé en 1988.

L'audioguide comprend des récits de survivants et le témoignage glaçant de Him Huy, ancien gardien et bourreau de Choeung Ek, sur les techniques utilisées pour massacrer les prisonniers, y compris les enfants. On en apprend beaucoup sur le régime des Khmers rouges et les procès encore en cours. Une cérémonie commémorative a lieu tous les ans à Choeung Ek, le 20 mai.

Le site, situé à environ 7,5 km au sud de la ville, est accessible en *tuk-tuk* et bien indiqué en anglais (Killing Fields of Choeung Ek). Il peut se visiter sur une demi-journée.

Stupa du Souvenir, camp d'exécution de Choeung Ek

LE RÉGIME DES KHMERS ROUGES EN CHIFFRES

On ignore encore le nombre exact de Cambodgiens qui ont perdu la vie aux mains des Khmers rouges, durant les trois ans, huit mois et vingt jours que dura leur régime. Le Vietnam l'estime à trois millions, tandis que des experts étrangers ont avancé le chiffre d'un million. Les chercheurs de l'université de Yale qui ont mené des études fouillées sur le sujet l'estiment plus proche de deux millions (soit environ un quart de la population cambodgienne). Des centaines de milliers de personnes furent exécutées, tandis qu'au moins autant d'autres moururent de faim ou de maladie.

DES CAMPS D'EXÉCUTION AILLEURS AU CAMBODGE

Les camps d'exécution sont nombreux à travers le Cambodge. Citons les grottes charniers de **Phnom Sampeau** (p. 181), à Battambang, mais aussi plusieurs pagodes, dont le **Vat Thmei** (p. 109) de Siem Reap.

BRUNCHS À PHNOM PENH

Enso Cafe $$
Ce café australien moderne propose d'excellents brunchs et une merveilleuse *tchakchouka* (œufs pochés dans une sauce aux tomates, aux poivrons et aux oignons).

The Shop $
Sandwichs et salades à base d'ingrédients originaux (lentilles et champignons sauvages, etc.) ; gâteaux et autres pâtisseries non moins délectables.

Farm to Table $
Dans cet établissement, qui promeut l'agriculture bio et possède un jardin luxuriant, sont servis toute la journée petits-déjeuners, salades, sandwichs et smoothies.

Textiles, Marché russe

ÉGALEMENT DANS LE SUD DE PHNOM PENH

Négocier au Marché russe

ARTICLES EN TOUS GENRES

Ce **bazar** étouffant est incontournable. Le Marché russe, ainsi nommé, dans les années 1980, car les expatriés soviétiques y faisaient leurs courses, est le meilleur endroit pour acheter des souvenirs et des vêtements dégriffés de grandes marques. Méfiez-vous toutefois : les imitations, nombreuses, côtoient des articles authentiques, issus d'usines locales.

Vous y trouverez des marques comme Banana Republic, Billabong, Calvin Klein, Colombia Sportswear, Gap ou Next. Le marché est aussi réputé pour son grand choix d'artisanat et d'antiquités (souvent fausses) : bouddhas miniatures, sculptures sur bois, boîtes à bétel, soieries, bijoux en argent, instruments de musique, etc. Marchandez ferme, car, chaque jour, les touristes défilent par centaines.

PENSIONS DANS LE SUD DE PHNOM PENH

Mini Banana Guesthouse
Dortoirs corrects, chambres confortables et petit bar-restaurant animé, dans Langka Lane. $

Smiley's Hotel
Grand hôtel de 40 chambres spacieuses réparties sur sept niveaux, avec ascenseur. Une adresse presque chic… $

Tat Guesthouse
Pension accueillante avec espace détente sur le toit. Chambres fonctionnelles avec ventilateur ou climatisation. $

Red Bar, Bassac Lane

la construction (*moha montrei* signifie "le grand ministre"). Le vihara central, surmonté d'une tour de 35 m, fut achevé en 1970. Entre 1975 et 1979, le sanctuaire fut utilisé par les Khmers rouges comme grenier à riz et à blé. Notez les touches historiques cambodgiennes ajoutées à la fresque du vihara, qui relate l'histoire du Bouddha. Les anges accompagnant le Bouddha au ciel sont vêtus à la manière des danseurs khmers traditionnels, tandis que l'assemblée des personnages officiels porte l'uniforme militaire blanc de la période Sihanouk. Le *vat* est à proximité du stade olympique.

Le **Vat Langka**, l'un des plus anciens temples de Phnom Penh, date de 1422. Ce temple bouddhique coloré sis au cœur de la ville, près du monument de l'Indépendance, fut créé comme sanctuaire des saintes écritures de la trinité.

RUELLES TENDANCE À PHNOM PENH

Certaines ruelles de Phnom Penh sont en passe de devenir de vraies concurrentes pour Bassac Lane.

Palace Lane est le nouveau surnom de la St 240½. On y trouve le **Craft**, qui propose notamment un brunch très abordable le week-end, ainsi que le restaurant le **Planta**, une enseigne associée. Non loin, le **Bong Bong Bong** est un bar à cocktails aux propriétaires franco-khmers très appréciés.

Langka Lane, dans le quartier de BKK, est perpendiculaire à la St 51. On y trouve notamment l'excellent **Bistrot Langka**, ainsi que le **Burgershack** et le **Garage Sale**, deux restaurants de burgers.

DE BASSAC LANE AU MARCHÉ RUSSE

Plusieurs établissements de Bassac Lane possèdent d'autres enseignes dans le quartier du **Marché russe** (p. 70) ; c'est le cas de l'excellent Elia Greek Kitchen et de la Welsh Embassy (également appelé Welsh Consulate).

OÙ PRENDRE UN REPAS ENGAGÉ À PHNOM PENH

Daughters Cafe
Le café de l'organisation Daughters of Cambodia (p. 65) sert soupes, smoothies, cupcakes et autres plats. $

Eleven One Kitchen
Ce restaurant pédagogique sert une cuisine cambodgienne saine à base de légumes cultivés sans pesticides. $

Jars of Clay
Boulangerie et plats khmers servis dans une salle climatisée. 10% des bénéfices vont à des personnes dans le besoin. $

POURQUOI J'AIME PHNOM PENH

Nick Ray, auteur

Cela fait plus de 20 ans que je vis à Phnom Penh et j'ai pu assister à sa métamorphose. D'une zone de post-conflit, elle s'est muée en capitale contemporaine à l'aune de ses voisines régionales. Son charme réside dans le mariage réussi de l'Asie d'hier et de celle d'aujourd'hui ; on peut déjeuner dans un marché traditionnel et dîner le soir même dans une brasserie internationale raffinée. La vie nocturne jouit d'une solide réputation, notamment grâce à des lieux comme Bassac Lane. Mais au final, ce sont ses habitants que j'aime le plus. On peinerait à trouver, ailleurs dans le monde, une autre capitale plus accueillante que Phnom Penh !

AUTUMN SKY PHOTOGRAPHY/SHUTTERSTOCK ©

Vat Botum

Autre temple historique, construit par le roi Ponhea Yat (r. 1421-1467), le **Vat Botum** a pour nom officiel Wat Botum Watey Reacheveraram, ou "temple du Lotus bâti par un roi". Particulièrement photogénique, et rehaussé du safran des robes des moines, il fait face au parc du Vat Botum.

ATTENTION AUX ALCOOLS MAISON

S'il existe des alcools sophistiqués et de qualité, élaborés dans de nouvelles **distilleries** (p. 71), le *sraa sor* (vin de riz), plus traditionnel et couramment consommé dans les campagnes des environs de Phnom Penh, est à éviter ; il contient souvent trop de méthanol.

CENTRES COMMERCIAUX À PHNOM PENH

Aeon Mall
Centre commercial d'une enseigne japonaise avec boutiques, restaurant, cinéma multiplexe et bowling.

Chip Mong Noro Mall
Cette galerie marchande doit à ses cafés internationaux et ses boutiques de marques de sport d'attirer une jeune clientèle.

Sorya Center Point
Emplacement central et superbe vue sur le Psar Thmei pour la galerie marchande phare de la ville.

ENVIRONS DE PHNOM PENH

ESCAPADES RURALES ET TEMPLES DANS LES COLLINES

Plusieurs sites des environs de Phnom Penh permettent d'agréables excursions à la journée, offrant un contraste bienvenu avec la frénésie urbaine. Située à seulement 5 km au nord de Phnom Penh, Koh Dach (l'île de la Soie) semble plongée dans une douce torpeur. Un peu plus loin s'étendent la ville d'Oudong, ponctuée de stupas, et les temples angkoriens de Tonlé Bati et Phnom Chisor. Les visites guidées de l'impressionnante réserve animalière de Phnom Tamao permettent d'approcher les éléphants, tigres et autres mammifères rares, tandis que les vastes forêts de pins du parc national de Kirirom dévoilent des points de vue époustouflants sur la chaîne des Cardamomes, monts qui se prêtent à une échappée sauvage hors de Phnom Penh. Et il en va de même d'autres sites à quelques heures de la capitale, à l'exemple des spectaculaires chutes d'eau de Chreav et d'Anlong Svay, ou encore des montagnes à perte de vue de Khnong Phsar.

Pour les infos pratiques, voir le Carnet d'adresses *p. 92*

À SAVOIR

Si vous êtes à l'aise à moto, c'est un bon moyen d'explorer les environs de Phnom Penh, notamment les stupas d'Oudong et les temples de Tonlé Bati et de Phnom Chisor. Le vélo, lui, est tout indiqué pour circuler à Koh Dach et apprécier la tranquillité rurale de ces îles voisines de Phnom Penh.

Oudong (p. 78)

VOIR
1 Chutes d'eau d'Anlong Svay
2 Chutes d'eau de Chreav
3 Parc national de Kirirom
4 Koh Dach
5 Phnom Chisor
6 Réserve animalière de Phnom Tamao
7 Tonlé Bati
8 Oudong

ACTIVITÉS, COURS ET CIRCUITS ORGANISÉS
9 Khnong Phsar
10 Sources chaudes de Te Teuk Pus

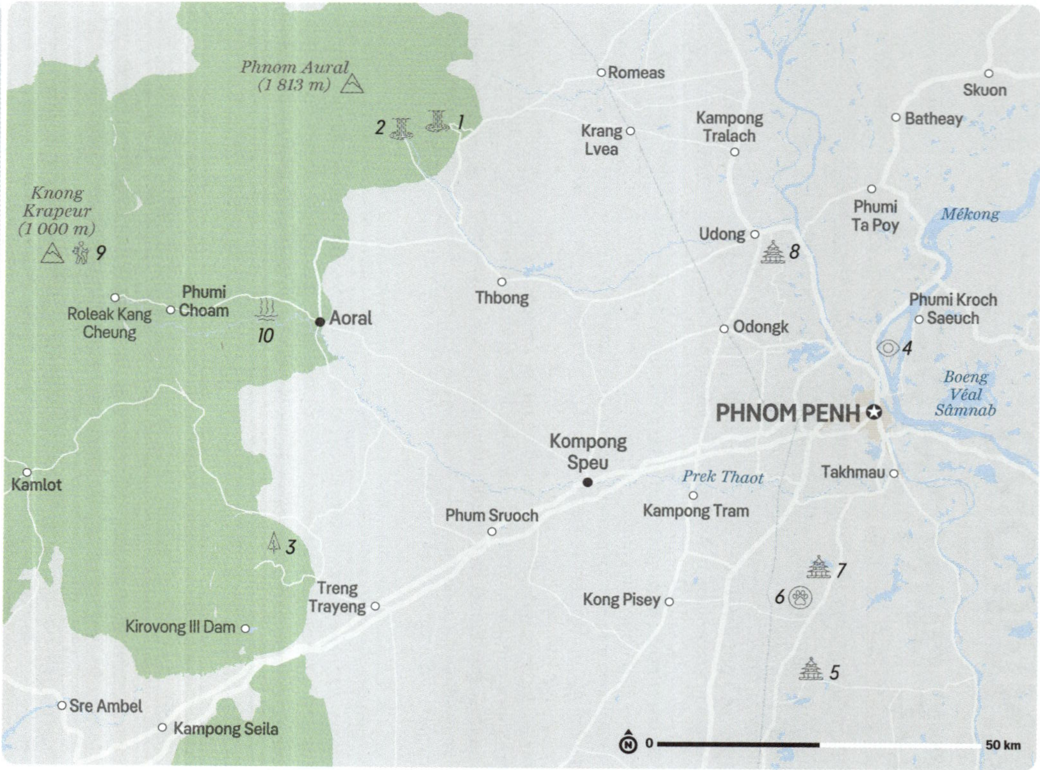

Oudong (p. 78)

Escapade champêtre sur l'île de la Soie

S'ÉCHAPPER À KOH DACH

Appelée "île de la Soie" par les étrangers, **Koh Dach** est en réalité constitué de deux îles situées sur le Mékong, à environ 5 km au nord-est du pont de l'Amitié japonaise. Elles se visitent facilement sur une demi-journée et donnent un aperçu de la vie locale, loin de l'agitation de la capitale.

L'endroit doit son nom au grand nombre de tisseurs de soie vivant sur l'île. À votre arrivée en ferry, vous serez invariablement abordé par des femmes souriantes parlant quelques mots d'anglais, qui vous inviteront chez elles pour voir les tisseurs à l'œuvre et éventuellement acheter un *krama* (foulard à damier traditionnel), un sarong ou d'autres articles en soie. Suivez-les si vous êtes intéressé ; sinon, n'hésitez pas à décliner l'offre poliment, avec le sourire. Vous croiserez de toute manière quantité de tisseurs au cours de votre excursion.

La plupart des visiteurs de Koh Dach passent la nuit à Phnom Penh, mais l'île compte désormais quelques pensions et logements chez l'habitant permettant de partager la vie d'une famille locale. La majorité de ces hébergements sont dans la partie nord de l'île et on va facilement de l'un à l'autre à pied.

Il existe aussi quelques restaurants et stands de restauration, plutôt rustiques. C'est aux tables des pensions ou chez l'habitant que l'on mange le mieux. On trouve beaucoup de fruits frais, ainsi que de l'eau de coco et des jus de canne à sucre. On recommande les échoppes ouvertes pendant la saison sèche à la pointe nord de l'île, qui permettent de faire des achats pour un pique-nique.

Tisseur de soie, Koh Dach

SE RENDRE À KOH DACH

Les conducteurs de *tuk-tuk* proposent des visites de Koh Dach d'une demi-journée. Des circuits en bateau partent chaque jour de l'embarcadère touristique ; **Memorable Cambodia** en organise. Autre possibilité : louer un VTT ou une moto et s'y rendre par ses propres moyens. La traversée du Mékong en ferry est possible à trois endroits ; c'est le point de traversée situé le plus au sud qui est le plus pratique. Traversez le pont de l'Amitié japonaise et suivez la NH6 sur 4 km, puis tournez à droite juste après la Medical Supply Pharmaceutical Enterprise. Prenez ensuite à gauche et suivez la petite route non goudronnée qui part vers le nord sur 500 m environ jusqu'à l'embarcadère du ferry.

CIRCUITS CULINAIRES À PHNOM PENH

Plusieurs circuits organisés de qualité sillonnent la capitale à la découverte de la cuisine de rue. Établi de longue date, **Urban Forage** vous fera déguster de succulentes grillades (version végétarienne possible), des plats traditionnels cambodgiens, des desserts locaux et des fruits tropicaux. Les plus téméraires pourront goûter des insectes, à faire descendre avec une bonne bière à la pression !

Découvrez l'histoire du Cambodge à travers sa cuisine grâce aux excellents circuits gastronomiques de **Lost Plate**. Vous ferez halte dans quatre restaurants peu connus et dans un bar à bières artisanales et à cocktails. Le circuit de fin de journée en *tuk-tuk* (départ à 17h30) retrace l'histoire du Cambodge à travers des spécialités emblématiques.

Damrei Sam Poan, Oudong

ÉGALEMENT DANS LES ENVIRONS DE PHNOM PENH

Oudong, ancienne capitale royale

COLLINES ET STUPAS PRÈS DE PHNOM PENH

La **ville d'Oudong**, dont le nom signifie la "Victorieuse" en khmer, fut la capitale du Cambodge de 1618 à 1866. Ce nom optimiste ne reflétait du reste guère la réalité, le Cambodge étant alors en plein déclin. Plusieurs souverains, dont Norodom Ier, y furent couronnés. Les principaux sites sont aujourd'hui les deux collines de Phnom Oudong, jalonnées de stupas. Toutes deux offrent une belle vue sur la campagne environnante. Phnom Oudong, qui attire beaucoup de monde le week-end, est calme en semaine.

La plus haute des deux collines – la première en venant de la NH5 –, **Phnom Preah Reach Throap** ("colline de la Fortune royale"), doit son nom à un roi khmer du XVIe siècle qui y aurait caché le trésor national lors d'une guerre contre les Thaïs.

AUTRES ADRESSES OÙ SE LOGER À PHNOM PENH

SLA Boutique Hostel
Dortoirs impeccables et belles chambres : cette auberge de jeunesse est la plus propre de Phnom Penh. **$**

You Khin Art House
Cette pension qui se cache dans la discrète St 830 est plus grande qu'elle n'y paraît. On s'y sent comme chez soi. **$$**

Plantation
Hauts plafonds, équipements haut de gamme, salles de bains sans cloison et balcons, sans oublier les deux piscines... **$$$**

Depuis le parking, la première construction que vous verrez en montant, en compagnie de singes, les 509 marches de l'escalier nord est un temple moderne renfermant 5 334 petits bouddhas. Y est également conservée une relique du Bouddha, dérobée en 2013 et retrouvée depuis. En suivant le chemin derrière le stupa le long de la crête, vous arriverez devant trois autres grands stupas alignés. Le premier (au nord-ouest) est le **Damrei Sam Poan**, construit par le roi Chey Chetha II (r. 1618-1626). Décoré de carreaux colorés, le deuxième, l'**Ang Doung**, fut édifié en 1891 par Norodom Ier. Le dernier stupa, le **Mak Proum**, est orné de *garuda* (créatures mi-oiseau, mi-homme), de motifs floraux et d'éléphants, et surmonté de quatre visages. Y reposent les cendres du roi Monivong (r. 1927-1941).

En suivant le chemin derrière le Mak Proum, vous remarquerez un vihara (sanctuaire) en pierre à toit en ciment qui héberge la représentation assise d'un général vénéré, avant d'atteindre une clairière parsemée de constructions, dont trois petits vihara et un stupa. Le premier vihara est le **Vihear Prak Neak**, qui renferme un bouddha assis protégé par un *naga* (serpent mythique) ; *"prak neak"* signifie "protégé par un *naga*". La deuxième construction compte également un bouddha assis. La troisième, le **Vihear Preah Keo**, abrite une statue de Preah Ko, le taureau sacré ; la statue d'origine fut dérobée par les Thaïs il y a bien longtemps. Un peu plus loin, à proximité du stupa, des léopards rouge et noir gardent l'entrée d'un vihara moderne en brique.

Continuez vers le sud-est en longeant un sentier en ciment bordé de fleurs de lotus pour rejoindre l'impressionnant **Vihear Preah Ath Roes**, perché sur Phnom Preah Reach Throap. Détruit par les Khmers rouges en 1977, le vihara soutenu par huit énormes piliers a été bâti depuis, tout comme le bouddha, haut de 20 m. L'ensemble d'origine avait été consacré en 1911 par le roi Sisowath.

En bas de l'escalier principal (nord) menant à la colline Phnom Preah Reach Throap, près des restaurants, se dresse un **mémorial** aux victimes du régime de Pol Pot. Il conserve une partie des ossements retrouvés dans une centaine de fosses communes, qui contenaient une douzaine de corps chacune. Des instruments de torture furent déterrés en même temps que les ossements en 1981 et 1982.

Au sud-est de Phnom Preah Reach Throap, la deuxième colline, moins imposante, est coiffée de deux grands édifices et de plusieurs stupas. De la **mosquée Ta San**, orientée à l'ouest en direction de La Mecque, on découvre au sud, au-delà de la plaine, **Phnom Vihear Leu**, petite colline surmontée d'un vihara flanqué de deux mâts blancs. Le bâtiment à droite du vihara servit de prison sous le régime khmer rouge. La pagode **Arey Ka Sap** s'élève en contrebas, sur la gauche.

SHOPPING MODE À PHNOM PENH

Ambre
Une vitrine parfaite pour les soieries de la créatrice cambodgienne Romyda Keth ; également quelques articles pour la maison.

Artisans Angkor
Élégante succursale du vénérable spécialiste des sculptures et des soieries de Siem Reap, une entreprise sociale qui soutient des artisans à travers le pays.

Muoy Chorm
Tenues de soirée inspirées et vêtements quotidiens originaux sont vendus dans cette boutique de la F3 Friends Futures Factory.

Scarlet Fiber
Des vêtements amoureusement confectionnés à la main, des pièces de tous les jours en coton et lin aux robes de mariée et tenues de soirée sur mesure.

OÙ SE LOGER À KOH DACH (ÎLE DE LA SOIE)

Bonnivoit Homestay
Logement chez l'habitant dans une maison traditionnelle en bois, tenu par un guide très à l'écoute de ses hôtes. $

Le Kroma Villa
Séduisant boutique-hôtel tenu par des Français et doté d'une piscine. $

The Balé
Situé sur la rive du Mékong, cet établissement de luxe jouit d'une vue imprenable sur l'île de la Soie. $$$

DE PHNOM PENH À HÔ CHI MINH-VILLE EN BUS

Le poste-frontière historique de Bavet/Moc Bai entre le Vietnam et le Cambodge (ouvert de 8h à 20h) connaît un trafic stable depuis plus d'une vingtaine d'années. Le plus simple pour rejoindre Hô Chi Minh-Ville (HCMC ; Saigon) est de prendre un bus international depuis Phnom Penh (12-20 $US). Plusieurs compagnies assurent ce trajet, qui dure environ 6 heures. Il n'est pas rare de devoir attendre à la frontière pour entrer au Cambodge ou au Vietnam. Si ce n'est pas le cas, le passage se fait simplement, à condition d'avoir acheté son visa vietnamien à l'avance (si vous en avez besoin). Même si vous n'avez pas opté pour un bus international, vous n'aurez aucun mal à trouver un moyen de transport pour Hô Chi Minh-Ville ou une autre destination au Vietnam.

Faire la visite en compagnie d'un guide vous permettra d'avoir davantage d'informations. Si vous n'en prenez pas un depuis Phnom Penh, demandez Oy au petit guichet où l'on règle le droit d'entrée. Il n'a ni téléphone ni courriel, mais il est natif d'Oudong, parle bien anglais et en sait long sur l'histoire des lieux.

La plupart des visiteurs venant passer la journée à Oudong sont basés à Phnom Penh ou y font halte entre la capitale et Battambang. Si vous voulez améliorer votre sommeil, sachez que le **Cambodia Vipassana Dhura Buddhist Meditation Center** est basé à Oudong. Vous trouverez une myriade de stands de restauration autour du parking principal, en bas de l'escalier nord.

Oudong est à 37 km de la capitale. Prenez un bus en direction de Kompong Chhnang (1 heure jusqu'à Oudong). Il vous déposera à la route d'accès pour Phnom Oudong, à 3 km d'Oudong. Pour rentrer à Phnom Penh, faites signe à un bus pour qu'il s'arrête sur la NH5. Des chauffeurs de taxis et de *tuk-tuk* pourront également vous emmener à Oudong pour la journée depuis Phnom Penh. Plusieurs auberges de jeunesse proposent des excursions d'une demi-journée comprenant souvent une halte au village d'orfèvres de Kompong Luong pour voir le travail des artisans. Pour aller de Phnom Penh à Oudong à moto, prenez la NH5 en direction du nord et tournez à gauche (vers le sud) au niveau d'un imposant porche voûté situé entre les bornes des Km 36 et 37.

Temples anciens de Tonlé Bati

UN PETIT AIR D'ANGKOR PRÈS DE LA CAPITALE

Sous le nom de Tonlé Bati sont regroupés deux **temples de l'époque angkorienne**, le Ta Prohm et le Yeay Peau, ainsi qu'une aire de pique-nique populaire au bord du lac. Le site mérite un crochet si vous partez de la capitale pour rejoindre Phnom Tamao ou Phnom Chisor.

On peut s'installer dans l'une des nombreuses cabanes sur pilotis pour pique-niquer (et découvrir par exemple la spécialité locale : les cuisses de grenouille), mais aussi louer une chambre à air pour flotter sur le lac. Mieux vaut se rendre en semaine à Tonlé Bati, très fréquenté le week-end. Depuis Phnom Penh, le plus pratique consiste à louer une moto ou une voiture.

Le roi Jayavarman VII (r. 1181-1219) fit construire le temple de **Ta Prohm** en latérite sur le site d'un sanctuaire khmer du VIe siècle. Le sanctuaire principal comporte cinq salles renfermant chacune un bouddha moderne. Elles sont ornées de bas-reliefs très travaillés et bien conservés. La salle centrale abrite un lingam (symbole phallique) portant les traces des ravages perpétrés par les Khmers rouges.

Les vestiges du **Yeay Peau**, temple portant le nom de la mère du roi Prohm, sont à 150 m au nord du Ta Prohm, dans l'enceinte

RESTAURANTS CHINOIS ET VIETNAMIENS À PHNOM PENH

Sam Too Restaurant
Nombre de Khmers chinois ne jurent que par le riz frit de ce restaurant et la fraîcheur de ses *dim sum*. $

Magnolia
La carte comprend *banh xeo* (crêpes salées vietnamiennes) d'une finesse extrême et autres classiques très abordables. $

Ngon
Les cuisines de rue vietnamienne et cambodgienne sont réunies ici, dans un cadre sophistiqué. $

Iguane, réserve animalière de Phnom Tamao

d'une pagode moderne. Selon la légende, Peau mit au monde un fils, Prohm, qui découvrit que son père était le roi Preah Ket Mealea et partit vivre auprès de lui. Quelques années plus tard, il revint voir sa mère, mais ne la reconnut pas. Ébloui par sa beauté, il la demanda en mariage et refusa de la croire lorsqu'elle lui révéla leur parenté. Afin de décourager ses avances et d'éviter le mariage imminent, Peau eut l'idée d'un concours : celui qui terminerait d'édifier son temple en premier verrait son vœu exaucé. Le Yeay Peau ayant été achevé en premier, Prohm fut contraint d'admettre que Peau était sa mère.

Superbe faune de Phnom Tamao

PROMOUVOIR LA PROTECTION ANIMALE

Dans la superbe **réserve animalière de Phnom Tamao**, tous les animaux, confisqués à des braconniers ou à des propriétaires abusifs, reçoivent soin et protection dans le cadre d'un programme de reproduction durable des espèces. Une fois soignés, ils sont, lorsque c'est possible, relâchés dans la nature. Si la plupart

BONNES ADRESSES VÉGANES À PHNOM PENH

Backyard Cafe $
Smoothies à base d'ingrédients crus, bols protéinés sans gluten, burgers végans : un café contemporain et décontracté qui fait la part belle aux superaliments.

Vibe Cafe $
Le premier restaurant 100% végan de la capitale concocte des plats originaux à base de superaliments, dont le Ritual Bowl, et des jus détox inventifs (10% des bénéfices sont reversés à la Good Vibe Foundation).

Mercy House $
Ce restaurant végétarien en plein air sert une cuisine japonaise à l'accent cambodgien. Optez pour le *teppanyaki* à la simili-viande ou les "côtes de porc" sauce aigre-douce.

BOUTIQUES ORIGINALES DE PHNOM PENH

Smateria
Boutique réputée pour ses sacs, dont ceux à dos pour enfants, faits à partir de filets de pêche et autres matériaux recyclés.

Space Four Zero
Disquaire et galerie pop art où les sérigraphies rendent hommage à des artistes victimes des Khmers rouges.

Tuol Sleng Shoes
Des chaussures artisanales faites sur mesure d'un excellent rapport qualité/prix.

ACTIVITÉS EN FAMILLE À PHNOM PENH

Coconut Park
Des fontaines où les enfants se rafraîchissent, un parcours aventure, une piste de rollers sous un dôme, un labo Lego et un atelier de peinture sur céramique – sans oublier le sympathique café pour les parents.

The Factory
Quantité d'activités, allant du trampoline au skate park, en passant par l'aire de jeux. Pour les parents : café sur place et marché le week-end.

Urban Space
Parc de jeux moderne organisé autour d'une piscine. Concerts donnés dans le restaurant le week-end.

GARETH BOGDANOFF/SHUTTERSTOCK ©

Phnom Chisor

des animaux évoluent dans d'immenses enclos, améliorés et agrandis au fil des ans avec l'aide de la Wildlife Alliance, de Free the Bears et d'autres ONG internationales de protection de la nature, il est néanmoins à noter que certains vivent dans des enclos modestes et rudimentaires en raison du manque de financement. Nous rappelons cependant qu'il ne s'agit pas d'un zoo comme les autres, puisque ces animaux sont des rescapés qui ont besoin d'un refuge. En payant le droit d'entrée, vous contribuez à la protection et à la survie de la faune cambodgienne.

La réserve mène plusieurs programmes dans le but de soigner puis de relâcher des spécimens d'espèces menacées, comme les gibbons à coiffe, les loutres à pelage lisse et les crocodiles du Siam. Elle fournit également un refuge à des espèces bien connues comme les tigres ou les éléphants d'Asie, et héberge par ailleurs la plus grande population d'ours

DÉCOUVRIR LA WILDLIFE ALLIANCE

En plus des circuits organisés à Phnom Tamao, l'équipe de la Wildlife Alliance gère la **station de remise en liberté de Chi Phat** (p. 226), au cœur de la chaîne des Cardamomes, où est mené un vaste programme de relâchement d'animaux sauvages.

OÙ MANGER ITALIEN À PHNOM PENH

4Ps Pizza
Établissement tenu par un Japonais à l'immense succès grâce à ses saveurs fusion. **$**

Limoncello
Pizzas remarquables (parmi les meilleures de la ville) et excellents desserts. **$$**

Terrazza
Copieuses assiettes d'antipasti, bonnes recettes de pâtes et pizza napolitaine vendue au mètre. **$$**

malais en captivité. On peut se promener dans l'espace accueillant les macaques et les cervidés, ainsi que dans la vaste volière. Phnom Tamao est aussi le lieu idéal pour découvrir les grands mammifères du Cambodge, qui vivent par ailleurs dans des régions reculées où il est difficile de les observer.

La **Wildlife Alliance** propose des circuits donnant accès aux zones où les animaux sont nourris et soignés. Le "Bear Care Tour" de **Free the Bears** permet aux visiteurs d'assister l'équipe de soigneurs le temps d'une journée. Ces visites comprennent le trajet depuis Phnom Penh. Sinon, le plus simple depuis la capitale est de louer une moto ou une voiture et de combiner la visite de Phnom Tamao avec celle de Tonlé Bati ou de Phnom Chisor.

En 2022, Phnom Tamao fut menacé de fermeture par un projet de développement immobilier, heureusement abandonné grâce à l'opposition active de la Wildlife Alliance. La déforestation, alors déjà entamée, fut en partie compensée par des opérations de reboisement massif.

Le temple de Phnom Chisor

POINT DE VUE SUR LES PAYSAGES CAMBODGIENS

Ce **temple** de l'époque angkorienne se dresse sur une colline isolée de la province de Takeo, à 55 km au sud de Phnom Penh. Il offre une vue superbe sur la campagne alentour. Venez tôt le matin ou en fin d'après-midi, car la chaleur de la mi-journée rend l'ascension pénible.

Le temple principal se tient sur le versant est de la colline. Il est entouré par les murs, partiellement en ruine, d'une galerie de 2,50 m de large percée de fenêtres. Remarquez les inscriptions qui remontent au XIe siècle, époque durant laquelle le site était connu sous le nom de Suryagiri. Dans la plaine qui s'étire à l'ouest, les sanctuaires de **Sen Thmol** (juste au-dessous de Phnom Chisor), de **Sen Ravang**, ainsi que l'étang sacré de **Tonlé Om** se suivent en ligne droite en direction d'Angkor. Lors des cérémonies rituelles qui s'y déroulaient il y a neuf siècles, le roi, les brahmanes et la cour suivaient cette direction pour gravir les 400 marches qui menaient à Suryagiri.

Si vous n'avez pas l'énergie d'entreprendre l'éprouvant trajet jusqu'au Preah Vihear ou jusqu'à Phnom Bayong (près de Takeo), visiter Phnom Chisor vous donnera malgré tout le loisir d'explorer un beau temple avec vue. Près du sanctuaire principal, un vihara moderne accueille des moines bouddhistes.

Depuis Phnom Penh, le plus agréable est de louer une moto et de combiner cette visite à celle de Tonlé Bati ou de la réserve animalière de Phnom Tamao. Pendant la saison humide et la saison chaude, il est plus confortable de prendre un taxi collectif ou un bus

PHNOM PENH SOUS LE RÉGIME DES KHMERS ROUGES

Avec l'extension de la guerre du Vietnam au Cambodge, Phnom Penh accueillit de nombreux réfugiés jusqu'à atteindre près de trois millions d'habitants en 1975. Les Khmers rouges entrèrent dans la ville le 17 avril de cette même année et obligèrent la population, dans le cadre de la révolution, à partir immédiatement dans les campagnes. Des familles furent ainsi séparées au cours des premiers jours fatidiques de la "libération".

Durant la période du Kampuchéa démocratique, des dizaines de milliers de Phnompenhois, dont la majorité de l'élite intellectuelle, furent massacrés. Sous le régime des Khmers rouges, la ville ne compta jamais plus de 50 000 habitants – des responsables du parti, des ouvriers et des chefs militaires de confiance.

SANTÉ ET BIEN-ÊTRE À PHNOM PENH

The Place
Le top de la salle de sport, avec beaucoup de machines, une grande piscine et un large choix de cours de cardio-training.

FitnessOne Himawari
L'une des meilleures piscines d'hôtel de la ville. L'entrée comprend l'accès à la salle de sport FitnessOne.

Azahar Cambodia
Séances de yoga tous les jours, cours de *reiki* (méthode de soin énergétique), de méditation et de *bokator* (art martial khmer).

DE PHNOM PENH À HÔ CHI MINH-VILLE EN BATEAU

La plus belle façon de quitter le Cambodge est de partir sur le Mékong pour Kaam Samnor, à une centaine de kilomètres au sud/sud-est de Phnom Penh, de traverser la frontière pour rejoindre Vinh Xuong, au Vietnam, et de poursuivre jusqu'à Châu Dôc, par les terres ou par le Tonlé Bassac via un petit canal. Tous les bateaux partent de l'embarcadère touristique de Phnom Penh. Hang Chau (hangchautourist.vn) a des départs à 12h30. Le trajet entier en bateau dure environ 5 heures. La traversée haut de gamme et légèrement plus rapide assurée par Blue Cruiser (www.facebook.com/bluecruiservn/) part à 13h. La chaîne Victoria Hotel (www.victoriahotels.asia) assure chaque semaine plusieurs trajets en bateau entre Phnom Penh et son hôtel de Châu Dôc.

à destination de Takeo jusqu'à la route d'accès, à 49 km au sud de Phnom Penh, puis de s'organiser sur place pour finir à *moto-dop*.

Explorer le parc national de Kirirom

FORÊTS DE PINS DANS LA BRUME

Pour un sentiment d'évasion total, rendez-vous dans ce luxuriant **parc national** d'altitude, à trois heures de route au sud-ouest de Phnom Penh. Des sentiers de randonnée sillonnent des forêts de pins jusqu'à des falaises et des cascades, abondantes à la saison des pluies, avec, à la clef, une vue extraordinaire sur la chaîne des Cardamomes. Les plus aventureux s'en donneront à cœur joie à VTT.

Depuis la NH4, parcourez 10 km sur une route goudronnée jusqu'à un petit village proche de l'entrée du parc. Dans le village, à la bifurcation, deux possibilités se présentent à vous : la route de gauche mène à l'entrée du parc, à 50 m, puis continue sur 17 km sur une route goudronnée plutôt raide jusqu'au **Kirirom Information Centre**, un centre d'accueil des visiteurs (sans personnel) à l'intérieur du parc national ; la route de droite, non goudronnée, longe le périmètre du parc sur 10 km jusqu'au **programme d'écotourisme communautaire de Chambok**. Ces deux itinéraires offrent des expériences très différentes et éloignées géographiquement l'une de l'autre. Mieux vaut donc consacrer une journée à chacun d'eux.

Dans le parc national même, des myriades de sentiers de randonnée et de pistes (adaptées au VTT) conduisent à de petites cascades saisonnières, à des lacs, temples et demeures abandonnées des années 1960, dont une construite pour le roi Norodom Sihanouk. Pour les trouver, munissez-vous d'une carte ou louez les services d'un guide. Vous trouverez l'un et l'autre à l'excellent centre d'activités du **vKirirom Pine Resort**, qui organise aussi des sorties en kayak ou à VTT, des circuits en tyrolienne et des cours de cuisine, entre autres excursions et locations d'équipement.

L'ascension de 14 km du **Phnom Dat Chivit** ("mont de la Fin de la vie"), où une paroi abrupte offre une vue imprenable sur la chaîne de l'Éléphant et celle des Cardamomes, à l'ouest, est sans doute la plus belle randonnée du parc. Le vKirirom fournit guide et transport jusqu'au départ du sentier de cette ascension appelée "Kirirom Heaven Climb".

La principale curiosité du site écotouristique de Chambok est un sentier de randonnée de 4 km menant à cinq cascades successives (nul besoin d'un guide). La deuxième chute d'eau est dotée d'un bassin où l'on peut se baigner. La troisième, très impressionnante, dégringole sur 40 m. Il est possible de louer des vélos, mais ils ne sont pas d'une grande utilité car le sentier

OÙ SE LOGER À KIRIROM

Séjours à Chambok
Nombreux hébergements chez l'habitant disponibles à Chambok dans le cadre du programme écotouristique. **$**

vKirirom Pine Resort
Étonnantes chambres circulaires dans des "tuyaux", cottages khmers traditionnels et bungalows luxueux. **$$**

Shinta Mani Wild
Campement de "tentes" luxueuses contribuant à la protection de la forêt et de la faune. **$$$**

Chute d'eau, Chambok

se dégrade après le premier kilomètre. Les activités ne manquent guère : balade en char à bœufs traditionnel, cours d'artisanat ou de cuisine élémentaire, randonnée guidée jusqu'à une grotte peuplée de chauves-souris, etc. Pour rejoindre le bureau du site, tournez à gauche au Vat Chambok et roulez sur 1 km. Demandez M. Morn ou M. Cham, qui parlent tous deux anglais.

Le parc national compte deux hôtels et des hébergements chez l'habitant, moins chers, situés près de Chambok et intégrés au programme touristique communautaire. Il y a peu de restaurants indépendants en plus de ceux rattachés aux hôtels et complexes touristiques du parc et des alentours. On trouve toutefois quelques stands de restauration, la plupart près des principaux sites naturels. Chambok compte deux restaurants khmers basiques.

On accède au parc national de Kirirom via le village de Treng Trayern, que traverse la NH4 à 87 km au sud-ouest de Phnom Penh. Vous pourrez prendre un taxi depuis Phnom Penh (environ 100 $US) ou vous

FESTIVITÉS À PHNOM PENH

Phnom Penh étant la capitale et la plus grande ville du pays, c'est un lieu intéressant pour prendre part à certaines festivités typiquement cambodgiennes. La ville se vide lors des fêtes importantes comme le **Nouvel An khmer** (avril) et **P'chum Ben** (fête des Morts ; septembre/octobre), lorsque les citadins rendent visite à leur famille en province. La **fête de l'Eau** (Bon Om Tuk ; octobre/novembre), au contraire, attire des centaines de milliers d'habitants des campagnes venant assister aux courses de bateaux sur le Tonlé Sap. Cette fête a été annulée plusieurs fois au cours des dix dernières années.

DESCENDRE VERS LE SUD PAR LA NATIONAL HIGHWAY 2

Vous pouvez visiter les sites qui s'égrènent le long de la NH2, comme Tonlé Bati, la réserve animalière de Phnom Tamao et Phnom Chisor, sur la route du sud pour rejoindre **Phnom Da** (p. 258) ou la station balnéaire de **Kep** (p. 254).

RESTAURANTS JAPONAIS À PHNOM PENH

Iza
Cuisine japonaise classique et *omakase* (choix du chef) de haute volée, au 37e étage de l'hôtel Rosewood. **$$$**

Nigiri Lab
Dans ce "labo" du Marché russe sont concoctés des menus dégustation à base d'excellents sushis et sashimis. **$$$**

Chidori
Carte variée allant des ramens aux yakitoris, du steak aux sushis, à accompagner de bière à la pression en illimité ! **$**

PICH MAKTHORA/SHUTTERSTOCK ©

Khnong Phsar

BOIRE DES BIÈRES ARTISANALES À PHNOM PENH

Botanico
Bar servant des bières maison dans un petit jardin. Concerts le week-end et soirées quiz le mardi, très appréciées des expatriés.

Noisy Chilli Tap House
Vaste bar en plein air proposant des bières artisanales primées et des formules bière/assiette en happy hour de 17h à 18h.

Embargo
Ce bar caché au fond de Langka Lane sert de bonnes bières artisanales bien fraîches à la pression.

Box Office
Excellent choix de bières artisanales à la pression dans ce petit bar où se retrouvent de nombreux expatriés.

faire déposer en bus à l'intersection de Treng Trayern, d'où des *moto-dop* vous conduiront à l'entrée, à Chambok ou à l'intérieur du parc. Il est fortement recommandé de disposer de son propre moyen de transport.

Les contreforts des Cardamomes

ÉCHAPPÉE SAUVAGE

Les zones protégées du Cambodge, propices à l'écotourisme, sont pour certaines étonnamment proches de la capitale ; c'est le cas des contreforts de la chaîne des Cardamomes.

Les **chutes d'eau de Chreav**, qui ruissellent sur sept niveaux, sont à environ 2 heures 30 (112 km) de Phnom Penh via Oudong, dans la province de Kompong Speu. Le site étant très fréquenté le week-end et pendant les vacances, mieux vaut le visiter en semaine si vous recherchez le calme. Prévoyez une journée entière pour vous rendre sur place, randonner entre les différents niveaux de la cascade et vous baigner dans les bassins naturels. Soyez prudent lors de la saison des pluies : les chemins sont glissants et

RESTAURANTS INDIENS À PHNOM PENH

Namaste
Deux emplacements différents (St 308 et St 63) pour l'un des meilleurs restaurants indiens de la ville. $

Sher-e-Punjab
Un choix tout trouvé pour un curry, à en croire la communauté indienne locale. Les *tandoori* sont succulents. $

Taste Budz
Établissement spécialisé dans la cuisine du Kerala ; les *karahi* épicés sont divins. $

les chutes d'eau, puissantes. À l'approche des cascades, plusieurs stands vendent du poulet et du poisson grillés.

Non loin de Chreav, mais dans la province voisine de Kompong Chhnang, les **chutes d'Anlong Svay** se déversent, pour leur part, sur neuf niveaux et constituent elles aussi un très bel endroit où randonner et se baigner. Le site est très peu aménagé. Toutefois, les deux ensembles de chutes n'étant séparés que de quelques kilomètres, il est question de créer des sentiers de randonnée pour les relier ainsi qu'un camping communautaire.

Les **sources chaudes de Te Teuk Pus** comptent parmi les rares de ce type au Cambodge. Leurs eaux sulfureuses sont réputées bonnes pour la santé. Situées à 112 km de Phnom Penh, dans le district d'Aural, elles sont sur la route menant à Roleak Kang Cheung, l'entrée de la zone très appréciée des randonneurs de Khnong Phsar. L'aménagement est rudimentaire – des bancs en bambou pour se tremper les pieds dans quelques étangs.

Khnong Phsar est très populaire parmi les zones de randonnée relativement proches de Phnom Penh, et se révèle idéale pour une excursion de deux jours. L'accès aux sentiers se fait par la communauté écotouristique de Roleak Kang Cheung ; les marcheurs grimpent ensuite jusqu'au sommet de Khnong Phsar (1 160 m) à travers des prairies vallonnées et des forêts de pins. À l'aube, par temps clair, la vue depuis le sommet sur les vallées emplies de brumes et les pics mystérieux est sublime. Plusieurs **campings** informels se trouvent aux environs du sommet ; des projets sont en cours pour y développer des sentiers de randonnées dignes de ce nom, de véritables campings et même quelques lodges. Il serait même question – idée ô combien séduisante – de créer un itinéraire trans-Cardamomes allant jusqu'à Stung Areng, dans la province de Koh Kong, puisque des liaisons existent déjà depuis l'ouest avec Khnong Phsar et Khnong Krapeau. Il serait ainsi possible de randonner de Roleak Kang Cheung à Stung Areng, ce qui constituerait le maillon manquant d'une traversée des Cardamomes.

Si vous souhaitez davantage d'informations sur ces éventuelles liaisons à travers les Cardamomes, rapprochez-vous des principales agences locales et ONG de protection de la nature, notamment **Solo Landscapes** et le **projet d'écotourisme communautaire de Stung Areng**.

Initiative phare du ministère de l'Environnement et de la Banque mondiale, le **Cambodia Sustainable Landscape & Ecotourism Project** a pour objectif de promouvoir l'écotourisme durable dans les Cardamomes et dans le bassin du Tonlé Sap, vaste bassin versant qui s'étend sur huit provinces du sud-ouest du pays et fournit une large partie de son eau douce.

EXCELLENTS BARS À VINS À PHNOM PENH

Bouchon Wine Bar
Bar à vins élégant se doublant d'un restaurant haut de gamme. Cocktails bien dosés et belle carte de vins français au verre.

Le Manolis
Bar à vins raffiné offrant un large choix, restaurant à tapas et bistrot français, le tout dans une partie joliment restaurée de l'ancien hôtel Manolis.

Little Wine Bistro
Tout petit bar à vins convivial dans l'animation de Bassac Lane, où l'on sert un large choix de vins au verre.

UN SÉJOUR AU FARMHOUSE RESORT & SPA

Résider au **Farmhouse Resort & Spa** (p. 209) permet à la fois de s'échapper de la ville et de découvrir les charmes de la campagne des environs d'Oudong. L'établissement propose à de jeunes gens défavorisés une formation et un emploi dans l'hôtellerie.

CAFÉS ALTERNATIFS À PHNOM PENH

Happy Damrei
Café spécialisé dans les jeux de société, de Risk à Cluedo, en passant par les petits nouveaux.

Cam Cup Cafe
Café prisé des voyageurs ayant pour cadre l'ancienne poste centrale de la capitale.

La. Chronique
Ce grand café du Marché russe – mais d'inspiration française – rend hommage au Cambodge des années 1960.

Carnet d'adresses

PALAIS ROYAL ET QUAI

F3 Friends Futures Factory
Voir p. 56 (☎96 995 3520 ; www.facebook.com/friendsfuturesfactorykh ; 215 St 13 ; ⏲11h30-19h lun-sam)

Java Creative Café
Voir. 57 (javacreativecafe.com – Toul Kork ; ☎77 657 570 ; 20A St 337 ; ⏲7h-20h – Tom Poung ; ☎77 873 929 ; 53 St 468 ; ⏲7h-20h)

Meta House
Voir p. 57 (☎10 312 333 ; meta-house.com ; 48 St 228 ; ⏲8h-minuit mar-dim)

Monument de l'Indépendance
Voir p. 52 (angle Norodom Blvd et Sihanouk Blvd)

Musée national
Voir p. 51 (☎023 217 643 ; www.cambodiamuseum.info ; angle St 13 et St 178 ; adulte/10-17 ans 10/5 $US ; ⏲8h-17h)

Pagode d'Argent
Voir p. 50 (enceinte du Palais royal ; inclus dans le ticket du palais ; ⏲8h-11h et 14h-17h)

Palais royal
Voir p. 49 (Samdech Sothearos Blvd ; 10 $US ; ⏲8h-11h et 14h-17h)

Parc du Vat Botum
Voir p. 52 (Samdech Sothearos Blvd)

Temple de Vat Ounalom
Voir p. 55 (angle Samdech Sothearos Blvd et 13 St ; entrée libre ; ⏲6h-18h)

The Gallerist
Voir p. 57 (☎77 922 011 ; www.facebook.com/Thegallerist.cambodia ; 15-17 St 240 ; ⏲11h-19h mar-dim)

Memorable Cambodia
Voir p. 56 (☎17 226 700 ; memorablecambodia.com ; près du quai Sisowath à l'angle de St 90 et St 94 ; adulte/enfant croisière coucher de soleil 16/8 $US, excursion 4 heures 33/18 $US, excursion 8 heures 105/55 $US)

Palace Gate Hotel
Voir p. 50 (☎023-900 011 ; palacegatepp.com ; 44 bd Sothearos)

Pavilion
Voir p. 50 (☎023-222 280 ; 227 St 19)

Penh House
Voir p. 50 (☎023 212 200 ; penhhouse.asia ; 34A St 240)

Aeon Mall Food Court
Voir p. 55 (www.aeonmallphnompenh.com ; 132 bd Sothearos ; ⏲9h-22h)

Bistrot Langka
Voir p. 54 (☎70 727 233 ; St 51 ; ⏲17h30-22h)

Bopha Phnom Penh
Voir p. 51 (☎23 427 209 ; Sisowath Quay ; ⏲7h-22h)

Cuisine Wat Damnak
Voir p. 50 (☎99 358 520 ; 29 St 228 ; ⏲11h30-14h30 et 18h30-23h lun-sam)

Flavours of Cambodia
Voir p. 55 (soryacenterpoint.com ; Sorya Center Point, 13 St 63 ; ⏲9h-20h)

Kravanh
Voir p. 50 (☎012-539 977 ; kravanhrestaurant.com ; 74 St 174 ; ⏲11h-14h30 et 17h-21h30 lun-jeu)

La Croisette
Voir p. 55 (☎093 999 120 ; lacroisettekh.com ; 241 Sisowath Quay ; ⏲8h-minuit)

Malis
Voir p. 50 (☎015-814 888 ; malis.thalias.com.kh ; 136 Norodom Blvd ; ⏲6h30-22h30)

Marché russe
Voir p. 55 (Psar Tuol Tom Pong ; ☎015-222 930 ; angle St 163 et St 444 ; ⏲6h-16h30 jeu-mar)

Metro Hassakan
Voir p. 55 (☎92 776 551 ; www.facebook.com/MetroHASSAKAN ; 271 Sisowath Quay ; ⏲9h30-23h)

Noodle House
Voir p. 56 (☎77 656 554 ; 32 St 130 ; ⏲9h-minuit dim-mer, 9h-23h30 jeu-sam)

Penh 278
Voir p. 54 (☎16 249 508 ; www.facebook.com/penh278 ; 10 St 278 ; ⏲10h-23h mar-dim)

Pépé Bistro
Voir p. 54 (☎87 911 871 ; www.facebook.com/pepe.bistro.pp ; 223 St 13 ; ⏲12h-14h lun, 12h-14h et 19h-21h30 mar-sam)

Sleuk Chhouk
Voir p. 51 (☎012 208 222 ; www.facebook.com/sleukchhoukofficial ; 4 St 228 ; ⏲10h-22h)

Sombok
Voir p. 50 (☎93 575 157 ; sombok.asia ; 1 St 154 ; ⏲6h-22h)

Special Pho
Voir p. 56 (012 538904 ; 11 St 178)

The Waterside
Voir p. 55 (70 272 555 ; www.facebook.com/thewaterside.bar ; Preah Sisowath Quay ; 16h-minuit lun-jeu, 16h-1h ven-dim)

Yi Sang Riverside
Voir p. 51 (016-320 808 ; www.facebook.com/yisangctm ; Sisowath Quay ; 6h-22h)

Celeste
Voir p. 53 (85 570 570 ; celeste-skybar.com ; The Penthouse Residence, 83B Sothearos Blvd ; 17h-minuit lun-jeu, 17h-1h ven-dim)

Juniper
Voir p. 53 (86 445 901 ; The Point Hotel, 12e ét., 10 St 130 ; 16h-minuit)

Rukkha
Voir p. 53 (81 729 666 ; www.facebook.com/RukkhaSkyBar ; Sisowath Quay ; 17h-minuit dim-jeu, 17h-1h ven-sam)

Sora
Voir p. 53 (23 936 860 ; www.rosewoodhotels.com/en/phnom-penh/dining/sora ; Vattanac Capital, 66 Monivong Blvd ; 17h-minuit)

Battbong
Voir p. 57 (069 291643 ; Langka Lane ; 18h-tard)

Craft
Voir p. 57 (69 248 606 ; 82 St 244 ; 11h-minuit)

Epic
Voir p. 56 (010-600 608 ; www.epic.com.kh ; 122B Tonlé Bassac ; 22h-3h30)

Heart of Darkness
Voir p. 56 (77 837 777 ; www.facebook.com/heartofdarknessclub ; 38 St 51 ; 16h-tard)

Oscar's on the Corner
Voir p. 57 (16 744 644 ; www.facebook.com/OscarsontheCorner ; angle de St 13 et St 104 ; 7h-23h)

Monument, Vat Phnom, Phnom Penh

Pontoon
Voir p. 56 (10 300 400 ; pontoonclub.com ; 80 St 172 ; 22h-5h)

Vito
Voir p. 56 (89 426 280 ; St 81 ; 20h-3h)

Psar Olympic
Voir p. 53 (23 216 666 ; 95 St 286 ; 8h-18h)

Psar O Russei
Voir p. 53 (St 182 ; 6h30-17h30)

Psar Reatrey
Voir p. 53 (marché de nuit ; angle St 108 et Sisowath Quay ; 17h-23h)

NORD DE PHNOM PENH

Ambassade de France
Voir p. 62 (kh.ambafrance.org ; 1 Monivong Blvd)

Bibliothèque nationale
Voir p. 61 (St 92 ; 8h-16h lun-ven)

Conseil pour le développement du Cambodge (CDC)
Voir p. 62 (CDC ; 023 427 597 ; Sisowath Quay)

Musée Sosoro
Voir p. 62 (012 901 542 ; sosoro.nbc.gov.kh ; 19 St 106 ; entrée 20 000 r, avec audioguide 32 000 r ; 9h-18h mar-dim)

Poste centrale
Voir p. 61 (023 428 080 ; angle de St 13 et St 102 ; 7h30-17h30)

Vat Phnom
Voir p. 59 (Memorial Park ; temple 1 $US, musée 2 $US ; 7h-18h lun-ven)

Cyclo Tours
Voir p. 64 (012 509 227 ; St 259)

Khmer Architecture Tours
Voir p. 63 (ka-tours.org, www.facebook.com/KhmerArhitectureTours ; circuit 3 heures 15 $US ; visite dim)

Prumsodun Ok & Natyarasa
Voir p. 62 (www.prumsodun.com)

Urban Tales
Voir p. 64 (☎ 078 911899 ; www.urban-tales.com/phnom-penh ; Bibliothèque nationale, St 92 ; visite 3 heures prix par pers pour 1/2/3/4/+5 pers 85/51/39/33/30 $US ; ⏲ départs 8h15 et 9h15)

Village Quad Bike Trails
Voir p. 65 (☎ 099 952 255 ; www.villagequadbiketrails.com ; visite 1 heure 30/3 heures/demi-journée/journée 35/40/70/150 $US)

Hyatt Regency Phnom Penh
Voir p. 60 (☎ 023 600 1234 ; www.hyatt.com/en-US/hotel/cambodia/hyatt-regency-phnom-penh/pnhrp ; 55 St 178)

Mad Monkey
Voir p. 63 (☎ 023-901 556 ; madmonkeyhostels.com ; 30-32 St 242)

Onederz
Voir p. 63 (☎ 023 982 822 ; onederz.com/phnom-penh ; 14 St 110)

Raffles Hotel le Royal
Voir p. 61 (☎ 023-981 888 ; www.raffles.com/phnompenh ; angle Monivong Blvd et St 92)

Rosewood Phnom Penh
Voir p. 60 (☎ 023 936 888 ; www.rosewoodhotels.com/en/phnom-penh ; 66 Monivong Blvd)

The Big Easy
Voir p. 63 (☎ 096 306 4317 ; www.facebook.com/thebigeasyphnompenh ; 4 St 172)

The Eighty8
Voir p. 63 (☎ 010 942 673 ; 96 St 88)

18 Rik Reay BBQ
Voir p. 64 (☎ 095 361 818 ; 3 St 108 ; ⏲ 7h-21h)

Armand's
Voir p. 60 (☎ 015 548 966 ; www.facebook.com/Armandsbistro99 ; 33 St 108 ; ⏲ 18h-minuit mar-dim)

Boat Noodle Restaurant
Voir p. 64 (☎ 012 774 287 ; 57 blvd Sothearos ; ⏲ 7h-20h)

Burgershack
Voir p. 65 (☎ 096 355 9821 ; www.facebook.com/BurgershackPP ; Langka Lane St 51 ; ⏲ 10h-22h lun et mer-jeu, 10h-23h ven-sam, 7h-22h dim)

Phnom Penh de nuit

CAMBODIA PHOTO / STOCK.ADOBE.COM ©

Garage Sale
Voir p. 65 (☎ 096 357 9741 ; www.facebook.com/GarageSalePhnomPenh ; Langka Lane, St 51 ; ⏲ 17h-minuit lun-ven, 12h-minuit sam-dim)

Hummus House
Voir p. 61 (☎ 092 483 759 ; www.facebook.com/hummushousecambodia ; 81 Sisowath Quay ; ⏲ 10h30-22h30 lun-mar, ven et dim, jusqu'à 23h mer-jeu et sam)

Khema
Voir p. 60 (☎ 015 841 888 ; khema-restaurant.com ; angle St 13 et St 98 ; ⏲ 7h-22h)

Le Manolis
Voir p. 61 (☎ 085 369 300 ; www.facebook.com/lemanolis.pp ; 6 St 13 ; ⏲ 11h-minuit)

Mexicano
Voir p. 61 (☎ 087 834 738 ; 277A Sisowath Quay ; ⏲ 11h30-22h)

Nesat Seafood House
Voir p. 64 (☎ 077 683 003 ; St 446 ; ⏲ 11h-16h et 17h-23h lun-sam)

Palais de la Poste
Voir p. 60 (☎ 011 735 576 ; www.palais-restaurant.com ; 5 St 102 ; ⏲ 11h-14h et 17h-22h)

Sovanna II BBQ
Voir p. 64 (☎ 011 840 055 ; St 21 ; ⏲ 16h-23h)

The Vine
Voir p. 65 (☎ 070 427 557 ; www.facebook.com/thevinephnompenh ; 84 St 244 ; ⏲ 8h-minuit)

Topaz
Voir p. 61 (☎ 015 821 888 ; topaz-restaurant.com ; 162 Norodom Blvd ; ⏲ 11h-14h et 17h30-21h30)

Back Street Bar
Voir p. 65 (☎ 088 922 4731 ; www.facebook.com/backstreetkh ; 14 St 308 ; ⏲ 17h-2h dim-mar, jusqu'à 3h mer-jeu, jusqu'à 4h ven)

Battbong
Voir p. 62 (☎069 291 643 ; www.facebook.com/battbongbar ; Langka Lane à l'angle de St 51 et St 288 ; 18h-minuit)

Brown Coffee
Voir p. 61 (☎023-217262 ; www.browncoffee.com.kh ; angle St 294 et St 57 ; 6h30-21h)

Cam Cup Cafe
Voir p. 61 (☎093 771 577 ; poste centrale, St 13 ; 6h30-20h)

Duplex
Voir p. 64 (☎077 308 393 ; www.facebook.com/DuplexCambodia ; 3 St 278 ; 11h-3h)

Elephant Bar
Voir p. 62 (☎023 981 888 ; www.raffles.fr/phnom-penh/dining/elephant-bar/ ; Raffles Hotel Le Royal, St 92 ; 15h-minuit)

Hops Brewery
Voir p. 64 (☎093 999 014 ; www.hops-brewery.com ; 17 St 228 ; 11h-1h)

Museum Café
Voir p. 61 (☎012 806 068 ; Musée national, St 178 ; 7h-17h)

Oskars
Voir p. 62 (☎023 215 179 ; www.facebook.com/OskarPhnomPenh ; 159 Sisowath Quay ; 17h-minuit)

Score
Voir p. 64 (☎089 371 803 ; 5 St 282 ; 8h-minuit)

Blue Chilli
Voir p. 62 (☎012 566 353 ; www.facebook.com/newbluechilli ; 36 St 178 ; 14h-3h lun-sam)

Space Hair Salon
Voir p. 62 (☎016 916 263 ; www.facebook.com/spacehairsalonandbar ; 66 St 136 ; 12h-2h)

Cambodian Handicraft Association
Voir p. 65 (CHA ; www.cha-cambodia.org ; 28 St 330 ; 8h-18h30)

Daughters of Cambodia
Voir p. 65 (www.daughtersofcambodia.org ; 63 St 456 ; 8h30-17h lun-sam)

Lucky Market
Voir p. 63 (☎081 222 187 ; www.dfilucky.com ; angle de St 106 et St 61 ; 8h-21h)

Psar Thmei
Voir p. 60 (marché central ; St 13 ; 6h30-17h30)

Rajana
Voir p. 65 (☎023 993 642 ; 61C St 450 ; 8h-17h lun-sam)

Sobbhana
Voir p. 65 (☎023 990 213 ; 23 St 144 ; 9h-17h lun-sam et 10h-17h dim)

Super Duper
Voir p. 63 (☎023 210 110 ; 72D St 200 ; 24h/24)

Thai Huot
Voir p. 63 (☎023 900 818 ; 103 Monivong Blvd ; 7h-20h)

Watthan Artisans
Voir p. 65 (☎012 492 093 ; 67 St 240 ; 8h-22h)

SUD DE PHNOM PENH

Factory Phnom Penh
Voir p. 71 (factoryphnompenh.com ; 1159 NH2 ; entrée libre ; 6h-21h)

Camp d'exécution de Choeung Ek
Voir p. 69 (☎023 305 371 ; 7,5 km au sud de Phnom Penh ; 6 $US audioguide inclus ; 7h30-17h30)

Musée du Génocide Tuol Sleng
Voir p. 68 (☎077 252 121 ; tuolsleng.gov.kh ; angle St 113 et St 350 ; adulte/enfant 5/3 $US, audioguide 5 $US ; 8h-17h)

Vat Botum
Voir p. 74 (☎012 872 111 ; St 7 ; 8h-17h)

Vat Langka
Voir p. 73 (☎087 727 207 ; 74 St 294 ; 6h-19h)

Vat Moha Montrei
Voir p. 72 (☎96 809 6040 ; 23b St 173)

Seekers
Voir p. 71 (☎093 998 850 ; www.seekersspirits.com ; 1577 NR2 ; 17h-23h jeu-ven, 12h30-minuit sam, 12h30-21h dim)

Mini Banana Guesthouse
Voir p. 70 (☎089-390379 ; Langka Lane)

Smiley's Hotel
Voir p. 70 (☎016 825 358 ; St 125)

Tat Guesthouse
Voir p. 70 (☎012-975 597 ; 52 St 125)

Brooklyn Bistro
Voir p. 71 (☎011-871 504 ; www.facebook.com/brooklynbistro ; angle St 123 et St 440 ; 10h-22h)

Buffalo Sister
Voir p. 71 (☎017-879 403 ; 15D St 454)

Burgershack
Voir p. 73 (☎096 355 9821 ; www.facebook.com/BurgershackPP ; Langka Lane, St 51 ; 10h-22h lun et mer-jeu, 10h-23h ven-sam, 7h-22h dim)

Casa Diego
Voir p. 72 (☎099 886 885 ; www.facebook.com/casadiegopp ; Bassac Lane, St 308 ; 17h-minuit mar-dim)

Craft
Voir p. 73 (☎69 248 606 ; 82 St 244 ; 11h-minuit)

Daughters Cafe
Voir p. 73 (☎077 657 678 ; www.daughtersofcambodia.org ; 63 St 456 ; 8h30-17h lun-sam)

Eleven One Kitchen
Voir p. 73 (☎086 516 111 ; www.facebook.com/elevenonekitchen ; 20 St 334 ; 7h-21h30)

Elia Greek Kitchen
Voir p. 72 (092 621 132 ; eliathegreekkitchen.com ; Bassac Lane, 12B St 308 ; 11h-23h)

Enso Cafe
Voir p. 70 (078 626 240 ; enso-cafe.com ; 50B St 240 ; 7h-20h)

Jars of Clay
Voir p. 73 (092 674 975 ; jarsofclay.asia ; 1 St 2011 ; 7h30-20h lun-sam)

Farm to Table
Voir p. 70 (078-899 722 ; www.facebook.com/FarmToTablePP ; 16 St 360 ; 8h-21h)

Garage Sale
Voir p. 73 (096 357 9741 ; www.facebook.com/GarageSalePhnomPenh ; Langka Lane, St 51 ; 17h-minuit lun-ven, 12h-minuit sam-dim)

Bistrot Langka
Voir p. 73 (70 727 233 ; St 51 ; 17h30-22h)

Mama Wong's
Voir p. 72 (097-850 8383 ; www.facebook.com/mamawongsdumpling ; 41 St 308 ; 11h-23h)

Piccola Italia Da Luigi
Voir p. 72 (017-323 273 ; 36 St 308 ; 11h30-14h30 et 17h30-22h30 mar-dim, 17h30-22h30 lun)

Planta
Voir p. 73 (061 541 782 ; www.facebook.com/Plantacambodia ; 82E St 244 ; 7h-23h)

The Shop
Voir p. 70 (077 666 115 ; www.theshop-cambodia.com ; 1B St 102 ; 6h30-20h30)

Trattoria Bello
Voir p. 71 (099 474 579 ; www.facebook.com/trattoriabello ; 17C St 460 ; 12h-14h et 17h30-21h30)

Bong Bong Bong
Voir p. 73 (016 385 176 ; St 240 ; 17h-23h lun-sam)

Harry's Bar
Voir p. 72 (093 696 635 ; St 308 ; 16h30-minuit dim-jeu, 16h30-1h ven-sam)

Hub Street Cocktails
Voir p. 72 (017 369 594 ; 20 St 21 ; 18h-1h)

Intégrité
Voir p. 72 (078 288 877 ; www.integritephnompenh.com ; 67 St 450 ; 11h30-23h)

Java Creative Café
Voir. 72 (javacreativecafe.com – Toul Kork ; 77 657 570 ; 20A St 337 ; 7h-20h – Tom Poung ; 77 873 929 ; 53 St 468 ; 7h-20h)

La Petanque
Voir p. 71 (010 873 650 ; www.facebook.com/lapetanquebar ; St 155 ; 15h-1h)

Long After Dark
Voir p. 71 (093 768 354 ; www.facebook.com/longafterdarkcambodia ; 86 St 450 ; 16h-minuit dim-jeu, 16h-1h ven-sam)

Lot 369
Voir p. 72 (www.lot369.com ; 44 St 155 ; 7h30-17h mar-sam, 8h-17h dim)

Phnom Penh Yacht Club
Voir p. 72 (012 602 955 ; www.facebook.com/phnompenhyachtclub ; 34 St 308 ; 16h-2h)

Red Bar
Voir p. 72 (www.facebook.com/redbarcambodia ; angle St 308 et St 29 ; 18h-2h mar-dim)

Sundown Social Club
Voir p. 71 (015 526 373 ; 86 St 440 ; 16h-minuit)

The Library
Voir p. 72 (095 366 243 ; www.facebook.com/thelibrarydaiquiribar ; St 308 ; 16h-minuit dim-lun, 16h-1h mar-jeu, 16h-1h30 ven-sam)

Welsh Embassy
Voir p. 72 (www.facebook.com/WelshEmbassyPP ; 112 St 308 ; 17h30-minuit dim-jeu, 17h30-1h ven-sam)

White Rabbit
Voir p. 72 (Bassac Lane, 16A St 308 ; 18h-1h)

Samai Distillery
Voir p. 71 (077 479 912 ; www.samaidistillery.com ; 9B St 830 ; 18h-23h30 jeu)

Aeon Mall
Voir p. 74 (023 901 091 ; www.aeonmallphnompenh.com ; 132 Sothearos Blvd ; 9h-22h)

Chip Mong Noro Mall
Voir p. 74 (085 922 888 ; www.chipmong.com ; 199 Preah Norodom Blvd ; 9h-22h)

Marché russe
Voir p. 70 (Psar Tuol Tom Pong ; 015-222 930 ; angle St 163 et St 444 ; 6h-16h30 jeu-mar)

Sorya Center Point
Voir p. 74 (016 556 608 ; www.soryacenterpoint.com ; angle St 63 et St 154 ; 9h-21h)

ENVIRONS DE PHNOM PENH

Ang Doung
Voir p. 79 (Oudong)

Chutes d'eau d'Anlong Svay
Voir p. 87 (chaîne des Cardamomes)

Chutes d'eau de Chreav
Voir p. 86 (chaîne des Cardamomes)

Damrei Sam Poan
Voir p. 79 (Oudong)

Étang sacré de Tonlé Om
Voir p. 83 (à la suite de Sen Ravang)

Mak Proum
Voir p. 79 (Oudong)

Mémorial aux victimes de Pol Pot
Voir p. 79 (au pied de Phnom Preah Reach Throap, Oudong)

Mosquée Ta San
Voir p. 79 (Phnom Preah Reach Throap, Oudong)

Pagode Arey Ka Sap
Voir p. 79 (Phnom Preah Reach Throap, Oudong)

Parc national de Kirirom
Voir p. 84 (5 $US)

Phnom Chisor
Voir p. 83 (mont Chisor, Dok Por ; 2 $US ; 7h30-17h)

Phnom Preah Reach Throap
Voir p. 78 (colline de la Fortune royale" ; Oudong)

Réserve animalière de Phnom Tamao
Voir p. 81 (phnomtamaozoolo gicalpark.com ; adulte/enfant visite en journée 80/50 $US ; visite nocturne avec nuit sur place 100/70 $US ; visite en journée départ de Phnom Penh à 7h30, visite nocturne départ de Phnom Penh à 17h)

Temple de Ta Prohm
Voir p. 80 (Tonlé Bati ; billet combiné avec Yeay Peau 3 $US)

Temple de Yeay Peau
Voir p. 80 (Tonlé Bati ; 150 m au nord du temple de Ta Prohm ; billet combiné avec Ta Prohm 3 $US)

Azahar Cambodia
Voir p. 83 (077 541 975 ; www.facebook.com/AZAHARCambodiaYoga ; 39 St 21, Phnom Penh)

Chambok – programme d'écotourisme communautaire
Voir p. 84 (CBET ; 012-698529 ; touchmorn@gmail.com, mlup@online.com.kh ; parc national de Kirirom, Chambok)

Coconut Park
Voir p. 82 (070 962 229 ; Phnom Penh ; 9h-22h dim et mar-jeu, 9h-19h lun, 9h-23h ven-sam)

Ville d'Oudong

Factory Phnom Penh
Voir p. 82 (factoryphnompenh.com ; 1159 NH2 ; entrée libre ; 6h-21h)

FitnessOne Himawari
Voir p. 83 (023-214 555 ; www.himawarihotel.com/rest-relax/fitness-one.html ; 313 Sisowath Quay ; semaine/week-end 10/11 $US ; 6h-21h)

Free the Bears
Voir p. 83 (092 434 597 ; freethebears.org/pages/bear-care-tour-cambodia ; visite avec départ et retour à Phnom Penh adulte/enfant 90/45 $US)

vKirirom Pine Resort
Voir p. 84 (096 222 2735 ; www.vkirirom.com ; parc national de Kirirom ; 8h-20h)

Lost Plate
Voir p. 78 (011 646 801 ; lostplate.com/cambodia ; Phnom Penh ; adulte/enfant circuit gastronomique matin 39/29 $US, circuit gastronomique avec bar 65/49 $US)

Memorable Cambodia
Voir p. 77 (17 226 700 ; memorablecambodia.com ; près du quai Sisowath à l'angle de St 90 et St 94 ; excursion à Koh Dach adulte/enfant 33/18 $US)

Solo Landscapes
Voir p. 87 (sololandscapes.co, www.facebook.com/sololandscapes)

Sources chaudes de Te Tuk Pus
Voir p. 87 (112 km de Phnom Penh, district d'Aural)

Stung Areng – projet d'écotourisme communautaire
Voir p. 87 (097 355 5638 ; areng-valley.org)

The Place
Voir p. 83 (069 876 777 ; www.theplace.com.kh ; 11 St 51, Phnom Penh)

Urban Forage
Voir p. 78 (088 564 4740 ; urbanforage.co ; Phnom Penh ; circuit gastronomique à partir de 25 $US/pers)

Urban Space
Voir p. 82 (023 655 7899 ; www.facebook.com/urbanspacepnh ; St 287, Phnom Penh ; adulte entrée libre, enfant 7 $US ; 8h-18h)

Wildlife Alliance
Voir p. 82 (095-970175 ; www.wildlifealliance.org/wildlife-phnom-tamao ; don minimum 150 $US jan-avr, don minimum 120 $US mai-oct)

Bonnivoit Homestay
Voir p. 79 (071 877 5513 ; Koh Dach St, Koh Dach)

Cambodia Vipassana Dhura Buddhist Meditation Center
Voir p. 80 (ww.cambodiavipas sanacenter.com ; Oudong)

Chambok – séjours chez l'habitant
Voir p. 84 (010 730 600 ; Chambok)

vKirirom Pine Resort
Voir p. 84 (078 777 384 ; www.vkirirom.com ; Kirirom)

Le Kroma Villa
Voir p. 79 (012 933 939 ; www.facebook.com/hotellekromavilla ; Koh Dach)

Plantation
Voir p. 78 (023-215 151 ; theplantation.asia ; 28 St 184, Phnom Penh)

Shinta Mani Wild
Voir p. 84 (012 223 782 ; shintamani.com ; Kirirom)

SLA Boutique Hostel
Voir p. 78 (023-997 515 ; www.slahostel.com ; 15 St 174, Phnom Penh)

The Balé
Voir p. 79 (023-900 425 ; www.thebalephnompenh.com ; NR6A)

You Khin Art House
Voir p. 78 (061 828 577 ; ykarthouse.com ; 13A St 830, Phnom Penh)

4Ps Pizza
Voir p. 82 (089 242 264 ; www.facebook.com/CambodiaPizza4Ps ; Sisowath Quay, Phnom Penh ; 11h-21h30)

Backyard Cafe
Voir p. 81 (078 751 715 ; 11B St 246, Phnom Penh ; 7h-20h)

Chidori
Voir p. 85 (069 352 608 ; St 123, Phnom Penh ; 11h30-14h et 17h30-22h30)

Iza
Voir p. 85 (023 936 860 ; www.rosewoodhotels.com/en/phnom-penh/dining/iza ; Vattanac Capital, Monivong Blvd, Phnom Penh ; 12h-14h30 et 18h-22h30 lun-jeu, 12h-22h30 ven-dim)

Limoncello
Voir p. 82 (081 800 210 ; www.facebook.com/Phnom.Penh.Limoncello ; 14B St 264, Phnom Penh ; 11h30-14h et 17h30-22h)

Phnom Chisor

Magnolia
Voir p. 80 (012-529 977 ; à l'angle de St 242 et St 51, Phnom Penh ; 6h-23h30)

Mercy House
Voir p. 81 (012 279 500 ; 157 St 51, Phnom Penh ; 7h30-19h)

Namaste
Voir p. 86 (015 332 288 ; www.namasteindianfood.com ; 15 St 308, Phnom Penh ; 10h-23h). Autre adresse dans St 63.

Ngon
Voir p. 80 (023-987 151 ; 60 Sihanouk Blvd, Phnom Penh ; 7h-22h)

Nigiri Lab
Voir p. 85 (095 483 240 ; 53 St 123, Phnom Penh ; 11h30-14h30 et 17h30-22h)

Sam Too Restaurant
Voir p. 80 (017 427 688 ; 42-44 Kampuchea Krom Blvd, Phnom Penh ; 7h-2h)

Sher-e-Punjab
Voir p. 86 (023-216 360 ; 16 St 130, Phnom Penh ; 9h-23h)

Taste Budz
Voir p. 86 (017 913 812 ; 13E St 282, Phnom Penh ; 8h-22h)

Terrazza
Voir p. 82 (096 705 2172 ; www.facebook.com/trzpp ; 1C St 282, Phnom Penh ; 11h30-14h30 et 17h30-22h30)

Vibe Cafe
Voir p. 81 (061 764937 ; www.facebook.com/vibeasia ; 26A St 446, Phnom Penh ; 7h30-21h mar-dim, 7h30-16h30 lun)

Botanico
Voir p. 86 (077 943 135 ; www.facebook.com/botanicowineandbeergarden ; 9B St 29, Phnom Penh ; 8h-22h dim-jeu, 8h-23h30 ven-sam)

Bouchon Wine Bar
Voir p. 87 (077 881 103 ; www.facebook.com/bouchonwinebar ; 82 St 174, Phnom Penh ; 16h-minuit lun-sam)

Box Office
Voir p. 86 (012 831 950 ; theboxofficephnompenh.wordpress.com ; 76 St 244, Phnom Penh ; 7h30-minuit lun-sam, 7h30-22h dim)

Cam Cup Cafe
Voir p. 87 (093 771 577 ; poste centrale, St 13 ; 6h30-20h)

Embargo
Voir p. 86 (095 460 356 ; www.facebook.com/embargophnompenh ; Langka Lane, Phnom Penh ; 16h-23h lun-sam)

Happy Damrei
Voir p. 87 (081 665 073 ; www.damrei.club ; 1 St 174, Phnom Penh ; 6h30-21h)

La. Chronique
Voir p. 87 (086 888 559 ; www.facebook.com/La.Chroniquecafebistro ; St 135, Phnom Penh)

Le Manolis
Voir p. 87 (085 369 300 ; www.facebook.com/lemanolis.pp ; 6 St 13, Phnom Penh ; 11h-minuit)

Little Wine Bistro
Voir p. 87 (010 270 645 ; www.facebook.com/PNH.ORG ; St 308, Phnom Penh ; 11h-5h30)

Noisy Chilli Tap House
Voir p. 86 (017 635 592 ; 25 St 350, Phnom Penh ; 17h-22h mar-ven, 15h-22h sam-dim)

Ambre
Voir p. 79 (023-217 935 ; www.facebook.com/AmbreShop ; 37 St 178, Phnom Penh ; 10h-18h)

Artisans Angkor
Voir p. 79 (023-992 409 ; www.artisansdangkor.com ; 12 St 13, Phnom Penh ; 9h-18h lun-sam)

Muoy Chorm
Voir p. 79 (www.muoychorm.com ; F3 Friend Future Factory, St 13, Phnom Penh ; 11h-19h lun-sam)

Scarlet Fiber
Voir p. 79 (089 667 616 ; www.facebook.com/scarletfiberbrand ; St 63, Phnom Penh ; 9h-17h lun-sam)

Smateria
Voir p. 81 (023 211 701 ; www.facebook.com/SMATERIA.bagswithasoul ; 8 St 57, Phnom Penh ; 8h-19h)

Space Four Zero
Voir p. 81 (069 571 100 ; www.facebook.com/space40 ; St 240, Phnom Penh ; 9h-19h)

Tuol Sleng Shoes
Voir p. 81 (069 571 100 ; 138 St 143, Phnom Penh)

SIEM REAP ET LES TEMPLES D'ANGKOR

DES TEMPLES EXCEPTIONNELS

La plupart des visiteurs viennent pour Angkor Vat, père de tous les temples, mais Siem Reap s'affirme de plus en plus comme une destination à part entière.

Les temples d'Angkor sont la rencontre parfaite entre ambition créatrice et dévotion spirituelle. Ici, les dieux-rois de jadis s'employèrent à surpasser leurs prédécesseurs en édifiant des sanctuaires toujours plus spectaculaires. Angkor Vat devint ainsi le plus vaste ensemble architectural religieux de la planète. Trésor pour le monde, les temples d'Angkor sont, pour tous les Khmers, une source de fierté nationale et un lieu de pèlerinage.

URF/GETTY IMAGES ©

Porte d'entrée des temples, Siem Reap a toujours été vouée à la grandeur. La ville a su se réinventer, pour devenir l'épicentre d'un Cambodge chic, entre repaires festifs de baroudeurs, hôtels branchés, bars et restaurants de haute volée, somptueux spas et boutiques. Mentionnons aussi un large choix de circuits, pour les gourmets comme pour les aventuriers, ainsi qu'une scène culturelle créative, avec notamment la principale troupe de cirque contemporain du pays. Siem Reap est par ailleurs ressortie de la crise du Covid-19 nantie de nouvelles pistes cyclables, lesquelles sillonnent la ville et rallient les principaux temples d'Angkor.

La région compte maints autres sites mémorables, dont les villages flottants et sur pilotis du lac Tonlé Sap, des réserves ornithologiques abritant des espèces rares de grands oiseaux aquatiques, ainsi que des infrastructures dédiées depuis peu à la vie sauvage, comme la Kulen Elephant Forest. Il est aussi possible désormais de vivre un séjour chez l'habitant et une tranche de vie locale dans un village traditionnel. Ajoutez à cela quelques temples isolés dans la jungle et des montagnes sacrées, et vous aurez envie de prolonger votre séjour dans la province.

Siem Reap et les temples d'Angkor ont subi de plein fouet l'effondrement de l'industrie du tourisme durant la pandémie. Mais le Cambodge et sa population ont fait montre de leur proverbiale résilience, forgée jadis face à une adversité autrement plus effroyable. Angkor est éternel et Siem Reap est bel et bien de retour.

SITES PRINCIPAUX

GORAN_SAFAREK/SHUTTERSTOCK ©

Angkor Vat (p. 121)

ANGKOR THOM
Fabuleuse ville fortifiée d'Angkor. p. 133

BANTEAY SREI
Bien plus qu'un temple. p. 150

KOH KER
Ancienne capitale, longtemps noyée dans la jungle. p. 158

S'orienter

Siem Reap reste une petite ville et on en explore assez facilement les quartiers du centre à pied, à vélo ou en *tuk-tuk*. Si vous prévoyez des excursions à Angkor et au-delà, il peut être judicieux de louer une voiture ou une moto, car les *tuk-tuk* ont tendance à être lents.

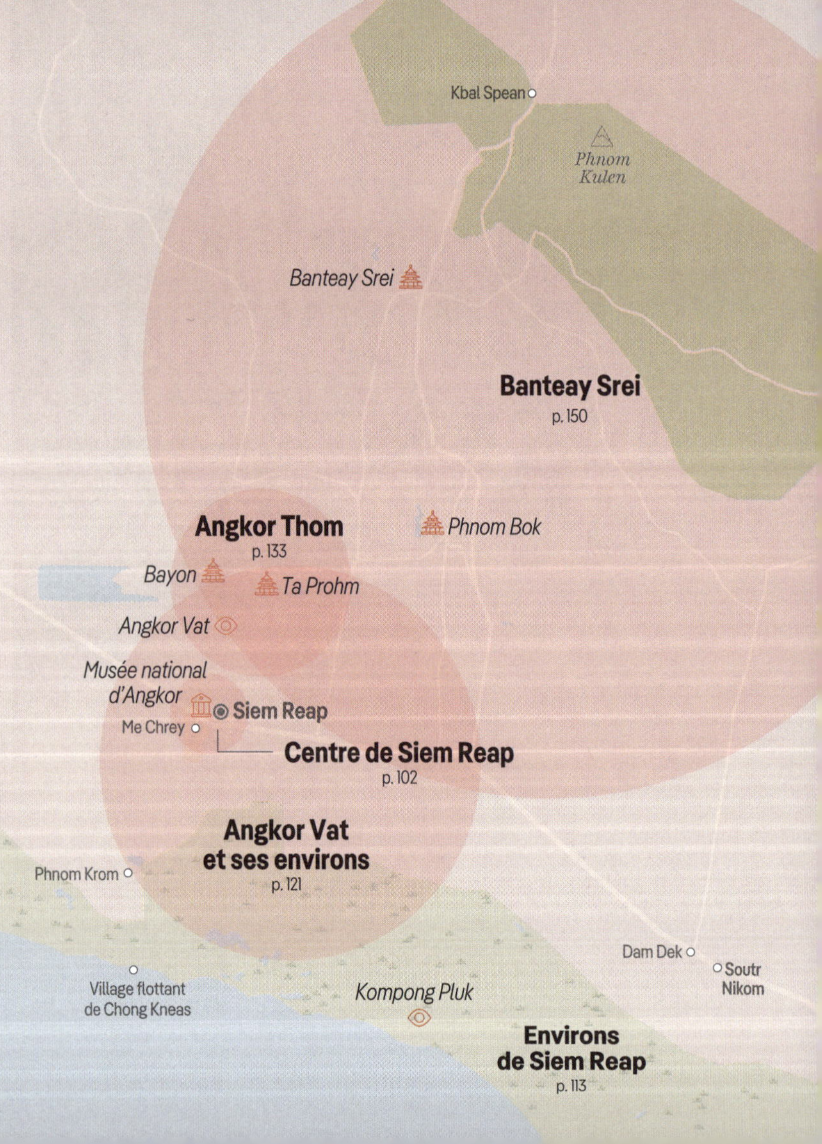

DEPUIS L'AÉROPORT

Beaucoup d'hôtels et de pensions de Siem Reap proposent, sur réservation, un transfert gratuit depuis l'aéroport. Des taxis/*tuk-tuk* officiels attendent à côté du terminal (10/8 $US). En réservant via une application comme Grab (www.grab.com/kh/en/) ou PassApp (www.passapptaxis.com), le prix tombe à 6/4 $US.

VOITURE ET MOTO

La plupart des hôtels et pensions peuvent organiser la location d'une automobile ; tarif à partir de 35 $US par jour. Il n'a longtemps pas été permis aux étrangers de louer des motos à Angkor et dans ses environs, mais les règles semblent s'être assouplies et la location est désormais envisageable, moyennant quelque 10 $US par jour.

TUK-TUK

Le *tuk-tuk* cambodgien – moto avec chariot couvert – est un moyen populaire de se déplacer à Siem Reap et à Angkor, car les passagers peuvent discuter entre eux pendant le trajet. Les prix vont de 15 à 25 $US par jour, mais il faut négocier.

VÉLO

Certaines pensions et boutiques louent des vélos, en général pour 2 $US par jour. Des VTT importés sont disponibles auprès des agences de circuits à vélo pour 8-10 $US par jour, et certains proposent aussi des VTT électriques. Green e-bike (greene-bike.com) loue des vélos électriques classiques pour 11 $US par jour.

Planifier son séjour

L'idéal consiste à passer trois à cinq jours à Siem Reap, pour découvrir les temples d'Angkor, explorer la ville et visiter d'autres sites dans la campagne alentour.

SUTTIRAT WIRIYANON/SHUTTERSTOCK ©

Ta Prohm (p. 142)

Jour 1

Matin

- Préservez-vous de l'affluence en vous rendant, tôt le matin, au temple de **Banteay Srei** (p. 150), joyau de l'art khmer. Puis direction **Kbal Spean** (p. 155) pour un trek dans la jungle jusqu'à la rivière aux Mille Lingams. Mais passez d'abord par l'**Angkor Centre for Conservation of Biodiversity** (p. 115) et joignez-vous, à 9h, à la visite consacrée à la faune.

Après-midi

- Déjeunez au **Borey Sovann Restaurant** (p. 153), puis visitez le passionnant **Cambodia Landmine Museum** (p. 152).

Soir

- De retour à Siem Reap, flânez dans les boutiques de Kandal Village, réservez un massage, régalez-vous de saveurs locales et terminez la soirée dans les bars de **St 26** (p. 108).

Vous aimerez aussi...

Profitez aussi des musées, des emplettes au marché, des bars ou d'une rencontre avec les animaux sauvages.

EXPLORER LA MONTAGNE SACRÉE DE PHNOM KULEN

Phnom Kulen (p. 154) est un plateau ponctué de temples, de cascades et de falaises.

VISITER LE MUSÉE NATIONAL D'ANGKOR

Ce **musée** (p. 104) a rang d'étape incontournable avant la visite des temples d'Angkor.

LA TOURNÉE DES BARS DANS PUB STREET

Pub Street (p. 107) est un haut lieu de la vie nocturne de Siem Reap depuis plus de deux décennies.

DE GAUCHE À DROITE : RAINYCLUB/SHUTTERSTOCK ©, F9PHOTOS/SHUTTERSTOCK ©, MIKEINLONDON/GETTY IMAGES ©

Jour 2

Matin

● Arrivez à la porte nord du temple de **Ta Prohm** (p. 142) vers 7h15, afin de devancer la foule. Observez la canopée de la jungle depuis un angle différent avec **Angkor Zipline** (p. 146).

Après-midi

● Après un déjeuner dans l'une des échoppes de **Sra Srang** (p. 143), gagnez **Angkor Thom** (p. 133) et effectuez-en le circuit à pied pour apprécier au mieux les temples.

Soir

● À la nuit tombée, misez sur un **circuit en scooter** (p. 114) ou un parcours gastronomique avec **Taste Siem Reap** (p. 110). Célébrez cette riche journée avec les saveurs khmères de haute volée de **Cuisine Wat Damnak** ou **Embassy** (p. 107).

Jour 3

Matin

● Offrez-vous le spectacle inoubliable d'un lever de soleil à **Angkor Vat** (p. 122). Privilégiez la porte arrière, côté est, pour éviter la foule sur la chaussée ouest. Continuez jusqu'au vaste temple de **Beng Mealea** (p. 157), dans son écrin de jungle.

Après-midi

● Filez au sud et visitez la communauté flottante de **Kompong Khleang** (p. 116), l'un des plus grands villages du Grand Lac, avec ses pagodes ornementées et ses maisons sur pilotis.

Soir

● Assistez au numéro époustouflant de **Phare, the Cambodian Circus** (p. 111) dans le chapiteau emblématique, à la lisière de la ville.

ROLUOS ET KOMPONG PLUK

Associez, aux **temples de Roluos** (p. 130), une excursion en bateau dans le village sur pilotis de **Kompong Pluk** (p. 113).

LA KULEN ELEPHANT FOREST

Découvrez cette "maison de retraite" pour **éléphants** (p. 115), au cœur de la province de Siem Reap.

ARPENTER LE PSAR CHAA

Le **vieux marché** (p. 105) de Siem Reap existait bien avant l'arrivée des clinquants centres commerciaux climatisés.

REPÉRER DE RARES OISEAUX AQUATIQUES

Cap sur les réserves ornithologiques de **Prek Toal** (p. 118) et **Ang Trapaing Thmor** (p. 119).

CENTRE DE SIEM REAP

LA FACETTE TENDANCE ET CONTEMPORAINE D'ANGKOR

La rivière Siem Reap est le trait dominant du centre-ville : de Phnom Kulen, elle passe par les douves d'Angkor Thom et Angkor Vat puis serpente à travers la ville avant de se jeter dans le lac Tonlé Sap. Elle est bordée d'hôtels, de restaurants et de quelques prestigieux édifices datant du protectorat français.

Pub St, rue emblématique sur la rive ouest de la rivière, concentre boutiques, bars, restaurants et cafés populaires. Sur la rive est, plus calme, les rues secondaires autour du Vat Bo sont en passe de devenir un quartier bohème branché, et l'on s'y plaît à y prendre un verre et à s'y restaurer.

Siem Reap a connu, en l'absence de touristes, d'importants remaniements durant la pandémie, et elle compte désormais de nouveaux jardins publics et rues, ainsi qu'une piste cyclable reliant le centre-ville aux temples d'Angkor.

Pour les infos pratiques, voir le Carnet d'adresses *p. 160*

À SAVOIR

Négociez le prix du transport en arrivant à Siem Reap, car si vous appréciez votre chauffeur, vous pourrez le solliciter pour explorer les temples d'Angkor. Vous pourrez aussi utiliser des applications locales comme PassApp (www.passapptaxis.com) ou Grab (www.grab.com/kh/en/) pour réserver un *tuk-tuk* pour une course en ville, à prix fixe très raisonnable.

Pub Street (p. 107)

STEFANO EMBER/SHUTTERSTOCK ©

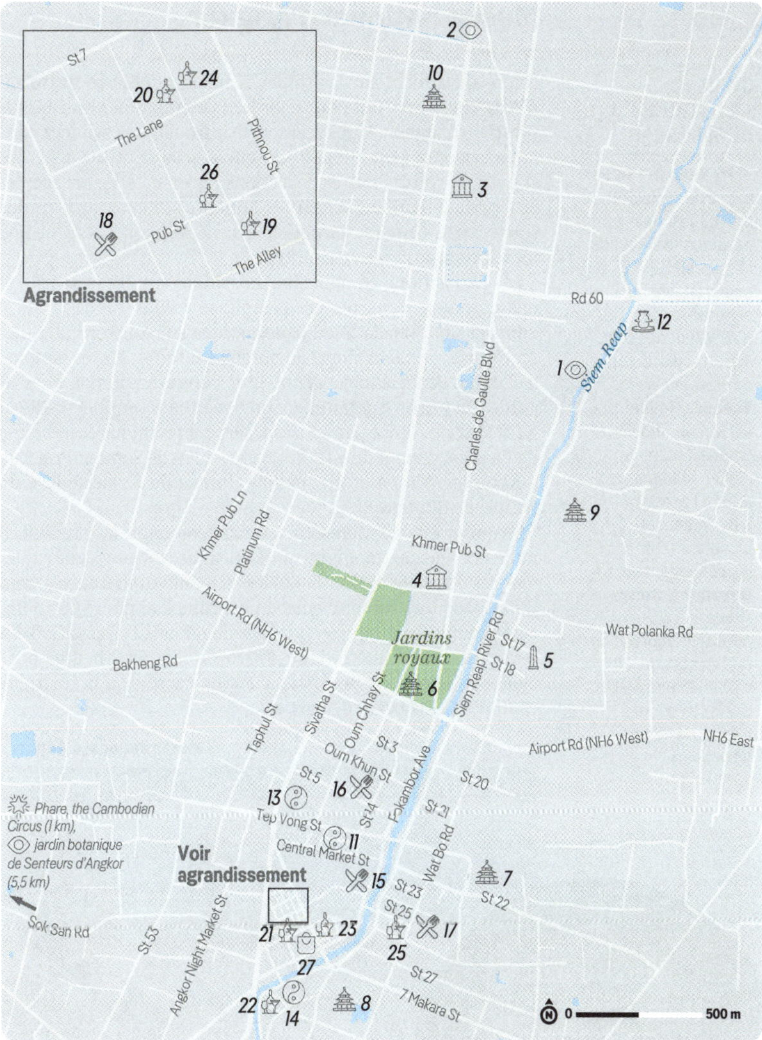

VOIR
1 Angkor Conservation
2 Apopo Visitor Centre
3 Bayon Information Centre
4 Musée national d'Angkor
5 Répliques miniatures des temples d'Angkor
6 Sanctuaire de Preah Ang Chek Preah Ang Chorm
7 Vat Bo
8 Vat Dam Nak
9 Vat Preah Inkosei
10 Vat Thmei

ACTIVITÉS, COURS ET CIRCUITS ORGANISÉS
11 Frangipani Spa
12 Khmer Ceramics & Fine Arts Centre
13 Lemongrass Garden
14 Seeing Hands Massage

SE RESTAURER
15 Chanrey Tree
16 Embassy
17 Pou Restaurant
18 Red Piano

PRENDRE UN VERRE ET FAIRE LA FÊTE
19 Angkor What?
20 Asana Wooden House
21 Beatnik Speakeasy
22 Embargo
23 Laundry
24 Miss Wong
25 SO 26
26 Temple Club

SHOPPING
27 Psar Chaa

UNIVERS ARTISTIQUE DE SIEM REAP

Siem Reap Art Tours s'attarde sur la scène artistique locale, en perpétuelle évolution. Les circuits, qui comprennent la découverte de quatre galeries d'art importantes, durent environ 4 heures. **Theam's House** est la magnifique galerie d'art et atelier du talentueux artiste Theam. Très original et incontournable pour les collectionneurs. **Develter Gallery**, située au FCC Angkor, comprend de fascinants portraits modernistes inspirés par les tatouages tribaux des Chin (Myanmar).

Musée national d'Angkor

VITRINE DE L'ART ANGKORIEN

Imposant édifice sur la route d'Angkor, le **Musée national d'Angkor** est parfait pour aborder la civilisation khmère et le prestige d'Angkor. Après une courte introduction, avancez dans la galerie aux Mille Bouddhas, que distinguent ses superbes statues. Parmi les autres collections figurent celles consacrées aux périodes préangkoriennes Funan et Chenla, aux grands souverains khmers, à Angkor Vat, à Angkor Thom et aux inscriptions gravées en sanskrit.

Les expositions comportent des vidéos sur écran tactile et des commentaires pleins d'emphase ; vous pourrez aussi admirer un lever de soleil panoramique sur Angkor Vat. Si les sculptures semblent moins nombreuses ici qu'au Musée national de Phnom Penh, les objets y ont droit à une présentation d'avant-garde. On y trouve notamment un bouddha assis (fin XIIe-début XIIIe siècle) protégé par un *naga* (serpent mythique), une statue de Vishnou debout du VIIe siècle provenant de Sambor Prei Kuk à Kompong Thom et un sublime linteau du Xe siècle issu du temple de Banteay Srei.

Ce musée étant entièrement climatisé, on gagne à s'y rendre en milieu de journée, tandis qu'une chaleur accablante règne sur les temples d'Angkor. Les audioguides (disponibles en français) sont utiles pour une compréhension plus complète des expositions. Des fauteuils roulants sont gracieusement mis à disposition des voyageurs à mobilité réduite. Prévoyez environ 2 heures pour visiter le musée en profondeur et vous arrêter à la boutique et au petit café avant de partir.

Musée national d'Angkor

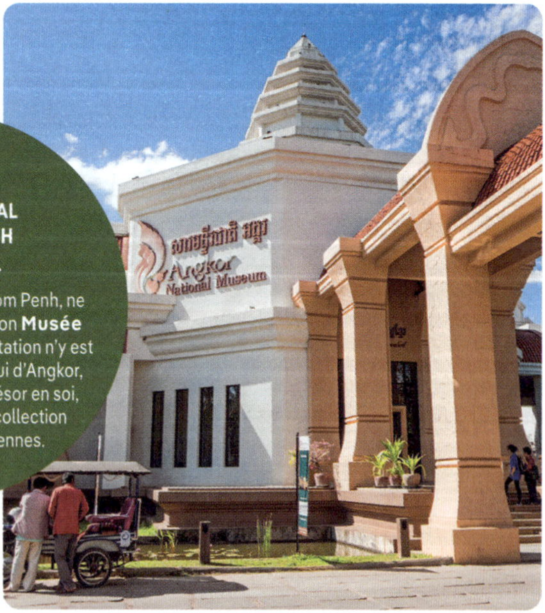

MUSÉE NATIONAL DE PHNOM PENH

Si vous vous rendez à Phnom Penh, ne manquez pas la visite de son **Musée national** (p. 51). La présentation n'y est pas aussi raffinée qu'à celui d'Angkor, mais le bâtiment est un trésor en soi, et recèle une fabuleuse collection de sculptures angkoriennes.

PROMENADE À PIED AU PSAR CHAA

Le Psar Chaa (vieux marché), cœur commerçant de l'ancienne Siem Reap, attire autant les Cambodgiens que les voyageurs venus d'ailleurs. Le marché est organisé en deux moitiés – l'une consacrée aux produits frais, fruits exotiques et articles pour la maison, et l'autre à l'artisanat, aux fausses antiquités, aux textiles et aux vêtements.

Commencez, du côté nord-ouest du marché, devant les **1 balances de la justice**, installées pour éviter tout désaccord entre vendeurs et clients. L'odeur, elle, émane des stands voisins de poisson séché (une méthode traditionnelle de conservation).

Poussez plus avant dans le marché et vous rejoindrez la **2 section des produits frais**, avec ses montagnes de fruits et légumes colorés, familiers ou non. Vous pourrez y acheter de quoi combler une fringale au moment de l'exploration des temples.

En ressortant de l'autre côté de la partie alimentaire, vous arriverez sur des étals **3 d'articles bon marché**, chaussures et sacs à dos par exemple, avec tantôt des contrefaçons, tantôt de vraies bonnes affaires. Musardez dans les allées.

Passez par le "quartier des bijoutiers", une boutique distincte au sein du marché, avant de gagner la **4 section des vêtements**, avec des lots de second choix provenant d'usines textiles. Vous y trouverez une kyrielle de T-shirts imprimés, par exemple d'Angkor Vat, de Tintin au Cambodge ou du slogan "Danger!! Mines!!".

Prenez la direction sud du côté ouest du marché, passez devant des sacs recyclés et des *kramas* (foulards à carreaux) et gagnez le côté sud, où une boutique caritative, **5 Salasusu**, vend de l'artisanat pour soutenir la condition des femmes au Cambodge.

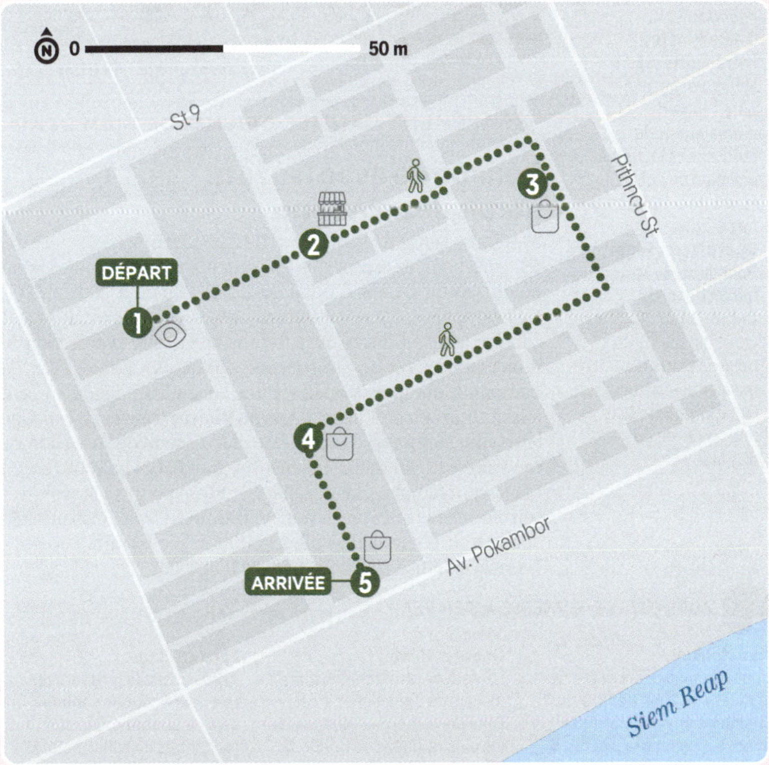

LA CUISINE KHMÈRE POUR LES DÉBUTANTS

Kethana Dunnet est la propriétaire du restaurant Sugar Palm.

Qu'est-ce qui distingue la cuisine khmère de celle de ses voisins ? Elle est moins épicée que la cuisine thaïlandaise, mais nous avons beaucoup d'herbes en commun avec la cuisine vietnamienne. Et la soupe y occupe une place très importante.

Quels sont les ingrédients clés ? Notre *kreung*, une pâte à base de citronnelle et de curcuma. Et le *prahoc*, une pâte de poisson fermenté au goût très fort et salé.

Quel plat de Sugar Palm incarne le mieux l'âme du Cambodge ? Je conseille l'*amok* de poisson (curry de poisson assez doux), cuit à la vapeur dans une coque de noix de coco.

Rat démineur, Apopo Visitor Centre

ÉGALEMENT DANS LE CENTRE DE SIEM REAP

Rencontre avec les rats héroïques d'Apopo

DÉMINAGE INNOVANT AU CAMBODGE

Ici, vous pourrez rencontrer les vaillants rongeurs œuvrant au déminage du Cambodge. L'association Apopo a entraîné des rats de Gambie, à l'odorat ultra-sensible et quasiment aveugles, à flairer les explosifs, ce qui a fortement accéléré la détection de mines en zone rurale – trop légers pour activer la mise à feu, ils mettent 30 minutes à analyser une zone qu'un démineur seul aurait sécurisée en 4 jours. L'**Apopo Visitor Centre** en explique le travail, au moyen d'une courte vidéo suivie de l'occasion de rencontrer les animaux eux-mêmes. En 2020, l'un d'entre eux, Magawa, a remporté la médaille d'or PDSA pour “sa bravoure et son dévouement face au devoir”, et pris une retraite bien méritée après avoir sécurisé quelque 225 000 m^2 de terrain. Superbes T-shirts et autres souvenirs dans la boutique.

AUBERGES DE JEUNESSE À SIEM REAP

Mad Monkey
L'une des mégas auberges de jeunesse de Siem Reap, avec chambres privées, dortoirs et accès gratuit à la piscine. $

Onederz Hostel
Lauréat de plusieurs “hoscars” (oscars de l'hôtellerie), c'est l'une des auberges de jeunesse les plus raffinées de la ville. $

Funky Village
Adresse festive prisée, avec une cour occupée par une piscine où sont organisées des rencontres de water-polo. $

Le sanctuaire sacré de Siem Reap

INVOQUER LA BONNE FORTUNE AVEC LES HABITANTS

Juste à l'ouest de la résidence royale se dresse le **Preah Ang Chek Preah Ang Chorm**, un sanctuaire bouddhique qui abrite les statues sacrées de deux princesses d'Angkor. À l'origine conservées dans la galerie aux Mille Bouddhas à Angkor Vat, elles furent déplacées ici ou là dans Siem Reap pour les protéger des envahisseurs, et terminèrent leur parcours ici en 1990. Les habitants, en particulier les jeunes mariés, viennent invoquer la bonne fortune ; à la tombée du jour, les volutes d'encens subliment l'atmosphère. À côté du sanctuaire, les grands arbres des jardins royaux sont peuplés d'une colonie de roussettes (ou renards volants), qui prennent leur envol le soir venu.

Tournée des bars dans Pub Street

SIEM REAP APRÈS LE COUCHER DU SOLEIL

Pub Street et le bar Angkor What? sont devenus aussi renommés que les temples d'Angkor pour toute une génération de baroudeurs. Si Pub St fait les gros titres et voit affluer les noceurs, il existe d'innombrables ruelles et allées dans l'ancien quartier français : autant de points de départ fabuleux pour une tournée des bars.

Démarrez la soirée à l'**Asana Wooden House**, une résidence rurale traditionnelle (dernière du voisinage à dater de la Siem Reap d'avant l'urbanisation), dans une petite rue. Le vin de riz infusé en dynamise les concoctions, et il y a même des cours de cocktails, alternative ludique à ceux de cuisine.

Continuez avec le **Beatnik Speakeasy**, au formidable emplacement à un angle de rues, puis passez par le **Psar Chaa (vieux marché)**, pour un dîner typique à l'un des nombreux stands de cuisine cambodgienne. De quoi se caler l'estomac avant les libations à venir.

Gagnez ensuite Pub St elle-même, mais soyez prêt à un volume sonore poussé au maximum. Jetez un coup d'œil au **Red Piano**, l'un des premiers bars-restaurants à avoir ouvert dans cette rue. Plus loin dans Pub St se trouve une autre institution, le **Temple Club**, dont l'empire est désormais si important que nombre de bars du secteur appartiennent au même groupe.

Terminez au seul et unique **Angkor What?**, un bar qui s'est bâti un nom depuis 1998. Si vous réussissez à rester au comptoir jusqu'à 5h, peut-être pourrez-vous combiner l'Angkor What? avec un lever de soleil sur Angkor Vat, mais vous risquez de ne pas garder souvenir de l'expérience !

LA MEILLEURE CUISINE GASTRONOMIQUE KHMÈRE

Cuisine Wat Damnak $$$
Le restaurant du chef Joannès Rivière offre l'expérience ultime en matière de cuisine khmère contemporaine. Menus de saison à base de produits frais du marché, remaniés chaque semaine.

Embassy $$$
Ici, la gastronomie khmère est omniprésente, avec un menu changeant au gré des saisons, sous la houlette on ne peut plus créative des jumelles Kimsan.

Chanrey Tree $$
Chanrey Tree combine cadre élégant et gastronomie khmère contemporaine et créative, tout en restant fidèle aux fondamentaux de la cuisine cambodgienne traditionnelle.

BOUTIQUES-HÔTELS À SIEM REAP

Baby Elephant Boutique Hotel
Géré par un sympathique clan australien. Fabuleux lits et salles de bains, belle piscine et ravissant toit-terrasse. **$$**

Rambutan Resort
Un complexe hôtelier plein de cachet et *gay-friendly*, occupant deux magnifiques villas, avec piscine. **$$**

Shinta Mani Angkor
Un design chic contemporain, deux piscines, un spa et un soutien au tourisme responsable. **$$$**

LES MEILLEURS BARS À BIÈRES ARTISANALES

Pomme Brewhouse & Kitchen
L'un des bars-restaurants les plus attrayants de Siem Reap, avec sur place une microbrasserie réputée produire les meilleures bières de la ville. Cuisine excellente, soirées quiz et musique live toutes les semaines.

Embargo
Nouvelle branche d'une institution de Phnom Penh située sur la rive sud-est de la rivière Siem Reap. Large choix de bières du Cambodge et d'ailleurs. Plats proposés à la livraison.

BRASSERIES ARTISANALES À PHNOM PENH

L'univers de la brasserie artisanale est florissant à Phnom Penh, avec notamment **Noisy Chilli** (p. 86) de la Riel Brewery, **Botanico** (p. 86), fief de Cerevisia Brewery, et **Hops Brewery** (p. 64), la célèbre microbrasserie allemande.

Une soirée dans St 26

L'ÉPICENTRE BOHÈME DE SIEM REAP

Après les années sombres de la pandémie, St 26 est devenue le secteur branché de Siem Reap ; elle est désormais surnommée Boho, du fait de sa proximité avec le Vat Bo.

Miss Wong vous ramènera dans la Shanghai chic des années 1920. Les cocktails sont excellents et des *dim sum* figurent à la carte. Le lieu, *gay-friendly*, est prisé des expats huppés.

Fort de l'une des ambiances les plus décontractées et tendance de la ville, **Laundry** est l'endroit incontournable pour la musique électronique ; bondé le week-end.

SO 26 est une adresse animée pour un en-cas léger et un *espresso* martini bien corsé qui vous permettra de tenir toute la soirée. Les DJ invités le week-end attirent les foules.

Conservation d'Angkor

COLLECTIONS CACHÉES ET RESTAURATIONS

Logiquement situé dans Angkor Conservation St, **Angkor Conservation** est une institution du ministère de la Culture qui abrite plus de 5 000 statues, lingams (symboles phalliques) et stèles gravées, entreposés ici pour les protéger du pillage subi par des centaines de sites autour d'Angkor. Les plus belles statues sont à l'abri dans les entrepôts d'Angkor Conservation, dûment numérotées et cataloguées. En théorie, le lieu est fermé au public, mais il est parfois possible d'accéder à la collection moyennant une participation.

Non loin, dans le nord de Siem Reap, le **Bayon Information Centre** initie les visiteurs à l'histoire de l'Empire khmer et aux projets de restauration menés autour d'Angkor, à travers une série de courts-métrages et d'expositions. Aménagé dans le bel édifice de la Japanese Government Team for Safeguarding Angkor (JSA), ce site est bien moins cher d'accès que le Musée national d'Angkor, mais sachez que vous n'y verrez aucune statue.

Vat anciens de Siem Reap

L'ÂME BOUDDHIQUE DE LA VILLE DES TEMPLES

Porte d'accès aux temples sacrés d'Angkor, Siem Reap abrite de beaux *vat* (temples bouddhiques) datant du XIXe siècle.

L'un des plus anciens temples de la ville, le **Vat Bo** compte une collection bien conservée de peintures murales de la fin du XIXe siècle inspirées du *Reamker*, la version cambodgienne de l'épopée du *Ramayana* indien. On y entend parfois, entre 16h30 et 18h, les envoûtantes psalmodies des moines.

HÔTELS DE LUXE À SIEM REAP

Amansara
Aménagé dans l'ancienne villa réservée aux invités du roi Sihanouk, un hôtel au luxe vertigineux. **$$$**

Phum Baitang
Les chambres de ce complexe sont aménagées dans de spacieuses villas, certaines avec piscines privées. **$$$**

Maison Polanka
Quelques chambres dans une maison luxueuse répondant à tous les désirs. **$$$**

MARQUARDT_PHOTOGRAPHY/GETTY IMAGES ©

Vat Bo

Palais royal sous le règne du roi Sisowath, d'où le nom *dam nak* (palais), le **Vat Dam Nak** abrite aujourd'hui le Center for Khmer Studies (khmerstudies.org), une institution indépendante promouvant une meilleure compréhension de la culture khmère, dotée d'une bibliothèque de recherche accessible sans inscription.

Situé à l'extrémité nord de la ville, le **Vat Preah Inkosei** a été construit sur le site d'un ancien temple angkorien en brique, encore visible à l'arrière de l'enceinte.

Au sud du centre-ville, le **Vat Athvear** est une belle pagode qui voisine avec un ancien temple en brique, lequel, encore en très bon état, reçoit beaucoup moins de visiteurs que les principaux temples d'Angkor, ce qui en fait un lieu paisible en fin d'après-midi. Pour y accéder, vous aurez besoin d'un pass pour Angkor.

Le **Vat Thmei** possède un petit stupa où reposent des crânes et des ossements de victimes des Khmers rouges. Sur place, de jeunes moines tentent volontiers d'engager la conversation en anglais.

LA MEILLEURE CUISINE KHMÈRE MODERNE

Pou Restaurant $$
Dans Maison 557 à Boho, Pou propose un menu novateur : salade au rayon de miel grillé ou poulet aux fourmis rouges en entrée, et saucisse de poitrine de porc de Phnom Kulen ou curry de gâteau de légumes épicé.

Jomno Street Food $
Un concert de louanges pour des saveurs originales, avec des plats issus de la cuisine de rue cambodgienne, comme les nouilles *naom banchok* et la saucisse de Battambang.

Tavern Restaurant $$
À Chreav, cette belle adresse de campagne, sise dans une maison sublime, sert du poisson cuit dans le gros sel de Kampot et des grenouilles farcies aux épices khmères.

OÙ SE RESTAURER À PETITS PRIX À SIEM REAP

Marché de nuit de la route 60
Goûtez des en-cas cambodgiens, notamment des insectes frits et des grillades. Bon choix de bières. $

Pot & Pan Restaurant
Des plats à prix raisonnables, bien présentés et authentiques – le riz local est joliment servi dans une feuille de lotus. $

Tevy's Place
Ce ravissant petit restaurant familial, dans St 26, propose des classiques cambodgiens abordables. Recommandé. $

LES MEILLEURES EXPÉRIENCES GASTRONOMIQUES

Taste Siem Reap
Dîners privés dans les meilleurs restaurants et bars de la ville – une excellente manière de découvrir l'univers culinaire de Siem Reap.

Siem Reap Food Tours
Choisissez un circuit matinal comprenant des marchés et les stands de *naom banchok* de Preah Dak, ou un circuit en soir ée avec des étals de cuisine de rue et des restaurants de barbecue.

RAQUEL MOGADO/ALAMY STOCK PHOTO ©

Phare, the Cambodian Circus

Répliques miniatures des temples d'Angkor

POINT DE VUE PANORAMIQUE SUR ANGKOR

L'un des lieux les plus insolites de la ville est le jardin du maître sculpteur local Dy Proeung, qui abrite des **répliques miniatures des temples d'Angkor**, à l'exemple d'Angkor Vat, du Bayon et du Banteay Srei. Il s'agit d'un manière comme une autre d'avoir une vue aérienne sur Angkor sans devoir louer un hélicoptère ou disposer d'un drone. Des maquettes sont aussi exposées au Preah Ko (p. 131).

Jardin botanique contemporain

PARADIS DES SENS

Dans le café du **jardin botanique de Senteurs d'Angkor**, vous pourrez goûter des thés et cafés spéciaux. Il s'agit davantage d'un laboratoire que d'un jardin, puisqu'on y fabrique aussi des savons, des huiles et des parfums, le tout à base d'ingrédients bio cultivés sur place. Il occupe un bâtiment construit tout exprès, à côté de l'Angkor Golf Resort, et des visites gratuites quotidiennes sont organisées pour présenter le processus de production, depuis l'extraction des huiles essentielles jusqu'à la confection de produits de beauté originaux.

CIRQUE À BATTAMBANG

Si vous vous rendez à Battambang lors de votre séjour au Cambodge, passez par le **Phare Ponleu Selpak** (p. 180), le campus où tout a commencé.

PLATS ROBORATIFS À SIEM REAP

Jungle Burger
Plus de 10 burgers différents, ainsi que des sandwichs consistants et des tourtes maison. $

Viva
Cuisine mexicaine et margaritas pour cette adresse établie de longue date, située en face du Psar Chaa. $

Wat Beast
Un excellent petit menu de burgers customisés et créatifs, de macaronis au fromage et de bières artisanales. $

Toujours plus haut

LE CIRQUE EST EN VILLE

Équivalent cambodgien du Cirque du Soleil, **Phare, the Cambodian Circus** est bien plus qu'un cirque conventionnel et met l'accent sur l'aspect artistique des numéros – tous transmettent un message social. Principale organisation cambodgienne consacrée au cirque, au théâtre et aux arts de la scène, Phare Ponleu Selpak présente ici depuis 2013, sous son grand chapiteau, un spectacle à ne pas manquer.

Plusieurs générations d'interprètes ont été formées sur le campus d'origine de Phare, à Battambang, avant d'aller se produire dans le monde entier. Beaucoup ayant connu la violence et la misère, leur talent tient d'une victoire sur l'adversité. C'est une sortie enthousiasmante pour les adultes comme pour les enfants dont tous les bénéfices sont réinvestis dans les activités de Phare Ponleu Selpak. Les amis des bêtes seront contents d'apprendre qu'aucun animal ne participe au spectacle.

Argile créative au Khmer Ceramics & Fine Arts Centre

L'ART DE LA POTERIE

Donnant sur la Siem Reap, au nord de la ville, le **Khmer Ceramics & Fine Arts Centre** œuvre à raviver la tradition khmère de la poterie, un art qui se distingua par son degré de raffinement à l'époque d'Angkor. Il est possible de visiter le centre et d'essayer le tour de potier ; des cours de techniques traditionnelles sont proposés, notamment de poterie et de peinture sur céramique. Les activités sont très appréciées des enfants, car elles offrent un complément créatif à la visite des temples. Même si vous ne prenez pas de cours, de belles pièces sont disponibles à la boutique.

Si vous êtes vraiment féru de poterie, visitez le **Tani Museum of Ceramics**, dans le district de Banteay Srei. Le minuscule "musée" expose des poteries angkoriennes datant de l'Empire khmer. Seuls les véritables passionnés se satisferont de la collection, somme toute limitée. Un bon guide pourra vous montrer, alentour, quelques fours anciens, ainsi que les antiques fragments de poterie éparpillés sur le sol. Le musée n'est pas loin du temple de Chau Srei Vibol (p. 153), posé sur une colline ; les deux peuvent être combinés.

LES MEILLEURS MASSAGES ET SPAS À SIEM REAP

Lemongrass Garden
Emplacement central pour ce spa élégant proposant une gamme de soins abordables, notamment des massages en famille.

Frangipani Spa
Cet adorable refuge assure des massages et tout un choix de soins.

Seeing Hands Massage 4
Ce lieu ("les mains qui voient") forme des aveugles à l'art du massage. Attention aux établissements qui copient le concept en exploitant des aveugles.

REPAS VÉGÉTARIENS À SIEM REAP

Banllé Vegetarian Restaurant
Doté d'un potager bio, un restaurant réputé pour son *amok* végétarien et ses milkshakes. $

Peace Cafe
Ce café avec jardin est prisé pour ses repas végétariens abordables et son alléchante sélection de jus de légumes. $

Vitking House
Sur la rive est de la rivière, une cuisine végétarienne abordable misant sur des substituts de viande créatifs. $

ENVIRONS DE SIEM REAP

VILLAGES FLOTTANTS ET RENCONTRES AVEC LA FAUNE SAUVAGE

Une fois quitté Siem Reap, le paysage prend vite des allures de paradis rural, entre rizières verdoyantes, étangs recouverts de lotus et maisons traditionnelles sur pilotis. Nombre des sites les plus populaires sont des villages flottants ou sur pilotis, sur le lac Tonlé Sap. Leurs habitants ont profité de l'abondance du Grand Lac pendant des générations, mais sont désormais confrontés aux défis du changement climatique et de la surpêche. "*Mien tuk, mien trey*" est un vieux proverbe cambodgien signifiant "quand on a de l'eau, on a du poisson". Or ce dicton ne relève désormais plus d'une évidence, et le tourisme contribue pour une part grandissante à la survie des communautés.

Dans la province de Siem Reap ont fait leur apparition maints sites en lien avec la vie sauvage : une aubaine pour les personnes voyageant avec des enfants, qui peuvent finir par se lasser des temples. La Kulen Elephant Forest se prête à interagir avec une harde de pachydermes à la retraite, tandis que l'Angkor Wildlife & Aquarium, créé récemment, a la particularité d'abriter des poissons géants d'eau douce.

Pour les infos pratiques, voir le Carnet d'adresses *p. 162*

À SAVOIR

Nombre de ces lieux sont assez loin de Siem Reap et peuvent être combinés avec des temples fameux, tels Chong Kneas et Phnom Krom (p. 132), Kompong Pluk et les temples de Roluos (p. 130), ou Kompong Khleang et Beng Mealea (p. 157). Le mieux consiste à couvrir ces longs trajets en *tuk-tuk* ou en voiture.

Maisons sur pilotis, Kompong Pluk

INCONTOURNABLE
1 Kompong Pluk

VOIR
2 Angkor Centre for Conservation of Biodiversity
3 Angkor Silk Farm
4 Angkor Wildlife & Aquarium
5 Kompong Khleang
6 Kulen Elephant Forest
7 Me Chrey
8 Réserve d'Ang Trapaing Thmor
9 Réserve ornithologique de Prek Toal
10 Village flottant de Chong Kneas

Kompong Pluk

GRATTE-CIEL DE BAMBOUS SUR LE LAC

Les maisons dressées sur de hauts pilotis confèrent à ce village une atmosphère presque surnaturelle. Non loin, on découvre une forêt inondée, à explorer de préférence de juillet à décembre, lorsque la crue fait monter le niveau du lac et que les sorties en pirogue sont les plus mémorables. L'ambiance est différente de janvier à juin, mais l'exploration à pied de la forêt asséchée n'est pas moins captivante. Sur place, le prix de la visite, fixe, est élevé ; un circuit organisé depuis Siem Reap peut s'avérer moins cher. On trouve des chambres chez l'habitant rudimentaires à Kompong Pluk, ainsi que de bons restaurants flottants. La plupart des visiteurs viennent en passant par Roluos, en combinant route (*moto-dop*, *tuk-tuk* ou taxi) et bateau ; comptez jusqu'à deux heures selon la saison.

DE CHONG KNEAS À KOMPONG PLUK

Il est possible de gagner Kompong Pluk via le village flottant de **Chong Kneas** (p. 114) à l'ouest, où vous pourrez prendre un bateau (1 heure 15), mais sachez que de grosses vagues peuvent se former sur le lac durant les saisons de vent et de pluie.

LES MEILLEURS CIRCUITS POUR QUADS ET SCOOTERS

Cambodia Quad Bike
Circuits en quad dans la campagne, avec des options lever ou coucher de soleil.

Quad Adventure Cambodia
Le premier prestataire de quad à Siem Reap. Sorties autour de la ville : rizières au coucher de soleil, jolis temples et petites routes traversant des villages traditionnels.

Siem Reap Quad Bike Adventure
Entreprise locale, avec des quads entièrement automatiques.

Vespa Adventures
Le prestataire vietnamien de circuits à Vespa offre une combinaison populaire d'expériences à la campagne et de visites de temples, avec en prime la vie nocturne de Siem Reap.

LEONARD ZHUKOVSKY/SHUTTERSTOCK ©
Circuit avec Vespa Adventures

ÉGALEMENT DANS LES ENVIRONS DE SIEM REAP

Le monde aquatique de Chong Kneas

VILLAGE FLOTTANT BONDÉ MAIS PITTORESQUE

Ces dernières années, le célèbre **village flottant de Chong Kneas** a pris des allures de cirque. Les groupes en circuits organisés sont légion et une kyrielle d'escrocs y opèrent. Les voyageurs aguerris ont tendance aujourd'hui à opter pour des destinations moins aisées d'accès, mais plus mémorables, comme Kompong Khleang (p. 116) ou Prek Toal (p. 118). Reste que Chong Kneas demeure très pittoresque dans la lumière de fin d'après-midi. On peut aussi profiter d'une visite sur place pour aller admirer le coucher de soleil au temple de Phnom Krom (p. 132), perché sur une colline.

OÙ SE RESTAURER POUR UNE BONNE CAUSE À SIEM REAP

Haven
Belle fusion entre Orient et Occident. Aide les jeunes adultes orphelins à s'insérer dans le monde du travail. $

Marum
Cuisine de rue vendue dans des stands éphémères. Restaurant de formation faisant partie du groupe Tree Alliance. $

Spoons Cafe
Cet excellent restaurant cambodgien contemporain propose des formations dans l'hôtellerie. $$

L'entrée est payante et les prix du bateau sont fixes. Évitez l'affluence en demandant à votre batelier de vous amener sur des bras d'eau secondaires. Il tentera invariablement de vous diriger vers un restaurant-boutique de souvenirs flottant, aux prix excessifs, mais rien ne vous oblige à acheter quoi que ce soit.

L'un des meilleurs moyens de visiter Chong Kneas consiste à s'adresser à **Tara Boat**, qui organise des circuits tout compris avec un repas à bord de son navire de marchandises reconverti. Les tarifs incluent les transferts, les droits d'accès, les bateaux locaux, les services d'un guide et un repas de deux plats.

On peut gagner Chong Kneas depuis Siem Reap à *moto-dop* ou en taxi. L'aller-retour avec visite du village prend 2 à 3 heures. Vous pourrez aussi louer un vélo en ville et pédaler tranquillement sur 11 km à travers de jolis villages et des rizières.

Ceux qui arrivent en bateau de Phnom Penh ou de Battambang ont un premier aperçu de Chong Kneas près du débarcadère de Phnom Krom.

Rencontres avec la faune

NATURE SAUVAGE

Lieu de retraite des pachydermes qui promenaient des visiteurs à Angkor, la **Kulen Elephant Forest** est un endroit paisible ; vous pourrez vous balader avec la harde et apprendre une foule de choses sur la vie de ces animaux. Cette réserve est aménagée dans la forêt communautaire de Bos Thom, où les 12 éléphants résidents évoluent à travers plus de 1 000 ha. Les visiteurs, restreints en nombre, sont invités à passer la matinée ou l'après-midi avec ces créatures majestueuses, pour en observer les relations et le comportement. Inclus dans l'expérience, le déjeuner est servi dans une belle maison en bois qui fait également office de réception pour les visiteurs.

Inauguré fin 2022, l'**Angkor Wildlife & Aquarium** est conçu pour mettre en lumière les géants d'eau douce qui hantent le Mékong. Parmi ses hôtes les plus remarquables, citons le poisson-chat géant et la raie géante (qui serait le plus gros poisson d'eau douce du monde), ainsi que, autrement plus petit, le poisson-globe d'eau douce, star des documentaires animaliers. Mentionnons également des poissons d'eau de mer comme les requins de récif et les raies aigles. Il y a d'autres animaux sur place, notamment des tigres, des ours et des crocodiles. Ce lieu œuvre à la fois à la protection de la faune et à la formation de la population locale. Si vous n'aimez pas les zoos, vous ne serez pas forcément dans votre élément ; mais l'occasion est belle d'observer ces "monstres des rivières" dans une eau claire. À environ 30 km au sud-est de Siem Reap sur la NH6.

ANGKOR CENTRE FOR CONSERVATION OF BIODIVERSITY

Bien placé au début du sentier menant à Kbal Spean (p. 155), l'**Angkor Centre for Conservation of Biodiversity (ACCB)** a pour mission de recueillir, de soigner et de réintroduire dans les forêts cambodgiennes des animaux menacés. Il gère aussi des programmes d'élevage conservatoire pour certaines espèces menacées. Des visites en anglais (1 heure 30) sont proposées à 9h et 13h tous les jours (sauf dimanche). Des visites privées ou en dehors de ces horaires sont organisées à la demande.

Le centre prend en charge environ 45 espèces, soit un total de plus de 550 animaux. Vous pourrez voir des gibbons à bonnet, des langurs de Germain, de nombreuses espèces de tortues de terre et de mer, des paons spicifères, de petits carnivores et divers rapaces.

Sala Baï
Fabuleux menus de midi dans un hôtel de formation qui soutient des jeunes en difficulté. **$$**

New Leaf Book Cafe
Classiques occidentaux et spécialités cambodgiennes. Les bénéfices vont à des ONG œuvrant à Siem Reap. **$**

Common Grounds
Café sophistiqué soutenant des bonnes causes, avec délicieux café, gâteaux maison, en-cas légers et Wi-Fi gratuit. **$**

ACTIVITÉS EN FAMILLE

Nouveauté bienvenue à Siem Reap, l'**ICF Wake Park**, de classe internationale, est aménagé sur un lac artificiel près de l'aéroport. Choisissez entre le wakeboard, le ski nautique ou le *kneeboard*, plus facile. Sur place, il y a un excellent bar-restaurant, pour qui se contente de regarder, et des jeux d'eau pour les plus petits. **Happy Ranch** propose d'explorer, à cheval, Siem Reap, les villages des environs et des temples isolés. Cours pour enfants et débutants.

Village flottant traditionnel

MAISONS FLOTTANTES ET ÎLE-PAGODE

Village flottant parmi les plus récemment visités par les touristes, Me Chrey se situe à mi-chemin de Siem Reap et de Prek Toal. C'est l'un des plus petits du secteur, et il reçoit bien moins de visiteurs que Chong Kneas. Organisez le transport par la route (*moto-dop*, *tuk-tuk* ou taxi) avant de prendre un bateau pour explorer les environs.

Me Chrey change d'emplacement selon le niveau du lac ; il est plus joli pendant la saison des pluies, quand les maisons sont amarrées autour d'une île-pagode. Il se trouve au sud du district de Puok, à environ 25 km de Siem Reap, sur une piste de terre serpentant à travers des rizières luxuriantes (entre juillet et novembre). Cette communauté flottante fait partie, au Cambodge, de celles menacées, car la baisse des prises de poissons, anguilles et serpents oblige les plus âgés à aller s'installer sur la terre ferme.

Activité manuelle à la ferme de soie

TISSER DU TEXTILE DANS SON VOYAGE

Les Chantiers-écoles de formation professionnelle (CEFP) gèrent l'**Angkor Silk Farm**, une magnanerie et atelier qui produit certaines des plus belles pièces du pays, notamment des vêtements, de la décoration intérieure et des accessoires. Vous pourrez voir toutes les étapes de la production : culture des mûriers, élevage des vers à soie, teinture et tissage de la soie. Des visites gratuites sont organisées quotidiennement, avec une navette partant des Chantiers-écoles, à Siem Reap, à 9h30 et 13h30. La ferme se situe à environ 16 km à l'ouest de Siem Reap, juste en retrait de la route de Sisophon, dans le village de Puok. On trouve également leurs produits dans des boutiques des aéroports de Phnom Penh et de Siem Reap, pour qui souhaite faire des emplettes avant l'avion de retour.

VILLAGE FLOTTANT DE KOMPONG LUONG

Siem Reap n'est pas la seule province possédant des villages flottants iconiques. Dans la province de Pursat, **Kompong Luong** (p. 205) est le plus grand village flottant du lac Tonlé Sap, à mi-chemin de Phnom Penh et de Battambang.

Maisons sur pilotis de Kompong Khleang

LA PLUS GRANDE COMMUNAUTÉ LACUSTRE DE SIEM REAP

Kompong Khleang, l'une des plus grandes communautés du Tonlé Sap, ressemble davantage à une ville que les autres bourgades des environs, et compte plusieurs pagodes ornementées. La plupart des maisons sont bâties sur d'immenses pilotis afin de supporter les changements drastiques du niveau d'eau. Une petite communauté flottante est également installée sur le lac, mais la ville sur pilotis est un lieu intéressant

RESTAURANTS CAMBODGIENS POPULAIRES À SIEM REAP

Sugar Palm
Un joli espace pour goûter des saveurs traditionnelles infusées d'herbes et d'épices. **$$**

Khmer Kitchen
Ce restaurant de spécialités khmères a notamment eu Mick Jagger pour client. **$**

Kanell
Un établissement cambodgien sophistiqué, avec, régulièrement, un spectacle de danse classique. **$**

Kampong Khleang

à explorer pendant une ou deux heures. Vous pourrez faire une sortie en bateau dans la ville et sur le lac, avec un passage par la forêt inondée qui borde le Tonlé Sap dans cette partie du lac. Les touristes sont moins nombreux ici que dans les villages flottants plus proches de Siem Reap, ce qui est une bonne chose. Quelques chambres chez l'habitant sont louées à Kompong Khleang, pour qui souhaite passer la nuit sur place. Toutes sont aménagées dans d'imposantes maisons sur pilotis et il existe même une option "boutique". Plusieurs stands de nourriture proposent du poisson frais, ainsi que d'autres plats, et la plupart des logeurs assurent les repas pour leurs hôtes.

À environ 50 km de Siem Reap, Kompong Khleang est facilement accessible grâce à une route carrossable en toutes saisons via la ville carrefour de Dam Dek. Le trajet dure environ une heure en taxi (plus long en *tuk-tuk*). Certains visiteurs se plaisent à combiner Kompong Khleang à une visite du temple de Beng Mealea (p. 157), dans la jungle, à environ 45 km au nord via Dam Dek. On peut aussi l'associer avec les temples de Roluos (p. 130) ou l'Angkor Wildlife & Aquarium (p. 115).

LES MEILLEURS CAFÉS DE SIEM REAP

Little Red Fox $
Très prisé. Excellents petits-déjeuners, bagels, salades et jus originaux, la climatisation en prime.

Sister Srey Cafe $
Près du Psar Chaa, le menu du petit-déjeuner est parfait après un lever de soleil sur un temple. Les bénéfices vont aux rats démineurs d'Apopo (p. 106).

Footprints Cafe $
Ce café populaire, à but non lucratif et installé dans St 26, soutient des bonnes causes à Siem Reap. Petits-déjeuners servis toute la journée, classiques cambodgiens et saveurs occidentales.

BOUTIQUES INTÉRESSANTES À SIEM REAP

Satcha
Ce superbe centre dédié aux artisanats (prend le relais d'Artisans Angkor) soutient des artisans indépendants.

AHA Fair Trade Village
Pour des souvenirs produits localement, misez sur les stands de ce marché d'artisanat.

SATU Concept Store
Cette boutique expose, en un même lieu, une belle sélection des meilleurs produits cultivés au Cambodge.

SHOPPING À SIEM REAP

Kandal Village, un secteur commerçant très populaire dans Hup Guan St, est criblé de galeries, boutiques, cafés et restaurants. Parmi les adresses intéressantes, citons **Soieries du Mékong** et **Sra May** pour les créateurs de soie respectant les principes du commerce équitable, la boutique de décoration **Louise Loubatieres** et l'empire de la bijouterie **Garden of Desire**.

Nouvelle destination de shopping à côté de l'Aviary Hotel, **Aviary Square** est un minuscule centre commercial concentrant certains des créateurs de mode les plus influents du pays, ainsi que des marques locales. On y trouve entre autres les vêtements de soirée **Ambre** de la Cambodgienne Romyda Keth, la sublime haute couture d'**Eric Raisina**, les lins et cotons de **Sirivan** et les sacs et accessoires recyclés de **Smateria**.

KATHRINERAJALINGAM/SHUTTERSTOCK ©

Pélicans, réserve ornithologique de Prek Toal

Paradis ornithologique de Prek Toal

RÉSERVE DE BIOSPHÈRE DE L'UNESCO

Prek Toal forme l'une des trois biosphères du lac Tonlé Sap, et cette fabuleuse **réserve ornithologique** en fait la plus intéressante et facile des trois à explorer. C'est un eldorado pour les ornithologues, avec un grand nombre d'espèces rares concentrées dans un petit secteur, entre autres les gigantesques marabout chevelu et marabout argala, le tantale blanc, le tantale indien, le pélican à bec tacheté et le pygargue à tête blanche. Même les profanes seront surpris par l'envergure de ces oiseaux et la taille de leurs nids.

En haute saison (décembre à début février), la concentration de volatiles est impressionnante. Quand l'eau commence à se faire rare ailleurs, les oiseaux se rassemblent ici. Ils y restent au-delà de février, mais la réserve devient alors inaccessible en raison de la baisse du niveau d'eau. Il est également possible de venir à partir de septembre, mais la faune aviaire est moins dense. Les passionnés savent que les meilleurs moments pour observer les oiseaux sont le petit matin et la fin d'après-midi,

CUISINE ASIATIQUE À SIEM REAP

Curry Walla
Cuisine indienne d'un bon rapport qualité/prix. Le propriétaire, Ranjit, maîtrise les spécialités du sous-continent. **$**

Hashi
Un restaurant de sushis vaste, lumineux et bruyant. Makis au thon épicés, bol de *chirashi* et filet de bœuf Wagyu. **$$**

Lelawadee Restaurant
Adresse prisée des expatriés thaïlandais en manque de leurs spécialités épicées. **$**

ce qui implique de partir très tôt ou de passer la nuit dans une chambre chez l'habitant ou au bureau de l'environnement de Prek Toal.

Plusieurs prestataires de Siem Reap organisent des excursions à Prek Toal, par exemple **Sam Veasna Conservation Tours** (SVC), **Cambodia Bird Guide Association**, **Osmose** et **Prek Toal Tours & Travel**, géré par des villageois de Prek Toal. Le coût de chaque excursion inclut transport, droits d'entrée, guides, petit-déjeuner, déjeuner et eau. Des jumelles sont disponibles à la demande ; SVC possède des lunettes d'observation, installées sur des tours d'observation au sein du parc. Tous les prestataires peuvent organiser des sorties de plusieurs jours pour les plus enthousiastes. Les excursions à la journée comprennent le ramassage à l'hôtel vers 6h ; retour à 17h.

Rejoindre la réserve par ses propres moyens demande un trajet de 20 minutes (*moto-dop* ou taxi) jusqu'au village flottant de Chong Kneas (selon l'heure de la journée, un supplément peut s'appliquer au nouveau port), puis une traversée en bateau jusqu'au bureau de l'environnement (1 heure dans chaque sens). De là, un petit bateau (guide du parc inclus dans le prix) vous mènera dans la réserve en une heure environ. Il est néanmoins à noter que les guides du parc parlent peu anglais.

Les excursions à la réserve vous permettront aussi d'explorer en profondeur le fascinant village flottant de Prek Toal, bien plus agréable que Chong Kneas, dont la proximité avec Siem Reap se solde par une affluence de touristes, mais aussi d'aigrefins. Une partie du prix d'accès à la réserve est reversé pour la sensibilisation des enfants et des villageois à l'importance des oiseaux et de l'environnement unique de la forêt inondée.

Prévoyez toujours de la crème solaire et un couvre-chef à Prek Toal, car une longue journée de bateau vous attend, sous un soleil parfois implacable.

Observation des oiseaux à Ang Trapaing Thmor

ADMIRER LA MAJESTUEUSE GRUE ANTIGONE

La **réserve d'Ang Trapaing Thmor (ATT)** est l'un des quelques lieux dans le monde où il est possible de voir la grue antigone, une espèce rarissime représentée sur les bas-reliefs du Bayon (p. 135). Au nombre des plus grands volatiles du monde, ces créatures au plumage gris arborent des pattes immensément longues et une tête rouge vif.

Sam Veasna Conservation Tours (SVC) organise des excursions ornithologiques dans la réserve, qui constituent sans doute la manière la plus facile d'en entreprendre l'exploration. Une contribution est incluse dans le coût de tous les circuits

TRAVERSÉES DE FRONTIÈRES PRÈS DE SIEM REAP

Plusieurs postes-frontières séparant le Cambodge de la Thaïlande se situent à distance raisonnable de Siem Reap.
Des visas délivrés à l'arrivée sont disponibles à tous les postes-frontières, mais le seul acceptant un visa électronique cambodgien est Poipet.
Voici une liste des postes-frontières les plus empruntés :

Poipet/Aranya Prathet (p. 185). Le plus fréquenté, à 148 km à l'ouest de Siem Reap.

Psar Pruhm/Ban Pakard (p. 184). Près de Battambang et Pailin, à 270 km au sud-ouest de Siem Reap.

O Smach/Chong Chom (p. 198). Poste-frontière tranquille, près de Samraong, à 164 km au nord-ouest de Siem Reap.

Choam/Chong Sa-Ngam (p. 197). Poste-frontière isolé près d'Anlong Veng, à 139 km au nord de Siem Reap.

BOIRE DES COCKTAILS À SIEM REAP

Barcode
Bar gay ultra élégant. Les cocktails méritent le détour, tout comme le spectacle de drag queens à 21h30.

The Keys by Tomoka
Dans le jardin d'une belle villa, c'est le fief du fameux prestataire de mixologie Tomoka, à Siem Reap.

Picasso
Un petit bar dans lequel tout le monde s'installe autour du comptoir semi-circulaire pour déguster des cocktails corsés.

JOUER AU GOLF À SIEM REAP

Le parcours de classe mondiale de l'**Angkor Golf Resort** a été conçu par le golfeur britannique Nick Faldo. Le **Phokeethra Country Club** accueille chaque année un tournoi de golf de l'Asian Tour, et compte un antique pont d'Angkor au milieu de ses fairways et greens impeccables.

Le minigolf **Angkor Wat Putt** tranche avec les immenses parcours en dehors de la ville : minitemples et obstacles créatifs au fil des 14 trous, et une bière offerte pour un trou en un coup. Désormais situé dans le district de Chreav, il vaut bien le petit effort pour le trouver.

DAVID WALL/ALAMY STOCK PHOTO ©

Angkor Golf Resort

SVC et sert à financer des projets bénéficiant aux communautés installées dans le secteur protégé. À Ang Trepaing Thmor, ces fonds ont ainsi permis de mettre en place une banque de riz, qui prête du riz aux familles et participe à l'entretien des routes.

Les meilleures périodes de l'année pour repérer la grue antigone sont de janvier à mai ou au plus fort de la saison sèche, lorsque les niveaux d'eau sont bas. Plus de 200 espèces d'autres oiseaux ont été observées sur place, notamment le jabiru d'Asie, l'aigle criard et le pluvier oriental. On peut aussi voir le rare cerf d'Eld.

La réserve est aménagée autour d'un réservoir créé par des travailleurs forcés sous le régime des Khmers rouges ; les infrastructures sont très rudimentaires, mais le site est de toute beauté. SVC loue des jumelles.

La réserve ornithologique se trouve juste après la frontière, dans la région de Phnom Srok, province de Banteay Meanchey, à environ 100 km de Siem Reap. Pour venir jusqu'ici, prenez la route de Sisophon sur environ 72 km avant de bifurquer vers le nord à Prey Mon. Il faut ensuite rouler 22 km de plus, en passant par quelques villages réputés pour le tissage de la soie.

SE RAVITAILLER À SIEM REAP

Angkor Market
Le meilleur supermarché généraliste de la ville, dans Airport Rd, vend un très large choix de mets internationaux.

Lucky Market
Branche de la chaîne nationale, ce supermarché est installé dans le Lucky Mall, dans Sivatha St.

Makro
Makro est un immense hypermarché de gros situé à environ 5 km au sud-est de la ville.

ANGKOR VAT ET SES ENVIRONS

PUISSANT SYMBOLE D'UNE NATION

La première vision d'Angkor Vat est une expérience à nulle autre pareille. Édifié par Suryavarman II (r. 1112-1152) et entouré d'une large douve, le temple est l'un des monuments les plus inspirés jamais conçus par l'homme. À l'extérieur du temple central, une série de bas-reliefs s'étire sur 800 m, tandis que la tour centrale en forme de lotus se dresse sur une hauteur de 55 m, ce qui confère à l'ensemble sa sublime unité.

Savourez cette première approche, car vous retrouverez rarement un frisson semblable à celui que vous éprouverez en débouchant sur la chaussée intérieure. En présence des dieux, vous traverserez le pont flanqué de *naga* jusqu'à une représentation terrestre du mont Meru, demeure du panthéon hindou. Angkor Vat est le temple le mieux conservé du Cambodge, et de nouveaux détails s'en révèlent à chaque visite, justifiant à eux seuls d'y retourner encore et encore.

Pour les infos pratiques, voir le Carnet d'adresses *p. 164*

À SAVOIR

Comptez au moins deux heures pour visiter Angkor Vat et prévoyez une demi-journée si vous voulez déchiffrer les bas-reliefs avec un guide et monter au Bakan, le niveau supérieur. On peut aussi arriver par la chaussée orientale – un bon moyen d'éviter la foule, pour une visite à l'aube.

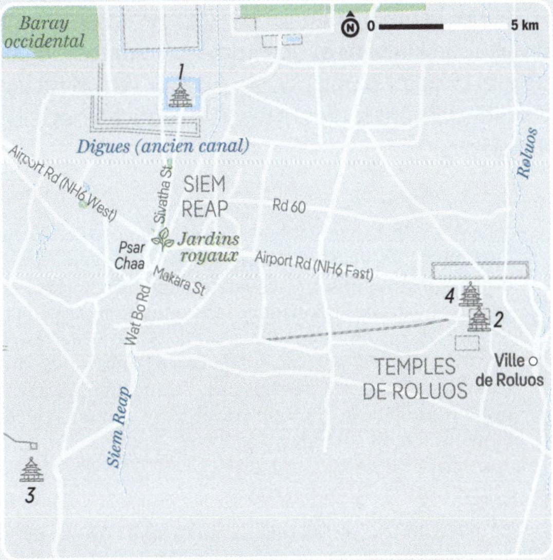

VOIR
1 Angkor Vat
2 Bakong
3 Phnom Krom
4 Preah Ko

INFOS PRATIQUES

Consultez angkorenterprise.gov.kh pour des renseignements sur la visite des temples ou pour acheter des billets en ligne.

INCONTOURNABLE

Angkor Vat

Angkor Vat est le cœur et l'âme du Cambodge, son emblème nationa l'épicentre de la civilisation khmère et une immense source de fierté. Se dressant vers le ciel et ceint d'une douve, Angkor Vat ne fut jamai abandonné et est pratiquement toujours resté en activité depuis sa construction au XIIe siècle.

INCONTOURNABLES

- Chaussée ouest
- Statue de Vishnou
- Bassins du lever du soleil
- Bas-relief du Barattage de la mer de lait
- Bas-relief de l'Armée de Suryavarman II
- Galerie aux Mille Bouddhas
- Sanctuaire de Bakan

Chaussée ouest

De l'ouest, une chaussée en grès traverse la douve. Les bloc de grès utilisés pour la construction d'Angkor Vat furen extraits à plus de 50 km (dans la montagne sacrée de Phnor Kulen) et transportés en radeau sur la rivière Siem Reap. Cett logistique ahurissante nécessita la participation de millier d'ouvriers. Selon les inscriptions, l'édification d'Angkor Va mit à contribution 300 000 travailleurs et 6 000 éléphant et ne fut jamais totalement achevée.

Statue de Vishnou

Le mur extérieur rectangulaire, qui mesure 1 025 m sur 800 m est percé d'une porte sur chaque côté, mais l'entrée principal un portique large de 235 m et richement décoré de sculpture se trouve du côté ouest. Une statue de Vishnou, haute d 3,25 m et taillée dans un seul bloc de grès, se dresse dans l tour sud-est (elle se trouvait à l'origine dans la tour centrale du temple). Les mèches de cheveux déposés à ses pieds sont des offrandes de jeunes gens s'apprêtant à se marier et de pèlerins remerciant la divinité pour leur bonne fortune.

Bassins du lever de soleil

Les deux bassins de baignade royaux du côté ouest d'Angkor Vat sont les endroits les plus prisés pour assister au lever de soleil sur ce temple. Traditionnellement, le bassin nord était le plus populaire, mais en raison de travaux archéologiques qui s'éternisent, la plupart des visiteurs choisissent désormais le bassin sud. Le soleil se lève généralement vers 5h45, mais nombreux sont ceux à arriver dès 5h30 dans l'espoir de trouver une bonne place. Si vous avez la chance d'être à Angkor Vat pour l'équinoxe de printemps ou d'automne, vous verrez le soleil se lever directement au-dessus de la tour centrale.

Bas-reliefs

À l'extérieur du temple central, une extraordinaire série de bas-reliefs s'étire sur 800 m. Si la plupart de ces bas-reliefs datent du XIIe siècle, plusieurs ont été ajoutés au XVIe siècle afin de compléter les panneaux inachevés. Parmi les plus remarquables figurent le Barattage de la mer de lait et l'Armée de Suryavarman II.

Galerie aux Mille Bouddhas

Avant la guerre, la galerie aux Mille Bouddhas (Preah Poan) conservait des centaines de statues du Bouddha, mais beaucoup furent déplacées ou volées et il n'en reste qu'une poignée. Beaucoup de Cambodgiens viennent en pèlerinage pour recevoir une bénédiction devant le bouddha debout.

Sanctuaire de Bakan

Également appelé Bakan, le dernier niveau d'Angkor Vat (8h-17h tous les jours, sauf jours fériés religieux) n'accueille qu'un nombre limité de visiteurs chaque jour (de plus de 12 ans), avec un système de file d'attente minuté. Grimpez jusqu'au sommet (55 m), appréciez la brise et trouvez un endroit paisible pour contempler la symétrie et le symbolisme de ce site grandiose. Une tenue couvrant les coudes et les genoux est obligatoire.

À SAVOIR

- Entrez par la chaussée est pour éviter les grands groupes en voyage organisé qui arrivent par la chaussée ouest.
- Gardez à l'esprit qu'un forfait de trois ou sept jours ne doit pas nécessairement être utilisé sur des jours consécutifs. Vous pourrez donc alterner entre la visite des temples et d'autres activités ou visites.
- Placez Angkor Vat le plus tard possible sur votre itinéraire de temples, car il est judicieux de nourrir les attentes en termes de taille et de splendeur.

LEVER DU SOLEIL

Pour votre visite d'Angkor Vat au lever du soleil, prévoyez d'arriver au temple vers 5h15. L'astre pointe son nez vers 5h30-5h45, selon la période de l'année. Apportez de quoi vous éclairer – il fera encore nuit et la chaussée de grès est irrégulière. Restez un moment après le lever du soleil, car la plupart des groupes en voyage organisé retournent à leur hôtel : Angkor Vat est merveilleusement vide autour de 7h.

Temples d'Angkor

EXPLORATION EN 3 JOURS

Gigantesque ensemble, d'une richesse inouïe, Angkor comprend le plus grand édifice religieux du monde, une multitude de temples et une vaste cité fortifiée, abandonnée de longue date, mais qui fut la première métropole d'Asie du Sud-Est, bien avant Bangkok et Singapour.

En commençant par les temples de Roluos, l'une des premières capitales d'Angkor, suivez le Grand Circuit, qui inclut le **1 Preah Khan**, un temple hindou-bouddhique, et le **2 Preah Neak Poan**, entouré d'eau.

Le jour suivant, parcourez le Petit Circuit, en débutant à l'aube avec le **3 Ta Prohm**, puis continuez avec le temple pyramidal de Ta Keo, le monastère bouddhique de Banteay Kdei et l'immense bassin royal du **4 Sra Srang**.

Rejoignez ensuite plus loin le Banteay Srei, joyau de l'art angkorien, et le Beng Mealea, temple isolé dans la jungle.

Gardez le plus spectaculaire pour la fin : admirez le lever du soleil à **5 Angkor Vat** et attardez-vous dans le temple à l'heure du petit-déjeuner pour en découvrir, sans la foule, la fabuleuse architecture. L'après-midi, explorez **6 Angkor Thom**, la cité qui abrite l'énigmatique **7 Bayon**.

Trois jours à Angkor ? Ce n'est qu'une entrée en matière...

À SAVOIR

- Pour éviter la foule, tentez le lever de soleil au Sra Srang, puis le début de la matinée à Angkor Vat et l'heure du déjeuner à Banteay Srei.
- Les forfaits de trois jours peuvent être utilisés sur trois journées non consécutives, sur un délai d'une semaine, mais il faut bien le préciser au moment de l'achat.

Bayon
Le temple du roi légendaire Jayavarman VII, où 216 visages rappellent aux pèlerins l'autorité du souverain et le magistère du sacré.

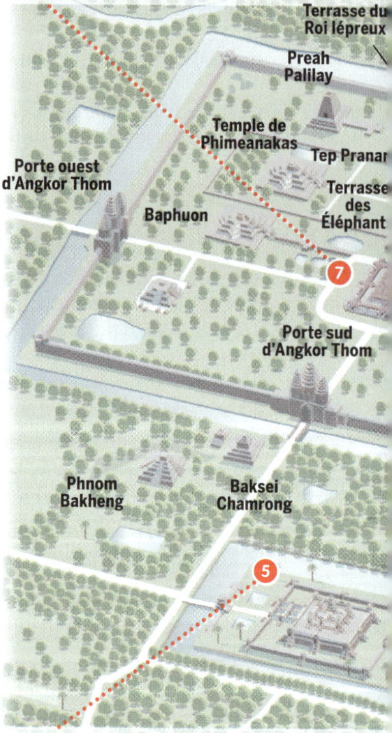

Angkor Vat
Le plus grand ensemble religieux du monde. Contemplez le lever du soleil sur le saint des saints, puis admirez les superbes bas-reliefs – la dévotion gravée dans la pierre.

ngkor Thom
a dernière grande capitale de l'Empire khmer
cèle de nombreux temples ; ses proportions
evaient inspirer dévotion et crainte révérencielle.

Preah Khan
Temple syncrétique dédié au Bouddha, à Brahma, à Shiva et à Vishnou ; le dédale de couloirs semble s'étirer à l'infini.

Preah Neak Poan
Une petite tour au milieu d'un plan d'eau, entouré de quatre bassins plus petits.

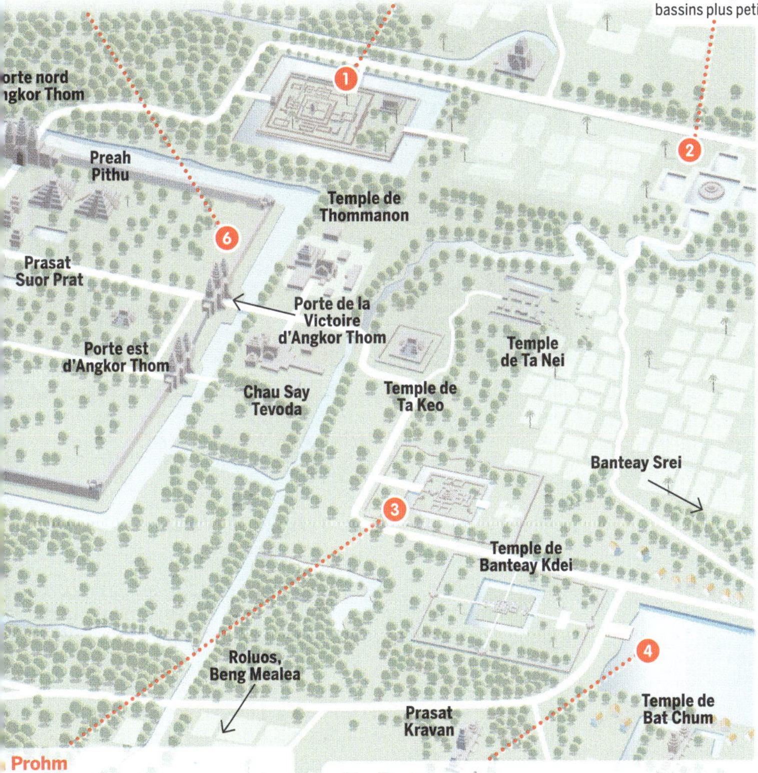

Prohm
pularisé par le film *Tomb Raider*. Le triomphe
la nature : d'énormes racines étranglent
pierres qui subsistent.

Sra Srang
Bassin d'ablution jadis réservé au roi et à ses épouses, ce vaste plan d'eau resplendit au lever ou au coucher du soleil.

LE DÉCLIN D'ANGKOR

Angkor fut l'épicentre d'un formidable empire qui régna sur la majeure partie de la région du Mékong, mais, comme il en va toujours au zénith, le couchant n'était pas loin. Des signes indiquaient que le système d'irrigation, surexploité, commençait à s'envaser sous l'effet de la déforestation massive menée autour d'Angkor. Ce phénomène fut accentué par de longues périodes de sécheresse au XIVe siècle.

Pour les derniers rois, les conflits religieux et les rivalités intestines constituèrent un autre défi. La religion d'État changea plusieurs fois au crépuscule de l'empire et les souverains consacrèrent plus de temps à détruire les temples de leurs prédécesseurs qu'à bâtir des monuments célébrant leurs propres accomplissements.

BOB KRIST/GETTY IMAGES ©

Statue de Vishnou, Angkor Vat

ÉGALEMENT À ANGKOR VAT ET DANS SES ENVIRONS

Le seul et unique Angkor Vat

HUITIÈME MERVEILLE DU MONDE

Angkor Vat est une forme de paradis sur terre, la représentation terrestre du mont Meru, l'Olympe de la foi hindoue et la demeure des divinités antiques. "Temple qui est une ville", Angkor Vat est tout simplement unique, un formidable mélange de spiritualité et de symétrie, un exemple durable de la dévotion de l'homme envers ses dieux. Angkor Vat est entouré d'une douve de 190 m de large, qui forme un gigantesque rectangle de 1,5 km sur 1,3 km. Une avenue de 475 m de long sur 9,5 m de large, bordée de balustrades en forme de *naga*, mène de l'entrée principale au temple central. Elle passe par deux belles bibliothèques puis entre deux bassins, tous deux prisés pour assister au lever du soleil.

OÙ DÉGUSTER UNE GLACE APRÈS LA VISITE D'ANGKOR

Gelato Lab
Matériel haut de gamme, ingrédients naturels et propriétaire passionné, pour des glaces divines. $

Swenson's
L'une des marques les plus prisées en Amérique est devenue une star à Siem Reap, dans l'Angkor Trade Center. $

Glasshouse
Glaces veloutées, au chocolat blanc par exemple, et sorbets acidulés, dans le Park Hyatt Hotel. $

Le temple central compte trois étages en latérite, disposés autour d'une place entourée d'un labyrinthe de galeries reliées entre elles. Des tours coiffées d'un bouton de lotus marquent les angles des 2e et 3e niveaux. Les escaliers menant au dernier niveau sont particulièrement raides, car il ne saurait être facile d'atteindre le royaume des dieux.

Dans son ouvrage *Angkor Wat: Time, Space and Kingship*, Eleanor Mannikka explique que les dimensions spatiales d'Angkor Vat correspondent à la durée des quatre âges (yougas) de la pensée hindouiste classique. Ainsi, le visiteur qui emprunte la chaussée jusqu'à l'entrée principale et traverse les cours jusqu'à la tour principale, qui contenait jadis une statue de Vishnou, remonte métaphoriquement le temps jusqu'au premier âge de la création de l'univers.

Angkor Vat présente de multiples spécificités. Il est orienté vers l'ouest, la direction qui symbolise la mort. Cette orientation a incité de nombreux spécialistes à penser que le temple devait être à l'origine un tombeau, une supposition étayée par les bas-reliefs exécutés en sens inverse des aiguilles d'une montre – une pratique utilisée dans d'anciens rites funéraires hindous. Toutefois, Vishnou étant également souvent associé à l'ouest, il semble désormais acquis qu'Angkor Vat ait servi à la fois de temple et de mausolée pour Suryavarman II.

À l'instar des autres temples-montagnes d'Angkor, Angkor Vat est aussi une reproduction en miniature du cosmos. La tour centrale en symbolise le mont Meru, entouré de pics plus modestes, eux-mêmes bordés par les continents (les cours inférieures) et les océans (la douve). Le *naga* à sept têtes représente l'arc-en-ciel, pont symbolique entre l'humain et la demeure des dieux.

Alors que Suryavarman II avait sans doute prévu de faire d'Angkor Vat son temple funéraire, il n'y fut pas enterré car il périt dans une bataille au cours d'une expédition ratée pour soumettre le Dai Viet (Vietnam).

La partie sud de la galerie orientale est décorée du plus célèbre bas-relief d'Angkor Vat, le **Barattage de la mer de lait**. Cette sculpture exceptionnelle représente 88 *asura* (démons) sur la gauche et, sur la droite, 92 *deva* (dieux) coiffés d'un cimier, occupés à fouetter la mer afin d'en extraire l'élixir de l'immortalité. Les démons tiennent la tête du serpent Vasuki et les dieux, la queue. Au milieu de la mer, Vasuki (l'un des rois des *naga* de la mythologie hindoue), lové autour du mont Mandala, baratte

CIRCUITS GUIDÉS À ANGKOR

Les visiteurs qui n'ont qu'un ou deux jours pour découvrir ce site exceptionnel miseront peut-être sur un circuit organisé. Vous pourrez contacter un guide officiel à Siem Reap, où plusieurs prestataires proposent diverses options : simples excursions à la journée, itinéraires à vélo ou temples plus isolés.

La **Khmer Angkor Tour Guide Association** représente certains des guides certifiés d'Angkor. Des guides parlant anglais ou français sont disponibles.

LES BOUDDHAS SACRÉS DE PREAH POAN

Nombre des statues du Bouddha polychromes ou en bois, datant du XVIe siècle et provenant de la galerie aux Mille Bouddhas (Preah Poan) à Angkor Vat, sont désormais exposées dans une collection permanente du **Musée national de Phnom Penh** (p. 51).

BOUTIQUES-HÔTELS PROCHES D'ANGKOR VAT

Montra Nivesha
Un beau boutique-hôtel, avec des chambres encadrant un jardin luxuriant et deux piscines. **$$**

Templation
Impressionnant complexe hôtelier avec suites spacieuses avec piscine et bungalows "jungloo". **$$$**

Pavillon Indochine
Charmantes chambres au style colonial-chic, décorées d'antiquités asiatiques, autour d'une petite piscine. **$$**

les flots dans cette lutte acharnée entre les démons et les dieux. Vishnou, incarné en une gigantesque tortue, prête sa carapace pour offrir une base et un pivot au mont Mandala. Brahma, Shiva, Hanuman (le dieu singe) et Lakshmi (la déesse de la Fortune et de la Prospérité) sont tous présents. Au-dessus d'eux, un chœur d'esprits féminins les encourage avec des chants et des danses.

La superbe section ouest de la galerie sud illustre la progression triomphante de l'**armée de Suryavarman II**. À l'angle sud-ouest, à environ 2 m du sol, Suryavarman II, juché sur un éléphant, porte la tiare royale et une hache de guerre ; protégé par 15 parasols, il est éventé par une légion de serviteurs.

Comparez cette représentation du roi avec celle de Rama dans la galerie nord et vous remarquerez la ressemblance troublante qui renforça l'aura du dieu-roi.

Plus loin, on distingue une procession de soldats en armes et d'officiers à cheval ; leurs chefs à l'allure martiale avancent parmi eux à dos d'éléphant. Peu avant la fin du panneau apparaît l'armée plutôt désorganisée des mercenaires siamois, alors alliés aux Khmers pour repousser les Cham. Les troupes khmères portent un plastron carré et des lances ; les Siamois, reconnaissables à leurs longues coiffes et à leurs jupes, sont armés de tridents.

La partie sud de la galerie ouest dépeint la **bataille de Kurukshetra**, un épisode de l'épopée hindoue du *Mahabharata*, au cours de laquelle les Kaurava (venus du nord) et les Pandava (arrivant du sud) s'affrontent violemment. En bas du panneau sont représentés les fantassins, puis les officiers à dos d'éléphant et les chefs aux 2e et 3e niveaux.

Au fil des siècles, les millions de mains qui ont touché certaines parties du bas-relief lui ont donné l'aspect du marbre noir. Le portique du coin sud-ouest est orné de sculptures représentant des personnages du *Ramayana*.

Les punitions et les récompenses distribuées dans les **37 paradis et 32 enfers** sont représentées dans la moitié orientale de la galerie sud. À gauche, aux niveaux supérieur et intermédiaire, des hommes et des femmes élégamment parés s'avancent vers Yama aux 18 bras (le juge des Morts), assis sur un taureau. Au niveau inférieur, des démons traînent les méchants sur le chemin de l'enfer.

À la droite de Yama, le tableau est divisé en deux parties par une ligne horizontale de *garuda* (créature mythique, mi-homme, mi-oiseau) : en haut, les élus vivent dans de belles demeures, servis par des femmes et des domestiques ; en bas, les condamnés subissent d'horribles tortures. Le plafond de cette section a été restauré par les Français dans les années 1930.

CODE DE CONDUITE DU VISITEUR

Si Angkor n'est pas si loin que ça des plages de la côte sud, il convient de garder à l'esprit que les temples forment un site religieux sacré pour le peuple khmer. Ainsi les autorités ont-elles commencé à sanctionner les tenues vestimentaires inappropriées. Attendez-vous à être renvoyé à votre hôtel pour vous changer si vous portez un haut sans manches, un short ou une jupe courte.

Les autorités locales ont récemment publié un "code de conduite" du visiteur et une vidéo invitant à adopter une tenue correcte, à ne pas toucher et à ne pas s'asseoir sur les édifices, à respecter les interdictions d'accès et à se montrer respectueux envers les moines.

RESTAURANTS PROCHES D'ANGKOR VAT

Angkor Parvis
L'accès occidental vers les temples a été réaménagé en parvis avec des restaurants, des cafés et des boutiques. $

Mahob
Le *mahob* ("nourriture" en khmer) est délicieux, avec des plats comme le bœuf frit au wok avec des fourmis rouges. $$

Amok Khmer
Restaurant au bord d'une piscine servant de la cuisine khmère, dont l'*amok* (plat de poisson au four). $$

Bas-relief de la bataille de Kurukshetra, Angkor Vat

LES APSARAS D'ANGKOR VAT

Angkor Vat est célèbre pour ses envoûtantes apsaras (nymphes célestes). Quelque 2 000 d'entre elles sont sculptées sur les murs d'Angkor Vat ; chacune est unique et vous leur découvrirez plus de 37 coiffures différentes. Au fil des siècles, nombre de ces apsaras ont été endommagées par les fientes et urines de chauves-souris, mais elles sont actuellement restaurées dans le cadre du **German Apsara Conservation Project**. L'association a installé son comptoir d'information dans l'angle nord-ouest d'Angkor Vat, près du temple moderne ; des cartes postales et images d'Angkor y sont vendues.

La moitié nord de la galerie ouest illustre des scènes du *Ramayana*. Au cours de la **bataille de Lanka**, Rama (sur les épaules de Hanuman) affronte, avec son armée de singes, Ravana, le démon à 10 têtes et 20 bras qui a enlevé sa belle épouse Sita. Ravana conduit un chariot tiré par des monstres et commande une armée de géants.

La section ouest de la galerie nord décrit la **bataille des dieux et des démons**, opposant les 21 divinités du panthéon brahmanique et divers démons. Les dieux arborent leurs attributs et montures traditionnels. Vishnou, doté de quatre bras, est assis sur un *garuda,* alors que Shiva chevauche une oie sacrée.

La section orientale de la galerie nord montre Vishnou incarné en **Krishna** et monté sur un *garuda*. Il arrive devant une cité fortifiée en flammes, la résidence de **Bana, le roi démon**.

AUTRES TEMPLES DE SURYAVARMAN II

Suryavarman II fit édifier plusieurs autres temples impressionnants dans le secteur d'Angkor, dont le vaste **Beng Mealea** (p. 157), désormais en ruine dans la jungle, et le **Banteay Samré** (p. 153), plus petit. Il fit aussi agrandir le temple-montagne de **Prasat Preah Vihear** (p. 188).

CIRCUITS À VÉLO AUTOUR D'ANGKOR

Angkor Cycling Tour
Beau choix de circuits à vélo dans la campagne et location de cycles à bons prix ; sièges pour enfant disponibles.

Camouflage Adventures Cambodia
Circuits comprenant temples, sites isolés et belle campagne autour de Phnom Kulen.

Off Track Tours
Excursions autour d'Angkor et dans la campagne au-delà du Baray occidental. Bénéfices dédiés à l'éducation.

LES MEILLEURS SITES INTERNET SUR ANGKOR

Angkor – Site du patrimoine mondial de l'Unesco (whc.unesco.org/fr/list/668/ ; en français). Renseignements, images et vidéos des plus fabuleux temples du monde.
Lonely Planet (www.lonelyplanet.fr/destinations/asie/cambodge/villes-et-regions/temples-dangkor ; en français). Renseignements sur la destination, suggestions inspirantes et autres.
National Geographic (nationalgeographic.com/magazine/article/divining-angkor ; en anglais). Article de fond sur l'essor et la chute d'Angkor.

CHECCO2/SHUTTERSTOCK ©

Bakong

Le *garuda* éteint l'incendie et Bana est capturé. Dans la scène finale, Krishna s'agenouille devant Shiva et lui demande d'épargner Bana.

La section nord de la galerie orientale décrit un combat féroce entre **Vishnou**, sur un *garuda,* et une multitude de **démons**. Bien sûr, Vishnou les tue tous. Cette galerie fut probablement achevée au XVIe siècle ; les sculptures tardives sont moins raffinées que celles du XIIe siècle.

GUERRE ET PAIX À SIEM REAP

Plusieurs sites du pays sont consacrés à la thématique de la guerre et de la paix. Rencontrez les rats démineurs de l'**Apopo Visitor Centre** (p. 106) ou explorez le **Cambodia Landmine Museum** (p. 152) près de Banteay Srei.

Temples khmers classiques de Roluos

HARIHARALAYA, ANCIENNE CAPITALE

Les monuments de Roluos, qui faisaient partie de Hariharalaya, la capitale d'Indravarman Ier (r. 877-890), figurent parmi les premiers grands temples permanents érigés par les Khmers et marquent le

CIRCUITS À DEUX ROUES AUTOUR D'ANGKOR

Hidden Cambodia
Prestataire basé à Siem Reap, spécialiste des excursions à moto jusqu'aux temples isolés du nord du pays et au-delà.

Khmer Ways
Enfourchez une Honda Dream et choisissez entre un circuit dans la campagne ou une aventure à Phnom Kulen.

Vespa Adventures
Le scooter est un bon moyen de découvrir à la fois les temples et la vie locale, et de déguster de la cuisine de rue en soirée.

début de l'art classique khmer. Avant la construction du Bakong, le plus grand et le plus intéressant des temples de Roluos, on utilisait généralement des matériaux plus légers et moins durables, comme la brique. Outre cet imposant temple pyramidal, le groupe de Roluos comprend les temples en brique de Preah Ko et celui de Lolei, à l'origine une île-temple.

Comptez trois heures pour explorer les trois temples de Roluos et découvrir l'artisanat local. À proximité, vous pourrez aussi découvrir la petite ville rurale de Roluos, avec son marché traditionnel. Prévoyez une demi-journée pour visiter les temples et le village sur pilotis de Kompong Pluk, sur le lac Tonlé Sap.

Le **Bakong** est le plus grand et le plus intéressant des temples du groupe de Roluos. Construit par Indravarman Ier et dédié à Shiva, il symbolise le mont Meru et fut le temple principal de la cité. L'ensemble, orienté vers l'est, se compose d'une pyramide centrale en grès à cinq niveaux sur une base de 60 m^2, flanquée de huit tours en brique et en grès auxquelles s'ajoutent des sanctuaires mineurs. Plusieurs des tours les moins hautes ont conservé en partie leur enduit de plâtre d'origine.

Une douve et trois murs concentriques entourent l'ensemble. Des éléphants en pierre bien préservés ornent les angles des trois premiers niveaux du temple central. Douze stupas – trois de chaque côté – s'élèvent au troisième niveau. Ajout tardif sous le règne de Suryavarman II, le sanctuaire du cinquième niveau est dans le style de la tour centrale d'Angkor Vat. Un monastère bouddhique en activité, vieux d'un siècle ou plus, a été récemment restauré.

Le **Preah Ko** ("taureau sacré") fut édifié par Indravarman Ier à la fin du IXe siècle ; dédié à Shiva, il a aussi été consacré, à partir de 880, aux ancêtres déifiés du roi : les tours de la première rangée honorent ses ancêtres mâles ou dieux, celles de la seconde ses ancêtres féminins ou déesses. Des lions gardent les escaliers du temple. Le Preah Ko possède trois *nandi* (taureaux sacrés), malheureusement tous en piteux état.

Les six *prasat* (tours-sanctuaires de pierre), alignées sur deux rangées et ornées de reliefs en grès et en plâtre, font face à l'est. La tour centrale de la première rangée est beaucoup plus grande que les autres. C'est ici qu'ont été découverts certains des décors de plâtre les mieux conservés d'Angkor, restaurés dans le cadre du German Apsara Conservation Project (p. 129). Des inscriptions en sanskrit figurent sur le chambranle des portes de chaque tour.

L'ÎLE-TEMPLE DE LOLEI

Les quatre tours en brique de **Lolei** sont des répliques quasiment exactes des tours du Preah Ko, même si elles sont beaucoup moins bien conservées. À l'origine, elles furent édifiées sur un îlot au centre d'un grand réservoir appelé Indratataka ou Baray du nord – désormais une rizière – par Yasovarman Ier (r. 890-910), fondateur de la première cité d'Angkor.

Dans les niches des temples, les sculptures en grès méritent le coup d'œil et il y a des inscriptions en sanskrit sur les chambranles des portes. Selon l'une de ces inscriptions, Yasovarman Ier dédia les quatre tours à sa mère, à son père et à ses grands-parents maternels le 12 juillet 893.

OÙ SE LOGER ET SE RESTAURER PRÈS DE ROLUOS

Lom Lam Homestay
Aménagé dans une grande maison cambodgienne, avec du mobilier et une literie haut de gamme. **$**

Angkor Rural Boutique Hotel
Cette adresse charmante rime avec confort champêtre. Les chambres encadrent un jardin avec piscine. **$**

Stung Torcheak Restaurant
Spécialités cambodgiennes, chinoises et thaïlandaises dans ce restaurant avec jardin ombragé, en bord de rivière. **$**

VISITES ET SHOPPING AUTOUR DE ROLUOS

Le **CMAC (Cambodian Mine Action Centre) Peace Museum of Mine Action** reçoit très peu de visiteurs, du fait de son emplacement isolé, mais il illustre de manière pédagogique et intelligente la question des mines terrestres au Cambodge. Un guide vous fera visiter la collection, qui comprend des engins explosifs désamorcés.

Nombre d'initiatives à but caritatif ont été développées dans la région de Roluos. Juste en face du Preah Ko, le **Khmer Group Art of Weaving** tisse des écharpes en soie et en coton sur des métiers traditionnels. Au même endroit, le **maître sculpteur Dy Proeung** a créé des maquettes de Preah Ko, Bakong, Lolei, Angkor Vat, Preah Vihear et Banteay Srei. Non loin sur la NH66, l'atelier **Lo-Yuyu Ceramics** produit des poteries dans le style traditionnel d'Angkor.

ALES MARTAN/SHUTTERSTOCK ©

Phnom Krom

Temple de Phnom Krom

COUCHER DE SOLEIL SUR LE LAC TONLÉ SAP

À 12 km au sud de Siem Reap, sur une colline surplombant le lac Tonlé Sap, le temple de Phnom Krom date du règne de Yasovarman Ier (fin IXe siècle ou début Xe siècle). Son nom signifie "petite colline" et fait référence à sa situation géographique par rapport aux temples de Phnom Bakheng et de Phnom Bok. Phnom Krom comprend un *vat* en activité et demeure l'un des endroits les plus paisibles pour le coucher du soleil, qui peut être spectaculaire, avec de gigantesques formations de nuages à la saison humide et des traînées de cirrus orange et violet vif à la saison sèche. En contrebas, le village flottant de Chong Kneas se détache sur les eaux miroitantes.

Les trois tours, dédiées (du nord au sud) à Vishnou, Shiva et Brahma, sont en ruine. Il faut l'Angkor Pass pour visiter le temple, juché au sommet de Phnom Krom, donc ne venez pas jusqu'ici si vous ne l'avez pas, car les gardiens ne vous laisseront pas passer. Si vous arrivez à *moto-dop* ou en voiture, demandez au conducteur de vous conduire au sommet, car la montée est longue, sous le soleil implacable (environ 30 minutes). Sur une demi-journée, vous pourrez combiner cette visite avec l'exploration du village flottant de Chong Kneas. Il y a aussi de très belles fermes de lotus sur la route reliant Siem Reap à Phnom Krom ; en effet, le vaste secteur autour de la colline est complètement inondé durant la saison humide.

DIVINITÉS MÉCONNUES D'ANGKOR

Garuda
Monture de Vishnou ; créature mi-homme, mi-oiseau associée au *naga* pour promouvoir l'unité religieuse sous Jayavarman VII.

Kala (ou Rehu)
Gardien de temple doté d'un tel appétit qu'il dévora son propre corps. Seule sa tête apparaît au-dessus des portes.

Makara
Un serpent de mer géant est représenté au coin des frontons, vomissant un *naga* ou une autre créature.

ANGKOR THOM

LA GRANDE CITÉ FORTIFIÉE D'ANGKOR

La majesté et la splendeur d'Angkor Vat restent inégalées, mais à Angkor Thom (Grande Cité), la somme des détails magnifie l'ensemble. Édifié autour du Bayon, le temple d'État de Jayavarman VII, Angkor Thom est entouré d'un formidable mur haut de 8 m et long de 13 km, lui-même ceinturé d'une douve large de 100 m, qui devait arrêter les envahisseurs les plus intrépides.

Au cœur de l'enceinte fortifiée sont regroupés les principaux monuments de la cité, dont le Bayon, le Baphuon, l'Enceinte royale, le Phimeanakas et la terrasse des Éléphants. Prévoyez une demi-journée pour explorer Angkor Thom en profondeur. Au-delà d'Angkor Thom, vous pourrez gagner le captivant temple de Ta Prohm, dans la jungle, où la nature poursuit son avancée inéluctable. Parmi les autres sites majeurs, citons le temple de Preah Khan, la pyramide géante de Ta Keo et la petite tour entourée d'eau de Preah Neak Poan.

Pour les infos pratiques, voir le Carnet d'adresses p. 165

À SAVOIR

Si vous arrivez d'Angkor Vat, vous gagnerez Angkor Thom par la porte sud. Depuis Ta Prohm, vous arriverez par la porte de la Victoire, côté est. La gigantesque porte nord d'Angkor Thom permet de rallier la cité fortifiée de Preah Khan et les temples du Grand Circuit. La porte ouest mène au Baray occidental.

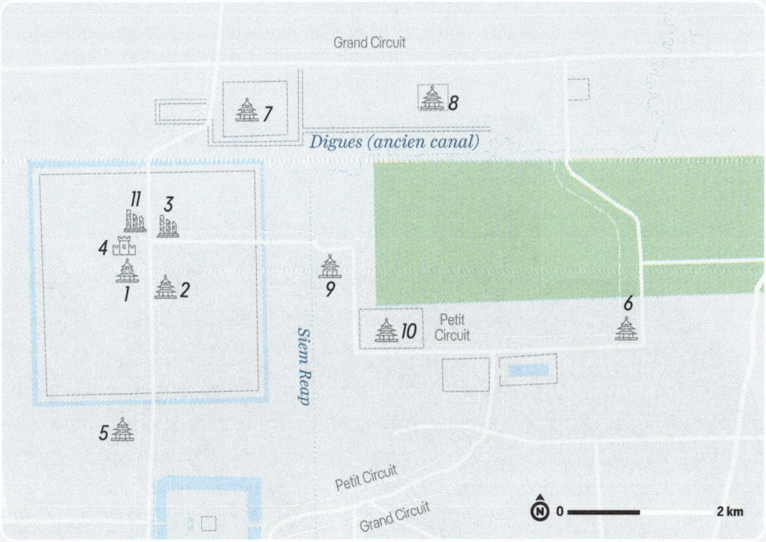

VOIR
1 Baphuon
2 Bayon
3 Kleang
4 Phimeanakas
5 Phnom Bakheng
6 Prè Rup
7 Preah Khan
8 Preah Neak Poan
9 Ta Keo
10 Ta Prohm
11 Terrasse du Roi lépreux

JAYAVARMAN VII

Fervent disciple du bouddhisme mahayana, le roi Jayavarman VII (r. 1181-1219) édifia la cité d'Angkor Thom et beaucoup des temples autour d'Angkor. Il est un personnage pétri de contradictions. Les bas-reliefs du Bayon le représentent menant des batailles sanglantes, tandis que des statues le montrent méditatif et paisible. Son programme de construction fut mené en grande hâte, sans doute au prix d'un dur labeur pour les ouvriers. Mais à bien des égards il fut aussi le premier dirigeant progressiste du Cambodge : il proclama l'égalité de ses sujets, abolit les castes et fit construire écoles, hôpitaux et routes.

Tête à tête avec le Bayon

AVALOKITESHVARA SOURIANT

Au cœur d'Angkor Thom se dresse le **Bayon** (XIIe siècle), fascinant temple d'État de Jayavarman VII. Il incarne le génie créatif et l'égo du plus célèbre roi du Cambodge. Ses 54 tours sont décorées de 216 visages souriants et monumentaux d'Avalokiteshvara. Il est également orné de splendides bas-reliefs, qui s'étirent sur 1,2 km, avec plus de 11 000 personnages.

Unique, même parmi ses fabuleux contemporains, l'audace architecturale du Bayon tint lieu de déclaration politique, à l'époque du passage de l'hindouisme au bouddhisme mahayana. Il est surnommé le "temple aux visages", en raison des énormes têtes qui scrutent les visiteurs sous tous les angles, et dégagent une impression de puissance et de contrôle, mâtinée d'une touche d'humanité. C'était précisément le cocktail nécessaire pour garder la main sur un empire aussi vaste et permettre à Jayavarman VII de soumettre une population disparate et lointaine. Où que vous alliez dans le temple, vous verrez toujours une douzaine de têtes simultanément, de face ou de profil, à votre niveau ou en surplomb.

Si l'on sait aujourd'hui que le Bayon fut édifié par Jayavarman VII, ses origines demeurèrent mystérieuses pendant de longues années. L'édifice étant enfoui dans une jungle épaisse, les chercheurs mirent longtemps à constater qu'il occupait le centre exact de la cité d'Angkor Thom. Bien des aspects restent à élucider concernant le Bayon – comme sa fonction exacte et son symbolisme –, ce qui correspond plutôt bien à ce monument dont le trait le plus distinctif est un visage au sourire énigmatique.

Bayon

DMITRY RUKHLENKO/SHUTTERSTOCK ©

BUSTES DU ROI JAYAVARMAN VII

Le buste du roi Jayavarman VII en méditation est un symbole iconique du Cambodge et un souvenir très prisé des touristes. Des exemples d'œuvres originales sont exposés au **Musée national d'Angkor** (p. 104) et au **Musée national de Phnom Penh** (p. 51).

Porte sud d'Angkor Thom

ÉGALEMENT À ANGKOR THOM

Les bas-reliefs du Bayon

LA VIE AU XIIe SIÈCLE AU CAMBODGE

La structure de base du **Bayon** comporte trois niveaux, qui correspondent approximativement aux trois étapes de sa réalisation. Ayant entrepris la construction du temple à un âge avancé, Jayavarman VII n'était pas sûr de l'achever et attendait la fin d'une phase de travaux pour entamer la suivante. Les deux premiers niveaux, carrés et ornés de bas-reliefs, mènent au troisième, circulaire, avec les tours et leurs visages.

Le temple étant orienté vers l'est, la plupart des visiteurs viennent le matin, mais le Bayon est tout aussi beau en fin d'après-midi. Lors de notre passage, le niveau supérieur du Bayon était fermé pour restauration ; il devrait rouvrir en 2024. Toutefois, les niveaux inférieurs, y compris les fabuleux bas-reliefs, demeurent accessibles durant les travaux.

ARCHÉOLOGUE À ANGKOR

Le **professeur Ang Choulean** est un éminent anthropologue, archéologue et érudit cambodgien.

Quel est le plus important des temples khmers ? Angkor Thom est le plus remarquable et le plus stimulant pour les archéologues, puisqu'il s'agissait d'une cité habitée dans laquelle cohabitaient des humains et des dieux.

Quel est le roi le plus important de l'histoire cambodgienne ? Suryavarman Ier. Il avait une véritable vision politique, que l'on peut mesurer à l'aune des monuments qu'il édifia, comme le Preah Vihear et le Vat Phou, dans le sud du Laos.

Que pensez-vous du débat entre romantisme et restauration des temples enfouis dans la jungle ? C'est une question d'équilibre. Mais nous avons le devoir de protéger les monuments pour les générations futures.

LES PORTES D'ANGKOR THOM

Porte sud
La mieux préservée des portes d'Angkor Thom ; représentation épique du Barattage de la mer de lait.

Porte est
Également appelée porte des Morts, par laquelle les rois d'Angkor quittaient la cité fortifiée pour leur crémation.

Porte de la Victoire
Cette porte percée dans le mur oriental était empruntée par les rois victorieux au retour de la bataille.

LES PORTES GIGANTESQUES D'ANGKOR THOM

Ce sont ces portes qui vous impressionneront d'emblée : elles sont flanquées d'une représentation du Barattage de la mer de lait, 54 démons et 54 dieux engagés dans un conflit épique. Chaque porte se dresse au-dessus du visiteur, avec les visages bienveillants du bodhisattva Avalokiteshvara surveillant le royaume.

La porte sud est la plus prisée des visiteurs, car elle a été entièrement restaurée ; la plupart des statues ont conservé leur tête (souvent des copies). Pour éviter la foule, préférez les portes est et ouest, plus tranquilles.

STEVE ESTVANIK/SHUTTERSTOCK ©

Bas-relief de la bataille navale

Certains affirment que l'Empire khmer fut divisé en 54 provinces à l'époque de la construction du Bayon, d'où les 54 paires d'yeux omniscients qui veillaient sur les sujets jusqu'aux confins du royaume.

Les célèbres sculptures qui couvrent le mur extérieur du premier niveau dépeignent des scènes de la vie quotidienne au XIIe siècle au Cambodge. Souvent fragmentés, les bas-reliefs du deuxième niveau n'ont pas la même ampleur. Les descriptions ci-après concernent ceux du premier niveau ; entrez dans le Bayon par la porte est et avancez dans le sens des aiguilles d'une montre.

Juste au sud de la porte est, on découvre le premier bas-relief, la **fuite des Cham**, un panneau à trois niveaux. Sur le premier, des soldats khmers partent au combat – remarquez les éléphants et les chars à bœufs, semblables à ceux toujours utilisés au Cambodge aujourd'hui. Le deuxième niveau montre des cercueils rapportés du champ de bataille. Au centre

LES BAS-RELIEFS DE BANTEAY CHHMAR

Seuls deux temples du pays comportent des scènes de la vie quotidienne du XIIe siècle, et tous deux furent édifiés par le roi Jayavarman VII. Outre le Bayon, le **Banteay Chhmar** (p. 185), dans le nord-ouest du Cambodge, présente des bas-reliefs de ce type.

À SAVOIR POUR ANGKOR THOM

Gare aux singes
Méfiez-vous des macaques de la porte sud et de la chaussée principale menant au Bayon : ils peuvent mordre.

Observation des oiseaux
En vous baladant, repérez les oiseaux de la forêt dans les arbres et ceux des marais dans la douve.

Stands de nourriture
Pas de restaurants, mais des stands sont installés derrière la terrasse du Roi lépreux et devant le Preah Pithu.

du troisième niveau, Jayavarman VII, à l'ombre de parasols, est représenté à cheval, suivi par des légions de concubines (à gauche).

Puis, sur le premier panneau au nord de l'angle sud-est, se trouve le **culte hindou du lingam** (symbole phallique). L'image, qui représentait sans doute le Bouddha à l'origine, aurait été modifiée ultérieurement par un roi hindou.

Le panneau de la **bataille navale** comporte certains des plus beaux reliefs. Les scènes décrivent une bataille sur le Tonlé Sap entre les Khmers et les Cham (ces derniers portent des coiffes) ainsi que la vie quotidienne autour du lac. Repérez les habitants qui s'épouillent, les chasseurs et, à l'extrémité ouest du panneau, la femme qui accouche.

Sur le panneau qui suit, les scènes de la vie quotidienne continuent, mais le combat entre les Khmers et les Cham s'est déplacé sur le rivage du lac, marquant la **défaite des Cham**. Remarquez les deux personnages qui jouent aux échecs, le combat de coqs et les femmes qui vendent du poisson au marché. On observe aussi la préparation et le service du repas donné en l'honneur de la victoire des Khmers.

La section la plus à l'ouest de la galerie sud, qui représente un **défilé militaire**, est inachevée, comme le panneau où les éléphants descendent des montagnes. Des brahmanes, poursuivis par des tigres, se sont réfugiés dans deux arbres.

Selon certains érudits, le panneau suivant décrit une **guerre civile**. Des groupes armés s'affrontent et la violence augmente alors que des éléphants et des guerriers se joignent à la mêlée.

Juste au nord du panneau de la guerre civile, le combat se poursuit à une moindre échelle sur celui du **roi qui voit tout**. Un gigantesque poisson engloutit une antilope ; parmi les plus petits poissons figure une crevette, sous laquelle une inscription proclame que le roi fera rechercher ceux qui se cachent.

À l'angle ouest du mur nord figure un **cirque khmer**. Un homme fort porte trois nains, un autre, allongé sur le dos, fait tourner une roue avec ses pieds et un groupe de funambules évolue au-dessus.

Le panneau du **sac d'Angkor** illustre la guerre de 1177, qui se solda par la défaite des Khmers et la mise à sac d'Angkor par les Cham. Le roi khmer, blessé, est descendu de son éléphant, tandis qu'un général khmer, également touché, est transporté dans un hamac suspendu à un bâton. Au-dessus, des Khmers noient leur désespoir dans une beuverie. Les Cham (à droite) poursuivent leur ennemi en déroute.

Le panneau suivant, l'**entrée des Cham à Angkor**, montre l'affrontement entre armées khmère et cham. Remarquez les

LA TERRASSE DES ÉLÉPHANTS

Longue de 350 m, cette terrasse servait de tribune géante pour les cérémonies publiques. Le roi l'utilisait également comme grande salle d'audience. Imaginez le faste et la grandeur de l'Empire khmer à son apogée, l'infanterie, la cavalerie, les attelages et les éléphants paradant sur la place centrale. À l'ombre de parasols, le dieu-roi observait le défilé, entouré de notables et de servantes.

La terrasse des Éléphants compte cinq avancées vers la place centrale – trois au milieu et une à chaque bout. La partie centrale du mur de soutènement est ornée de *garuda* et de lions grandeur nature. La célèbre parade des éléphants, menés par des cornacs khmers, est représentée à chaque bout.

MUSÉES MOINS CONNUS AUTOUR D'ANGKOR

MGC Asian Traditional Textiles Museum
Le meilleur des textiles asiatiques – pièces issues du Cambodge, du Laos, d'Inde...

Preah Norodom Sihanouk Angkor Museum
Un musée conservant de rares bouddhas découverts au Banteay Kdei.

Musée du Vat Bo
Collection privée du chef-moine Preah Moha Vimal Dhamma Serey Sovanno Pin Sem, dans la pagode du Vat Bo.

porte-drapeaux des troupes cham (à droite). Les Cham furent vaincus dans cette guerre, qui s'acheva en 1181, comme le montre le premier panneau de la séquence.

Rencontre entre bouddhisme et hindouisme au Baphuon

LE PLUS GRAND PUZZLE DU MONDE

Avant la guerre civile du Cambodge, le **Baphuon** fut méticuleusement démonté pièce par pièce par une équipe d'archéologues, mais les registres de ces opérations furent détruits durant le régime des Khmers rouges, dans les années 1970. Quand ils reprirent les travaux de restauration au début des années 1990, les Khmers et les spécialistes français se retrouvèrent donc avec 300 000 pierres à remettre en place.

Après des années de recherches minutieuses, ce temple a été partiellement restauré, avec la construction d'une vaste base en béton pour en consolider les fondations, car le seul poids de la structure gigantesque menaçait de la faire s'effondrer, comme cela arriva au Borobudur, en Indonésie, au début du XXe siècle.

À son apogée, le Baphuon était probablement l'un des temples les plus spectaculaires d'Angkor. Situé à 200 m au nord-ouest du Bayon, il s'agit d'une représentation pyramidale du mythique mont Meru. Sa construction commença sans doute sous le règne de Suryavarman Ier et fut achevée par Udayadityavarman II. Il marquait le centre de la capitale qui existait avant l'édification d'Angkor Thom.

On accède au site par une chaussée surélevée en grès de 200 m de long, et la construction centrale s'élève à 43 m. Passez sous la chaussée pour une vue étonnante sur les centaines de piliers qui la soutiennent. Au XVIe siècle, le mur de soutènement du deuxième niveau, dans la partie ouest, fut façonné en un bouddha couché de 60 m et vous pourrez en distinguer le visage et le corps.

Il faut environ une heure pour explorer le Baphuon dans sa totalité, mais la visite peut être plus rapide si vous faites l'impasse sur les niveaux supérieurs.

Ultime demeure du Roi lépreux

CRÉMATORIUM ROYAL

La **terrasse du Roi lépreux** se trouve juste au nord de la terrasse des Éléphants. Datant de la fin du XIIe siècle, c'est une plateforme de 7 m de hauteur, surmontée d'une statue nue et asexuée. Les murs de soutènement de la

LES TEMPLES BOUDDHIQUES D'ANGKOR THOM

Le **Preah Palilay** est situé à environ 200 m au nord du mur nord de l'Enceinte royale. Il fut érigé sous le règne de Jayavarman VII et abritait à l'origine un bouddha, depuis longtemps disparu. Plusieurs arbres gigantesques s'enracinent dans la tour centrale, composant une image parfaite de “temple dans la jungle”.

De l'autre côté de l'avenue Nord (Northern Ave) en venant du Tep Pranam, le **Preah Pithu** regroupe plusieurs temples hindous et bouddhiques du XIIe siècle, enceints d'un mur. Il comprend quelques terrasses superbement décorées et des animaux gardiens, lions et éléphants. Peu de touristes le visitent, ce qui en fait un site agréable à explorer à son rythme, tout en profitant de son cadre de jungle.

TISSAGE DE LA SOIE AUTOUR D'ANGKOR

Angkor Silk Farm
Gérée par les Chantiers-écoles. Produit certains des plus beaux vêtements, accessoires et pièces de décoration du pays.

Samatoa
Samatoa joue avec les fibres bio, en mêlant la soie et le coton au lotus.

Golden Silk
La soie dorée est produite par le vers à soie jaune ; les visiteurs sont bienvenus dans ce centre de tissage de Banteay Srei.

PHOTOSBYASH/GETTY IMAGES ©

Statue du Roi lépreux

façade portent, au moins sur cinq niveaux, des sculptures finement élaborées.

La statue ci-avant mentionnée (une réplique de la statue d'origine, conservée à Phnom Penh) est un des mystères d'Angkor, et différentes théories ont été avancées pour expliquer sa signification. Selon la légende, au moins deux des rois d'Angkor furent touchés par la lèpre, et la statue pourrait représenter l'un d'eux. Une autre hypothèse – plus plausible – affirme que la statue figure Yama, dieu de la Mort, et que la terrasse du Roi lépreux abritait le crématorium royal.

Sur les murs sont sculptées des apsaras assises et des rois aux diadèmes pointus, armés d'épées à double tranchant et accompagnés de leur cour et de princesses.

suite p. 141

LES 5 PLUS GRANDS ROIS D'ANGKOR

D'innombrables monarques ont dirigé l'Empire khmer entre le IXe et le XIVe siècle. Leur nom se termine par *varman*, qui signifie "armure" ou "protecteur".

Jayavarman II (r. 802-850). Il fonda l'Empire khmer en 802.

Yasovarman Ier (r. 890-910). Il déplaça la capitale à Angkor et construisit Phnom Bakheng.

Jayavarman IV (r. 924-942). Roi usurpateur qui déplaça la capitale à Koh Ker.

Suryavarman II (r. 1112-1152). Bâtisseur d'Angkor Vat.

Jayavarman VII (r. 1181–1219). Le roi des dieux-rois. Il construisit Angkor Thom et le Ta Prohm.

LA STATUE DU ROI LÉPREUX

L'original de la statue est conservé à Phnom Penh, au **Musée national** (p. 51). Elle est installée dans l'une des principales galeries entourant un beau jardin sur cour, lequel se dote de quatre bassins d'agrément.

HÔTELS DE SIEM REAP RENDANT HOMMAGE À ANGKOR

Shadow of Angkor Residence
Chambres raffinées et climatisées dans un édifice de l'époque française dominant la rivière, près du Psar Chaa. **$**

Memoire d'Angkor Boutique Hotel
Dans Sivatha St, cet hôtel est décoré de belles œuvres d'artistes locaux. **$$**

Raffles Grand Hotel d'Angkor
Depuis 1932, cet hôtel historique a reçu des hôtes comme Charlie Chaplin et Jackie Kennedy. **$$$**

PROMENADE À PIED À ANGKOR THOM

Avec ses dimensions raisonnables et ses temples splendides, Angkor Thom s'explore idéalement à pied. Commencez par la spectaculaire **1 porte sud** et admirez l'immense représentation du Barattage de la mer de lait avant de grimper sur le rempart et de vous diriger vers l'ouest. Arrivé à l'angle sud-ouest, admirez le **2 Prasat Chrung**, l'un des quatre temples identiques qui marquent les angles de la ville.

De retour sur le rempart, continuez vers la **3 porte ouest** en cherchant à gauche la perspective sur l'immense Baray occidental. Descendez jusqu'à la porte ouest et avancez vers l'est le long du chemin qui mène au cœur d'Angkor Thom, mais laissez le Bayon de côté pour l'instant : mieux vaut le garder pour la fin. Si vous êtes avec un guide, vous devrez le faire en premier puis suivre un itinéraire préétabli, mais les voyageurs indépendants peuvent faire comme bon leur semble.

Tournez au nord vers le **4 Baphuon** et gagnez l'arrière de ce temple. Passez devant le petit temple de **5 Phimeanakas** et l'ancien palais royal, dont il ne reste que des murs croulants, des arbres immenses et une végétation luxuriante. Continuez plus au nord, jusqu'au petit mais joli **6 Preah Palilay**.

À ce stade, rejoignez le parcours classique en traversant la **7 terrasse du Roi lépreux** et en longeant la **8 terrasse des Éléphants**, la tribune royale. Si vous en avez le temps, faites un détour à l'est pour découvrir les tours en latérite du Prasat Suor Prat et le temple bouddhique de Preah Pithu. Sinon, poursuivez vers le magnifique **9 Bayon** : singulier mais merveilleux, c'est l'un des temples les plus énigmatiques d'Angkor.

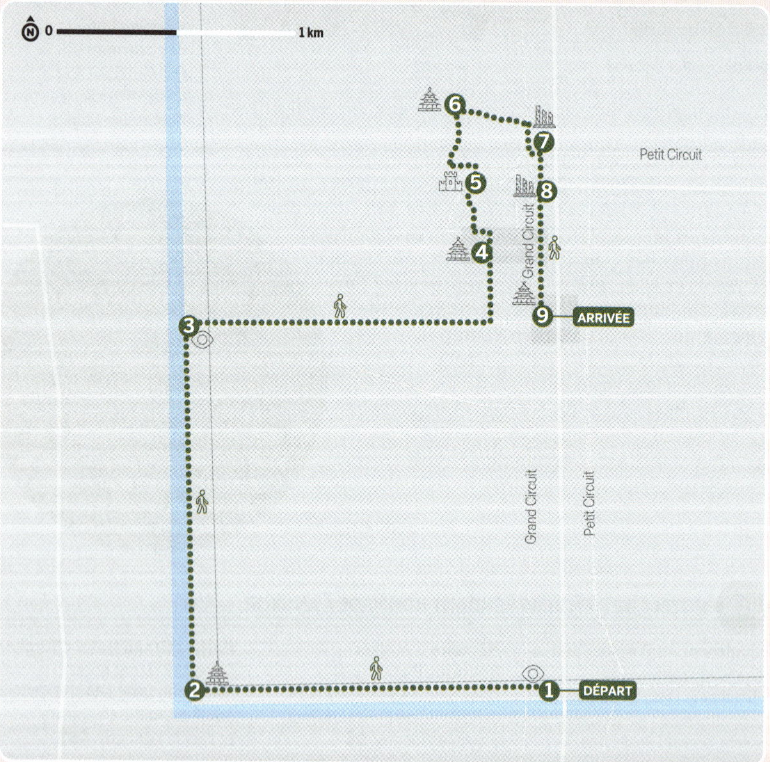

suite de la p. 139

Sur le côté sud de la terrasse du Roi lépreux (face à la terrasse des Éléphants), un accès mène à la façade d'une terrasse cachée, couverte lors de la construction de la structure extérieure – une sorte de terrasse dans la terrasse. Les quatre niveaux d'apsaras et d'autres représentations, dont des *naga*, semblent avoir été sculptés hier tant ils sont bien conservés : une chance qu'ils aient été couverts pendant des siècles. En longeant le mur intérieur de la terrasse du Roi lépreux, notez les traces de burin de plus en plus grossières sur les personnages, preuve que ce mur ne fut jamais achevé, comme nombre des temples d'Angkor.

Phimeanakas et Enceinte royale

RÉSIDENCE DES ROIS ET DES REINES

Le **Phimeanakas** se dresse à proximité du centre de l'enceinte fortifiée qui protégeait jadis le Palais royal, dont il ne reste aujourd'hui que deux bassins de grès près de la porte nord. Ces bassins sont rehaussés de belles sculptures de divinités et chacun est un lieu paisible pour échapper à la foule du Bayon.

Phimeanakas signifie “palais céleste” et certains historiens affirment qu'il était autrefois surmonté d'une flèche dorée. La construction du palais débuta sous Rajendravarman II. Il fut habité par Jayavarman V et Udayadityavarman Ier, puis agrandi et embelli par Jayavarman VII et ses successeurs. La terrasse des Éléphants devance l'Enceinte royale côté est. Des lianes et des arbres immenses couvrent l'extérieur du mur nord-ouest de l'Enceinte royale, une vision mémorable à découvrir dans la forêt en marchant du Preah Palilay au Phimeanakas.

Le temple, autre représentation pyramidale du mont Meru, comporte trois niveaux. La plupart des éléments décoratifs ont été détruits ou dérobés : remarquez les lions gardiens, avec de grossiers piliers en béton remplaçant leurs pattes antérieures.

Un mythe khmer raconte qu'un *naga* (serpent mythique) rendait visite au roi chaque nuit sous la forme d'une belle femme. Les rois étaient contraints de dormir avec cette apparition s'ils ne voulaient mettre en péril la stabilité du royaume. Le *naga* est un puissant symbole du pouvoir khmer et orne tous les grands temples d'Angkor. Les dieux-rois d'Angkor étaient des incarnations terrestres des divinités hindoues, et à travers ce mythe, leur existence même reposait sur le pouvoir du *naga*.

BRÈVE HISTOIRE D'ANGKOR

La période angkorienne couvre plus de 600 ans d'histoire (802-1432). Cet âge d'or se traduisit par la construction des temples d'Angkor et la consolidation de la position de l'Empire khmer en tant que grande puissance de l'Asie du Sud-Est. Les centaines de temples qui ont survécu jusqu'à nos jours ne sont que le squelette sacré du gigantesque cœur politique, religieux et social de l'Empire khmer. À son apogée, la cité comptait un million d'habitants. Maisons, bâtiments publics et palais construits en bois ont pour leur part disparu depuis longtemps – la brique et la pierre étaient réservées aux dieux.

ANGKOR VAT DEPUIS LES AIRS

Pour admirer **Angkor Vat** (p. 122) depuis les airs, vous pourrez prendre le ballon captif **Angkor Balloon**, situé à environ 1,3 km du plus grand édifice religieux du monde, ou survolez les temples en hélicoptère avec **Helistar**.

SYMBOLES IMPORTANTS AUTOUR D'ANGKOR

Flammes
Elles flanquent les marches et les portes afin de purifier le fidèle qui entre dans le temple.

Lingam
Symboles phalliques de fertilité, ils étaient installés à l'origine dans les tours de la plupart des temples hindous.

Lotus
Symbole de pureté, le lotus est très présent dans la forme des tours, au niveau des marches d'entrée et dans la décoration.

BARAY OCCIDENTAL ET MÉBON OCCIDENTAL

Le **Baray occidental**, qui mesure 8 km sur 2,3 km, fut créé à la main pour assurer l'irrigation des cultures intensives autour d'Angkor. La technique consistait non pas à creuser, mais à édifier des digues de sorte à créer un réservoir. Le Baray occidental est le principal lieu de baignade des environs de Siem Reap. Une sorte de petite plage est aménagée à l'extrémité ouest ; elle attire de nombreux Khmers le week-end. Le **Mébon occidental** est un petit temple sur une île, au milieu de ce vaste *baray*, accessible en bateau.

Kleang et Prasat Suor Prat

TEMPLE DES FUNAMBULES

Sur le côté est de la place centrale se trouvent deux groupes de bâtiments : les **Kleang**. Le Kleang nord, daté du règne de Jayavarman V, et le Kleang sud furent peut-être des palais. Le long de la place centrale, devant les deux Kleang, se dressent 12 tours en latérite – 10 alignées et 2 à angle droit face à l'avenue de la Victoire – appelées Prasat Suor Prat (temple des Funambules).

Les archéologues pensent que ces tours, qui forment une haie d'honneur, furent édifiées sous Jayavarman VII. À l'origine, chacune contenait probablement un lingam ou une statue. On raconte que des funambules se produisaient pour le roi sur des cordes tendues entre les tours.

Selon l'émissaire chinois Tchéou Ta-Kuan, au XIIIe siècle, les tours du Prasat Suor Prat servaient aussi à une sorte d'ordalie : en cas de conflit, les deux plaignants devaient s'asseoir dans les deux tours ; celui qui succombait à une maladie était déclaré coupable.

Aujourd'hui, le secteur est utilisé pour des événements et célébrations majeurs, notamment l'Angkor Sangkran, qui se tenait depuis longtemps chaque année ; après une pause due à la pandémie de Covid-19, il a repris en 2022. Les concerts, activités, reconstitutions historiques et autres festivités attirent souvent jusqu'à un million de visiteurs cambodgiens à Siem Reap et aux temples d'Angkor, avec, à la clef, des embouteillages légendaires. C'est un moment intéressant pour voir les habitants profiter des temples, mais les déplacements sont très compliqués, à moins de conduire un deux-roues.

LE VISHNOU COUCHÉ DU MÉBON OCCIDENTAL

Une gigantesque statue en bronze de Vishnou fut découverte dans les ruines du Mébon occidental ; elle est désormais conservée à Phnom Penh, au **Musée national** (p. 51).

Temple dans la jungle : le Ta Prohm

LE TEMPLE DE TOMB RAIDER

Tapi dans l'ombre et surnommé "temple de Tomb Raider" – l'une des scènes du film *Lara Croft : Tomb Raider* (2001) a été tournée ici –, le **Ta Prohm** intrigue par ses tours et ses murs délabrés maintenus par un entrelacs d'imposantes racines. Sans conteste le site le plus pittoresque d'Angkor, le Ta Prohm devrait être en tête des priorités de tous les visiteurs. Son principal attrait réside dans le fait qu'il a été englouti par la jungle et ressemble beaucoup aux monuments tels qu'ils ont été découverts par les premiers explorateurs européens.

SYMBOLES IMPORTANTS À ANGKOR

Douve
Les douves autour des temples majeurs représentent les océans autour du mont Meru.

Vigne
Symbole de pureté décorant portes et linteaux et aidant les visiteurs à se purifier avant de pénétrer ce paradis sur terre.

Yoni
Symbole de la fertilité féminine : combiné au lingam, il produit l'eau sacrée qui apporte la fertilité.

MARK READ/LONELY PLANET ©

Moine, Ta Prohm

C'est la théorie, mais en réalité la jungle est aujourd'hui maîtrisée et seuls les plus grands arbres sont préservés, ce qui rend le lieu moins sauvage que le Beng Mealea. Toutefois, une visite du Ta Prohm est une expérience unique et extraordinaire. Ces ruines vénérables incarnent un cycle poétique : l'humanité a conquis la nature pour construire rapidement, puis la nature a repris ses droit pour détruire lentement. Si Angkor Vat atteste le génie des anciens Khmers, le Ta Prohm rappelle surtout l'inexorable puissance et la fertilité de la jungle.

Ce temple est un véritable labyrinthe de tours, de cours fermées et de couloirs étroits, souvent obstrués par des pierres délicatement sculptées que les racines d'arbres disparus depuis longtemps ont descellées. Sur les murs ventrus, lichens, mousses et plantes grimpantes recouvrent les bas-reliefs, tandis que des buissons surgissent du sommet des porches monumentaux. Des arbres plusieurs fois centenaires ombragent l'ensemble, ne laissant passer qu'une lumière verdâtre.

BANTEAY KDEI ET SRA SRANG

Imposant monastère bouddhique de la fin du XIIe siècle, le **Banteay Kdei** est entouré de quatre murs concentriques. Chacune des quatre entrées est ornée de *garuda* et affiche l'un des thèmes favoris de Jayavarman VII : les quatre visages d'Avalokiteshvara. Le mur extérieur mesure 500 m sur 700 m. Ce site est beaucoup moins fréquenté que le proche Ta Prohm, un argument justifiant à lui seul une visite. À l'est du Banteay Kdei, le **Sra Srang**, vaste bassin d'ablutions réservé au roi et à ses épouses, couvre 800 m de long sur 400 m de large. Ce joli plan d'eau offre un cadre paisible au lever du soleil.

À SAVOIR POUR LE TA PROHM

Porte nord
Si vous explorez Angkor en deux-roues, arrivez ici par la porte nord : les gardiens vous laisseront rouler dans le temple.

Lumière du matin
Le temple du Ta Prohm est tout particulièrement beau à l'aube, avant l'arrivée des foules.

L'art de la restauration
Dans l'angle sud-est du temple, vous découvrirez un excellent montage avant/après d'une galerie restaurée.

LES LIEUX DE TOMB RAIDER

Plusieurs scènes du film *Lara Croft : Tomb Raider* (2001), avec Angelina Jolie dans le rôle-titre, furent tournées dans les temples d'Angkor. La séquence cambodgienne s'ouvre au Phnom Bakheng, avec Lara observant le temple mystérieux à travers des jumelles. Les méchants sont déjà en train d'arriver par la porte est d'Angkor Thom en démolissant une gigantesque apsara (en polystyrène !). Lara fait quelques tours autour du Bayon dans sa Land Rover avant de découvrir une voie dérobée pour accéder au temple depuis le Ta Prohm. Après avoir plongé dans une cascade à Phnom Kulen, elle émerge au milieu d'un marché flottant devant Angkor Vat. Ensuite, elle entre dans la galerie aux Mille Bouddhas où elle est guérie par un moine.

Arbre de Tomb Raider, Ta Prohm

Construit à partir de 1186 et alors appelé Rajavihara (monastère du Roi), le Ta Prohm était un temple bouddhique dédié à la mère de Jayavarman VII. C'est l'un des rares sanctuaires de la région d'Angkor dans lequel une inscription fournit des informations sur la population qui l'entretenait ou y travaillait alors : à savoir près de 80 000 individus, dont plus de 2 700 personnes attachées à des fonctions administratives et 615 danseurs.

Le gopura (pavillon d'entrée) oriental de l'enceinte centrale est étranglé par une racine particulièrement spectaculaire, surnommée **arbre-crocodile**. L'un des endroits les plus réputés du Ta Prohm est l'**arbre de Tomb Raider**, où Lara Croft, jouée par Angelina Jolie, cueillit une fleur de jasmin avant de tomber à travers la terre jusqu'aux... Pinewood Studios – les studios près de Londres où fut inventé l'intérieur des salles du temple.

Pour la sauvegarde du monument et la sécurité des visiteurs, il est désormais interdit de grimper sur les galeries endommagées. Les blocs de pierres en équilibre

PRESTATAIRES DE TOURISME RESPONSABLE

Terre Cambodge
Prestataire francophone. Circuits vers des sites isolés autour d'Angkor, à vélo, ou en bateau sur le Grand Lac.

Indochine Ex
Me Chrey en kayak, treks, circuits vers des temples isolés et autres.

Sam Veasna Conservation Tours
Excellent prestataire. Circuits ornithologiques vers des temples isolés.

précaire pèsent souvent plus d'une tonne et leur chute causerait de sérieux dégâts. Des travaux de restauration et de stabilisation du Ta Prohm sont actuellement menés par une équipe d'archéologues indiens, en collaboration avec leurs homologues cambodgiens.

Prévoyez deux heures minimum sur place pour explorer le temple et son dédale de corridors et d'arbres enracinés dans les ruines.

Le temple-montagne de Phnom Bakheng

ANGKOR VAT VU DU DESSUS

Situé à environ 400 m au sud d'Angkor Thom, le **Phnom Bakheng** a pour principal atout son coucher de soleil sur Angkor Vat. Pendant de nombreuses années, des hordes de touristes gravissaient les versants de la colline en jouant des coudes. Une jauge de 300 visiteurs s'applique désormais, donc venez tôt (16h) pour être sûr d'assister au coucher de l'astre. Édifié par Yasovarman Ier (r. 889-910), le temple compte cinq étages, soit sept niveaux en incluant la base et le sommet.

Le Phnom Bakheng est le premier des temples-montagnes à avoir été construits à Angkor. Yasovarman Ier préféra cette colline à Roluos, site de la précédente capitale.

La base compte – ou plutôt comptait – 44 tours et chacun des cinq étages en possédait 12. Au sommet se dressaient un sanctuaire central et quatre tours aux points cardinaux. Tous ces chiffres auraient une signification symbolique. Les sept niveaux représentent les sept paradis hindous ; le nombre total des tours, 108 sans compter le sanctuaire central, est un porte-bonheur, en corrélation avec le calendrier lunaire.

Certains préfèrent grimper la colline tôt le matin afin de profiter de la fraîcheur et d'une moindre affluence. Cela dit, le coucher de soleil sur le Baray occidental est magnifique. Comptez au moins deux heures pour profiter au mieux de l'expérience.

Pour prendre une belle photo d'Angkor Vat au crépuscule depuis le sommet du Phnom Bakheng, il faut un téléobjectif, car le temple est à 1,3 km.

Le temple syncrétique de Preah Khan

TEMPLE DE L'ÉPÉE SACRÉE

Le temple de **Preah Khan** est l'un des plus grands ensembles d'Angkor, un labyrinthe de couloirs

VISHNOU "AUX TROIS PAS"

Juste en retrait de la route entre Angkor Vat et le Banteay Kdei, le **Prasat Kravan** est surtout connu pour ses sculptures ciselées dans la brique à l'intérieur de ses cinq tours, édifiées en 921.

L'un des avatars préférés de Vishnou est le nain Vamana, qui réussit à libérer le monde de l'emprise du roi-démon Bali. Vamana demanda à Bali de lui octroyer un terrain pour méditer, précisant qu'il lui suffisait d'une parcelle qu'il pourrait traverser en trois pas. Bali accepta et vit alors le nain se transformer en géant qui traversa l'univers en trois enjambées ! Cette légende, représentée au Prasat Kravan, vaut à Vishnou le surnom de "dieu aux trois pas".

L'AUTRE PREAH KHAN

Il y a deux temples de Preah Khan au Cambodge – l'un se trouve dans la jungle de la province de Preah Vihear. Le **Preah Khan de Kompong Svay** (p. 191) est l'un des temples les plus isolés du pays : l'aventure ultime.

À SAVOIR POUR LE PREAH KHAN

Parrainer un garuda
Les incroyables garuda perchés sur les murs extérieurs du Preah Khan peuvent être parrainés en vue de leur restauration.

Gardiens sans tête
Explorez les corridors sud du Preah Khan, plus calmes, pour trouver un duo de divinités sans tête gardant l'entrée.

Nature indomptable
Deux arbres aux racines monstrueuses enserrent le mur de soutènement extérieur de l'entrée orientale.

TYROLIENNES D'ANGKOR

Angkor offre un cadre d'exception pour s'élancer en tyrolienne, même si les temples ne sont pas visibles du parcours. Au sein de la zone protégée d'Angkor, **Angkor Zipline** propose 10 tyroliennes, 21 plateformes perchées dans les arbres, 4 passerelles suspendues et une descente en rappel à l'arrivée. Un espace panoramique permet de se reposer à mi-parcours ; la ligne en tandem pour les couples est très appréciée.

Pour assurer leur sécurité, les utilisateurs sont attachés aux câbles en continu par des mousquetons. L'expérience comprend aussi un volet protection de la nature, la forêt abritant une famille de gibbons. Le prix inclut le transfert en minibus depuis/vers la ville ; l'Angkor Pass n'est pas nécessaire pour profiter de la tyrolienne.

voûtés, de sculptures raffinées et de pierres couvertes de lichens. C'est un bon contrepoint au Ta Prohm, d'autant qu'il est un peu moins visité. Comme le Ta Prohm, c'est un site émaillé d'enceintes couronnées de tours et de corridors étroits. Mais à l'inverse du Ta Prohm, le Preah Khan est bien conservé, grâce aux travaux de restauration menés par le World Monuments Fund (WMF).

Érigé par Jayavarman VII, le Preah Khan lui servit sans doute de résidence temporaire pendant la construction d'Angkor Thom. Le sanctuaire central fut consacré en 1191. Une grande stèle en pierre, à l'origine dans la première enceinte orientale et aujourd'hui en sécurité à l'Angkor Conservation à Siem Reap, a fourni de nombreuses informations sur le rôle du Preah Khan en tant que centre de culte et d'enseignement. Dédié à 515 divinités et requérant des milliers de serviteurs pour son entretien, il accueillait chaque année 18 fêtes majeures.

Le site est très étendu, mais le temple lui-même n'occupe qu'un rectangle fortifié d'environ 700 m sur 800 m. Quatre chaussées de procession mènent aux portes et sont bordées, comme à l'entrée d'Angkor Thom, d'une superbe représentation du Barattage de la mer de lait ; les têtes des statues ont pour la plupart disparu. Du sanctuaire central, des galeries voûtées partent vers les points cardinaux. Un revêtement de plâtre, maintenu grâce à des orifices creusés dans la pierre, recouvrait nombre de parois intérieures. Beaucoup des reliefs délicats ont survécu, dont des sculptures de *rishi* (sages) et d'apsaras.

Le Preah Khan est un lieu marqué de syncrétisme : l'entrée orientale est en effet dédiée au bouddhisme mahayana, avec des portes de taille similaire, tandis que les autres points cardinaux sont consacrés à Shiva, Vishnou et Brahma, avec des portes de plus en plus petites, illustrant le système des castes dans l'hindouisme.

L'entrée principale se situe du côté est, mais la plupart des touristes passent par la porte ouest, près de la route principale, traversent le temple jusqu'à la porte est avant de revenir au sanctuaire central et de sortir par la porte nord. (Autre possibilité : entrer par le nord et sortir par l'est.) La force de la nature ne s'exprime guère à l'entrée ouest, mais à l'extérieur du mur de soutènement de la porte est, **deux arbres**, dont l'un se dresse encore vers le ciel, entremêlent leurs racines monstrueuses. Dans l'enceinte, on remarque aussi une étonnante construction à deux niveaux, dotée de colonnes à l'allure d'un temple grec, qui n'a pas encore livré le secret de sa fonction. Non loin se dresse la

CUISINE INTERNATIONALE À SIEM REAP

Mamma Shop
Les délicieuses pâtes maison sont les stars de ce bistrot italien, dans le district bohème de Kandal Village. **$**

Cul-de-Sac
Cet élégant restaurant français sert ses spécialités dans le jardin d'une maison en bois restaurée. **$$**

Wild
Dans un jardin, menu de rouleaux de printemps créatifs, avec des déclinaisons italiennes et indiennes. **$**

Chau Say Tevoda

salle des Danseurs, ancien lieu de spectacle rehaussé de belles sculptures d'apsaras.

Étant donné l'étendue du site, prévoyez 1 heure 30 à 2 heures de visite au minimum.

TEMPLES JUMEAUX

Juste à l'est de la porte de la Victoire d'Angkor Thom, le **Chau Say Tevoda** fut probablement édifié durant le deuxième quart du XIIe siècle, sous le règne de Suryavarman II. Dédié à Shiva et à Vishnou, il a été rénové par une équipe chinoise et a retrouvé un état identique à son jumeau, le **Thommanon**. Juste au nord du Chau Say Tevoda et également dédié à Shiva et Vishnou, celui-ci a de nombreux points communs avec Angkor Vat. Il doit son bon état aux travaux de grande ampleur qui y ont été menés dans les années 1960. Il accueille souvent des galas huppés.

Petit temple de Preah Neak Poan

RETRAITE DE JAYAVARMAN VII

Le **Preah Neak Poan** est un temple bouddhique petit mais aux proportions parfaites, édifié par Jayavarman VII à la fin du XIIe siècle. Entouré de quatre bassins, son grand bassin carré enserre une "île" circulaire encadrée par deux *naga*, dont les queues entremêlées ont donné son nom au temple.

Des quatre statues qui ornaient jadis le grand bassin, il n'en reste qu'une, reconstituée à partir de

COFFRE AUX BOUDDHAS CACHÉS

Des archéologues travaillant au **Banteay Kdei** (p. 143) ont découvert un coffre enterré contenant des statues bouddhiques, lesquelles avaient été dissimulées au XIVe siècle afin d'être préservées d'une profanation par des militants hindous.

Elia Greek Kitchen
Près du Psar Chaa, cette petite taverne trouverait sa place au bord de la méditerranée. Nourriture assez authentique. **$**

FCC Angkor
Cet édifice emblématique attire les clients grâce à son miroir d'eau. Cuisine asiatique et internationale. **$$**

Il Forno
Les férus de cuisine italienne adorent ce petit restaurant. *Antipasti*, pizzas authentiques et plats maison. **$$**

TA SOM ET LE MÉBON ORIENTAL

À l'est du Preah Neak Poan, le **Ta Som** est l'un des temples bouddhiques bâtis par le prolifique Jayavarman VII (r. 1181-1219) à la fin du XIIe siècle. Son élément le plus impressionnant est l'arbre énorme qui envahit le gopura oriental, l'une des plus célèbres photos d'Angkor.

Le **Mébon oriental** est un temple hindou érigé par Rajendravarman II sur un îlot au centre du Baray oriental. Conforme au concept de temple-montagne, il est surmonté de cinq tours. Des orifices étaient ménagés dans les murs de ses sanctuaires élaborés afin de retenir le revêtement de plâtre venant recouvrir la brique. À la base du temple, des éléphants en pierre parfaitement sculptés gardent chaque angle.

Ta Keo

débris par les archéologues français qui déblayèrent le site. Elle représente un cheval doté d'un entrelacs de jambes humaines. Elle évoque la légende selon laquelle Avalokiteshvara sauva un groupe de disciples naufragés sur une île hantée de goules en se transformant en cheval volant. Une belle copie de cette statue orne le rond-point principal de l'aéroport international de Siem Reap.

L'eau coulait autrefois du bassin central dans les quatre bassins périphériques par des gargouilles ornementales, en forme de tête d'éléphant, de cheval, de lion et d'homme. Elles sont toujours visibles dans les pavillons postés à chaque axe du grand bassin, qui était utilisé pour les purifications rituelles.

Le Preah Neak Poan occupait jadis le centre du Jayatataka, un gigantesque *baray* de 3 km sur 900 m qui alimentait le Preah Khan, aujourd'hui de nouveau partiellement en eau. L'accès étant limité à la lisière de l'ensemble par une chaussée, 30 minutes de temps suffisent à le découvrir.

OÙ PRENDRE UN VERRE TARD LE SOIR À SIEM REAP

Harbour
Autoproclamé "taverne de pirates", ce bar agréable est installé dans une belle maison en bois à Stung Thmei.

Silk Garden
Un bar populaire dans une ruelle proche de Pub St ; billard, musique à plein volume et fermeture tardive.

Long's Bar
Un fabuleux petit troquet niché dans les ruelles ; cocktails créatifs, tels que mojitos au gingembre et à la citronnelle.

Le temple pyramidal de Ta Keo

UN MYSTÈRE IRRÉSOLU D'ANGKOR

Temple austère dépourvu d'ornements, le Ta Keo aurait certainement été l'un des plus beaux temples d'Angkor s'il avait été achevé. Construit par Jayavarman V (r. 968-1001) et dédié à Shiva, ce fut le premier bâtiment d'Angkor entièrement en grès. Le sommet de la tour centrale, qui culmine à près de 50 m, est entouré de quatre tours plus basses. Cet agencement, avec quatre tours aux angles d'un carré et une cinquième au centre, est typique des temples-montagnes d'Angkor.

Nul ne sait avec certitude pourquoi les travaux n'ont jamais été achevés : la mort de Jayavarman V est une cause possible. D'autres expliquent l'absence de décoration par la dureté du grès. Selon des inscriptions, le Ta Keo fut frappé par la foudre durant sa construction, un mauvais présage qui entraîna peut-être son abandon. Prévoyez environ 30 minutes pour en faire la visite.

Le crématorium royal de Prè Rup

COUCHER DE SOLEIL SUR LA CAMPAGNE

Construit par Rajendravarman II (r. 944-968), le Prè Rup se tient à environ 1 km au sud du Mébon oriental. Ce temple-montagne de style pyramidal arbore cinq tours en forme de lotus au dernier de ses trois niveaux. Prè Rup, qui signifie "tourner le corps", renvoie à une méthode de crémation traditionnelle dans laquelle les contours du cadavre sont dessinés dans la cendre ; cela suggère que le temple fut un crématorium royal.

Les sanctuaires en brique étaient jadis décorés d'un revêtement en plâtre, dont des fragments persistent sur la tour sud-ouest ; certains linteaux sont agrémentés de sculptures d'une incroyable finesse.

Le Prè Rup est l'un des sites les plus fréquentés au coucher du soleil pour la vue superbe qu'il offre sur les rizières des alentours, même si de hauts arbres bouchent un peu la perspective désormais.

TEMPLE DE TA NEI ET SPEAN THMOR

À 800 m au nord du Ta Keo, le **Ta Nei** fut érigé par Jayavarman VII (r. 1181-1219). La mousse et les racines tentaculaires qui recouvrent de nombreuses parties extérieures de ce petit temple évoquent, à moindre échelle, le Ta Prohm. Les visiteurs y sont moins nombreux, ce qui ajoute au charme du lieu.

À quelque 200 m à l'est du Thommanon, une arche et quelques piliers témoignent de la présence du **Spean Thmor**, seul grand pont à avoir subsisté à proximité immédiate d'Angkor. Jayavarman VII fit en effet construire de nombreuses routes avec d'immenses ponts en pierre enjambant les cours d'eau. Il illustre clairement la manière dont le niveau d'eau a modifié le cours des rivières au fil des siècles et fournit une autre explication à l'effondrement du vaste système d'irrigation d'Angkor.

VIENNOISERIES À SIEM REAP

Bayon Pastry School Coffee Shop
Croissants et gâteaux pour la bonne cause : la formation de jeunes en difficulté. $

Paris Bakery
L'une des meilleures boulangeries de la ville ; pâtisseries fraîches, gâteaux sophistiqués et sandwichs. $

Brown Coffee
Principale chaîne de boulangerie et café du pays ; deux adresses à Siem Reap, dont une en bord de rivière. $

BANTEAY SREI

BIEN PLUS QU'UN TEMPLE

Le district de Banteay Srei a bien plus à offrir que ses sites angkoriens, parmi lesquels on trouve le temple de Banteay Samré (XIIe siècle). De nouvelles destinations et expériences y sont en effet désormais envisageables : des séjours chez l'habitant, des balades dans des villages, des promenades en charrette à bœufs, des visites de fermes de fruits et des ateliers d'artisanat sont mis en place pour encourager les visiteurs à rester plus longtemps et à élargir leurs explorations.

Écartez-vous du temple de Banteay Srei et vous découvrirez les coins reculés de la province de Siem Reap, avec des plateaux montagneux austères et certains des plus captivants vestiges khmers. La montagne sacrée de Phnom Kulen fut le berceau de l'Empire khmer au début du IXe siècle ; les ruines de la "cité perdue" de Mahendraparvata sont à explorer de préférence à moto, même s'il est possible d'accéder aux sites principaux en voiture. Plus loin se trouve la rivière aux Mille Lingams de Kbal Spean, ainsi que le Beng Mealea, un temple en pleine jungle qui disparaît peu à peu sous les lianes et la végétation.

Pour les infos pratiques, voir le Carnet d'adresses p. 167

À SAVOIR

Il est judicieux de combiner la découverte du temple de Banteay Srei avec celle d'autres sites isolés, afin de rentabiliser l'excursion de 32 km. Combinez la visite de ce temple avec une excursion à la journée à la montagne sacrée de Phnom Kulen (p. 154) ou avec un trek jusqu'à la rivière des Mille Lingams de Kbal Spean (p. 155).

Phnom Bok

WILLIAM J WARREN/SHUTTERSTOCK ©

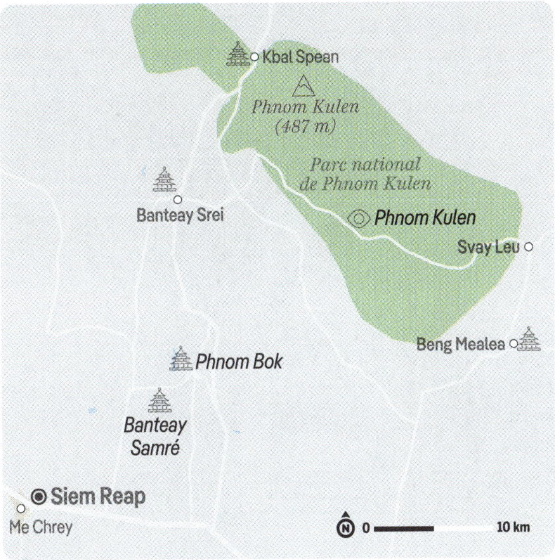

Temple sur la colline de Phnom Bok

LINGAM SUR UNE MONTAGNE SACRÉE

Dans un endroit paisible et reculé (à environ 25 km de Siem Reap), le troisième des temples-montagnes édifiés par Yasovarman Ier, à la fin du IXe ou au début du Xe siècle, reçoit peu de visites. Perché sur une colline de 212 m, ce petit temple est en assez bon état, mais c'est surtout la vue sur le Phnom Kulen au nord et sur les plaines d'Angkor, au sud, qui justifie l'excursion. Les vestiges d'un lingam de 5 m de haut se distinguent à l'autre extrémité de la butte, similaires à ceux qui devaient se dresser sur Phnom Bakheng et Phnom Krom.

Un long sentier serpente jusqu'au temple de Phnom Bok ; 20 minutes de marche environ. Un escalier en ciment, plus direct, y grimpe également, mais il n'est pas ombragé. Évitez la chaleur de la mi-journée et prévoyez beaucoup d'eau (également en vente sur place).

Phnom Bok se repère aisément sur la route menant au Banteay Srei. Pour y accéder, poursuivez la route après le Banteay Samré sur 6 km de plus. Il est possible de regagner Siem Reap via les temples de Roluos en prenant direction sud plutôt qu'ouest au retour ; vous traverserez de beaux paysages de campagne. Malheureusement, le site ne se prête pas à assister au lever ou au coucher du soleil, car le rejoindre impliquerait un long trajet dans l'obscurité à l'aller ou au retour.

LA RESTAURATION PAR ANASTYLOSE

Les premières tentatives pour nettoyer Angkor sous l'égide de l'École française d'Extrême-Orient (EFEO) se heurtèrent à des difficultés. La jungle repoussait aussitôt coupée et les spécialistes ne s'accordaient pas sur l'ampleur des restaurations à apporter. Dans les années 1920, une solution fut trouvée : l'anastylose, une technique consistant à reconstruire les monuments en utilisant les éléments retrouvés sur place, conformément à l'aspect d'origine ; ce qui fut fait sur le Borobudur, en Indonésie. Les matériaux neufs n'étaient autorisés que si les éléments originaux n'étaient pas disponibles.

AUTRES EXEMPLES D'ANASTYLOSE À ANGKOR

Outre le Banteay Srei, un autre bon exemple d'anastylose peut être observé sur la chaussée menant à l'entrée d'**Angkor Vat** (p. 122), où le côté droit fut jadis restauré par une équipe française. Plus récemment, le côté gauche, qui commençait à s'affaisser, a aussi été réhabilité.

SITES D'INTÉRÊT AUTOUR DU BANTEAY SREI

Le **Cambodia Landmine Museum** propose des expositions instructives sur le fléau des mines terrestres au Cambodge, héritage empoisonné des années de guerre. La collection comprend des mines, mortiers, pistolets et armes ; les visiteurs peuvent tenter de localiser des engins désactivés sur une reconstitution de champ de mines. Le musée se trouve à environ 25 km de Siem Reap, près du Banteay Srei.

Comptant parmi les plus grandes réserves de papillons d'Asie du Sud-Est, le **Banteay Srei Butterfly Centre** abrite plus d'une trentaine d'espèces de papillons endémiques. Les enfants apprécient, car ils peuvent découvrir le cycle de vie complet : œuf, chenille, cocon et papillon. Environ 7 km avant le temple de Banteay Srei.

Banteay Srei

ÉGALEMENT À BANTEAY SREI

L'envoûtante beauté du Banteay Srei

LA GALERIE D'ART D'ANGKOR

Considéré par beaucoup comme le joyau de l'art angkorien, le **Banteay Srei** est taillé dans une pierre rose et arbore des sculptures d'une finesse exceptionnelle. Sa construction débuta en 967. C'est l'un des plus petits sites d'Angkor mais il n'en est pas moins majestueux. Ce temple hindou, dédié à Shiva et merveilleusement bien préservé, se distingue par ses hauts-reliefs donnant la quasi-impression d'une sculpture en ronde bosse sur ses panneaux.

Parmi les ornementations classiques figurent des femmes gracieuses en jupe traditionnelle, tenant à la main des fleurs de lotus, et, sur les frontons des bibliothèques, de fabuleuses scènes du *Ramayana*. La beauté des détails ne saurait faire oublier la splendeur de l'ensemble, dont chaque centimètre, ou presque, est richement orné. Les gardiens de ces merveilles sont des copies, les originaux étant conservés au Musée national

SÉJOURS CHEZ L'HABITANT PRÈS DU BANTEAY SREI

Bayon Smile Homestay
Plusieurs maisons de village belles et spacieuses, juste au nord du temple de Banteay Srei. $

Bong Thom Homestay
Cet hébergement rural se doublant d'une boutique se compose de superbes maisons en bois, avec lits à baldaquin. $

Village de Tbeng
Joli petit village à l'est du temple qui se targue d'un projet d'hébergements chez l'habitant. $

de Phnom Penh. Le Banteay Srei, qui signifie "citadelle des femmes", aurait été édifié par une femme ; ses ornements étaient prétendument trop élaborés pour avoir été façonnés par la main d'un homme.

Le Banteay Srei est l'un des rares temples d'Angkor à avoir été commandé par un brahmane, peut-être un précepteur de Jayavarman V, et non pas un roi. En forme de carré, le temple possède des entrées à l'est et à l'ouest, avec une chaussée côté est. Les éléments les plus remarquables sont les bibliothèques somptueusement décorées et les trois tours centrales, ornées de dieux, de déesses et de beaux reliefs en filigrane.

L'École française d'Extrême-Orient (EFEO) effectua sa première restauration d'envergure au Banteay Srei en 1930 en utilisant la méthode de l'anastylose (p. 151). La réussite de cette entreprise ouvrit la voie à d'autres grands projets, comme la restauration du Bayon. Le Banteay Srei fut aussi le premier temple à accueillir des infrastructures touristiques complètes, avec un grand parking, un secteur avec boutiques et restaurants et une excellente exposition sur l'histoire du temple et sa restauration. Il y a également un petit *baray* à l'arrière du temple, où des habitants proposent des excursions en bateau sur l'étang de lotus.

À la redécouverte du Banteay Srei, on estima que l'édifice datait du XIIIe ou du XIVe siècle, car le raffinement des sculptures semblait correspondre à la fin de la période d'Angkor. Par la suite, des inscriptions trouvées sur le site indiquèrent qu'il avait été construit en 967.

Il faut 45 minutes pour explorer le temple de Banteay Srei, mais prévoyez 1 heure 30 pour visiter le centre d'information et les environs.

CHAU SREI VIBOL, LE TEMPLE OUBLIÉ

Petit temple au sommet d'une colline, le **Chau Srei Vibol** fait partie d'un large ensemble qui couvrait à l'origine toute la butte. Peu visité, il offre un cadre évocateur au coucher du soleil. Le sanctuaire central est en ruine, mais un beau *vat* du début du XXe siècle se dresse à proximité. Des murs de latérite ceinturent le pied de la colline, donnant une idée de l'ampleur de l'ancien temple.

Prenez la route qui relie le Bakong et Anlong Veng et tournez à l'est à environ 8 km au nord de la NH6, ou à 5 km au sud de Phnom Bok. Un petit panneau indique l'embranchement, mais il est peu visible ; demandez votre chemin.

Le temple du Banteay Samré

UN CONTEMPORAIN D'ANGKOR VAT

Le Banteay Samré date de la même période qu'Angkor Vat et fut édifié par Suryavarman II. Il doit son bon état à d'importants travaux de rénovation, mais son isolement en a malheureusement fait la cible de pillages au cours des dernières décennies. Il se compose d'un temple central à quatre ailes, précédé d'un hall et de deux bibliothèques, celle du sud étant particulièrement bien préservée.

L'ensemble est entouré de deux grands murs concentriques qui longent une douve intérieure, aujourd'hui asséchée.

Le Banteay Samré se trouve à 400 m à l'est du Baray oriental. La visite peut être combinée avec celle du Banteay Srei et/ou de Phnom Bok.

AU-DELÀ DU BANTEAY SREI

Pour une longue journée d'excursion, combinez la visite du Banteay Srei à celle de la rivière aux Mille Lingams de **Kbal Spean** (p. 155) , ou choisissez le **Cambodia Landmine Museum** (p. 152) et le **Banteay Samré** (p. 153) pour un itinéraire d'une demi-journée.

OÙ SE RESTAURER PRÈS DU BANTEAY SREI

Étals de Preah Dak
Village réputé pour ses stands de *naom banchok* (nouilles de riz) postés le long de la route principale menant au temple. **$**

Parvis Banteay Srei
Parvis est le plus sophistiqué des nombreux restaurants installés sur le site même du Banteay Srei. **$**

Borey Sovann Restaurant
Ce lieu accueillant est idéal pour se détendre avant ou après l'ascension jusqu'à la rivière aux Mille Lingams. **$**

LES CONSEILS D'UN GUIDE

Sinath Pheat est guide aux temples d'Angkor.

Depuis combien de temps êtes-vous guide ? Depuis 15 ans. Pendant le Covid-19, je travaillais comme guide de randonnée dans le parc national de Kirirom.

Quel est votre temple préféré à Angkor ? Le Bayon, pour la signification et l'expression de l'architecture et l'altruisme du roi Jayavarman VII, qui fit construire des hôpitaux et des auberges dans tout l'empire.

Quel est votre plat cambodgien préféré ? Tous les plats au lait de coco. Il remplace le lait de vache dans la plupart des plats cambodgiens.

Quelle est votre boisson locale préférée ? Le *Sraa sor* (vin de riz) quand arrive la saison plus fraîche. Mais, avant tout, l'Angkor Beer, avec des amis.

La montagne sacrée de Phnom Kulen

BERCEAU DE L'EMPIRE KHMER

Tenue par les Khmers pour la montagne la plus sacrée du Cambodge, le **Phnom Kulen** est un lieu de pèlerinage très fréquenté le week-end et les jours fériés. Il a joué un rôle important dans l'histoire de l'Empire khmer, car c'est ici qu'en 802 Jayavarman II se proclama *devaraja* (dieu-roi), donnant ainsi naissance au royaume cambodgien. Prévoyez une journée entière à Phnom Kulen, car le site compte plusieurs éléments spectaculaires, dont un gigantesque bouddha couché, des centaines de lingams sculptés dans le lit d'une rivière, une cascade impressionnante, des temples isolés, les animaux en pierre et gardiens de la montagne de Sra Damrei et la retraite d'ermite de Poeung Tbal.

Depuis l'entrée, une route goudronnée serpente à travers une jungle spectaculaire, avant de déboucher sur un plateau après 12 km de montée. Puis elle bifurque : l'embranchement de gauche mène à l'aire de pique-nique, à la cascade et aux ruines d'un temple du IXe siècle. Celui de droite passe par un pont (les sculptures dans le lit de la rivière sont proches) et rejoint la base du **Vat Preah Ang Thom**, posé au sommet de la montagne et conservant le grand **bouddha couché**, sculpté dans le bloc de grès soutenant le temple. Il s'agit d'un lieu de pèlerinage important pour les Khmers, donc n'oubliez pas d'ôter chaussures et chapeau avant de grimper les marches jusqu'au sanctuaire. Désormais, la vue depuis la cime (487 m) est partiellement obstruée par la végétation.

La **cascade** apparaît dans le film *Lara Croft : Tomb Raider*. On y vient, en famille, pique-niquer le week-end. Près du sommet, un temple enfoui dans la jungle, le **Prasat Krau Romeas**, date du IXe siècle.

Nombre d'autres sites angkoriens parsèment Phnom Kulen, dont 20 temples mineurs disséminés sur le plateau. Parmi eux, le plus important est le **Prasat Rong Chen**, première pyramide, ou temple-montagne, construite dans la région d'Angkor. Bien plus impressionnants, les gigantesques animaux en pierre ou gardiens de la montagne, connus sous le nom de **Sra Damrei** (bassin de l'Éléphant), sont assez difficiles à rejoindre, surtout pendant la saison des pluies. Les rares visiteurs découvrent un éléphant grandeur nature et des statues plus petites représentant des lions, une grenouille et une vache. Elles furent érigées sur le versant sud de la montagne ; la vue sur les plaines est spectaculaire. Pour rejoindre Sra Damrei, vous devrez prendre une *moto-dop* au Vat Preah Ang Thom et parcourir environ 12 km de très mauvaise piste. N'essayez pas de vous y rendre seul ; comptez environ 2 heures aller-retour pour explorer ce secteur et prévoyez beaucoup d'eau.

À SAVOIR POUR LE PHNOM KULEN

Les falaises de Peung Ta Kho
Faites une petite pause au bord de cette incroyable falaise surplombant les forêts autour de Phnom Kulen.

Cascades de Popel
Des petites chutes d'eau sont situées en amont de la grosse cascade ; beaucoup coulent à travers la commune de Popel.

Grotte aux chauves-souris
Située en contrebas des gigantesques animaux en pierre de Sra Damrei, la Bat Cave est un lieu sacré.

SUTTIRAT WIRIYANON/SHUTTERSTOCK ©

Cascade, Phnom Kulen

D'autres lieux impressionnants pourraient faire l'objet d'une aventure d'une journée autour de Phnom Kulen, comme les gravures rupestres anciennes de **Poeung Tbal**, un site pittoresque composé d'énormes rochers, ou encore le temple partiellement restauré de **Prasat Damrei Krap**. De grands projets sont dans les tiroirs pour Phnom Kulen, avec un nouveau **Orchid Centre** à l'entrée du parc national et deux centres touristiques communautaires dans les districts d'Anlong Thom et de Popel, proposant des randonnées guidées jusqu'à la cascade et sur des sentiers historiques.

Phnom Kulen est un vaste plateau à environ 50 km de Siem Reap et 15 km de Banteay Srei. On ne peut grimper à Phnom Kulen qu'avant 11h et en redescendre après 12h, afin d'éviter le croisement des véhicules sur la route étroite. Une nouvelle route reliant Phnom Kulen à Svay Leu, une bourgade à l'est, est actuellement en construction afin d'introduire un système de voies à sens unique : montée par l'ancienne route et descente par la nouvelle.

Le trajet est long (prenez une *moto-dop* ou une voiture de location ; la montée est trop raide pour un *tuk-tuk*), donc autant passer la majeure partie de la journée sur place. On peut aussi en profiter pour explorer le Banteay Srei ou le Beng Mealea.

Les sculptures de Kbal Spean

RIVIÈRE D'UN MILLIER DE LINGAMS

Lit de rivière sculpté de manière spectaculaire, le **Kbal Spean** est enfoui dans la jungle au nord-est d'Angkor. On l'appelle la rivière aux Mille Lingams, mais

LA CITÉ PERDUE

Phnom Kulen a fait la une des médias en 2013 grâce à la "découverte" d'une cité perdue jadis connue sous le nom de Mahendraparvata. La télédétection par laser (LIDAR) a permis de localiser sous terre, à travers la canopée, les structures d'un vaste site archéologique. Les fouilles confirmèrent la taille et l'importance de la cité antique, dotée de canaux et de *baray*. De nouveaux éléments architecturaux ont été identifiés sous la jungle, mais ils demeurent isolés et inaccessibles en raison des difficultés du terrain et de la présence éventuelle de mines. Un nouveau relevé par LIDAR de l'ensemble du plateau a été réalisé en 2015.

TIRER PARTI DE LA PUISSANCE ROYALE

En 802, Phnom Kulen devint la première capitale de l'Empire khmer, mais plusieurs villes allaient lui ravir le statut au fil des siècles, notamment **Roluos** (p. 130) à la fin du IXe siècle, puis **Angkor Thom** (p. 133) et brièvement **Koh Ker** (p. 158) au début du Xe siècle.

OÙ SE LOGER ET SE RESTAURER SUR LE PHNOM KULEN

Pich Seu Guesthouse
Cette petite pension familiale est gérée par Pich Seu, qui vit sur place depuis dix ans et connaît très bien le secteur. $

Séjours chez l'habitant
Le village principal d'Anlong Thom compte de nombreux séjours chez l'habitant à petits prix. $

Pique-nique cambodgien
Allez aux stands de poisson et viande grillés et mangez en bord de rivière au-dessus de la cascade, à la manière locale. $

POURQUOI J'AIME LE PHNOM KULEN

Nick Ray, auteur

J'ai découvert le Phnom Kulen en 1998, peu après sa libération des Khmers rouges. Les visiteurs devaient gravir la montagne jusqu'à la rivière des Mille Lingams, en trois heures environ. En 2001, j'ai amené le réalisateur Jean-Jacques Annaud pour un périple à moto jusqu'aux animaux gardiens de Sra Damrei : nous avons dû zigzaguer entre les panneaux "Danger !! Mines !!".

J'ai eu la chance de connaître beaucoup des principaux archéologues de la mission LIDAR qui révéla la cité perdue de Mahendraparvata en 2012, et au cours de la décennie écoulée, ils ont eu la générosité de partager avec moi les secrets de la montagne sacrée. Il est difficile d'exprimer par des mots la magie qui se dégage de cette montagne.

MEUNIERD/SHUTTERSTOCK ©

Bouddha, Vat Preah Ang Thom (p. 154)

son nom signifie "tête de pont", référence à un pont naturel de rochers. Des lingams et des représentations de divinités hindoues ont été délicatement sculptés dans le lit du cours d'eau et alentour. Le site fut "découvert" en 1969, lorsqu'un ermite le montra à l'ethnologue français Jean Boulbet, spécialiste de l'Asie du Sud-Est.

Un joli sentier monte à travers la jungle sur 2 km en passant par d'intéressantes formations rocheuses. Emportez de l'eau en quantité, car vous n'en trouverez plus après le parking. Le chemin bifurque pour mener d'un côté à la cascade et de l'autre aux sculptures. Une impressionnante représentation de Vishnou est située dans la partie supérieure de la rivière, suivie d'une série de sculptures sur la tête de pont. Certaines ont été endommagées par le passé, mais ont depuis été remplacées par d'excellentes répliques.

En suivant la rivière vers l'aval, vous remarquerez d'autres belles sculptures de Vishnou, de Shiva et de son épouse Uma, avant de découvrir, plus bas, des centaines de lingams. Au sommet de la cascade figurent de nombreuses représentations d'animaux, dont une vache et une grenouille. Un sentier contourne les rochers jusqu'à un escalier de bois, qui conduit au pied de la cascade. Les visiteurs venant entre janvier et juin seront déçus

OÙ SE LOGER AUTOUR DE KOH KER

Koh Ker Jungle Lodge
À Koh Ker, cette superbe maison en bois possède deux chambres privées et peut accueillir des groupes. **$**

Mom Morokod Koh Ker Guesthouse
Pension paisible de 11 chambres spacieuses avec salles de bains. **$**

Koh Ker Temple Gardens Hotel
Boutique-hôtel aux bungalows individuels climatisés distribués autour d'une piscine. **$$**

de voir très peu d'eau ici. La meilleure période s'étend de juillet à décembre. Mieux vaut commencer par les sculptures, puis remonter jusqu'à la cascade pour vous rafraîchir. Du parking, la visite prend environ 2 heures, marche incluse, et plutôt 3 heures avec arrêt cascade ou pique-nique. En incluant l'Angkor Centre for Conservation of Biodiversity (p. 115), le temple de Banteay Srei (p. 152) et le Cambodia Landmine Museum (p. 152), l'excursion dure quasiment toute la journée.

Le Kbal Spean est à environ 50 km au nord-est de Siem Reap et quelque 18 km après le temple de Banteay Srei. La route est en excellent état, puisqu'il s'agit de la principale route desservant le nord de la Thaïlande ; comptez une heure depuis Siem Reap. Les stands de restauration au pied de la colline servent riz frit et soupe aux nouilles ; l'excellent Borey Sovann Restaurant (p. 153), plus chic, se trouve près de l'entrée. L'accès au Kbal Spean est incluse dans le pass pour Angkor ; dernière entrée à 15h30.

Le Beng Mealea, géant endormi

RUINES AUTHENTIQUES DANS LA JUNGLE

Assailli par la végétation, le **Beng Mealea** est l'un des temples les plus mystérieux d'Angkor. Il suit un plan similaire à celui d'Angkor Vat, et l'explorer tient d'une véritable aventure. Bâti au XIIe siècle sous Suryavarman II, il est entouré d'une douve de 1,2 km sur 900 m.

La jungle qui envahissait le temple a été en partie repoussée ces dernières années. En entrant par le sud, il faut se frayer un chemin sur des piles de blocs en grès ciselé, à travers de longues salles sombres et entre des vignes. La **tour centrale** est complètement effondrée, mais plusieurs sculptures remarquables se cachent parmi les décombres et le feuillage, en particulier une petite mais superbe représentation du **Barattage de la mer de lait**. Dans le quart nord-est de l'enceinte subsiste une **bibliothèque** bien préservée.

Le Beng Mealea se situe à 68 km au nord-est de Siem Reap et à 6,5 km au sud-est de Phnom Kulen. De Siem Reap, il faut environ une heure en voiture (davantage à moto ou en *tuk-tuk*). L'itinéraire le plus court passe par Dam Dek, sur la NH6, environ 37 km au sud-est de Siem Reap. Tournez au nord juste après le marché et continuez sur cette route pendant 31 km. L'entrée du temple se situe juste après l'embranchement sur la gauche vers Koh Ker (p. 158). Prévoyez une demi-journée en comptant le trajet depuis Siem Reap, ou combinez le site avec Koh Ker pour une longue journée (de préférence en voiture ou à moto).

LES ROIS KHMERS - CONSTRUIRE UN HÉRITAGE

Les dieux-rois d'Angkor furent d'infatigables bâtisseurs. Chaque roi se devait de dédier un temple à son dieu-patron, le plus souvent Shiva ou Vishnou, à l'époque d'Angkor. Ils voulaient aussi honorer leurs ancêtres : mère, père et grands-parents (maternels et paternels), ce qui signifiait cinq ou six temples supplémentaires, voire davantage. Enfin, ils prévoyaient un mausolée ou temple du roi, visant à déifier le monarque et à matérialiser sa puissance. De l'exigence pour ces monuments d'être toujours plus grands et plus beaux que ceux de leurs predecesseurs résultèrent l'époustouflant foisonnement architectural et l'évolution exceptionnelle du style des temples khmers durant cette période.

OÙ SE LOGER ET SE RESTAURER PRÈS DU BENG MEALEA

Sreymom Homestay
Proche à pied du Beng Mealea. Tous les repas sont inclus dans le prix de la nuitée. $

Beng Mealea Kitchen
L'un des plus grands restaurants du secteur, avec climatisation, balcon et espace détente avec des hamacs. $

Romduol Angkor II Restaurant
Authentiques plats khmers à des prix abordables. $

KOH KER

CAPITALE PERDUE ET PILLÉE DANS LA JUNGLE

Noyée dans la forêt au nord, Koh Ker (prononcez *ko-keyer*), capitale de l'Empire angkorien de 928 à 944, fut longtemps l'un des ensembles de temples les plus reculés de la région d'Angkor. La plupart des visiteurs commencent au Prasat Krahom, où les linteaux, chambranles de porte et colonnes encadrant les fenêtres sont délicatement sculptés. Le monument principal en est le Prasat Thom : une pyramide de 55 m de large et 40 m de haut, couverte de grès. Ses sept niveaux offrent une vue sur la forêt à couper le souffle.

Plusieurs des plus belles pièces du Musée national de Phnom Penh proviennent de Koh Ker, notamment l'immense *garuda* qui accueille les visiteurs dans le hall d'entrée et une sculpture unique représentant la lutte entre deux singes-rois.

Depuis l'ouverture d'une route à péage partant de Dam Dek, Koh Ker peut se visiter dans la journée au départ de Siem Reap (à 127 km au sud-ouest), mais pour apprécier pleinement les temples – l'ensemble compte 42 structures majeures – certains visiteurs passent une nuit sur place.

Pour les infos pratiques, voir le Carnet d'adresses *p. 167*

À SAVOIR

En arrivant à Koh Ker par le sud, une boucle fait le tour du *baray* et passe par tous les temples majeurs de cette ancienne capitale royale, dont le Prasat Bram au sud-est, le Prasat Krahom et le Prasat Thom au nord et le Prasat Leung au nord-est.

Prasat Thom (Prasat Prang)

LONG LYSONG/SHUTTERSTOCK ©

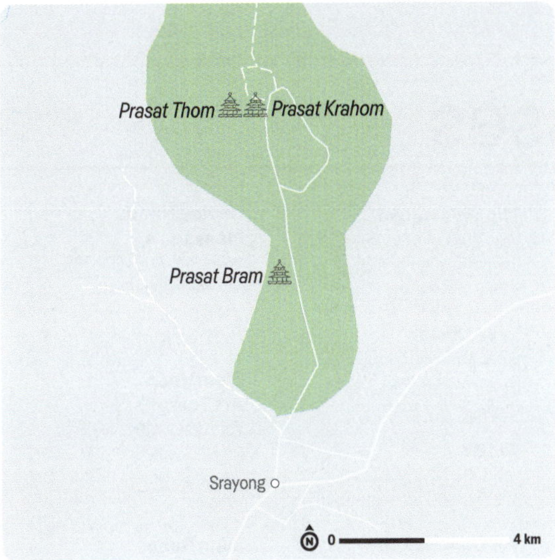

Les temples oubliés de Koh Ker

PYRAMIDES ET PRASAT DANS LA JUNGLE

Le **Prasat Thom** domine le paysage de rizières et de champs de canne à sucre autour de Koh Ker. L'ensemble est gigantesque et comprend plusieurs petits temples et une douve intérieure dont la profondeur atteint 7 m par endroits. Le **Prasat Krahom**, deuxième plus grande structure de Koh Ker, doit son nom (Temple rouge) aux briques utilisées pour sa construction. S'il ne subsiste malheureusement aucun des lions sculptés qui en faisaient jadis la renommée, il y reste beaucoup à voir, entre autres des arches et des galeries en pierre penchant dangereusement. Une chaussée flanquée de *naga* et une série de sanctuaires, bibliothèques et portes sont entourés d'arbres et d'étangs couverts de végétation. Juste à l'ouest du Prasat Krahom, à l'extrémité ouest d'une colonnade à moitié effondrée, on découvre les vestiges (une bonne partie de la tête) d'une statue de Nandi.

Une fois rejoint la pyramide, appelée Prasat Prang (ou "temple pyramide") par les habitants, l'escalier menant au sommet est ouvert à un nombre limité de visiteurs et offre un point de vue inouï. Quelque 40 inscriptions, datant de 932 à 1010, ont été relevées ici. Le puits de la pyramide est obstrué de débris accumulés au fil des siècles et il pourrait s'y trouver des sculptures antiques ensevelies.

Parmi les nombreux temples mineurs de Koh Ker, le **Prasat Bram** est un bijou. Il se compose de plusieurs tours en briques, dont au moins deux ont été complètement envahies par des figuiers étrangleurs, dont les racines ont percé la brique.

LES LINGAMS DE KOH KER

Les symboles de fertilité sont très présents dans les temples d'Angkor. Le lingam est un symbole phallique qui était jadis placé dans les tours de la majorité des temples hindous. Il est posé à l'intérieur d'un *yoni*, symbole de fertilité féminine ; leur association produit l'eau sacrée, chargée de l'énergie sexuelle de la création. Certains des plus grands lingams du Cambodge sont encore visibles dans un groupe de quatre temples à environ 1 km au nord-est du Prasat Thom, appelés les temples des lingams. Celui du **Prasat Thneng** surpasse tous les autres, mais le **Prasat Leung** est également bien doté.

LE RETOUR DES SCULPTURES PILLÉES

Bon nombre de superbes statues et sculptures de Koh Ker furent volées par des réseaux de pilleurs entre les années 1970 et les années 1990 et se retrouvèrent dans des musées partout dans le monde. Beaucoup ont été rapatriées et quelques-unes sont exposées au **Musée national de Phnom Penh** (p. 51).

Carnet d'adresses

CENTRE DE SIEM REAP

Angkor Conservation
Voir p. 108 (Angkor Conservation St ; 5 $US)

Apopo Visitor Centre
Voir p. 106 (081 599 237 ; apopo.org ; Koumai Rd ; visite guidée 5 $US ; 8h30-16h30)

Bayon Information Centre
Voir p. 108 (076 735 4754 ; Sivatha St ; 2 $US ; 8h-16h mar-mer et ven-dim)

Develter Gallery
Voir p. 104 (011 348 865 ; christiandevelter.com ; av. Pokambor ; 9h-18h mar-dim)

Répliques miniatures des temples d'Angkor
Voir p. 110 (087 267 253 ; jardin du sculpteur Dy Proeung, St 17 ; 8h-18h)

Musée national d'Angkor
Voir p. 104 (063 966 601 ; angkornationalmuseum.com ; Charles de Gaulle Blvd ; adulte/enfant -1,20 m 12/6 $US ; 8h30-18h mai-sept, 8h30-18h30 oct-avr)

Preah Ang Chek Preah Ang Chorm Shrine
Voir p. 107 (Jardins royaux, NH6 ; entrée libre ; 6h-22h)

Senteurs d'Angkor – jardin botanique
Voir p. 110 (Airport Rd ; 7h30-17h30)

Tani Museum of Ceramics
Voir p. 111 (018 386 9666 ; village de Tani ; 1 $US ; 8h30-16h30 mar-dim)

Theam's House
Voir p. 104 (078 208 161 ; theamsgallery.com ; St 30 ; 5 $US ; 8h-17h)

Vat Athvear
Voir p. 109 (5 km au sud de Siem Reap ; Angkor Pass requis ; 7h30-17h30)

Vat Bo
Voir p. 108 (031 408 4000 ; St 22 ; entrée libre ; 6h-18h)

Vat Dam Nak
Voir p. 109 (Wat Bo Rd ; entrée libre ; 6h-18h)

Vat Preah Inkosei
Voir p. 109 (Siem Reap River Rd ; entrée libre ; 6h-18h)

Vat Thmei
Voir p. 109 (entrée libre ; 6h-18h)

Frangipani Spa
Voir p. 111 (012 982 062 ; frangipanisiemreap.com ; Hap Guan St ; massages 1 heure à partir de 35 $US ; 11h-20h mar-dim)

Khmer Ceramics & Fine Arts Centre
Voir p. 111 (017 843 014 ; www.khmerceramics.com ; River Rd ; leçons à partir de 25 $US ; 8h-20h)

Lemongrass Garden
Voir p. 111 (012 387 385 ; Sivutha Blvd ; 10h-22h)

Phare, the Cambodian Circus
Voir p. 111 (092 225 320 ; pharecircus.org ; Phare Circus Ring Rd ; billets à partir de 18 $US)

Seeing Hands Massage 4
Voir p. 111 (078 202 585 ; www.facebook.com/angkorseeinghands ; Sivitha Rd ; 9h-22h)

Siem Reap Art Tours
Voir p. 104 (092 219 647 ; siemreaparttours.com ; 90 $US/pers ; visites à 8h30 et 13h30 lun-sam)

Siem Reap Food Tours
Voir p. 110 (012-505542 ; www.siemreapfoodtours.com ; 75 $US/pers)

Taste Siem Reap
Voir p. 110 (017 479 162 ; www.tastesiemreap.com ; circuits à partir de 55 $US/pers)

Amansara
Voir p. 108 (063 760 333 ; www.aman.com/resorts/amansara ; Charles de Gaulle Blvd)

Baby Elephant Boutique Hotel
Voir p. 107 (077 769 126 ; babyelephant.asia ; St 53)

Funky Village
Voir p. 106 (069 239 721 ; www.facebook.com/thefunkyvillagesiemreap ; Funky Lane)

Mad Monkey
Voir p. 106 (093 888 203 ; madmonkeyhostels.com/siem-reap ; Rose Apple Rd)

Maison Polanka
Voir p. 108 (012 499 810 ; www.maisonpolanka.com ; Upper East River Rd)

Onederz Hostel
Voir p. 106 (097 211 7100 ; onederz.com ; Angkor Night Market St)

Phum Baitang
Voir p. 108 (063 961 111 ; www.zannierhotels.com/phumbaitang ; Neelka Way Sangkat)

Rambutan Resort
Voir p. 107 (011 355 534 ; rambutansiemreap.com ; Rambutan Lane)

Shinta Mani Angkor
Voir p. 107 (063 964 123 ; shintamani.com/angkor ; Oum Khun St)

Banllé Vegetarian Restaurant
Voir p. 111 (085 330 160 ; www.facebook.com/banlle.vegetarian.restaurant ; St 26 ; 11h-14h et 17h-21h15 mer-lun)

Chanrey Tree
Voir p. 107 (017 799 587 ; www.chanreytreecoltd.com ; av. Pokambor ; 11h-14h30 et 18h-22h30)

Cuisine Wat Damnak
Voir p. 107 (077 347 762 ; www.cuisinewatdamnak.com ; Wat Damnak Market St ; 18h30-23h mar-dim)

Embassy
Voir p. 107 (089 282 911 ; www.embassy-restaurant.com ; St 5 ; 18h-23h mer-lun)

Jomno Street Food
Voir p. 109 (092 762 539 ; www.facebook.com/Jomnostreetfood ; Wat Damnak Market St ; 10h-22h)

Jungle Burger
Voir p. 110 (098 293 400 ; junglebu rgersiemre.wixsite.com/jungleburger ; Soksan Rd ; 11h-22h30)

Peace Cafe
Voir p. 111 (092 177 127 ; www.peacecafeangkor.org ; River Rd ; 7h30-21h)

Pot & Pan Restaurant
Voir p. 109 (017 970 780 ; Thnou St ; 10h-23h)

Siem Reap

Pou Restaurant
Voir p. 109 (087 808 989 ; www.facebook.com/pourestaurant ; St 18 ; 10h-22h)

Marché de nuit de la route 60
Voir p. 109 (Rd 60 ; 16h-23h)

Tavern Restaurant
Voir p. 109 (011 766 969 ; www.facebook.com/profile.php?id=100070317735770 ; 11h-22h)

Tevy's Place
Voir p. 109 (089 665 711 ; www.facebook.com/tevysplace ; St 26 ; 7h30-21h)

Vitking House
Voir p. 111 (012 563 673 ; www.facebook.com/VitkingKrongSiemReap ; St 24 ; 7h30-21h30)

Viva
Voir p. 110 (092 209 154 ; à l'angle de 2 Thnou St et St 9 ; 7h-23h)

Wat Beast
Voir p. 110 (010 419 197 ; www.facebook.com/watbeast ; Angkor Night Market St ; 11h-22h mer-lun)

Angkor What ?
Voir p. 107 (096 641 9002 ; www.facebook.com/theangkorwhatbar ; St 8 ; 14h-tard)

Asana Wooden House
Voir p. 107 (092 987 801 ; www.asana-cambodia.com ; St 7 ; 16h-minuit)

Beatnik Speakeasy
Voir p. 107 (017 294 050 ; St 11 ; 15h30-1h30)

Embargo
Voir p. 108 (069 826 932 ; www.facebook.com/EmbargoSiemReap ; Chhuon St ; 16h-minuit mar-sam, 16h-22h dim)

Laundry
Voir p. 108 (017 843 428 ; www.facebook.com/laundry.bar.3 ; St 26 ; 16h-2h)

Miss Wong
Voir p. 108 (092 428 332 ; www.facebook.com/misswongcocktailbar ; St 26 ; 17h-minuit mar-dim)

Pomme Brewhouse & Kitchen
Voir p. 108 (088 566 6103 ; www.facebook.com/pommesiemreap ; Sala Kamreuk Rd ; 6h30-23h lun-mar, 6h30-23h30 mer-dim)

Red Piano
Voir p. 107 (☎092 477 730 ; redpianocambodia.com ; Pub St ; 7h-0h30)

SO 26
Voir p. 108 (☎089 956 145 ; www.facebook.com/Stewarton26 ; St 26 ; 9h-minuit lun-jeu et sam, 9h-2h ven)

Temple Club
Voir p. 107 (☎015 999 922 ; www.facebook.com/TempleClubPub Street ; Pub St ; à partir de 20h)

Psar Chaa
Voir p. 107 (vieux marché ; 6h-21h)

Salasusu
Voir p. 105 (www.school.salasusu.com ; Psar Chaa)

ENVIRONS DE SIEM REAP

Angkor Centre for Conservation of Biodiversity
Voir p. 115 (ACCB ; ☎099 604 017 ; www.accb-cambodia.org ; Kbal Spean ; circuits 9h et 13h lun-sam)

Angkor Wildlife & Aquarium
Voir p. 115 (☎081 502 555 ; www.facebook.com/AWASRPark ; NH6, 26 km à l'est de Siem Reap ; adulte/enfant 18/10 $US ; 8h-17h)

Chong Kneas – village flottant
Voir p. 114 (croisière 20 $US/pers, entrée 30 $US)

Kompong Khleang
Voir p. 116 (lac Tonlé Sap)

Kompong Pluk
Voir p. 113 (lac Tonlé Sap ; croisière 20 $US/pers, redevance communautaire 2 $US)

Kulen Elephant Forest
Voir p. 115 (www.kulenforest.asia ; départ des circuits au 52 St 26, Krong Siem Reap ; adulte/8-11 ans/3-7 ans 80/64/40 $US ; départ 8h ou 12h)

Me Chrey
Voir p. 116 (25 km de Siem Reap ; croisière à partir de 18 $US/pers, droit d'entrée 1 $US)

Chong Kneas

H AB PHOTOGRAPHY / STOCK.ADOBE.COM ©

Réserve d'Ang Trapaing Thmor
Voir p. 119 (ATT ; nord-ouest de Siem Reap ; 10 $US)

Réserve ornithologique de Prek Toal
Voir p. 118 (lac Tonlé Sap ; 20 $US ; 6h-18h)

Angkor Golf Resort
Voir p. 120 (☎063 218 288 ; www.angkor-golf.com ; Kasekam Village ; 6h30-17h30)

Angkor Wat Putt
Voir p. 120 (☎012 302 330 ; www.angkorwatputt.com ; adulte/enfant à partir de 5/4 $US ; 8h-20h)

Cambodia Bird Guide Association
Voir p. 119 (☎092 657 656 ; birdguideasso.org)

Cambodia Quad Bike
Voir p. 114 (☎086 45 57 44 ; www.cambodiaquadbike.com ; circuits à partir de 30 $US)

Happy Ranch
Voir p. 116 (☎016 920 002 ; thehappyranch.com ; Siem Reap ; randonnées 38-95 $US)

ICF Wake Park
Voir p. 116 (☎095 882 421 ; wakeparkcambodia.com ; ICF Campus Rd ; entrées à partir de 19 $US, location équipement à partir de 10 $US ; 11h-19h mar-dim)

Osmose
Voir p. 119 (☎012 832 812 ; osmosetonlesap.net ; Salakamreuk Rd ; groupe de 5/2 pers 95/165 $US par pers)

Phokeethra Country Club
Voir p. 120 (☎063 964 600 ; phokeethraangkor.com ; Sivutha Blvd, Siem Reap ; 6h30-19h)

Prek Toal Tours & Travel
Voir p. 119 (☎077 797 112 ; prektoal-tours.com ; village flottant de Prek Toal ; groupe de 4 pers 65 $US/pers)

Quad Adventure Cambodia
Voir p. 114 (017 784 727 ; www.quad-adventure-cambodia.com ; Country Rd ; circuits à partir de 32 $US ; 7h-18h)

Sam Veasna Conservation Tours
Voir p. 119 (SVC ; 092 554 473 ; samveasna.com ; St 26, Siem Reap ; 8h-17h30 lun-ven)

Siem Reap Quad Bike Adventure
Voir p. 114 (097 9651 451, 012 324 009 ; srquadbikeadventure.com ; Wat Damnak Rd ; circuits à partir de 30 $US)

Tara Boat
Voir p. 115 (092 957 765 ; www.taraboat.com ; circuits à partir de 32 $US/pers)

Vespa Adventures
Voir p. 114 (017 881 384 ; www.vespaadventures.com ; St 26, Siem Reap ; circuits à partir de 75 $US/pers)

Common Grounds
Voir p. 115 (078 969 861 ; www.facebook.com/commongrounds.siemreap ; St 14, Siem Reap ; 7h-20h lun-sam)

Curry Walla
Voir p. 118 (063 965 451 ; Sivatha Rd, Siem Reap ; 9h30-22h30)

Hashi
Voir p. 118 (081 226 007 ; www.facebook.com/thehashirestaurant ; Wat Bo Rd, Siem Reap ; 11h-15h et 18h-23h)

Haven
Voir p. 114 (078 342 404 ; havencambodia.com ; Chocolate Rd, Siem Reap ; 10h-22h mar-dim)

Kanell
Voir p. 116 (095 385 564 ; kanell-siemreap.com ; High School Rd, Siem Reap ; 6h30-minuit)

Khmer Kitchen
Voir p. 116 (012 763 468 ; www.khmerkitchens.com ; St 2, Siem Reap ; 9h-23h)

Lelawadee Restaurant
Voir p. 118 (063 636 3761 ; www.facebook.com/lelawadeeriverangkor ; Wat Dam Nak Village, Siem Reap ; 8h-22h)

Marum
Voir p. 114 (017 363 284 ; Siem Reap)

New Leaf Book Cafe
Voir p. 115 (078 942 931 ; newleafeatery.com ; St 9, Siem Reap ; 7h-22h)

Sala Baï
Voir p. 115 (092 360 710 ; www.salabai.com ; Tonle Sap Rd ; 7h-9h et 12h-14h lun-ven)

Spoons Cafe
Voir p. 114 (076 277 6667 ; www.spoonscambodia.org ; Bamboo St, Siem Reap ; 11h-22h mar-dim)

Sugar Palm
Voir p. 116 (012 818 143 ; www.thesugarpalm.com ; St 27, Siem Reap ; 17h30-21h30 mar-dim)

Barcode
Voir p. 119 (011 596 480 ; www.barcode-siemreap.com ; New Street A, Siem Reap ; 20h30-2h mar-dim)

Footprints Cafe
Voir p. 117 (092 800 308 ; footprintcafes.org ; St 26, Siem Reap ; 7h-19h)

Little Red Fox
Voir p. 117 (016 669 724 ; thelittleredfoxespresso.com ; Hap Guan St, Siem Reap ; 7h-17h jeu-mar)

Picasso
Voir p. 119 (081 316 042 ; www.facebook.com/picassobarsiemreap ; Alley West, Siem Reap ; 17h-1h mar-dim)

Sister Srey Cafe
Voir p. 117 (098 723 801 ; www.facebook.com/sistersreycafe ; à l'angle de Psah Chas Alley 1 et av. Pokambor, Siem Reap ; 7h-18h)

The Keys by Tomoka
Voir p. 119 (010 255 634 ; www.facebook.com/TheKeysSR ; Chocolate Rd, Siem Reap ; 10h-17h dim-lun, 9h-22h mar-sam)

AHA Fair Trade Village
Voir p. 117 (0178 341 404 ; www.thefairtradevillage.com ; St 60 ; Siem Reap ; 9h-18h)

Angkor Market
Voir p. 120 (092 573 503 ; Airport Rd, Siem Reap ; 7h30-20h30)

Aviary Square
Voir p. 118 (063 767 876 ; theaviaryhotel.com/shopping-at-the-aviary-square ; Preah Sangreach Tep Vong St, Siem Reap ; 10h-18h)

Eric Raisina
Voir p. 118 (063 963 208 ; Aviary Square, Siem Reap ; 9h-21h)

Garden of Desire
Voir p. 118 (011 424 078 ; gardenofdesire-asia.com ; Kandal Village, Hap Guan St, Siem Reap ; 10h-18h)

Louise Loubatieres
Voir p. 118 (012 902 986 ; www.louiseloubatieres.com ; Kandal Village, Hap Guan St, Siem Reap ; 10h-19h lun-sam)

Lucky Market
Voir p. 120 (081 230 001 ; www.dfilucky.com ; Sivatha St, Siem Reap ; 9h-22h)

Makro
Voir p. 120 (063 900 123 ; www.makrocambodia.com ; NH6, Siem Reap ; 10h-21h)

Satcha
Voir p. 117 (069 373 359 ; www.facebook.com/satchahandicraftcambodia ; BBU Rd, Siem Reap ; 8h-19h)

SATU Concept Store
Voir p. 117 (099 325 067 ; shopsatu.com ; av. Pokambor, Siem Reap ; 9h-19h lun-sam, 10h-19h dim)

Sirivan
Voir p. 118 (017 731 107 ; www.facebook.com/sirivanangkor ; Aviary Square, Siem Reap ; 10h-19h)

Smateria
Voir p. 118 (063 964 343 ; smateria.com ; Aviary Square, Siem Reap ; 10h-18h)

Soieries du Mékong
Voir p. 118 (077 207 550 ; soieriesdumekong.com ; Kandal Village, Hap Guan St, Siem Reap ; 9h30-18h30 lun-jeu, 9h30-18h ven, 10h-18h30 sam-dim)

Sra May
Voir p. 118 (086 975 425 ; www.facebook.com/sramaycambodia ; Kandal Village, Hap Guan St, Siem Reap ; 10h-18h)

ANGKOR VAT ET SES ENVIRONS

Angkor Vat
Voir p. 122 (billetterie Rd 60, Siem Reap ; inclus dans l'Angkor Pass 1/3/7 jours 37/62/72 $US ; temple 7h30-17h30, billetterie 5h-18h)

Bakong
Voir p. 131 (temples de Roluos ; 7h30-17h30)

Lolei
Voir p. 131 (7h30-17h30)

CMAC Peace Museum of Mine Action
Voir p. 132 (www.cmac.gov.kh ; Roluos ; don apprécié ; 9h-17h lun-sam, 7h30-17h dim)

Phnom Krom
Voir p. 132 (12 km au sud de Siem Reap ; inclus dans l'Angkor Pass ; 7h30-17h30)

Preah Ko
Voir p. 131 (temples de Roluos ; 7h30-17h30)

Roluos – ensemble de temples
Voir p. 130 (7h30-17h30)

Angkor Cycling Tour
Voir p. 129 (012 644 241 ; www.angkorcyclingtour.asia ; Taphul Rd, Siem Reap ; circuits à vélo à partir de 30 $US)

Camouflage Adventures Cambodia
Voir p. 129 (095 72 72 90 ; www.camouflageadventures.com ; St 14, Siem Reap ; circuits à vélo à partir de 50 $US)

Hidden Cambodia
Voir p. 130 (012 655 201 ; www.hiddencambodia.com ; Cheas Rd, Siem Reap ; circuits moto à partir de 75 $US/pers ; 6h-19h30)

Khmer Angkor Tour Guide Association
Voir p. 127 (KATGA ; khmerangkortourguideassociation.com ; guide français 30 $US/jour)

Khmer Group Art of Weaving
Voir p. 132 (Preah Koh, Roluos ; 7h-17h)

Khmer Ways
Voir p. 130 (089 946 832 ; khmerways.com ; Rd 60, Siem Reap ; circuits moto à partir de 30 $US)

Off Track Tours
Voir p. 129 (093 303 656 ; offtrackcambodia.com ; Siem Reap ; circuits vélo à partir de 50 $US)

Vespa Adventures
Voir p. 130 (017 881 384 ; www.vespaadventures.com ; St 26, Siem Reap ; circuits à partir de 75 $US/pers)

Angkor Rural Boutique Hotel
Voir p. 131 (012 817 616 ; www.angkorruralboutique.com ; village de Chrey Thom)

Lom Lam Homestay
Voir p. 131 (012 656 662 ; Prasat Bakong)

Montra Nivesha
Voir p. 127 (077 681 787 ; montranivesha.com ; Angkor Conservation St, Siem Reap)

Pavillon Indochine
Voir p. 127 (012 849 681 ; www.pavillon-indochine.com ; Jean Commaille Rd, Siem Reap)

Templation
Voir p. 127 (012 233 350 ; www.templation.asia ; Rok Rak Street, Siem Reap)

Angkor Parvis
Voir p. 128 (096 959 9231 ; www.facebook.com/Angkorparvis ; entrée ouest d'Angkor Vat ; 5h30-19h)

Amok Khmer
Voir p. 128 (près du Charles de Gaulle Blvd ; 8h-20h)

Gelato Lab
Voir p. 126 (085 757 590 ; Alley West, Siem Reap ; 9h30-22h30)

Glasshouse
Voir p. 126 (063 211 234 ; www.facebook.com/TheGlasshouseDeliPatisserie ; Park Hyatt Hotel, Sivatha Rd, Siem Reap ; 6h30-22h)

Mahob
Voir p. 128 (015 966 986 ; www.mahobkhmer.com ; près du Charles de Gaulle Bldv, Siem Reap ; 11h30-22h30)

Stung Torcheak Restaurant
Voir p. 131 (012 818 819 ; NH6, Prasat Bakong ; 8h-17h)

Swenson's
Voir p. 126 (023 880 880 ; Angkor Trade Center, Siem Reap ; 12h-21h)

German Apsara Conservation Project
Voir p. 129 (GACP ; gacp-angkor.de ; angle nord-ouest d'Angkor Vat ; 7h-17h)

Lo-Yuyu Ceramics
Voir p. 132 (076 855 5533 ; NH66 ; 8h-18h)

ANGKOR THOM

Angkor Thom
Voir p. 133 (Grande Cité ; inclus dans l'Angkor Pass)

Banteay Kdei
Voir p. 143 (site archéologique d'Angkor ; inclus dans l'Angkor Pass ; 7h30-17h30)

Baphuon
Voir p. 138 (site archéologique d'Angkor ; inclus dans l'Angkor Pass ; 7h30-17h30)

Bayon
Voir p. 134 (site archéologique d'Angkor ; inclus dans l'Angkor Pass ; 7h30-17h30)

Chau Say Tevoda
Voir p. 147 (site archéologique d'Angkor ; inclus dans l'Angkor Pass ; 7h30-17h30)

Kleang
Voir p. 142 (près d'Angkor Thom ; site archéologique d'Angkor ; inclus dans l'Angkor Pass ; 7h30-17h30)

Mébon oriental
Voir p. 148 (au nord-est de Siem Reap ; inclus dans l'Angkor Pass ; 7h30-17h30)

MGC Asian Traditional Textiles Museum
Voir p. 137 (063 765 574 ; www.facebook.com/Ilikemgcattmuseum ; à l'angle de Apsara Rd et St 60 ; 8h30-16h mer-lun)

Musée du Vat Bo
Voir p. 137 (031 408 4000 ; Vat Bo, St 22, Siem Reap ; entrée libre ; 6h-18h)

Phimeanakas
Voir p. 141 (site archéologique d'Angkor ; inclus dans l'Angkor Pass ; 6h-18h)

Phnom Bakheng
Voir p. 145 (site archéologique d'Angkor ; inclus dans l'Angkor Pass ; 7h-18h30)

BENOÎT STRAPPAZON / STOCK.ADOBE.COM ©

Angkor Thom

Prasat Kravan
Voir p. 145 (site archéologique d'Angkor ; inclus dans l'Angkor Pass ; 6h-19h)

Preah Khan
Voir p. 145 (Épée sacrée ; site archéologique d'Angkor ; inclus dans l'Angkor Pass ; 7h30-17h)

Preah Palilay
(site archéologique d'Angkor ; inclus dans l'Angkor Pass ; 7h30-17h30)

Preah Pithu
(site archéologique d'Angkor ; inclus dans l'Angkor Pass ; 7h30-17h30)

Preah Neak Poan
Voir p. 147 (temple des naga enchevêtrés ; site archéologique d'Angkor ; inclus dans l'Angkor Pass ; 7h30-17h30)

Preah Norodom Sihanouk Angkor Museum
Voir p. 137 (063 763 575 ; www.facebook.com/people/Preah-Norodom-Sihanouk-Angkor-Museum/100063819390948 ; Apsara Rd, Siem Reap ; 8h-17h mar-dim)

Prè Rup
Voir p. 149 (1 km au sud du Mébon oriental ; inclus dans l'Angkor Pass ; 5h-19h)

Spean Thmor
Voir p. 149 (pont de pierre ; site archéologique d'Angkor ; inclus dans l'Angkor Pass ; 7h30-17h30)

Ta Keo
Voir p. 149 (site archéologique d'Angkor ; inclus dans l'Angkor Pass ; 7h30-17h30)

Ta Nei
Voir p. 149 (site archéologique d'Angkor ; inclus dans l'Angkor Pass ; 7h30-17h30)

Ta Prohm
Voir p. 142 (site archéologique d'Angkor ; inclus dans l'Angkor Pass ; 7h30-17h30)

Ta Som
Voir p. 148 (à l'est du Preah Neak Poan ; inclus dans l'Angkor Pass ; 7h30-17h30)

Terrasse du Roi lépreux
Voir p. 138 (site archéologique d'Angkor ; inclus dans l'Angkor Pass ; 7h30-17h30)

Thommanon
Voir p. 147 (au nord du Chau Say Tevoda, inclus dans l'Angkor Pass ; 7h30-17h30)

Mébon occidental
Voir p. 142 (à l'ouest d'Angkor Thom ; 7h30-17h30)

Angkor Silk Farm
Voir p. 138 (www.artisansdangkor.com ; 16 km à l'ouest de Siem Reap ; entrée libre et navettes gratuites depuis Siem Reap ; 7h30-17h30)

Angkor Balloon
Voir p. 141 (092-765386 ; www.angkorballoon.com ; journée 15 $US/pers, aube ou crépuscule 25 $US ; 5h-19h)

Angkor Zipline
Voir p. 146 (096 999 9100 ; angkorzipline.com ; site archéologique d'Angkor ; tyrolienne à partir de 49 $US/pers ; 7h-17h)

Baray occidental
Voir p. 142 (à l'ouest d'Angkor Thom ; 7h30-17h30)

Golden Silk
Voir p. 138 (012 596 811 ; goldensilk.org ; Banteay Srei ; 8h-16h)

Helistar
Voir p. 141 (www.helistarcambodia.com ; NH6 West ; vols Angkor Vat/Angkor Thom 90/150 $US ; 8h-17h30)

Indochine Ex
Voir p. 144 (092 650 096 ; www.indochineex.com ; Siem Reap)

Sam Veasna Conservation Tours
Voir p. 144 (SVC ; 092 554 473 ; samveasna.com ; St 26, Siem Reap ; 8h-17h30 lun-ven)

Terre Cambodge
Voir p. 144 (077 448 255 ; www.terrecambodge.com ; Siem Reap)

Memoire d'Angkor Boutique Hotel
Voir p. 139 (069 766 999 ; memoiredangkor.com ; Sivatha St, Siem Reap)

Raffles Grand Hotel d'Angkor
Voir p. 139 (063 963 888 ; www.rafflessiemreap.com ; Charles de Gaulle Blvd, Siem Reap)

Shadow of Angkor Residence
Voir p. 139 (063 964 774 ; www.shadowangkorresidence.com ; av. Pokambor, Siem Reap)

Cul-de-Sac
Voir p. 146 (078 329 390 ; www.facebook.com/LeCulDeSac ; Siem Reap ; 11h-23h mer-lun)

Elia Greek Kitchen
Voir p. 147 (089 325 245 ; eliathegreekkitchen.com ; St 9, Siem Reap ; 8h-23h)

Banteay Srei

FCC Angkor
Voir p. 147 (063 760 283 ; www.avanihotels.com/en/angkor-siem-reap ; FCC Angkor Hotel, av. Pokambor, Siem Reap ; 6h30-23h)

Il Forno
Voir p. 147 (078 208 174 ; www.facebook.com/ilforno.cambodia/ ; The Lane, Siem Reap ; 12h-22h)

Mamma Shop
Voir p. 146 (088 413 8649 ; www.facebook.com/mammashop.italian.restaurant ; Kandal Village, Hap Guan St , Siem Reap ; 11h30-22h lun-sam)

Wild
Voir p. 146 (099 360 579 ; wild-restaurants.com ; quartier du Vat Dam Nak, Siem Reap ; 11h-22h30)

Harbour
Voir p. 148 (099 200 069 ; Steung Thmei, Siem Reap ; 16h-minuit)

Long's Bar
Voir p. 148 (012 447 363 ; www.facebook.com/longsbarsiemreap ; Doum Hem St, Siem Reap ; 17h-1h lun-sam)

Silk Garden
Voir p. 148 (010 946 886 ; Silk Garden Lane, Siem Reap)

Bayon Pastry School Coffee Shop
Voir p. 149 (077 806 229 ; www.bayoncoffeeshop.org ; Taphul Rd, Siem Reap ; 7h-18h)

Brown Coffee
Voir p. 149 (098 999 818 ; NH6, Siem Reap ; 6h30-21h30)

Paris Bakery
Voir p. 149 (017 600 014 ; www.facebook.com/parisbakerycambodia ; St 26, Siem Reap ; 6h-21h)

Samatoa
Voir p. 138 (092 529 001 ; samatoa.lotus-flower-fabric.com ; Rd 63, Siem Reap ; 8h-18h)

BANTEAY SREI

Banteay Samré
Voir p. 153 (Rd 810 ; 7h30-17h30)

Banteay Srei (temple)
Voir p. 152 (inclus dans l'Angkor Pass ; 7h30-17h30)

Banteay Srei Butterfly Centre
Voir p. 152 (BBC ; 097 852 7852 ; www.angkorbutterfly.com ; NH67 ; adulte/enfant 5/2 $US ; 9h-17h)

Beng Mealea
Voir p. 157 (68 km au nord-est de Siem Reap ; 5 $US ; 7h-17h30)

Cambodia Landmine Museum
Voir p. 152 (015 674 163 ; www.cambodialandminemuseum.org ; NH67 ; 7h30-17h30)

Chau Srei Vibol
Voir p. 153 (NH66 ; 7h30-17h30)

Kbal Spean
Voir p. 155 (rivière aux Mille Lingams ; nord-est d'Angkor ; inclus dans l'Angkor Pass ; 7h30-17h30)

Phnom Bok
Voir p. 151 (au nord-est de Siem Reap ; 7h30-17h30)

Phnom Kulen
Voir p. 154 (www.adfkulen.org ; 20 $US ; 6h-11h pour la montée, 12h-17h pour la descente)

Bayon Smile Homestay
Voir p. 152 (011 985 069 ; sarouensean@gmail.com ; Banteay Srei)

Bong Thom Home Stay
Voir p. 152 (012-520 092 ; sales@bongthomhomestay.com, www.facebook.com/profile.php?id=100063642337228 ; NH67, Banteay Srei)

Koh Ker Jungle Lodge
Voir p. 156 (012 655 201 ; www.facebook.com/KohKerJungleLodge ; Koh Ker)

Koh Ker Temple Gardens Hotel
Voir p. 156 (078 709 420 ; www.kohkertemplesgarden.com ; NH64, Koh Ker)

Mom Morokod Koh Ker Guesthouse
Voir p. 156 (078 365 656 ; Rd 264d, Phumi Môréal)

Sreymom Homestay
Voir p. 157 (095 556 802 ; sreymomhomestay@gmail.com ; Beng Mealea)

Village de Tbeng – hébergements chez l'habitant
Voir p. 152 (092 966047 ; Tbeng ; maison 15 $US)

Beng Mealea Kitchen
Voir p. 152 (NH64, Beng Mealea ; 8h-17h30)

Borey Sovann Restaurant
Voir p. 153 (012 224 115 ; NH67, Banteay Srei ; 8h30-16h)

Étals de Preah Dak
Voir p. 153 (012 410 770 ; NH67, Preah Dak ; 7h-16h)

Parvis Banteay Srei
Voir p. 153 (092 884 639 ; NH67, Banteay Srei ; 10h-14h)

Romduol Angkor II Restaurant
Voir p. 157 (011 332 386 ; NH64, Ben Mealea ; 9h-17h)

KOH KER

Koh Ker – ensemble de temples
Voir p. 158 (à 127 km au nord-est de Siem Reap ; pass pour l'ensemble des temples 10 $US ; 7h30-17h30)

Prasat Bram
Voir p. 159 (Koh Ker ; inclus dans le pass pour les temples de Koh Ker ; 7h30-17h30)

Prasat Krahom
Voir p. 159 (Temple rouge ; inclus dans le pass pour les temples de Koh Ker ; 7h30-17h30)

Prasat Leung
Voir p. 159 (à 1 km au nord-est du Prasat Thom ; inclus dans le pass pour les temples de Koh Ker ; 7h30-17h30)

Prasat Thneng
Voir p. 159 (à 1 km au nord-est du Prasat Thom ; inclus dans le pass pour les temples de Koh Ker ; 7h30-17h30)

Prasat Thom
Voir p. 159 (Prasat Kompeng ; inclus dans le pass pour les temples de Koh Ker ; 7h30-17h30)

BTWIMAGES/SHUTTERSTOCK ©

Phnom Sampeau (p. 181)

SITES PRINCIPAUX

BATTAMBANG
Architecture, art et ambiance urbaine.
p. 174

PROVINCE DE PREAH VIHEAR
Écrin de la mère de tous les temples de montagne.
p. 187

PROVINCE DE KOMPONG THOM
L'ancienne capitale de Sambor Prei Kuk y siège.
p. 199

NORD-OUEST DU CAMBODGE

VILLES AU BORD DE L'EAU, TEMPLES ISOLÉS, CAMBODGE AUTHENTIQUE

Trop souvent dans l'ombre de Siem Reap, le Nord-Ouest mérite pourtant que l'on s'y attarde pour comprendre le quotidien de la population rurale cambodgienne.

Cette vaste région reculée qui entoure la rive nord du lac Tonlé Sap échappe à la cohue touristique. Elle abrite pourtant des temples spectaculaires et isolés, à la personnalité différente de ceux d'Angkor. Le Prasat Preah Vihear, perché sur sa colline, est le plus connu et le plus visité, mais on peut visiter d'autres temples fascinants, comme le Preah Khan de Kompong Svay (Prasat Bakan) et le Sambor Prei Kuk, envahis de plantes grimpantes, à moitié engloutis par une végétation luxuriante.

Au cœur de la région, l'imposant et très poissonneux Tonlé Sap est un paradis pour les ornithologues. Vous pouvez découvrir les frêles villages flottants qui le bordent et ce mode de vie si particulier grâce à un circuit en bateau au départ de Kompong Chhnang et de Krakor (près de Pursat).

Après avoir sillonné les sites très reculés du Nord-Ouest, il vous reste une jolie surprise : Battambang, une ville tranquille avec son architecture de l'époque française et sa scène artistique en plein essor. Située à moins d'une journée de trajet de lieux méritant une visite, c'est une excellente base pour arpenter la région. Après avoir fait un tour en "train en bambou", vu les temples haut perchés et observé des chauves-souris au crépuscule, vous trouverez là de charmants petits bars et restaurants où vous attarder.

PROVINCE DE PURSAT
Montagnes à l'horizon et villages flottants.
p. 202

PROVINCE DE KOMPONG CHHNANG
Hameaux sur l'eau et campagne constellée de palmiers à sucre.
p. 206

S'orienter

Le nord-ouest du Cambodge s'étend sur huit provinces. Explorez les abords du lac Tonlé Sap jusqu'à la bucolique Battambang et les rizières de Pursat, Kompong Chhnang et Kompong Thom, puis poussez vers le nord et les temples de Preah Vihear.

Battambang, **p. 174**

Située sur l'hypnotique rivière Sangker, cette charmante ville historique allie modernité et tradition, et s'ouvre sur un arrière-pays verdoyant et des temples en altitude.

Province de Pursat, **p. 202**

Dans le village flottant de Kompong Luong, où tout se concentre autour de voies d'eau, vous pouvez faire un séjour chez l'habitant vraiment singulier.

BUS, VOITURE ET MOTO

Les routes sont bien meilleures dans le Nord-Ouest qu'ailleurs au Cambodge. Des liaisons de bus fiables relient Phnom Penh, Siem Reap et Poipet à Battambang, mais pour rejoindre des temples éloignés ou explorer l'arrière-pays, il faut louer une voiture privée ou une moto.

Province de Preah Vihear, p. 187

Situé sur une falaise impressionnante dans les monts Dangrek, près de la frontière thaïlandaise, le temple de montagne le plus digne de ce nom offre une vue sans pareille.

Province de Kompong Thom, p. 199

Avant Angkor, il y eut Chenla et sa capitale du VIIe siècle, Sambor Prei Kuk, classée au patrimoine de l'Unesco, dont la série de temples en briques sont aujourd'hui envahis de plantes grimpantes.

Province de Kompong Chhnang, p. 206

Palmiers à sucre qui se balancent, poteries en terre cuite et villages flottants font le charme de cette région rurale, proche de la capitale.

BATEAU

Le trajet fluvial entre Battambang et Siem Reap est l'un des plus beaux du Cambodge, mais il peut durer jusqu'à 8 heures à la saison sèche, quand le niveau d'eau est bas. Les bateaux (Angkor Express, ☎012 601287 ; Chann Na, ☎012 354344) empruntent la Sangker endormie pour rejoindre le lac Tonlé Sap.

TRAIN

Il existe une liaison ferroviaire quotidienne entre Phnom Penh et Battambang (royal-railway.com ; 5 $US), malheureusement assez lente, et le fameux "train en bambou" près de Battambang, mais qui relève plus de l'attraction touristique.

Planifier son séjour

Dans le nord-ouest du Cambodge, appréciez le rythme de vie ralenti et le sentiment d'aventure hors des sentiers battus, à la découverte d'un paysage intemporel parsemé de temples fabuleux.

Battambang (p. 174)

Si vous avez peu de temps

● **Battambang** (p. 174) s'étend sur les rives de la rivière Sangker. Après avoir découvert son héritage architectural français à pied ou en cyclo-pousse, vous pouvez déjeuner dans l'une des nombreuses échoppes du vieux quartier, puis partir à l'aventure dans l'arrière-pays. Circuit en **train en bambou** (p. 178), visite du temple **Prasat Banan** (p. 181), perché sur une colline, ou exploration de la montagne **Phnom Sampeau** (p. 181) avec ses stupas et les millions de chauves-souris qui s'envolent chaque jour au crépuscule : il y a de quoi faire. Sans oublier le cirque du **Phare Ponleu Selpak** (p. 180) si vous êtes en ville un soir de représentation.

Au fil des saisons

La période idéale pour découvrir le Nord-Ouest va de novembre à février. De juin à octobre, le paysage est luxuriant, mais les routes sont difficiles.

FÉVRIER

Le **Nouvel An chinois** tombe souvent ce mois-là et attire la communauté sino-khmère de Battambang.

AVRIL

Ce mois d'ordinaire le plus chaud de l'année est idéal pour profiter de la fraîcheur des **Cardamomes** (p. 203).

JUIN

Un an sur deux, le cirque Phare de Battambang (p. 180) accueille le **Festival international du cirque Tini Tinou**.

Si vous avez trois jours

● Après une immersion de deux jours dans la ravissante **Battambang** (p. 174), vous pouvez vous rendre à l'immense temple angkorien de **Banteay Chhmar** (p. 185), facilement accessible si vous allez à Siem Reap ou en venez. Ce charmant village rural propose un excellent réseau de séjours chez l'habitant et un programme touristique communautaire avec de sympathiques guides anglophones. Sur réservation, il est possible de dîner au temple, mais vous pouvez aussi faire une balade en char à bœufs et découvrir *in situ* le tissage de la soie aux **Soieries du Mékong** (p. 186).

Si vous avez plus de temps

● Une semaine permet de visiter toutes les curiosités majeures du Nord-Ouest. À l'extrême nord vous attendent les temples reculés de la province de Preah Vihear, dont le légendaire **Prasat Preah Vihear** (p. 188), en haut de sa montagne, et le très isolé **Preah Khan de Kompong Svay** (p. 191). Moins courus, les sanctuaires en brique du **Prasat Neak Buos** (p. 195) valent aussi le détour. Outre ces temples antiques, des zones protégées reculées comme **Tmat Boey** (p. 193) permettent d'observer l'ibis géant, oiseau national du Cambodge, en danger critique d'extinction.

SEPTEMBRE

Lors de la fête des Morts, **P'chum Ben**, les fidèles affluent vers les *vat* imposants de Battambang (p. 174).

OCTOBRE

La fête de l'Eau, **Bon Om Tuk**, est l'occasion de courses de bateaux à Battambang (p. 174) et Banteay Chhmar (p. 185).

NOVEMBRE

Le **Festival des arts de Chamnor**, qui se tient à Battambang (p. 174), St 2½, promeut la scène artistique montante.

DÉCEMBRE

Les routes ayant séché, c'est l'un des meilleurs mois pour profiter du **paysage luxuriant** du Nord-Ouest.

BATTAMBANG

Nombre de visiteurs succombent au charme délicat de Battambang, deuxième ville du Cambodge. Son nombre limité de curiosités intra-muros est largement compensé par son implantation au bord de l'eau, ses temples intemporels, son architecture française ancienne et ses bars et cafés décontractés. Battambang allie à merveille une modernité assez urbaine à la convivialité d'une petite ville. Elle est aussi de longue date le berceau de nombreux chanteurs, acteurs et artistes cambodgiens particulièrement appréciés, et du cirque le plus connu du pays, le magnifique Phare Ponleu Selpak.

Hors de la ville, vous serez séduit par les temples perchés, les villages bucoliques et l'itinéraire fluvial le plus époustouflant du pays entre Battambang et Siem Reap. Selon les habitants, leur province produit le meilleur riz et les plus savoureuses oranges du Cambodge (il y a débat). Outre sa longue frontière commune avec la Thaïlande, elle jouxte brièvement les berges du Tonlé Sap.

Pour les infos pratiques, voir le Carnet d'adresses p. 210

À SAVOIR

Battambang s'étend sur les rives de la Sangker. Le cœur de la vieille ville se trouve sur la rive ouest, entre St 1 et St 3, avec ses rues aux noms étonnants : St 1½ et St 2½.

CAMNET/SHUTTERSTOCK ©

La rivière Sangker

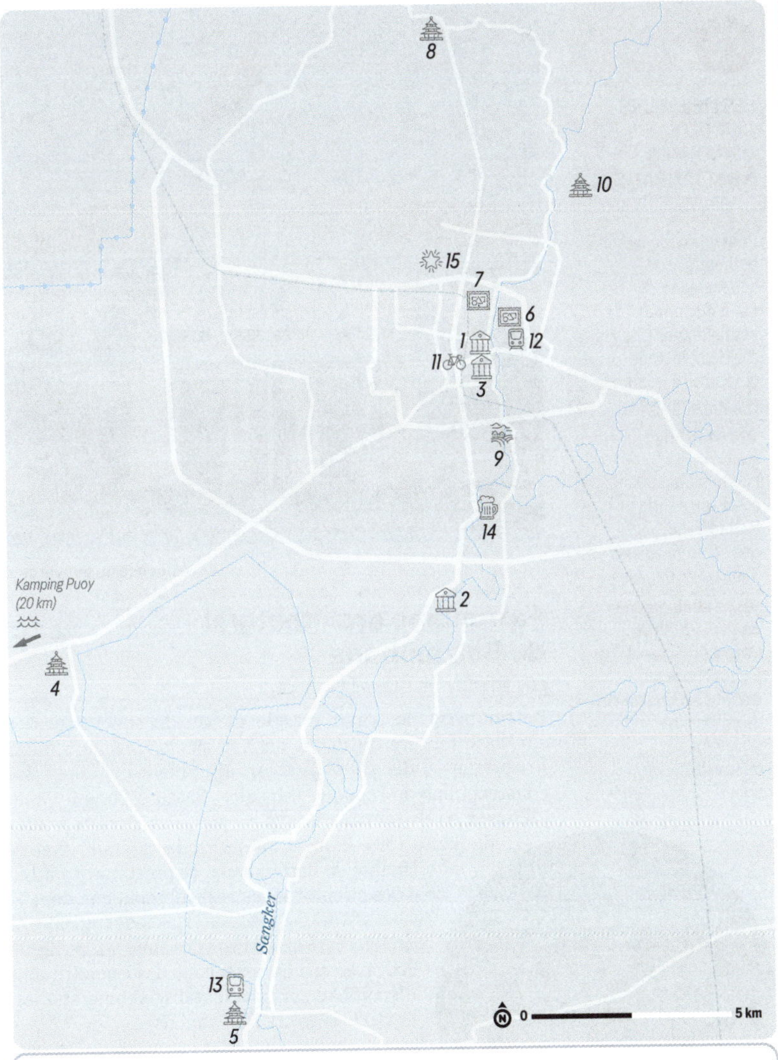

VOIR
1 Musée de Battambang
2 Cambodia Peace Gallery
3 Résidence du gouverneur
(voir 9) Maison Khor Sang
(voir 9) Maison de Mrs Bun Roeung
4 Phnom Sampeau
5 Prasat Banan
(voir 7) Psar Nath
6 Romcheik 5 Artspace
7 Tep Kao Sol
8 Vat Ek Phnom
9 Vat Kor
10 Vat Samrong Knong

ACTIVITÉS, COURS ET CIRCUITS ORGANISÉS
11 Visite audioguidée en cyclo-pousse
12 Train en bambou
13 Train en bambou de Banan
(voir 7) Coconut Lyly
(voir 2) Green Orange Kayaks
(voir 7) Nary Kitchen
(voir 7) Soksabike

SE RESTAURER
(voir 7) Chinese Noodle Dumpling
(voir 7) Jaan Bai
(voir 7) Lonely Tree Café
(voir 7) Riceholic

PRENDRE UN VERRE ET FAIRE LA FÊTE
14 Gecko
(voir 7) K'Trey-K'Trok
(voir 7) Miss Wong
(voir 7) Pomme
(voir 7) Vintage Wine Bar

SORTIR
15 Phare Ponleu Selpak

LES MEILLEURS CIRCUITS ORGANISÉS À BATTAMBANG

Soksabike
Pour une découverte authentique de la campagne cambodgienne et de ses habitants. Circuits à la demi-journée (25 km) ou à la journée (40 km) proposés.

Green Orange Kayaks
Loueur de kayaks à 8 km au sud de Battambang, pour revenir en ville par la Sangker en pagayant.

Visite audioguidée en cyclo-pousse
L'hôtel Au Cabaret Vert propose un circuit à la découverte du patrimoine architectural de la ville.

STEFANO EMBER/SHUTTERSTOCK ©

La résidence du gouverneur

Patrimoine architectural de Battambang

LES JOYAUX DE LA VIEILLE VILLE

Battambang doit une grande partie de son charme à son architecture du début du XXe siècle, avec son cœur historique où des *shophouses* traditionnelles côtoient des constructions de l'époque française. Basée à Phnom Penh, **Khmer Architecture Tours** propose des circuits guidés de haute volée dans et autour de la capitale. Avec la municipalité de Battambang, ce prestataire a aussi créé des circuits pédestres patrimoniaux dans le centre historique, axés sur la période française et l'architecture moderniste des années 1960. Deux PDF avec une carte en couleurs légendée sont disponibles sur urbandatabase.khmerstudies.org/get-datas/243 (en anglais).

Certains des plus beaux bâtiments de l'époque française sont disséminés au bord de l'eau (St 1), notamment juste au sud de **Psar Nath** (marché central), lui-même un monument Art déco. L'un des meilleurs exemples du début du XXe siècle est la **résidence du gouverneur** à deux

BATTAMBANG BUCOLIQUE

Nombre des sites de visite majeurs de Battambang se situent en dehors de la ville, dans la campagne luxuriante. Il en va ainsi des grottes du **Phnom Sampeau** (p. 181), du temple **Prasat Banan** (p. 181) et du mythique **train en bambou** (p. 178).

OÙ FAIRE DU SHOPPING À BATTAMBANG

Lonely Tree Shop
Jolis sacs en soie, bijoux volumineux et chemises stylées dans cette boutique solidaire singulière.

Phare Ponleu Selpak
Excellent magasin situé sur le campus et vendant toutes sortes d'articles originaux, dont des T-shirts.

Marché de Psar Nath
Marché idéal pour du shopping traditionnel, avec petit espace de restauration et produits frais.

étages, avec ses énormes balcons et ses persiennes en bois, bel héritage de cette époque. Conçue par un architecte italien pour le dernier gouverneur thaïlandais, parti en 1907, elle est désormais ouverte au public. On y entre par une petite porte sur St 139, sur le côté sud des vastes jardins. À l'intérieur, on trouve d'imposants meubles anciens, de vieilles photos et des costumes traditionnels.

Ce programme occupe idéalement une demi-journée en ville. Si vous manquez de temps, louer un vélo permet de rallier les deux sites en 1 heure environ.

Musées et galeries de Battambang

QUAND LA CULTURE MODERNE RENOUE AVEC LE PASSÉ

Avant l'époque des Khmers rouges, Battambang a longtemps été considérée comme le centre artistique et culturel du pays. Aujourd'hui, une nouvelle génération d'artistes se construit à partir de cet héritage, et la ville regagne peu à peu son titre de capitale en la matière. Quelques galeries ont vu le jour ces dernières années, créant un quartier des arts informel au cœur de la cité.

Romcheik 5 Artspace propose une exposition permanente des œuvres contemporaines audacieuses de ses quatre fondateurs, expulsés de Thaïlande et contraints de travailler alors qu'ils étaient enfants, avant d'être secourus par une ONG et encouragés à s'exprimer par l'art. Ouverte de temps en temps, **Tep Kao Sol** est la galerie de l'artiste local Loeum Lorn, connu pour ses créations à base de glace colorée fondue, qu'il photographie ensuite.

Battambang abrite aussi quelques petits musées non dénués d'intérêt, à visiter au gré de vos envies. Le **musée de Battambang**, situé au bord de la Sangker, a été entièrement rénové grâce au généreux soutien de Friends of Khmer Culture. Il présente de superbes linteaux angkoriens et d'élégantes statues de toute la province de Battambang, certaines pièces venant du Prasat Banan et de Sneng.

Plus à l'extérieur, le petit musée **Cambodia Peace Gallery** retrace le long chemin parcouru par le Cambodge depuis la guerre civile jusqu'aux efforts de réconciliation et de paix. Divers bâtiments de cette vaste enceinte exposent des objets bien mis en valeur, dont des vitraux originaux illustrant le passé récent du pays. Pour s'y rendre, il faut suivre la route direction sud vers le Prasat Banan sur environ 7 km.

COURS DE CUISINE À BATTAMBANG

Diplômé de l'École d'hôtellerie et de tourisme Paul Dubrule de Siem Reap et gérant du **Coconut Lyly**, le chef Lyly propose des cours de cuisine de 3 heures (à 9h et 15h30) qui incluent une visite au Psar Nath, la préparation de 4 plats khmers typiques (livre de recettes inclus) et leur dégustation. L'excellent restaurant associé est ouvert de 9h à 22h.

Populaires, eux aussi, les cours de **Nary Kitchen** prévoient de même le marché, un menu de 4 plats et un livre de recettes en souvenir. Débutant à 9h et 15h30, ils durent environ 3 heures, plus le temps de savourer vos créations. Le restaurant est ouvert de 8h à 22h.

BIÈRES ARTISANALES À BATTAMBANG

La bière artisanale est de plus en plus prisée au Cambodge, et quelques endroits à Battambang en servent de la locale. Rendez-vous à l'auberge **Pomme** (p. 182), qui a aussi une adresse à Siem Reap, et au bar **Gecko** (p. 182), au cadre fluvial et hors de la ville.

OÙ SE LOGER À PETITS PRIX À BATTAMBANG

Pomme
L'auberge de jeunesse en ville préférée des routards, avec des lits-capsules, un restaurant et un bar. **$**

The Place
L'auberge de jeunesse favorite des globe-trotteurs aisés : lieu accueillant avec bar sur le toit. **$**

Seng Hout Hotel
Personnel sympathique et aux petits soins. Toit-terrasse et piscine au 3e niveau. **$**

Balade au village de Vat Kor

L'ESPRIT DE L'ANCIENNE BATTAMBANG

À environ 2 km au sud du centre de Battambang, le village de **Vat Kor** se déploie autour du temple éponyme. C'est un formidable lieu de balade, surtout en fin d'après-midi, quand le soleil couchant embrase la rive opposée (est) de la Sangker. Celle-ci est enjambée par des ponts pittoresques, les flèches du Vat Kor brillent d'un platine éclatant, et la vie du village khmer s'exprime pleinement.

À environ 1,5 km après Vat Kor se dressent une vingtaine d'anciennes maisons khmères qui font la renommée du village. Construites il y a plus d'un siècle dans des essences de bois aujourd'hui rares et dotées de grandes vérandas, elles sont entourées de vergers et dégagent une atmosphère d'une autre époque. Seules deux d'entre elles sont ouvertes au public : celle de **Mrs Bun Roeung** et la maison **Khor Sang**, juste à côté. Leurs propriétaires proposent une brève visite guidée en français ou en anglais. Décorées par de vieux meubles et des photos de famille, ces maisons ont un parquet lustré par un siècle de pieds nus.

La maison de Mrs Bun Roeung fut bâtie en 1920 par un avocat local. Ses propriétaires ont aménagé sa partie arrière en hébergement, offrant aux passionnés d'architecture et d'histoire une opportunité unique. Khor Sang fut bâtie en 1907 par le grand-père francophone du propriétaire, qui travailla comme secrétaire auprès du dernier gouverneur thaïlandais de la province. La partie arrière date de 1890.

Embarquement dans le train en bambou

À BORD D'UN TRAIN LOCAL UNIQUE AU CAMBODGE

Malgré sa fin maintes fois annoncée et l'inauguration d'une liaison ferroviaire classique menant de Battambang à Phnom Penh et à Poipet, le **train en bambou** continue de rouler.

Le train d'origine cheminait, sur des rails déformés et mal alignés, entre O Dambong, à quelques kilomètres à l'est du pont de Vat Kor (ou pont de Battambang), et O Sra Lav. Il empruntait des ponts vertigineux, édifiés par les Français.

Constitué d'un cadre en bois de 3 m de long et recouvert de lattes de bambou ultralégères, placées dans la longueur, chaque train en bambou (*norry* en khmer) repose sur deux boggies, tel un haltère, et est relié par des courroies à un moteur Diesel 6 CV. De 10 à 15 personnes peuvent ainsi être véhiculées (ou 3 tonnes de riz) à près de 15 km/h. Tout l'intérêt du système était d'offrir une solution au problème inéluctable que posait une ligne à voie unique : que faire quand deux trains circulant en sens opposé se rencontrent ? Avec un train en bambou, la

LE MEILLEUR DE BATTAMBANG

Thang Vuthyra, directrice des ressources humaines au Phare Ponleu Selpak, dévoile ses lieux favoris à Battambang.

Battambang est une ville dont il faut s'imprégner doucement. Les nombreuses pagodes le long de la rivière témoignent de son riche passé. J'adore celles du **Vat Samrong Knong** (p. 181) et de son voisin, le **Vat P'Nouv**.

C'est un pur plaisir de flâner dans la vieille ville et de profiter de ses petites galeries d'art, telles **Tep Kao Sol** et **Romcheik 5 Artspace** (p. 177), et de ses cafés comme le **K'Trey-K'Trok** (p. 181). Pour mesurer toute l'étendue de l'énergie et de la créativité ici déployées, il faut aussi voir les peintures murales sur St 2½, initiées par le **Phare Ponleu Selpak** (p. 180), et l'un de ses spectacles de cirque.

BOUTIQUES-HÔTELS À BATTAMBANG

Bambu Hotel
Chambres coquettes dans un style franco-khmer autour d'une piscine et d'un bar-restaurant populaire. **$$**

Maisons Wat Kor
Havre de paix retiré avec des chambres élégantes dans des maisons de style khmer traditionnel. **$$$**

Battambang Resort
Complexe au cœur de jardins tropicaux et de rizières, avec un intérieur décoré d'objets cambodgiens. **$$**

KEITMA/SHUTTERSTOCK ©

Le train en bambou

solution était simple : on démontait rapidement une voiture qu'on déposait à côté de la voie pour que l'autre puisse passer.

La ligne d'origine est toujours en place et fonctionnelle, mais dotée aujourd'hui de ponts neufs et de rails droits. La végétation qui l'envahissait a aussi été élaguée. Cette version policée du vieux train en bambou reste néanmoins une expérience amusante. Le service s'interrompt entre 13h et 15h30– heures les plus chaudes –, car d'autres liaisons principales de passagers et de marchandises empruntent alors la voie.

À environ 20 km de là, près du **Prasat Banan** (p. 181), un investisseur local a créé le nouveau **train en bambou de Banan** pour dupliquer l'expérience, mais celui-ci tient davantage du manège pour enfants que de l'expérience authentique. Néanmoins, il traverse de magnifiques formations rocheuses au pied du **Phnom Banan**, et vous n'avez pas à en descendre en cours de route, car la ligne est équipée de points de croisement.

Quant à savoir lequel des deux trains procure la meilleure expérience, tout dépendra de votre tribu… Les familles avec de jeunes enfants préféreront le dernier-né du genre, et la plupart des autres voyageurs le modèle d'origine.

LES MEILLEURS RESTAURANTS À BATTAMBANG

Jaan Bai $$
Ce "bol de riz" (en khmer) est le paradis des papilles, avec des plats comme la côte de bœuf au lait de coco.

Lonely Tree Cafe $
On sert ici tapas et plats khmers, avec des bénéfices reversés à des associations œuvrant pour les personnes handicapées.

Riceholic $
Restaurant japonais connu pour son *koji* traditionnel (sauce fermentée) à base de riz de Battambang.

Chinese Noodle Dumpling $
Le chef chinois de cette institution sert raviolis et nouilles accommodées d'une dizaine de manières.

TRAVERSER LA CHAÎNE DES CARDAMOMES

Pendant la saison sèche, il est possible d'aller de Battambang à **Koh Kong** (p. 220) via Samlaut et Pramaoy, petites villes avec pensions et hôtels. L'amélioration des routes offrira à terme un accès permanent.

OÙ S'OFFRIR UNE SÉANCE DE MASSAGE OU DE SPORT

Lemongrass Spa
Soins professionnels (massage, gommage…) dans le spa le plus chic de la ville, dans un bâtiment historique.

Hope of Blind Seeing Hand Massage
Séances relaxantes en ville, dispensées par des masseurs malvoyants.

Cours d'aérobic
Sur la rive est de Battambang, cours communs avec les habitants venus brûler quelques calories.

LE BARRAGE ASSASSIN

Kamping Puoy fut l'un des multiples projets lancés par les Khmers rouges pour recréer les réseaux d'irrigation qui avaient favorisé le développement et la puissance de l'Empire khmer sous les rois d'Angkor. Durant sa construction, près de 10 000 Cambodgiens seraient morts de malnutrition, de maladie ou exécutés.

Aujourd'hui, c'est un lac majestueux, où les habitants viennent pique-niquer et faire un tour de barque. Grâce au barrage, cette région à 27 km à l'ouest de Battambang (suivre la NH5, puis le canal d'irrigation) est l'une des rares du pays à assurer deux récoltes de riz par an.

TEPIKINA NASTYA/SHUTTERSTOCK ©

Le Prasat Banan

Spectacle de cirque au Phare

CIRQUE ET CENTRE ARTISTIQUE FAMEUX

Battambang est surtout connue pour le **Phare Ponleu Selpak**, cirque et centre artistique pour enfants cambodgiens, réputés au niveau international. Des spectacles sont aussi donnés à Siem Reap, mais mieux vaut organiser votre visite de Battambang, là où tout est né. Selon la saison, il y a deux à quatre représentations par semaine, à 19h (consulter le site Internet phareps.org).

Le Phare, tel que le nomment les habitants, n'est pas un simple cirque : il s'implique dans moult projets, dont la formation de musiciens, d'artistes visuels et en arts du spectacle. Nombre d'artistes que l'on croise en ville vivent et étudient au Phare. En journée, des gens extérieurs peuvent suivre une visite guidée des lieux et assister à des cours de cirque, danse, musique, dessin et arts graphiques.

Les billets sont en vente à l'entrée dès 18h et dans de nombreuses boutiques en ville. Le Phare étant assez loin du centre, mieux vaut y aller en *tuk-tuk*.

DU CIRQUE, SINON RIEN

Si vous jouez de malchance au point de ne pas être à Battambang un jour où le cirque se produit, le **grand chapiteau de Phare** (p. 111) à Siem Reap propose chaque soir une représentation.

CUISINE INTERNATIONALE À BATTAMBANG

La Pizza
Des pizzas de toutes formes et tailles, d'une simple part à la pizza XXL. **$**

Flavors of India
Certains se faisaient livrer leurs plats depuis Phnom Penh ; il est apparu judicieux d'ouvrir une deuxième antenne ici. **$**

Garage Battambang
Association osée réparation de cycles/boulangerie, mais réussie grâce au pain frais et à des sandwichs délicieux. **$**

Temples en altitude et vues époustouflantes

TEMPLES, SANCTUAIRES ET GROTTES

La campagne autour de Battambang est parsemée de vieux temples et autres curiosités remarquables. Prendre une *moto-dop* ou un *tuk-tuk* permet d'en visiter deux, au sud de la ville, en l'espace d'une demi-journée.

Pour atteindre le **Prasat Banan**, il faut monter les 358 marches du Phnom Banan, mais une fois en haut, quelle vue incroyable sur les environs ! D'après certains habitants un peu trop enthousiastes, ce temple aux 5 tours construit au XIe siècle par Udayadityavarman II, fils de Suryavarman Ier, aurait inspiré Angkor Vat. D'impressionnants linteaux sculptés ornent le haut des portes de chaque tour, et des bas-reliefs les parties inférieures de la tour centrale.

Depuis le temple, un étroit escalier en pierres permet de redescendre la colline vers le sud jusqu'à trois grottes visitables avec un guide local.

Si le Prasat Banan se trouve à 23 km de Battambang, le mythique affleurement calcaire de **Phnom Sampeau** ne se situe pour sa part qu'à 12 km de la ville. Il est connu pour ses points de vue fabuleux et son fascinant ballet de chauves-souris sortant d'une énorme grotte dans la falaise. On accède à son sommet par une route bétonnée ou – plus sportif – un escalier raide, mais des chauffeurs de *moto-dop* stationnés au pied de la colline peuvent aussi vous véhiculer.

À mi-chemin du sommet, une route qui passe sous un porche et monte sur 250 m conduit aux grottes-charniers de Phnom Sampeau, devenues un lieu de pèlerinage. Un escalier bordé de verdure mène dans une caverne où un bouddha doré couché se repose paisiblement près d'un mémorial vitré contenant des crânes et ossements de gens battus à mort par les Khmers rouges et balancés par l'orifice au-dessus. Près des premières marches se trouve l'ancien mémorial, cage rouillée en grillage robuste et en partie remplie d'os humains.

Au sommet, plusieurs temples offrent des points de vue variés. En descendant depuis le stupa doré – il date de 1964 –, il faut tourner à gauche sous le porche orné d'un bas-relief d'Eiy Sei (un vieux bouddha), puis emprunter les 144 marches du profond canyon aux parois couvertes de végétation qui traverse une arche naturelle. On découvre un "monde perdu" de stalactites et plantes grimpantes, peuplé de chauves-souris. Deux statues de guerriers angkoriens montent la garde.

Près de l'antenne la plus à l'ouest des deux que compte le sommet, il reste deux pièces d'artillerie, avec des inscriptions en russe sur

D'UN TEMPLE À L'AUTRE

Caché derrière une pagode moderne et colorée et un bouddha géant, le temple à moitié en ruine de **Vat Ek Phnom** date du XIe siècle et se situe à environ 10 km au nord de Battambang. Il est entouré par les vestiges d'un mur en latérite et d'un ancien réservoir. Un linteau représentant le Barattage de la mer de lait surmonte l'entrée est du temple central.

Construit au XIXe siècle sur le site d'un ensemble de temples préangkoriens, à 4 km, environ, au nord de Battambang, le **Vat Samrong Knong** servit de prison aux Khmers rouges : quelque 10 000 personnes y auraient été exécutées. On y trouve une superbe pagode principale et un méli-mélo d'anciennes ruines, de constructions modernes et de mémoriaux.

OÙ PRENDRE UN CAFÉ À BATTAMBANG

Kinyei
Cet établissement rikiki sert le meilleur café de la ville et propose un menu éclectique. **$**

Cafe HOC
Cette entreprise sociale est surtout connue pour son petit-déjeuner servi à volonté pour juste 3 $US. **$**

K'Trey-K'Trok
Ce petit café qui se démarque par des murs décatis et de drôles d'œuvres d'art sert aussi des bières peu chères. **$**

LES MEILLEURS BARS DE BATTAMBANG

Pomme
Le bar-restaurant de cette auberge populaire séduit touristes et locaux grâce à ses menus variés et à ses bières à la pression.

Miss Wong
Cette ancienne *shophouse*, qui évoque le vieux Shangai, sert des cocktails originaux et des *dim sum*.

Vintage Wine Bar
Ce petit bar à vin français propose divers en-cas de type tapas et des plateaux de dégustation.

Gecko
Ce bar situé dans une élégante villa au bord de l'eau avec un toit-terrasse sert des bières artisanales et une excellente cuisine japonaise.

Stupas, Phnom Sampeau (p. 181)

l'une et en allemand sur l'autre. Au pied de l'antenne ouest, un pavillon permet d'admirer le coucher du soleil, mais il attire les foules. Si vous trouvez une place, vous verrez Phnom Krapeu (le mont du Crocodile) à l'ouest, ancien bastion khmer rouge.

Si vous visitez les lieux seul, un guide local tentera peut-être de vous accompagner sur les sites pour vous expliquer leur histoire. De retour au bas de la colline, les touristes se rassemblent vers 17h30 pour regarder la cohorte de chauves-souris déferlant d'une grotte en hauteur dans la face nord de la falaise. Ce spectacle dure une bonne demi-heure, des millions d'individus formant une ligne ondulante pour voler vers leurs terrains de chasse, près du Tonlé Sap. Beaucoup de singes vivent sur ce site ; cachez votre nourriture pour ne pas susciter leur agressivité.

COMMENT CIRCULER

Battambang se situe à 293 km au nord-ouest de Phnom Penh par la NH5, à 67 km au sud de Sisophon par la NH5 et à 83 km au nord-est de Pailin par la NH57, autant de trajets réalisables en bus, minibus ou taxi. Presque tous les touristes préfèrent emprunter la route pour des raisons de coût et de rapidité (comptez 4 à 5 heures de trajet) grâce à la NH5 désormais intégrée à l'AH1 (Asian Highway 1). Néanmoins, il existe une liaison peu chère avec Phnom Penh en **train** (7 à 8 heures ; royal-railway.com), ainsi qu'une avec Siem Reap en **bateau** (Angkor Express ☎012 601287 ; Chann Na ☎012 354344), laquelle peut cependant durer jusqu'à 7 ou 8 heures si le niveau d'eau est bas – mais voguer sur la Sangker puis le Tonlé Sap a quelque chose de magique.

Les chauffeurs de *tuk-tuk* parlant anglais sont légion à Battambang. Une excursion d'une demi-journée hors de la ville vers un seul site, tel Phnom Sampeau, peut se négocier entre 12 et 15 $US, et une journée complète avec 3 sites entre 20 et 25 $US. Le prix d'une course intra-muros démarre à 1,50 $US.

Diverses auberges de jeunesse et pensions de la ville louent de petites motos pour 6 à 10 $US la journée, ainsi que des vélos pour environ 2 $US. Vous pouvez aussi louer un VTT à la journée chez Soksabike (www.soksabike.com) pour 5 $US.

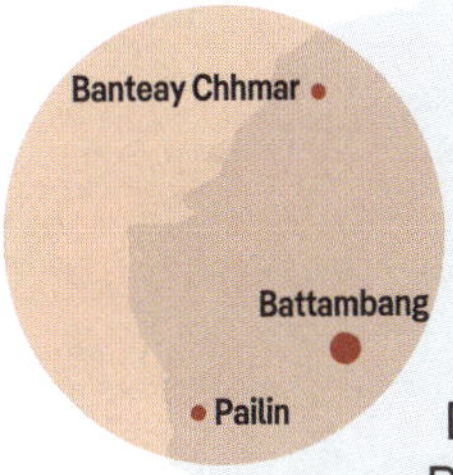

Environs de Battambang

Deux sites sortent du lot : le temple angkorien de Banteay Chhmar et Pailin, célèbre pour ses mines de pierres précieuses, dans les Cardamomes.

Pour les infos pratiques, voir le Carnet d'adresses p. 211

À SAVOIR

Cette région est trop vaste pour être explorée en *tuk-tuk* : mieux vaut prendre un taxi ou louer une moto.

La région au-delà de Battambang est si vaste et géographiquement disparate qu'il vaut mieux cibler un site spécifique, comme Pailin au sud-ouest ou Banteay Chhmar au nord-ouest. Jadis refuge des commandants khmers rouges vieillissants, Pailin est fameuse pour ses mines de pierres précieuses et ses paysages montagneux issus de la chaîne des Cardamomes. Banteay Chhmar est l'un des plus grands temples de l'époque angkorienne du nord-ouest du Cambodge, mais bien moins touristique que le mythique Angkor Vat. La route qui y mène depuis Battambang passe par deux villes stratégiques où hôtels, pensions et échoppes sont légion : Sisophon, qui permet de rejoindre Siem Reap à l'est, et Poipet, porte d'entrée vers l'est de la Thaïlande.

Banteay Chhmar (p. 185)

CHATNARONG RAKCHART/SHUTTERSTOCK ©

PASSER EN THAÏLANDE À PSAR PRUHM

Des routes goudronnées mènent au tranquille poste-frontière de **Psar Pruhm/Ban Pakard** (7h-19h) depuis Battambang (102 km au sud-ouest) et Pailin (18 km au nord-ouest). Une fois à Pailin, vous pouvez gagner la frontière à *moto-dop* (7,50 $US), en taxi privé (15 $US) ou taxi collectif (2 $US). Des deux côtés, les formalités sont simples et rapides. Le visa touristique délivré par le bureau de l'immigration coûte en général 35 $US (fuyez les revendeurs thaïlandais). Des bus réguliers partent de la gare routière proche de Chanthaburi pour Bangkok (200 B, 4 heures).

TANES NGAMSOM/SHUTTERSTOCK ©

Vat Phnom Yat

Temples et cascades aux alentours de Pailin

BIENVENUE DANS L'OUEST SAUVAGE CAMBODGIEN

Ancien bastion des Khmers rouges, Pailin était autrefois célèbre pour ses pierres précieuses, notamment ses magnifiques saphirs. Située à 83 km (environ 1 heure 30) de Battambang, elle peut faire l'objet d'une excursion à la journée. Hormis son commerce de pierres précieuses et son temple pittoresque perché sur une colline, cette ville reculée a peu d'attrait, mais la chaîne des Cardamomes et ses forêts alentour sont magnifiques. Il ne faut cependant pas s'y aventurer seul, car le terrain est miné, au sens propre.

Le **Vat Phnom Yat** est un temple fantaisiste, construit près d'un vieil arbre de la Bodhi (un figuier sacré), avec un bouddha de 27 m posté en haut de l'escalier. Le long du sentier qui mène au temple et aux grands stupas dorés au sommet de la colline, une œuvre en béton grandeur nature montre des pêcheurs nus, soumis à divers supplices. Le coucher de soleil depuis le sommet est enchanteur.

UN SITE QUI A DU RELIEF

De nombreux morceaux des bas-reliefs volés à Banteay Chhmar et récupérés par la police thaïlandaise sont maintenant exposés au **Musée national de Phnom Penh** (p. 51), qui abrite la plus belle collection de sculptures khmères au monde.

OÙ SE LOGER ET SE RESTAURER À PAILIN

Pailin Ruby Guesthouse
63 chambres correctes, spacieuses et à prix honnête ; lumière naturelle dans les chambres climatisées. **$**

Memoria Palace
Ensemble de grands bungalows plutôt coquets, avec une vue formidable et une piscine de 20 m. **$$**

Bamboo Restaurant
Excellente nourriture khmère et thaïe dans des pavillons extérieurs, à 2 km environ à l'ouest de la ville. **$**

Au pied de la colline de Phnom Yat, on entre dans le **Vat Khaong Kang**, un important centre d'enseignement bouddhiste avant les exactions des Khmers rouges, par une porte imposante datant de 1968. Sur le mur extérieur, un long bas-relief illustre le Barattage de la mer de lait.

Parmi les nombreuses cascades de la région, celle de **Phnom Khieu** est la plus accessible. Au sud de Pailin, au cœur des Cardamomes, elle n'est jamais à sec. Pour vous y rendre, tournez à droite depuis la NH57 à 1,5 km à l'est du Vat Phnom Yat, puis continuez pendant 5 km sur une route accidentée qui devient relativement dangereuse pendant la saison des pluies. Après l'entrée, traversez la rivière en empruntant le chemin de terre et marchez pendant environ 3 km jusqu'aux chutes.

L'étroite forteresse de Banteay Chhmar

LA SPLENDEUR DISCRÈTE D'UN TEMPLE

Somptueux, paisible et doté de bas-reliefs étonnamment complexes, **Banteay Chhmar** est l'un des plus impressionnants ensembles de temples isolés au-delà d'Angkor. Il fut construit sur l'emplacement d'un temple du IXe siècle par Jayavarman VII (r. 1181-1219), bâtisseur le plus prolifique du Cambodge. Le Global Heritage Fund contribue à sa préservation, et il figure en bonne place pour entrer au patrimoine mondial de l'Unesco.

Le proche village de Banteay Chhmar participe à un programme de tourisme communautaire (CBT), qui propose des séjours chez l'habitant, des activités et des visites guidées des temples, en vue de favoriser le développement de la région. C'est une opportunité unique pour s'immerger dans la vie rurale cambodgienne, loin de la foule. La réservation pour les activités se fait auprès du **CBT** (visitbanteaychhmar.org).

À l'origine ceint par un mur de 9 km de long, le temple principal, récemment restauré, abrite l'un des plus grands et imposants monastères bouddhiques de la période angkorienne. Livré à la forêt qui l'envahit, il comporte plusieurs tours arborant l'énigmatique Avalokiteshvara (un bodhisattva) à quatre visages, de même style qu'au Bayon, avec son sourire mystérieux si emblématique. Sa célébrité tient aussi à ses 2 000 m² de sculptures complexes, représentant des batailles victorieuses et des scènes de la vie quotidienne.

Artistiquement, rien ne vaut les bas-reliefs représentant Avalokiteshvara aux bras multiples – une spécificité de Banteay Chhmar – sur l'extérieur de la partie sud des remparts ouest. Malheureusement, en 1998, plusieurs d'entre eux ont été victimes de pillards sans vergogne qui en ont cassé et emporté des morceaux en Thaïlande. Des huit représentations initiales, il en reste seulement deux – une avec 22 bras, l'autre 32 –, mais elles illustrent à merveille le talent et le raffinement artistique mis en œuvre.

PASSER EN THAÏLANDE À POIPET

Longtemps connue pour sa misère, ses escrocs et son ambiance glauque, Poipet cherche aujourd'hui à redorer son blason. Parce qu'en Thaïlande les jeux d'argent sont interdits, les casinos de cette ville frontalière en ont fait un petit Las Vegas cambodgien. Poste-frontière le plus emprunté entre les deux États, avec souvent de longues files d'attente, **Poipet/Aranya Prathet** est connu pour ses arnaques aux visas, facturés plus chers. De Poipet, il est possible de rallier Sisophon (48 km), puis Battambang et Siem Reap en bus, minibus ou taxi. Côté thaïlandais, Bangkok est desservi par des minibus fréquents et par deux trains quotidiens au départ d'Aranya Prathet.

OÙ SE LOGER PRÈS DE BANTEAY CHHMAR

CBT Homestay
Chambres d'hôte équipées de moustiquaires et de ventilateurs, avec salle de bains commune. $

Pyramid Hotel
Valeur sûre au centre de Sisophon, avec 44 chambres impeccables. $$

City Poipet Hotel
Hôtel assez élégant avec un Wi-Fi correct, situé près de l'artère principale et de la gare. $

SOIERIES DU MÉKONG

À 150 m au sud de l'endroit où la NH56 en provenance de Sisophon rejoint les douves, les **Soieries du Mékong** permettent d'assister au tissage de la soie et d'acheter des articles de qualité supérieure, destinés au marché français. Elles sont associées à l'ONG française Enfants du Mékong, qui œuvre au Cambodge depuis 1993 et a ouvert 4 centres éducatifs pour éviter les décrochages scolaires, particulièrement fréquents dans les zones frontalières près de la Thaïlande. Si vous ne pouvez pas venir jusqu'à Banteay Chhmar, sachez qu'une autre boutique se trouve à Kandal Village (p. 118), à Siem Reap – on y débusque notamment de magnifiques foulards en soie.

Sculpture de Brahma, Banteay Chhmar

Sur un mur en partie écroulé, du côté est du temple, un énorme bas-relief dépeint la bataille navale entre les Khmers (à gauche) et les Cham (à droite), y compris les morts (en bas), parfois dévorés par des crocodiles. Plus au sud (à gauche), des scènes illustrent des combats sur terre avec l'infanterie et des éléphants. Sur l'extérieur des murs sud figurent d'autres bas-reliefs de nature guerrière.

La galerie d'entrée jadis grandiose n'est plus qu'un amoncellement de blocs de grès, mais certaines galeries transversales et inscriptions quasi cachées du XIIe siècle ont résisté aux ravages du temps. Malheureusement, toutes les apsaras (nymphes célestes) ont été décapitées par des pillards.

Les **temples satellites** sont très délabrés. Beaucoup sont dotés de représentations semblables à celles du Bayon. Cachés au fin fond de la jungle, ils ne sont parfois accessibles qu'en se frayant un chemin à coups de machette. Ainsi, les arbres se sont totalement approprié le **Prasat Chen Chiem Trey**, qui pourrait se traduire approximativement par "temple de l'élevage de poissons", et se trouve à environ 1 km du temple principal.

Aussi petit soit-il, le **Banteay Top** (Forteresse de l'Armée) possède des tours incroyablement hautes, et très photogéniques même si endommagées. Bâti à peu près à la même époque que Banteay Chhmar, le temple rendrait hommage à l'armée de Jayavarman VII, qui assit la domination khmère sur la région par une victoire sans appel sur les Cham. Pour vous y rendre depuis Banteay Chhmar, il faut prendre la NH56 en direction de Sisophon sur 7 km, tourner à gauche pour passer sous le portail décoratif rouge et suivre la piste vers l'est sur 5 km.

COMMENT S'Y RENDRE ET CIRCULER

Des minibus et des taxis rallient Battambang à Pailin (83 km), Sisophon (67 km) et Poipet (112 km), mais pour rejoindre BanteayChhmarx(110 km), il faut changer de véhicule à Sisophon. De là, une *moto-dop* jusqu'à Banteay Chhmar coûte 15-20 $US l'aller-retour, un taxi 50-60 $US. Louer une moto à Battambang pour visiter Pailin n'est pas très compliqué et facilite les excursions aux chutes d'eau de la région, mais est moins opportun pour rallier Banteay Chhmar.

PROVINCE DE PREAH VIHEAR

Trois des legs majeurs de l'époque angkorienne se situent dans la vaste province de Preah Vihear, peu touristique. En 2008, le Prasat Preah Vihear, perché sur un promontoire dans les monts Dangrek, fut le deuxième site cambodgien inscrit au patrimoine mondial de l'Unesco, au grand dam de la Thaïlande. Plus au sud, les temples envahis par la végétation et totalement isolés de Preah Khan donnent la sensation d'un monde demeuré secret.

Cette province reste désespérément pauvre, à la fois pour avoir été sous le joug des Khmers rouges jusqu'en 1998 et à cause de l'état longtemps désastreux de son réseau de transport. Le conflit armé entre le Cambodge et la Thaïlande a déclenché une réfection radicale et rapide des routes, mais à certains endroits, les transports publics restent rares.

Pour les infos pratiques, voir le Carnet d'adresses *p. 212*

À SAVOIR

Jadis appelée Tbeng Meanchey, la ville de Preah Vihear est la capitale de cette province éloignée et un centre névralgique pour les transports. De là, vous pourrez rejoindre en minibus ou en taxi Kompong Thom, Sra Em (pour le Prasat Preah Vihear), Siem Reap et Stung Treng.

Le Prasat Preah Vihear (p. 188)

INCONTOURNABLE
1 Prasat Preah Vihear

VOIR
2 Dong Plet
3 Eco Global Museum
4 Réserve naturelle de Kulen Promtep
5 Prasat Neak Buos
6 Preah Khan de Kompong Svay
7 Prey Veng
8 Tmat Boey

ACTIVITÉS, COURS ET CIRCUITS ORGANISÉS
9 Parc du patrimoine naturel de Phnom Tbeng
10 Rumchek
11 Site d'écotourisme de Tang You

SE LOGER
12 Tang You Pagoda

Montée au Prasat Preah Vihear

LA MÈRE DE TOUS LES TEMPLES DE MONTAGNE

Perché sur un escarpement dans les monts Dangrek, ce temple angkorien dévoile un panorama à perte de vue de la plaine cambodgienne. En 2008, le **Prasat Preah Vihear** fut le deuxième monument du Cambodge à être inscrit au patrimoine mondial de l'Unesco, après le parc archéologique d'Angkor.

OÙ SE LOGER À SRA EM, VILLE-ÉTAPE POUR LE PRASAT PREAH VIHEAR

Chhouk Tep Guesthouse
Très bonne pension, avec des chambres impeccables et un excellent café qui sert des macchiatos glacés. **$**

Preah Vihear Jaya Hotel
Chambres spacieuses de style contemporain avec de grandes salles de bains ; piscine. **$$**

Preah Vihear Boutique Hotel
Hôtel prisé pour sa literie de qualité et sa piscine extérieure longue de 20 m. **$$**

AMNAT30/SHUTTERSTOCK ©

Le Prasat Preah Vihear

Le Cambodge et la Thaïlande se disputent la propriété du Prasat Preah Vihear (Khao Phra Wihan, pour les Thaïlandais) depuis des siècles, mais les tensions se sont nettement accentuées entre 2008 et 2011. La forte présence militaire dans le temple et autour, justifiée par des raisons de sécurité, indispose certains visiteurs, auxquels les soldats réclament parfois de l'argent ou des cigarettes. Avant de faire le long trajet jusqu'ici depuis Siem Reap ou Phnom Penh, il est important de se renseigner sur la situation sécuritaire.

Important lieu de pèlerinage depuis des millénaires, le temple a été construit par sept monarques khmers successifs, de Yasovarman Ier (r. 889-910) à Suryavarman II (r. 1112-1152). À l'instar d'autres temples de montagne de cette période, il était censé représenter le mont Meru, montagne sacrée du bouddhisme et de l'hindouisme, et fut dédié au dieu hindou Shiva.

Sous le joug thaïlandais pendant plusieurs siècles, la région fut restituée au Cambodge durant le protectorat français, en vertu du traité de 1907, mais en 1959, l'armée thaïlandaise prit possession du temple. Le Premier ministre Norodom Sihanouk porta l'affaire devant la Cour internationale de justice à La Haye, dont l'arrêt de 1962 entérina la souveraineté du Cambodge.

ECO GLOBAL MUSEUM

Ne vous laissez pas rebuter par son nom à rallonge : l'**Eco Global Museum Samdech Techo Hun Sen Preah Vihear** est un petit musée très enrichissant, situé 5 km après Sra Em, sur la route du Prasat Preah Vihear. Créé avec le soutien de l'Unesco, il se scinde en quatre sections, dédiées à l'archéologie, l'art, l'ethnographie et l'environnement. Les informations sont en anglais et en khmer, bien présentées et complétées par un excellent petit film qui relate en détail l'histoire du Prasat Preah Vihear. À terme, le site devrait être converti en centre d'accueil pour les visiteurs du temple.

GARDE-FRONTIÈRES

La frontière étant encore totalement fermée, il n'y a toujours pas de poste-frontière international au Prasat Preah Vihear. Le plus proche se trouve à **Choam** (p. 197), près d'Anlong Veng.

OÙ SE LOGER DANS LA VILLE DE PREAH VIHEAR

Home Vattanak Guesthouse
Meilleur rapport qualité/prix de la ville ; literie confortable dans des chambres dotées de belles salles de bains. $

Ly Hout Guesthouse
Pension populaire auprès des ONG ; chambres élégantes avec des couvre-lits blancs et des chemins de lit tissés. $

Heng Heng Guesthouse
Bon plan à moins de 10 $US, malgré la vétusté des chambres avec ventilateur. $

POURQUOI J'AIME LE PRASAT PREAH VIHEAR

Nick Ray, écrivain

Cet ancien temple perché au bord d'un précipice dans les monts Dangrek jouit d'un cadre tout bonnement unique. Lors de ma première visite en 2000, j'ai dû être extrêmement vigilant tant il y avait de panneaux "Danger ! Mines !". J'ai campé plusieurs nuits au sommet, dont une vraiment mémorable avec les soldats cambodgiens durant un affrontement avec la Thaïlande. J'ai aussi descendu l'ancien escalier (plus de 2 000 marches !) et fini les jambes en coton. Lors d'un récent voyage où je participais à un film sur le temple pour le compte de l'USAID, nous avons eu le privilège d'assister au lever du soleil sur le site. Visiter le Prasat Preah Vihear réclame un énorme effort, mais le jeu en vaut la chandelle.

DEMAMIEL62/SHUTTERSTOCK ©

Barattage de la mer de lait, Prasat Preah Vihear

Le Prasat Preah Vihear revint sur la scène internationale en 1979, quand l'armée thaïlandaise refoula plus de 40 000 réfugiés cambodgiens dans leur pays : ce fut l'un des pires épisodes de rapatriement forcé de l'histoire des Nations unies. Dans cette région minée, beaucoup de Khmers moururent de faim, de maladie ou de blessures avant que les troupes d'occupation vietnamiennes puissent sécuriser un passage et escorter les rescapés durant leur longue marche jusqu'à Kompong Thom, au sud.

Le Prasat Preah Vihear fit de nouveau la une en mai 1998, quand les Khmers rouges s'y réunirent après la chute d'Anlong Veng et finirent par se rendre après un ultime acte de résistance. Le temple fut amplement miné durant les affrontements et le déminage se poursuivit jusqu'au déclenchement du conflit avec la Thaïlande en 2008.

En juillet 2011, la Cour internationale de justice statua que chaque belligérant devait retirer ses troupes pour faire de cette région une zone démilitarisée. En novembre 2013, elle confirma son arrêt de 1962 qui décrétait le Cambodge propriétaire du temple, mais sans définir de frontière officielle, amenant les deux camps à se disputer la souveraineté de certaines terres autour du temple. Ces controverses ont pris fin ces dernières années, et la paix semble revenue, mais un rien pourrait raviver les tensions.

OÙ SE RESTAURER DANS LA VILLE DE PREAH VIHEAR

Ly Hout Coffee
Café climatisé tout droit sorti de Phnom Penh, équipé du Wi-Fi et d'une cafetière sophistiquée. $

Phnom Tbaeng Restaurant
L'un des rares restaurants avec un menu en anglais ; plats osés, tels que friture d'anguilles et intestins de porc. $

Psar Kompong Pranak
Marché aux nombreux stands de restauration avec baguettes (de pain), poulet grillé, plats à base de riz et de nouilles, etc. $

Le temple est conçu selon un axe processionnel nord-sud, avec cinq gopuras (bâtiments d'entrée) cruciformes, ornés de sculptures raffinées et reliés par des allées pouvant atteindre 275 m de long. La visite débute par le **gopura V**, au bas du temple, et se finit plus haut, au gopura I, au bord de la falaise.

Depuis le parking, il faut grimper la colline jusqu'au gopura V, en ruine, à l'extrémité nord de l'ensemble de temples, puis descendre jusqu'à la frontière thaïlandaise par l'e**scalier monumental** en grès gris. Celui-ci était emprunté par la plupart des touristes pour entrer sur le site à l'époque où le temple était accessible depuis la Thaïlande, qui revendique d'ailleurs la propriété de cette partie du temple. Un avis que ne partage visiblement pas le Cambodge : le gopura V figure sur les billets de 50 000 r et 2 000 r...

À l'est du gopura V, une volée de marches semble descendre dans le vide. Il s'agit de l'**escalier oriental**, emprunté durant des siècles par les pèlerins venus des plaines du nord du Cambodge. Long de 1 800 m, il a été récemment déminé et compte aujourd'hui 2 242 marches en bois.

Monter vers le sud depuis le gopura V mène au **gopura IV**, dont la porte sud comporte un fronton avec une représentation précoce du Barattage de la mer de lait, thème repris ensuite à merveille à Angkor Vat.

Après l'ascension par les gopuras III et II, vous arrivez au **gopura I**. Ses galeries dont les fenêtres donnent sur l'intérieur sont étonnamment bien conservées ; le sanctuaire central, lui, n'est qu'un tas de gravats. À l'extérieur, vous jouissez d'une vue inouïe sur les plaines du nord du Cambodge, d'où se détache au loin la montagne sacrée de Phnom Kulen (487 m). L'endroit est idéal pour pique-niquer.

LES KUY : LES ROIS DU FER AU CAMBODGE

Minorité ethnique du nord du Cambodge, du sud du Laos et du nord-est de la Thaïlande, les Kuy (ou Kouy) produiraient du fer depuis la période angkorienne.

Ils cessèrent de fondre le fer – utilisé pour des armes, des outils et dans le bâtiment – dans les années 1950, mais des forgerons continuent d'exercer par endroits. Sur le trajet entre Kompong Thom et la ville de Preah Vihear par la NH62 se trouve **Rumchek**, à 2 km au sud des mines de fer de Phnom Dek. Ma Thean, un forgeron kuy, y exerce toujours de manière traditionnelle.

Expédition au Preah Khan de Kompong Svay

LE TEMPLE DU BOUT DE LA JUNGLE

Aucun autre ensemble de temples n'évoque autant le bout du monde. À quelque 90 km au sud de la ville de Preah Vihear, couvrant presque 5 km^2 et étouffé par la végétation, le **Preah Khan de Kompong Svay** (à ne pas confondre avec le tout aussi titanesque Preah Khan d'Angkor) est le plus grand ensemble de temples construit durant la période angkorienne : un véritable exploit au vu de la concurrence ! Il est si éloigné de tout qu'il y règne un calme extraordinaire et que vous serez sans doute le seul visiteur.

EN ROUTE POUR LE PREAH KHAN DE KOMPONG SVAY

Depuis **Beng Mealea** (p. 157), la NH66 qui va à Khvau par de splendides ponts angkoriens à *naga* (serpent mythique) mène aussi au Preah Khan de Kompong Svay. La route, qui se détériore après Khvau, est impraticable à la saison des pluies.

OÙ SE LOGER PRÈS DU PREAH KHAN DE KOMPONG SVAY

Chambres chez l'habitant au Preah Khan
Chambres basiques chez l'habitant, dans le village de Ta Seng. **$**

BeTreed Adventures
Refuge en pleine jungle avec deux cabanes en bois sur pilotis et une cabane dans un arbre en bois recyclé. **$$**

Safari-découverte des temples
Découverte des temples et nuit en tente avec Hanuman Travel et son safari insolite. **$$$**

MINES DANS LA PROVINCE DE PREAH VIHEAR

Jusqu'en 1998, les Khmers rouges ont posé des mines autour du Prasat Preah Vihear pour contrer les forces gouvernementales. Durant la dernière décennie, des organisations de déminage en ont retiré vraiment beaucoup, mais la zone a été lourdement remilitarisée suite à un nouveau conflit frontalier avec la Thaïlande. Les deux camps nient avoir posé des mines lors de leurs luttes armées de 2008 à 2011, mais rien n'est moins sûr, d'où l'importance de ne jamais vous écarter des sentiers balisés autour du Prasat Preah Vihear. Le reste de la province est fortement miné, lui aussi, surtout autour de Choam Ksant. Si vous avez votre propre véhicule, empruntez uniquement les mêmes routes et chemins que les habitants.

Le mystère plane sur son histoire, mais ce fut longtemps un site religieux important, dont certains édifices remontent au IXe siècle. Suryavarman II, bâtisseur d'Angkor Vat, et Jayavarman VII y vécurent à différentes époques, laissant penser que le Preah Khan aurait pu être la deuxième ville de l'Empire khmer. Initialement dédié à des divinités hindoues, il fut consacré au bouddhisme mahayana lors d'une reconstruction monumentale à la fin du XIIe siècle et au début du XIIIe siècle.

Au milieu des années 1990, le temple principal semblait en assez bon état, mais dans la seconde moitié de la décennie, des pillards se sont mis à chercher des statues enterrées sous chaque *prang* (tour de temple). L'ancien édifice n'avait aucune chance de résister aux marteaux-piqueurs et aux pelleteuses : beaucoup de ses tours s'effondrèrent, menant au triste spectacle actuel. Une fois encore, un temple qui avait survécu à tant d'assauts ne put faire face à celui du XXe siècle et à son appétit vorace.

Le buste de Jayavarman, désormais au Musée national de Phnom Penh (p. 51) et maintes fois reproduit comme souvenir pour les touristes, fait partie des nombreuses sculptures trouvées au Preah Khan ou reprises aux pillards. Le corps de la statue fut découvert dans les années 1990 par des habitants qui en informèrent les autorités, permettant enfin de réunir la tête et le corps en 2000.

Les habitants de la région appellent habituellement ce temple "Prasat Bakan" ; les spécialistes le nomment officiellement Bakan Svay Rolay, combinaison du nom local du temple et de celui du district.

Le **temple principal** est entouré de douves désormais à sec, telles que celles d'Angkor Thom. Après avoir passé le majestueux gopura (pavillon d'entrée), le chemin passe devant un *dharmasala* (auberge de pèlerin), traverse un autre gopura en ruine et rejoint la zone centrale du temple avec ses tours à demi effondrées, que les arbres s'approprient peu à peu.

Malgré les nombreux pillages des années 1990 et les vols plus récents, ce temple délabré et largement envahi par la végétation reste un site remarquable, avec quelques bas-reliefs bien préservés.

Le billet d'entrée pour le site (5 $US) donne aussi accès aux **temples satellites**.

Le Preah Khan n'étant pas desservi par les transports publics, il faut venir au village de Ta Seng, à 4 km à l'est, soit depuis la ville de Preah Vihear par le district de Sangkom Thmei, soit depuis le district de Stoeng dans la province de Kompong Thom. Les routes ont été bien améliorées, et le temple est accessible en taxi collectif, minibus ou à moto.

TEMPLES SATELLITES DU PREAH KHAN DE KOMPONG SVAY

Prasat Preah Stung
Temple avec quatre visages énigmatiques, d'où son nom local : Prasat Muk Buon (temple aux Quatre Visages).

Prasat Damrei
"Temple de l'Éléphant", situé à l'extrémité est d'un *baray* (réservoir) de 3 km.

Prasat Preah Thkol
Temple insulaire sur la rive ouest du *baray* de Preah Khan.

BEE-EATER/SHUTTERSTOCK ©

Grue antigone

Observation des oiseaux dans la province de Preah Vihear

À LA DÉCOUVERTE DE L'IBIS GÉANT ET DES VAUTOURS

Avec leurs immenses étendues de forêts à diptérocarpacées caduques et de prairies et marécages saisonniers, les plaines reculées du nord du Cambodge sont une sorte de pendant d'Asie du Sud-Est aux savanes africaines. Couvrant presque tout le nord-ouest de la province de Preah Vihear, c'est l'un des rares endroits du monde où l'on peut voir l'oiseau national cambodgien, en danger critique d'extinction : l'ibis géant.

D'autres espèces rares peuvent être observées, idéalement entre janvier et avril, dont la cigogne épiscopale, le fauconnet à pattes jaunes, le paon spicifère, la perruche alexandre, le pygargue à tête grise et pas moins de 16 espèces de piverts, ainsi que des chouettes et autres rapaces, tels les vautours.

Dans une ultime tentative pour assurer la survie de l'ibis géant, protéger les seuls terrains de nidification avérés de l'ibis de Davison et préserver l'habitat d'autres espèces menacées sur la planète, comme la grue antigone et le marabout argala, la WCS (Wildlife Conservation Society) a lancé un projet novateur d'écotourisme communautaire.

OISEAUX RARES VISIBLES DANS LA PROVINCE DE PREAH VIHEAR

Ibis géant
Oiseau national cambodgien menacé d'extinction : il en resterait environ 300 dans le monde.

Grue antigone
L'un des plus grands oiseaux du monde (plus de 1,5 m). Il en resterait 25 000 dans le monde (dont 300 au Cambodge).

Vautour royal
Autre espèce menacée : on n'en compterait pas plus d'une vingtaine au Cambodge.

Canard à ailes blanches
Oiseau fétiche des ornithologues amateurs, et menacé : il en resterait un millier dans le monde (une centaine au Cambodge).

OBSERVER LA GRUE ANTIGONE

D'autres régions cambodgiennes abritent d'importantes populations de grues antigones, notamment la **réserve d'Ang Trapaing Thmor** (p. 119), près de Siem Reap.

OÙ SE LOGER DANS LES RÉSERVES ORNITHOLOGIQUES

Tmat Boey
Ce village éloigné propose pour la nuit des bungalows en bois avec salle de bains et eau chauffée à l'énergie solaire. **$$**

Prey Veng
Comme à Tmat Boey, vous logez dans des bungalows en bois avec salle de bains basique et énergie solaire. **$$**

Boeng Toal
La nuit se passe dans la forêt sèche, sous des tentes safari confortables avec des draps en coton. **$$$**

PROJETS REDD+ DANS LA PROVINCE DE PREAH VIHEAR

Au Cambodge, REDD+ apporte une aide financière au gouvernement pour protéger les forêts et subventionner le développement durable de communautés locales. Des entreprises internationales ont déjà acheté pour plus de dizaines de millions de dollars de crédits carbone pour la forêt cambodgienne, argent injecté dans la gestion des zones protégées, l'infrastructure touristique et des projets de développement pour les communautés locales.

Parmi les autres projets REDD+ en cours à Preah Vihear, le plus avancé concerne les plaines du nord. Il est lié à plusieurs projets communautaires initiés par l'Unesco, autour de Tmat Boey, Prey Veng et Boeng Toal (p. 193), les principaux sites ornithologiques de la région.

Basée dans le village isolé de Tmat Boey, dans la **réserve naturelle de Kulen Promtep**, l'initiative assure aux habitants une formation et des revenus, les incitant ainsi à s'investir pour protéger l'ibis. Tous les visiteurs font un don au fonds de conservation du village pour aider à la gestion et à l'amélioration du projet.

Accessible toute l'année, le village de **Tmat Boey** se trouve à environ 5 km de la belle route reliant la ville de Preah Vihear à Sra Em. L'embranchement est à 46 km au sud-est de Sra Em et à 39 km au nord-ouest de Preah Vihear. **Sam Veasna Conservation Tours** (SVC), situé à Siem Reap, y organise des séjours de 4 jours/3 nuits.

Pour ceux qui souhaitent visiter des lieux encore plus reculés, le tout petit village de **Prey Veng**, à quelque 60 km de Tmat Boey (à vol d'ibis géant...) est tout indiqué. Il accueille le site d'observation des oiseaux le plus récent de la réserve naturelle de Kulen Promtep. La WCS et SVC tentent d'y préserver cet habitat en suivant le modèle de Tmat Boey. Plus de 150 espèces y ont été recensées, dont l'ibis géant, le marabout argala et le canard à ailes blanches.

Prey Veng est aussi un lieu formidable pour randonner dans la forêt sèche jusqu'à un temple angkorien perché sur sa colline. Diverses pensions communautaires permettent de se loger simplement.

Certaines excursions pour Tmat Boey et Prey Veng incluent la visite de Beng Mealea, de Koh Ker et du Prasat Preah Vihear et sont souvent couplées à celle d'une station de nourrissage des vautours (voir ci-dessous). Toutes figurent dans le circuit de 5 jours Critical Cambodia de SVC.

Pour sauver trois espèces en voie d'extinction - les vautours chaugoun, à long bec et royal -, la WCS a créé le **Boeng Toal Vulture Restaurant** dans le village de **Dong Plet**, au nord-est de Chhaeb, à la lisière de la forêt protégée de Preah Vihear. Une carcasse de bovin est placée dans un champ, et les visiteurs attendent dans un observatoire d'oiseaux à côté que ces rapaces incroyablement rares viennent dévorer la charogne. Les visites organisées par SVC comprennent une nuit dans un camping safari en forêt de la WCS. Le site est accessible toute l'année, mais il faut réserver au moins une semaine à l'avance auprès de SVC.

Le plateau préservé de Phnom Tbeng

MONTAGNES VIERGES POUR RANDONNEURS AVIDES D'AVENTURE

Le **parc du patrimoine naturel de Phnom Tbeng** domine la ville de Preah Vihear de toute sa majesté. Accessible seulement par une pente raide, Phnom Tbeng est un refuge

SITES D'ÉCOTOURISME COMMUNAUTAIRES (CBET) À PHNOM TBENG

Site d'écotourisme de Tang You
Projet le plus abouti de Phnom Tbeng (facebook.com/tangyou.cbt).

Chak Angre
CBET dont la curiosité majeure est l'étonnante cascade de Phnom Tbeng.

Datavek
Projet d'écotourisme communautaire le plus proche de la ville de Preah Vihear, géré par des femmes dynamiques.

spirituel et naturel, récemment sélectionné pour être inscrit au patrimoine mondial de l'Unesco.

Deux sentiers principaux sillonnent le massif. Au sud, deux escaliers en béton indiqués depuis la NH62 en direction de Kompong Thom mènent à un centre de méditation et à une grande pagode. Environ 500 m après celle-ci, le sentier passe devant une imposante cascade.

Les plus aventuriers peuvent emprunter la NH62 en direction de Siem Reap et, à environ 10 km de la ville de Preah Vihear, s'arrêter au **site d'écotourisme de Tang You**. Celui-ci est l'un des trois sites de ce type qui permet de randonner et de camper à Phnom Tbeng. De là, les marcheurs et leurs guides locaux empruntent une combinaison de cordes, d'escaliers et d'échelles en bois pour grimper presque 1 000 m. Certains passages sont assez délicats, mais les endroits pour une pause avec une vue spectaculaire ne manquent pas.

Depuis le sommet, 6 km supplémentaires de marche mènent au centre d'accueil communautaire des visiteurs au pied de la **pagode de Tang You**, dressée sur son rocher. La route passe par d'anciens bois, des cascades et des points d'eau fréquentés par une partie des 50 espèces d'animaux sauvages qui vivent ici. Sur réservation, la communauté peut vous fournir le matériel de camping et les repas. Des latrines propres sont à disposition, et il est possible de nager et de se baigner dans les différents cours d'eau et cascades de montagne.

PHNOM KULEN SANS LES TOURISTES

Phnom Tbeng est aussi grande et imposante que la montagne sacrée de **Phnom Kulen** (p. 154) près de Siem Reap, mais bénéficie, elle, d'un cadre encore vierge, car il n'y a ni route ni village.

VISITE DU TEMPLE DE NEAK BUOS

Seuls les vrais passionnés de temples visitent les sanctuaires en brique du **Prasat Neak Buos**, à environ 7 km au sud-est de la ville de Choam Ksant, tant ils sont retirés dans les monts Dangrek. Ils occupent un joli cadre, avec un ancien *baray* (réservoir) très fréquenté par les oiseaux et, en arrière-plan, d'imposants sommets. Construit sous le roi Jayavarman Ier à la fin du VIIIe siècle et vénéré par les rois suivants, ce temple préangkorien aurait été une étape clé sur les anciennes routes entre Sambor Prei Kuk, dans la province de Kompong Thom, et le Vat Phou de Champassak, dans le sud du Laos. D'autres parties datent des Xe et XIe siècles.

COMMENT CIRCULER

On trouve dans la ville de Preah Vihear des services de minibus et taxis collectifs pour Kompong Thom (157 km ; 1 heure 30 à 2 heures de trajet, 15 000 à 20 000 r) au sud, Sra Em (86 km ; 1 heure, 20 000 r) et Prasat Preah Vihear (116 km) au nord, Siem Reap (162 km ; 2 heures 30, 25 000 r) à l'ouest, et Stoeng Treng (140 km ; 1 heure, 20 000 r) à l'est. Sra Em aussi offre des possibilités de transport pour Anlong Veng et Siem Reap.

Dans la ville de Preah Vihear, les petits trajets peuvent se faire en *tuk-tuk* ou à *moto-dop*. Pour aller au Prasat Preah Vihear, comme il n'y a pas de transport public entre Sra Em et Kor Muy, il faut prendre une *moto-dop* depuis le rond-point central de Sra Em jusqu'à Kor Muy (environ 15 $US aller-retour), d'où une *moto-dop* officielle du parc emmène au temple (5 $US aller-retour).

La jungle étant sillonnée de vieux chemins de chars à bœufs défoncés jusqu'aux temples excentrés, la province de Preah Vihear est l'une des mieux adaptées à la découverte à moto tout-terrain pour les fans aguerris, mais il faut louer la vôtre à Phnom Penh ou Siem Reap, ce service n'étant pas proposé dans la ville de Preah Vihear.

Environs de la province de Preah Vihear

Ultime refuge de Pol Pot, célèbre dirigeant khmer rouge du Kampuchéa démocratique, Anlong Veng s'adresse aux visiteurs qui s'intéressent à cette période sombre du Cambodge.

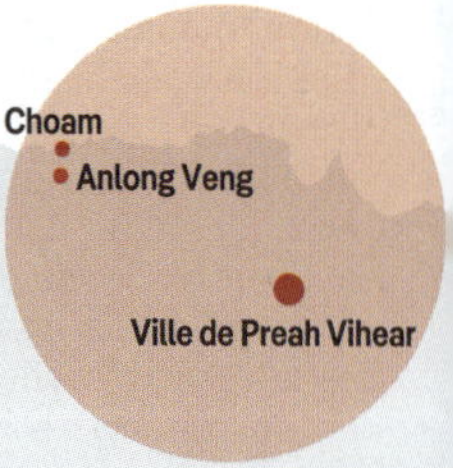

Dernier bastion khmer rouge pendant presque une décennie, Anlong Veng a accueilli d'anciens leaders célèbres du Kampuchéa démocratique, dont Pol Pot, Nuon Chea, Khieu Samphan et Ta Mok, avant de tomber aux mains des forces gouvernementales en 1998. Quasi à la même époque, Pol Pot mourut mystérieusement, pas très loin. Peu après, le Premier ministre Hun Sen lança la construction de la route NH67 au travers de la jungle, pour empêcher toute reprise des combats.

Aujourd'hui, la ville esseulée d'Anlong Veng n'a guère d'intérêt, hormis son lien avec d'anciens leaders du génocide et le poste-frontière tout proche, qui permet d'accéder à une région isolée de la Thaïlande. Si l'histoire contemporaine du Cambodge vous intéresse, ces sites khmers rouges sont à visiter.

Pour les infos pratiques, voir le Carnet d'adresses *p. 212*

À SAVOIR

Vous pouvez prévoir un circuit par Anlong Veng, le Prasat Preah Vihear (p. 188) et Koh Ker (p. 158) en louant une moto ou une voiture à Siem Reap.

Vue sur le lac de Ta Mok (p. 198) depuis la maison de Ta Mok

AMNAT30/SHUTTERSTOCK ©

AMNAT30/SHUTTERSTOCK ©

Lac de Ta Mok (p. 198)

Sur la piste des Khmers rouges à Anlong Veng

DERNIER REFUGE DE POL POT

Les sites autrefois associés à Ta Mok (Oncle Mok, ou Frère n°5), à 82 km (environ 1 heure 30) à l'ouest du Prasat Preah Vihear, constituent les principales curiosités d'Anlong Veng, où vivent encore nombre de ses anciens partisans. Ceux-ci voyaient en lui un homme dur mais juste, bâtisseur philanthropique d'orphelinats et d'écoles, et capable de maintenir l'ordre – rien à voir avec l'anarchie qui suivit la prise du pouvoir par les forces gouvernementales. La plupart des Cambodgiens parlent néanmoins plutôt de lui comme du "Boucher", car le bras armé de Pol Pot fut responsable de milliers de morts lors de purges successives pendant les années terribles du Kampuchéa démocratique. Arrêté en 1999, il mourut en 2006, juste avant son procès pour génocide et crimes contre l'humanité.

Dans un havre de paix au bord d'un lac, la **maison de Ta Mok** est un bâtiment spartiate avec un bunker en sous-sol et cinq fresques murales sobres (une d'Angkor Vat et quatre du Prasat Preah Vihear) au rez-de-chaussée, dont

PASSER EN THAÏLANDE À CHOAM

Le poste-frontière de **Choam/Chong Sa-Ngam** (7h-20h) relie Anlong Veng, dans la province d'Oddar Meanchey, à la province thaïlandaise de Si Saket. Les 16 km d'Anlong Veng à la frontière à *moto-dop* coûtent environ 5 $US, sur une route en bon état. Les formalités sont simples, mais les e-visas ne sont pas acceptés si vous venez de Thaïlande, et les visas cambodgiens à l'arrivée sont d'ordinaire facturés au prix fort de 35 $US. Une fois en Thaïlande, vous devriez trouver un pick-up pour rejoindre Phusing et, de là, un bus pour Khu Khan ou Si Saket.

UNE CHANCE À LA PAIX

Le **Documentation Center of Cambodia** (p. 68) a fondé l'Anlong Veng Peace Center pour favoriser la réconciliation dans cette ancienne zone d'affrontement et informe sur le rôle des dirigeants khmers rouges durant la guerre civile et le génocide.

OÙ SE LOGER ET SE RESTAURER À ANLONG VENG

Bot Uddom Guesthouse
Le fin du fin à Anlong Veng, dans l'annexe la plus récente de cette pension, avec des lits en bois massifs. **$**

Heng Hotel
On mène la grande vie dans les monts Dangrek dans cet hôtel de 36 chambres élégantes dotées de douches chaudes. **$**

Monorom Restaurant
Petite mais savoureuse sélection de plats locaux et de soupes de nouilles, avec un menu en anglais. **$**

PASSER EN THAÏLANDE À O SMACH

À environ 75 km à l'ouest d'Anlong Veng, le poste-frontière de **O Smach/Chong Chom** (6h-22h) relie les provinces cambodgienne d'Oddar Meanchey et thaïlandaise de Surin. Depuis Siem Reap et Sisophon, un taxi collectif peut vous mener à Samraong par la NH68 et, de là, une *moto-dop* (10 $US) ou un autre taxi (20 $US) assurer tranquillement le trajet jusqu'à O Smach et sa zone frontalière de casinos. La frontière se passe sans problème, mais les e-visas cambodgiens sont refusés, et un visa touristique pour le Cambodge coûte 35 $US. À l'arrivée en Thaïlande, la plupart des nationalités et touristes doivent se contenter d'un droit de séjour de 30 jours. Une fois dans ce pays, marchez jusqu'à l'arrêt de bus tout proche, où il y a des liaisons régulières pour Surin toute la journée.

seuls les carrelages des sols n'ont pas été pillés. Dans le cadre de l'Anlong Veng Peace Center œuvrant pour la résilience sociale, elle propose aujourd'hui l'exposition permanente “100 Photos for Memory and Education”, photos relatives aux Khmers rouges datant des années 1960 à 1990. Pour s'y rendre, il faut parcourir 600 m vers le nord après le pont sur la NH67, tourner à droite au panneau indicateur et continuer sur 200 m après la “cabane” d'information touristique.

Le **lac de Ta Mok**, assez marécageux, fut créé sur l'ordre du Frère n°5, mais tous les arbres sont morts suite à une inondation – comme un symbole des ravages causés par **Ta Mok** et son régime.

Le monde s'est demandé pendant des années où Pol Pot et ses acolytes se cachaient : juste là, dans la forêt très dense des monts Dangrek, assez près de la Thaïlande pour pouvoir passer la frontière si les forces gouvernementales arrivaient. C'est donc dans ces collines, au nord d'Anlong Veng, que sont dissimulés beaucoup de sites khmers rouges majeurs.

À environ 2 km de la frontière, la route se scinde pour contourner un gigantesque rocher, qui comporte un groupe de statues taillées directement dans la roche par les Khmers rouges. Désormais un sanctuaire protégé, elles représentent une femme portant un fagot de bambous sur sa tête et deux soldats khmers rouges, mais qui ont été décapités par les forces gouvernementales.

Au village frontalier très vivant de Choam, côté est de la NH67, un panneau indique le **site de la crémation de Pol Pot**. Les cendres de celui-ci reposent sous un toit de tôle rouillée, entourées de bouteilles de verre à demi enterrées. Le leader khmer rouge fut incinéré ici à la va-vite en 1998, sur un tas d'ordures et de vieux pneus, une fin déshonorante que certains estiment appropriée au vu des souffrances qu'il a infligées à des millions de Cambodgiens.

Le poste-frontière de Choam/Chong Sa-Ngam se trouve à quelques centaines de mètres au nord, près d'un marché de contrebandiers délabré. Derrière celui-ci démarre une route en piteux état qui se dirige vers l'est, parallèlement à l'escarpement de Dangrek. Les touristes cambodgiens l'empruntent pour aller à la falaise de **Peuy Ta Mok** admirer la vue exceptionnelle sur les plaines du nord.

À environ 4 km à l'est du marché des contrebandiers (au niveau du lac couvert de nénuphars, prenez le chemin de gauche), on parvient à la **maison de Pol Pot**. Entouré d'un mur de parpaings, le repaire du Frère n°1 a été pillé. Cependant, on peut toujours voir un bâtiment bas en brique, dans la cour duquel est dissimulé un bunker souterrain. La **maison de Khieu Samphan**, plus difficile à trouver, est enfouie dans la jungle au bord d'un ruisseau, à 5 km environ à l'est de la maison de Pol Pot.

COMMENT CIRCULER

Des bus, minibus et taxis relient Anlong Veng à Siem Reap (128 km ; 20 000 r, 1 heure 30 en taxi collectif), au sud, ainsi qu'à Sra Em (78 km ; 20 000 r, 2 heures en taxi collectif ; 30 $ pour un taxi privé), porte d'entrée du Prasat Preah Vihear, et à la ville de Preah Vihear (163 km), à l'est. Pour explorer les sites khmers rouges dans les monts Dangrek, mieux vaut prendre une *moto-dop* ; la route est trop raide pour un *tuk-tuk* et les taxis ne peuvent aller jusqu'aux anciennes maisons de Pol Pot et de Khieu Samphan.

PROVINCE DE KOMPONG THOM

Si vous n'avez pas envie d'enchaîner Phnom Penh et Siem Reap au pas de course, d'intéressants sites disséminés dans la campagne environnant Kompong Thom font de sa province une étape agréable.

La capitale provinciale, accueillante et très animée, s'étend le long des méandres indolents de la Stung Sen, qui s'invite au cœur de la ville. Celle-ci a peu d'intérêt en elle-même, mais grâce à ses boutiques-hôtels, c'est un camp de base idéal et confortable pour explorer les sites alentour, comme les stupas pittoresques, perchés dans les collines du Phnom Santuk, et pour une excursion à la journée vers le Preah Khan de Kompong Svay (p. 191).

Sambor Prei Kuk est le site le plus impressionnant. Cet ensemble d'anciens temples envahis par les arbres, jadis propriété d'Isanapura, capitale du royaume du Chenla, est devenu en 2017 le troisième site du pays classé au patrimoine mondial de l'Unesco.

Pour les infos pratiques, voir le Carnet d'adresses p. 213

À SAVOIR

Capitale de la province éponyme, Kompong Thom est un grand carrefour pour les transports entre Phnom Penh et Siem Reap, sur la NH6. Celle-ci traverse la ville, franchit la Stung Sen et concentre autour d'elle presque tous les hôtels, pensions et échoppes. Quelques chauffeurs de *tuk-tuk* parlent anglais.

Sambor Prei Kuk (p. 200)

EN IMMERSION GRÂCE À ISANBOREI

L'association de tourisme communautaire **Isanborei** s'investit énormément pour inciter les visiteurs de Sambor Prei Kuk à rester un jour de plus. Outre gérer un programme communautaire populaire de séjours chez l'habitant (dort/d 4/6 $US), elle propose des cours de cuisine, de la location de vélos et des balades en char à bœufs, et assure des trajets rapides en *tuk-tuk* depuis/vers Kompong Thom (aller simple 15 $US). Pas loin de l'ancienne entrée, près du Prasat Sambor, des guides n'attendent que vous (1/2 jours 10/6 $US) !

STATUES AU MUSÉE NATIONAL

Nombre des plus belles statues et sculptures de Sambor Prei Kuk se trouvent au **Musée national** (p 51) à Phnom Penh, dans l'impressionnante galerie préangkorienne.

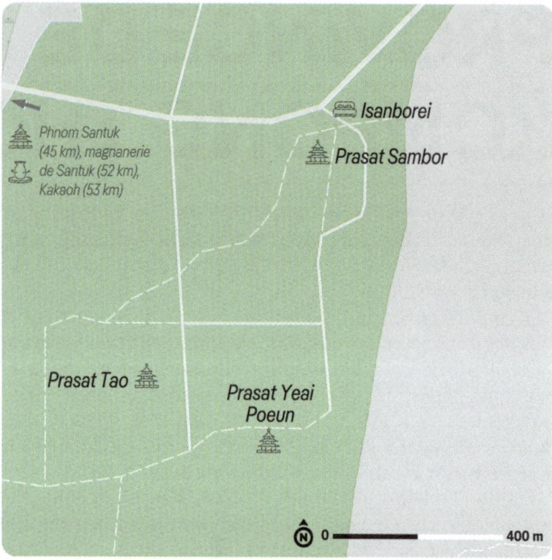

L'ancienne capitale de Sambor Prei Kuk

DES BRIQUES ET DU MORTIER AVANT ANGKOR

Troisième site du Cambodge classé au Patrimoine mondial, l'ensemble préangkorien le plus impressionnant du pays, **Sambor Prei Kuk**, compte plus de 100 temples essentiellement en brique, éparpillés dans la forêt, dont certains font partie des plus anciens monuments du Cambodge. À 45 minutes de route de Kompong Thom, le site offre une atmosphère paisible, avec des chemins sableux sillonnant la forêt ombragée.

Capitale du Chenla supérieur au début du VIIe siècle, celle qui s'appelait alors Isanapura fut un grand centre d'enseignement durant la période angkorienne. Dans les années 1970, l'aviation américaine bombarda le site pour soutenir le gouvernement de Lon Nol dans son combat contre les Khmers rouges. Des cratères près des temples en témoignent aujourd'hui. Le déminage du lieu s'est achevé en 2008.

Trois ensembles composent la zone du temple principal. Chacun est ceint des ruines de deux murs concentriques, avec une tour centrale environnée de sanctuaires, de bassins et de portes. Des siècles plus tard, cet agencement inspira les architectes d'Angkor.

Le **Prasat Yeai Poeun** constitue sans doute le groupe de

OÙ SE LOGER À KOMPONG THOM

Arunras Hotel & Guesthouse
Établissement le plus en vue de Kompong Thom, avec 58 chambres de qualité et un personnel très compétent. **$**

Sambor Village Hotel
Hôtel luxueux, dont les chambres spacieuses avec lit à baldaquin et salle de bains chic occupent des bungalows. **$$**

Kompong Thom Royal Hotel
Hôtel tout en hauteur avec des chambres tout confort, une piscine et un toit-terrasse avec bar. **$$**

temples le plus saisissant, tant il semble perdu dans la forêt. La porte à l'est tient par un vieil arbre dont les racines se sont immiscées entre les briques. La porte ouest, elle, se trouve sous un arbre énorme.

Le plus grand des trois ensembles, le **Prasat Tao** comporte un joli bassin rectangulaire, et ses deux lions en pierre avec une crinière très soignée illustrent à merveille la sculpture chenla.

Le groupe de temples principal, le **Prasat Sambor** (VIIe et Xe siècles), est dédié à Gambhireshvara, l'une des nombreuses incarnations de Shiva ; les autres sont consacrés à Shiva lui-même. Plusieurs tours arborent encore des sculptures en brique en assez bon état, et une série de grands *yoni* (symboles féminins de la fertilité) encerclent la tour centrale.

Le temple au sommet du Phnom Santuk

QUE DE STUPAS !

Avec son sommet très boisé, parsemé d'effigies du Bouddha et de pagodes, cette montagne sacrée (207 m) est un haut lieu de pèlerinage bouddhiste. L'ascension s'effectue par 809 marches – les dernières étant investies par des bandes de macaques agités – ou 2,5 km de route goudronnée. Le **Phnom Santuk** réunit un ensemble stupéfiant de *vat* et de stupas hauts en couleur, imbroglio kaléidoscopique de statues et de monuments bouddhiques anciens et modernes.

Près de la pagode principale aux murs blancs, le **Prasat Tuch** pyramidal arbore un extérieur en grès finement sculpté. Juste au-dessous du sommet, versant sud, reposent de nombreux **bouddhas couchés** ; les plus modernes sont en béton, tandis que les autres ont été sculptés directement dans la roche au cours des siècles passés. Un *vat* est encore en activité, et les bonzes locaux accueillent toujours les touristes étrangers avec plaisir.

Les rochers situés juste sous le sommet offrent une vue panoramique au sud, vers le Tonlé Sap. Les voyageurs qui dorment à Kompong Thom pourront prendre le temps de savourer un coucher de soleil époustouflant sur les rizières, mais une lampe-torche s'impose, car il faut ensuite redescendre dans l'obscurité.

Le site se trouve à 15 km au sud de Kompong Thom. Pour s'y rendre par la NH6, il faut tourner à gauche (vers l'est) au panneau près du Km 149. Environ 2 km plus loin, vous voilà au pied des marches pour le temple !

DE LA PIERRE À LA SOIE

À environ 2 km au nord de l'entrée du Phnom Santuk, la NH6 traverse le village de **Kakaoh**, célèbre pour ses tailleurs de pierre chevronnés, qui sculptent à la main des statues géantes du Bouddha, des lions décoratifs et d'autres effigies khmères traditionnelles. Regarder ces œuvres de 15 cm à 5 m de hauteur naître peu à peu d'énormes blocs de pierre est fascinant.

Non loin, la **magnanerie de Santuk** est l'un des rares endroits au Cambodge où l'on peut suivre tout le processus de production de la soie. Elle emploie des habitantes comme tisserandes, que l'on peut regarder tisser des foulards (20-35 $US). L'entrée se situe à 200 m au nord de celle du Phnom Santuk, de l'autre côté de la NH6.

COMMENT CIRCULER

Située à 157 km au sud de la ville de Preah Vihear, à 147 km au sud-est de Siem Reap et à 165 km au nord de Phnom Penh, Kompong Thom est la ville-étape idéale pour visiter la province.

Des dizaines de bus, minibus et taxis collectifs qui circulent entre Phnom Penh (3 heures minimum) et Siem Reap (2 heures) passent par là et déposent les passagers juste devant l'Arunras Hotel (comptez 5 $US en bus depuis l'une ou l'autre ville). Il faut compter 5 $US et 2 heures de trajet pour rejoindre ensuite la ville de Preah Vihear, plus au nord, en taxi collectif.

À Kompong Thom, vous pouvez prendre un *tuk-tuk* pour un petit trajet en ville ou une escapade plus longue à Sambor Prei Kuk (25 $US aller-retour) ou au Phnom Santuk (15 $US aller-retour). Im Sokhom Travel Agency (012-691527 ; St 3) loue des motos et des vélos.

PROVINCE DE PURSAT

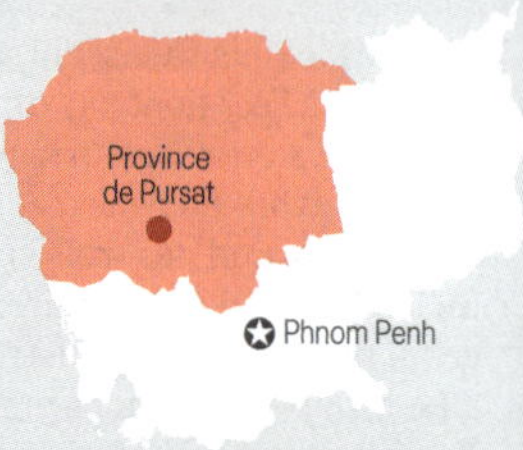

Pour les infos pratiques, voir le Carnet d'adresses *p. 213*

Allant des lointaines forêts de Phnom Samkos à la frontière thaïlandaise jusqu'aux villages de pêcheurs et aux marécages du lac Tonlé Sap, à l'est, la province de Pursat est la quatrième plus grande du Cambodge. Célèbre pour ses oranges, elle englobe la partie nord de la chaîne des Cardamomes, reliée par tout un réseau routier à la capitale provinciale éponyme. La NH55 est une route particulièrement belle, qui serpente à travers les Cardamomes, passe par "Phnom 1500" et redescend à Thmor Da, à la frontière thaïlandaise.

Réputée pour ses sculpteurs, Pursat est *la* ville où acheter une statue en marbre. Sinon, cette capitale n'a guère d'attrait, hormis être une bonne base pour partir visiter le village flottant de Kompong Luong ou pour une expédition nature dans les Cardamomes centrales.

À SAVOIR

Traversée par la NH5, Pursat s'étend le long de la rivière, près de laquelle se trouvent la plupart des hôtels, restaurants de cuisine locale et marchés. Pour explorer des sites éloignés comme Kompong Luong ou les Cardamomes septentrionales, louez une moto ou prenez un *tuk-tuk* ou un taxi.

Kompong Luong (p. 205)

VOIR
1 Forêt protégée des Cardamomes centrales
(voir 3) Koh Sampeau Meas
2 Kompong Luong

ACTIVITÉS, COURS ET CIRCUITS ORGANISÉS
3 Bunrany Hun Sen Development Centre
4 Réserve naturelle de Phnom Aural
5 Réserve naturelle de Phnom Samkos

SE LOGER
6 Osoam Cardamom Community Centre

PÉPITES DE PURSAT

Le **Bunrany Hun Sen Development Centre** enseigne aux jeunes divers artisanats : tissage de vêtements et de tapis, couture, sculpture sur marbre, etc. Les voyageurs peuvent assister à ces cours et acheter à la boutique de beaux *krama* (foulards à carreaux) et paniers.

Étrange parc îlien en forme de bateau, **Koh Sampeau Meas** est l'endroit de Pursat à ne pas rater au coucher du soleil. Les jeunes y viennent pour un cours d'aérobic (à partir de 17h) ou jouer au badminton, et les amateurs de marche rapide pour le circuit entre les belles pelouses et les pavillons de style khmer.

Les Cardamomes septentrionales

RÉSERVES NATURELLES ET AVENTURES LOINTAINES

Malgré l'ouverture progressive du parc national des Cardamomes centrales (CCNP) et des réserves naturelles adjacentes à l'écotourisme, les possibilités de visiter ces lieux restent assez limitées, car les postes de gardes forestiers s'occupent surtout d'empêcher le braconnage, l'abattage illégal d'arbres et l'empiètement. Si Pursat offre un accès aux Cardamomes septentrionales, la plupart des visiteurs qui se rendent au site d'écotourisme d'Osoam passent par Koh Kong (p. 220), au sud.

Avec le soutien de Conservation International (www.conservation.org), les gardes de la **forêt protégée des**

LA ROUTE DES CARDAMOMES

L'état des routes qui mènent d'**Osoam** (p. 204) à la province de Koh Kong, vers le sud, permet de faire une excursion à la journée dans les Cardamomes à la saison sèche, mais au moment des pluies, certains tronçons deviennent impraticables.

OÙ SE LOGER DANS LA PROVINCE DE PURSAT

Pursat Riverside Hotel
Avec ses deux piscines, ce mastodonte de 146 chambres offre un niveau de confort inégalé à Pursat. **$$**

Thansour Thmei Hotel
Son nom signifie "nouveau paradis" ; on en est loin, mais on y trouve lits en bois sculptés et chambres climatisées. **$**

Chambres chez l'habitant à Kompong Luong
3 familles louent des chambres rustiques mais fantastiques pour goûter à la vie sur l'eau. **$**

TRAVERSER LES CARDAMOMES À MOTO

Ces dernières années, un réseau de routes a été créé entre les Cardamomes septentrionales et méridionales. Les meilleurs tronçons se trouvent sur la NH55 entre Pramoay et Thmor Da, à la frontière thaïlandaise ; la route zigzague jusqu'à un sommet à 1 500 m, puis redescend dans la vallée de la rivière. Ensuite, une piste suit la frontière jusqu'à Koh Kong, ponctuée de points de vue sur les rivières et les montagnes, à l'est, et finalement les îles du golfe de Thaïlande, à l'ouest. Sans doute le meilleur parcours tout-terrain du pays pour les motards aguerris (et uniquement !).

Cardamomes centrales interviennent depuis trois postes au nord, rarement visités. Avec la police militaire, ils jouent un rôle crucial dans la défense du territoire, surtout le poste de Kravanh, au cœur de la jungle, au sud de Pursat.

Au poste avancé de Rovieng, la contrebande la plus lucrative porte sur l'huile essentielle de safrole (*mreah prew*, ou sassafras), extraite des racines du *Cinnamomum parthenoxylon*. Cet arbre est menacé de disparition, car il en faut une tonne pour produire juste 30 litres d'huile au parfum délicat de santal. Les habitants utilisent cette dernière en médecine traditionnelle, mais c'est son emploi dans la fabrication de l'ecstasy (ou MDMA) qui entraîne un abattage illégal massif de cette espèce d'arbres.

À 53 km au sud-ouest de Pursat, pas loin de Rovieng, les rapides L'Bak Kamronh attirent les vacanciers cambodgiens. À environ 25 km à l'ouest de Rovieng, dans la commune de Pramoay, la forêt primaire de Chhrok Preal se visite aussi, mais l'est peu dans les faits.

Pour réserver un guide, un séjour chez l'habitant ou une pension près du poste de Kravanh ou de Rovieng, le mieux est de demander conseil à l'agent forestier Peov Somanak (017 464663, peovsomanak@gmail.com).

Juste à l'est du parc national des Cardamomes centrales, la **réserve naturelle de Phnom Aural** (2 538 km^2) est dominée par le Phnom Aural (1 813 m), point culminant du pays. Malheureusement, au sud et à l'est, elle pâtit des spéculateurs fonciers corrompus et de l'abattage illégal effréné. L'agence réputée **DutchCo Trekking Cambodia**, à Phnom Penh, organise des excursions de 3 jours dans la région au départ de Kompong Speu et des nuitées dans sa propre pension Shangri-la, avec dortoirs et bungalows, dans le village de Voar Sar. Une journée suffit pour visiter Phnom Aural, mais la plupart des gens préfèrent rester deux ou trois jours.

Grenouille dite "des feuilles", réserve naturelle de Phnom Samkos

Perdue entre le parc national des Cardamomes centrales et la frontière thaïlandaise, la **réserve naturelle de Phnom Samkos** (3 338 km^2) est menacée par le commerce illicite du bois et les concessions agricoles, mais abrite une faune extrêmement riche et le Phnom Samkos (1 717 m), deuxième plus haut sommet du pays. Retirée à 125 km à l'ouest de Pursat se trouve sa petite ville principale, Pramoay, avec plusieurs hôtels et pensions. Des chauffeurs de *moto-dop* emmènent à la découverte des villages de minorités ethniques alentour.

Dans le village isolé d'Osoam, l'excellent **Osoam Cardamom Community Centre** (osoamccc.weebly.com), géré par l'expansif M. Lim, organise de courtes excursions

OÙ SE LOGER DANS LES CARDAMOMES SEPTENTRIONALES

Kravanh
Petite ville avec des pensions familiales, point d'accès aux Cardamomes côté nord-est, à 35 km au sud de Pursat.

Pramoay
La plus grande ville du centre-nord des Cardamomes, avec divers hôtels et pensions sur la NH55.

Osoam
Village au bord d'un splendide réservoir, avec logement incontournable à l'Osoam Cardamom Community Centre.

à pied, à moto et en bateau dans les environs, mais aussi d'un ou deux jours à Phnom Samkos pour observer les éléphants. Outre ses 7 chambres bien tenues, l'établissement est proche de pensions simples et de logements chez l'habitant. L'électricité est limitée, et les douches assurées par des seaux d'eau : une expérience plutôt authentique de la vie cambodgienne.

Le village flottant de Kompong Luong

UNE EXPÉRIENCE UNIQUE AU FIL DE L'EAU

Kompong Luong est un village flottant quelque peu délabré mais charmant. Dans cette petite Venise cambodgienne sans terre ferme, les cafés, les boutiques, les poulaillers, les bassins à poissons, la station d'essence et les bars à karaoké sont maintenus à flot par des coques de bateaux, des tonneaux ou des fagots de bambous. Il en va de même des pagodes, de l'église au toit bleu et des maisons colorées. Pendant la saison sèche, quand le niveau de l'eau baisse et que le Tonlé Sap s'étrécit, tout le village se déplace de quelques kilomètres vers le nord.

Sa population, en partie d'origine vietnamienne, se montre plus distante qu'ailleurs dans la campagne cambodgienne – du moins les adultes –, peut-être un héritage des exactions dont ses membres souffrirent jadis, et de la fragilité encore bien réelle de leur statut. Les enfants saluent volontiers de la main les visiteurs.

Kompong Luong ne se visite bien sûr qu'en bateau. Les circuits n'apprennent pas grand-chose en l'absence de guide, car peu de capitaines parlent anglais, mais cela reste plaisant de se faufiler entre les maisons et d'observer simplement la vie quotidienne, surtout pendant l'heure dorée, juste avant le coucher du soleil. Si l'aventure vous tente, vous pouvez passer une nuit chez l'habitant et tester l'un des restaurants flottants très basiques que compte le lieu.

Le point de départ pour rejoindre Kompong Luong est la ville de Krakor, située à 32 km à l'est de Pursat.

D'AUTRES VILLAGES FLOTTANTS

Il y a plusieurs villages flottants sur le fleuve Tonlé Sap, près de **Kompong Chhnang** (p. 207), et quelques autres très populaires sur le lac Tonlé Sap autour de **Siem Reap** (p. 96).

TREKS GUIDÉS DANS LES CARDAMOMES SEPTENTRIONALES

Agence gérée par l'intrépide explorateur cambodgien Sovanda Horn, **Solo Landscapes** propose des ascensions du Phnom Aural et autres sommets des Cardamomes, ainsi que des treks de plusieurs jours avec nuit sous la tente.

COMMENT S'Y RENDRE ET CIRCULER

La NH5 traverse la périphérie nord de la province de Pursat et permet de rejoindre facilement en bus, minibus ou taxi Phnom Penh (20 000 r, 4 heures en bus ; 24 000 r, 3 heures en taxi collectif) ou Battambang (15 000 r, 1 heure 30, en bus ; 20 000 r, 1 heure 30 en taxi collectif). Vers le sud, la NH55 s'élève dans les Cardamomes à Kravanh, puis se dirige vers la frontière thaïlandaise, à l'ouest, jusqu'à Thmor Da. Il existe quelques possibilités de transports en commun à Pursat, Pramoay et Osoam notamment, mais si vous pouvez vous l'offrir, mieux vaut réserver un taxi ou louer une moto pour aller où bon vous semble.

PROVINCE DE KOMPONG CHHNANG

Sa proximité de Phnom Penh, sa pêche, son agriculture et ses abondantes ressources en eau confèrent à la province de Kompong Chhnang une certaine prospérité. S'il ne se passe pas grand-chose dans sa capitale léthargique éponyme – dont le nom signifie littéralement "port du pot d'argile" –, le quai du Tonlé Sap, lui, déborde de vie. D'ici partent de paisibles balades en bateau vers deux villages flottants – rien de tel, pour terminer la journée en beauté, que de glisser à bord d'une barque sous le soleil couchant.

Au-delà de la ville s'étend un paysage luxuriant de rizières, ponctué de hameaux où paissent des vaches et où des potiers s'affairent sous les maisons sur pilotis – une autre raison de s'attarder dans la province.

Pour les infos pratiques, voir le Carnet d'adresses *p. 213*

À SAVOIR

Kompong Chhnang est assez proche de Phnom Penh pour en faire la visite à la journée depuis la capitale cambodgienne, en bus, en taxi ou à moto.

CAROL MOIR/SHUTTERSTOCK ©

Village flottant, Tonlé Sap

Villages flottants sur le Tonlé Sap

AU MILIEU COULE UN FLEUVE

Beaucoup moins visités que les autres villages flottants près de Siem Reap, les hameaux de **Chong Kos** et de **Phoum Kandal** sur le Tonlé Sap se composent de maisons en bois colorées dotées de petites terrasses avec des hamacs, le tout sur de frêles pontons bricolés maison.

Si Chong Kos est cambodgien, Phoum Kandal est vietnamien. Pour une visite complète de ces deux villages, deux heures suffisent : rendez-vous sur le quai de Kompong Chhnang et louez un bateau en bois avec capitaine, qui vous baladera entre les boutiques et les habitations flottantes équipées de la télévision par satellite, sans oublier les vendeurs de légumes ambulants. La barque donne l'opportunité unique de se glisser au cœur de ce réseau de voies aquatiques et d'apprécier le fonctionnement d'un village où tout flotte.

Chong Kos

LE PALMIER À SUCRE

La campagne de Kompong Chhnang est constellée de palmiers à sucre, l'arbre national du Cambodge (*dam tnaot* en khmer). Ses fruits encore verts entrent dans la composition de plats délicieux, mais une fois mûrs, ils s'utilisent dans des desserts. Le jus sucré récolté de ces palmiers se consomme tel quel ou fermenté, devenant le vin de palme. Les feuilles sont multiusages : toitures, tapis, éventails, boîtes, etc. Enfin, le bois dur sert à fabriquer quantité de choses, des canoës aux couteaux, ce qui fait de ce palmier l'un des arbres les plus polyvalents du Cambodge.

Potière au travail, Kompong Chhnang

Le village de potiers d'Ondong Rossey

UN VILLAGE CAMBODGIEN D'ARTISANS

Un charmant trajet de 7 km à l'ouest de Kompong Chhnang traversant un décor serein de rizières ponctuées de palmiers à sucre, souvent flanqués d'une échelle en bambou, mène au paisible village d'**Ondong Rossey**. C'est sous ses maisons sur pilotis que sont fabriquées les célèbres poteries rouges de la région. Les petites sont réalisées avec un tour à pied, et les grandes modelées avec une grosse spatule en bois, mais aucune n'est peinte : les motifs décoratifs sont gravés ou appliqués.

La boue dorée qui sert à leur réalisation est extraite à Phnom Krang Dai Meas, non loin, puis broyée pour obtenir une argile fine ; elle acquiert sa teinte rose lors de la cuisson.

Des poteries sont en vente au Pottery Development Centre, au cœur du village, mais vous les paierez moins cher en les achetant directement chez les potiers eux-mêmes.

CÉRAMIQUES DÉCORATIVES

Les poteries de Kompong Chhnang ont la couleur de l'argile et ne sont pas vernissées. Le **Khmer Ceramics & Fine Arts Centre** (p. 111) de Siem Reap en vend de plus décoratives, rappellant celles de l'ancien Angkor.

OÙ SE LOGER ET SE RESTAURER À KOMPONG CHHNANG

Sovann Phum Hotel
La nouvelle aile à l'arrière propose des chambres de qualité vraiment supérieure, avec piscine au 1er étage. **$**

Sok San Restaurant
Ce restaurant local spécialisé dans les fritures sert aussi des soupes ; menu en anglais. **$**

Heng Chamreun Bakery
Cette boulangerie de renom vend de bons sandwichs, des galettes de riz et autres en-cas parfaits pour un pique-nique. **$**

L'aéroport khmer rouge

LE FRUIT D'UN TRAVAIL FORCÉ

Les Khmers rouges n'avaient pas la réputation d'être de grands bâtisseurs, mais en 1977-1978, des Cambodgiens contraints au travail forcé ont construit sous leur égide un aérodrome dans un béton d'une qualité telle que même aujourd'hui les 2 440 m de piste et de voies d'accès semblent dater d'hier.

Jamais mis en service sous le régime khmer rouge, l'**aéroport de Kompong Chhnang** devait a priori servir de base pour des frappes aériennes contre le Vietnam. Des ingénieurs chinois supervisaient ici le travail de dizaines de milliers de Cambodgiens suspectés de trahison envers les Khmers rouges. Tout individu devenu inapte était assassiné, souvent d'un coup de bambou derrière la tête. Début 1979, voyant l'armée vietnamienne à leur porte, les Khmers rouges exécutèrent presque tous les ouvriers, faisant entre 10 000 et 50 000 victimes selon les estimations, enterrées dans des fosses communes voisines.

À la fin des années 1990, le projet de transformer cet aéroport en centre de fret pour les compagnies de courrier aérien avorta. Aujourd'hui, les ados de la région viennent y faire de la moto, tandis que les vaches paissent entre les voies de circulation et la piste. Le soleil combiné à une forte chaleur y produit des mirages.

À quelques kilomètres de là, sur un versant ordinaire, les Khmers rouges ont fait creuser une **grotte** qui s'enfoncerait de 3 km et aurait dû servir, semble-t-il, à stocker des armes en provenance de Chine. C'est aujourd'hui le repaire de colonies de chauves-souris. Vous pouvez l'explorer muni d'une lampe torche, mais l'absence d'aération rend l'atmosphère très chaude et humide. Sur un autre versant, près d'un groupe de casernes en béton criblées d'impacts de balles et totalement dépouillées, une gigantesque **citerne à eau** en béton fait une remarquable chambre à écho.

Pour se rendre à l'aéroport, à 12 km environ à l'ouest de la ville, il faut prendre la NH5 en direction de Battambang et tourner à gauche après 7 km, sur une route en béton.

SMILING GECKO

Pour une expérience immersive dans la vie rurale version luxe, vous pouvez séjourner au **Farmhouse Resort & Spa** (ex-Smiling Gecko Farmhouse). L'association Smiling Gecko soutient les jeunes défavorisés en leur offrant des formations et du travail dans les métiers d'accueil. L'hébergement se fait dans des chalets de luxe rappelant les maisons khmères traditionnelles, mais avec des meubles et salles de bains stylés. Le menu se compose essentiellement de produits bio grâce à la ferme sur place. La chef Mariya s'est également formée aux techniques de cuisine internationale en Suisse. Visites de rizières et de temples, spa et yoga font partie des prestations proposées.

Scannez ce QR code pour réserver une chambre au Farmhouse Resort & Spa.

COMMENT CIRCULER

Kompong Chhnang occupe une position stratégique sur la NH5 avec des liaisons en bus, minibus et taxi pour Phnom Penh (91 km ; 20 000 r, 2 heures 30 en bus, même prix mais 2 heures en taxi collectif) et Pursat (93 km ; 20 000 r, 2 heures en bus), mais peu de touristes y passent la nuit, car la capitale est proche.

La ligne ferroviaire Phnom Penh-Battambang traverse aussi la province, transitant par Tuek Phos, à 30 km au sud. Il n'y a plus de liaison par bateau entre Phnom Penh et Siem Reap.

Un circuit de plusieurs heures à la découverte des villages de potiers coûte environ 10 $US en *tuk-tuk* et 5 $US à *moto-dop*.

Carnet d'adresses

BATTAMBANG

Cambodia Peace Gallery
Voir p. 177 (096 55 00 887 ; cambodiapeacegallery.org ; St 154, Ksach Poy, Wat Kor ; 5 $US ; 9h-16h lun-sam, 9h-17h dim)

Kamping Puoy
Voir p. 180 (27 km à l'ouest de Battambang)

Maison de Mrs Bun Roeung
Voir p. 178 (017 818 419 ; www.facebook.com/mrsbunshouse ; près du village de Vat Kor ; don suggéré 1 $US ; 9h-17h)

Maison Khor Sang
Voir p. 178 (092 467264 ; près du village de Vat Kor ; don suggéré 1 $US)

Musée de Battambang
Voir p. 177 (012 238 320 ; St 1 ; 3 $US ; 8h-11h et 14h-17h30)

Phare Ponleu Selpak
Voir p. 180 (077 55 44 13 ; phareps.org ; cirque adulte/enfant 14/7 $US ; billetterie à partir de 18h)

Phnom Sampeau
Voir p. 181 (12 km de Battambang)

Prasat Banan
Voir p. 181 (012 534 177 ; 23 km au sud de Battambang ; 8h-18h)

Résidence du gouverneur
Voir p. 176 (près de St 139 ; don à l'entrée ; 7h30-17h30)

Romcheik 5 Artspace
Voir p. 177 (092 304 210 ; 5-artgallery.business.site ; St 201A ; 5 $US ; 9h-17h mar, 9h-17h45 mar-dim)

Tep Kao Sol
Voir p. 177 (017 982 992 ; www.facebook.com/tepkaosol.art.gallery ; 129 St 2 ; 9h-16h lun-ven, 10h-17h sam)

Vat Kor
Voir p. 178 (2 km au sud de Battambang)

Vat Ek Phnom
Voir p. 181 (070 875 599 ; 10 km environ au nord de Battambang ; 2 $US)

Vat Samrong Knong
Voir p. 181 (010 865 810 ; 4 km environ au nord de Battambang)

Au Cabaret Vert
Voir p. 176 (053 656 2000 ; www.aucabaretvert.fr ; St 57 ; circuits 1-2/3-4 pers 15-20/20-25 $US)

Coconut Lyly
Voir p. 177 (016-399 339 ; www.facebook.com/coconutlylyrestaurant ; St 111 ; 9h-21h)

Cours d'aérobic
Voir p. 179 (St 159D ; 1 000 r/pers ; 6h-7h et 17h-19h)

Green Orange Kayaks
Voir p. 176 (012 764 097 ; www.facebook.com/greenorangebtb ; Ksach Poy ; excursion en kayak 15 $US)

Hope of Blind Seeing Hand Massage
Voir p. 179 (089 782 663 ; St 119 ; 7 $US/heure ; 8h-22h)

Khmer Architecture Tours
Voir p. 176 (089 821 712 ; ka-tours.org, www.facebook.com/KhmerArhitectureTours)

Lemongrass Spa
Voir p. 179 (012 387 385 ; lemongrassgarden.com ; 77 St 2½ ; massage 60 minutes à partir de 16 $US, massage 90 minutes à partir de 23 $US ; 10h-21h)

Nary Kitchen
Voir p. 177 (012 763 950 ; www.narykitchenbattambang.com ; 650 St 111 ; cours demi-journée 12,5 $US/pers ; 8h-22h)

Soksabike
Voir p. 176 (012-542 019 ; www.soksabike.com ; St 1½ ; circuits demi-journée/journée 29/50 $US ; départ 7h30)

Train en bambou
Voir p. 178 (5 $US/pers ; 7h30-17h30)

Train en bambou de Banan
Voir p. 179 (près du Prasat Banan ; 5 $US/pers ; 6h-18h)

Bambu Hotel
Voir p. 178 (053-953 900 ; www.bambuhotel.com ; St 203)

Battambang Resort
Voir p. 178 (012 510 100 ; battambangresort.com ; village de Vat Kor)

Maisons Wat Kor
Voir p. 178 (098-555 377 ; www.maisonswatkor.com ; village de Vat Kor)

Pomme
Voir p. 177 (069 233 620 ; www.facebook.com/Pommebattambang ; 61-63 St 2½)

Seng Hout Hotel
Voir p. 177 (017 853 012 ; www.senghouthotel.com ; St 2)

The Place
Voir p. 177 (096 759 8568 ; theplacehostel.wixsite.com/home/battambang ; 53 St 3)

Chinese Noodle Dumpling
Voir p. 179 (Lan Chov Khorko Miteanh ; 092 589 639 ; 145 St 2 ; 8h-20h)

Flavors of India
Voir p. 180 (053-731 553 ; St 121 ; 10h-23h)

Garage Battambang
Voir p. 180 (012 702 110 ; www.facebook.com/garagebattambang ; St 2½ ; 7h-18h lun-sam)

Jaan Bai
Voir p. 179 (078-263 144 ; www.facebook.com/jaanbaicct ; angle St 1½ et St 2 ; 11h-22h lun-sam, 11h-14h et 17h-22h dim)

La Pizza
Voir p. 180 (096 360 7417 ; 59 St 159D ; 17h-22h sauf lun)

Lonely Tree Cafe
Voir p. 179 (010 553 755 ; www.thelonelytreecafe.com ; 56 St 2½ ; 10h-21h30)

Riceholic
Voir p. 179 (087 483 731 ; 58 St 2½ ; 11h30-14h et 17h-21h lun et ven, jusqu'à 21h30 mar-jeu)

Cafe HOC
Voir p. 181 (012 591 210 ; www.facebook.com/cafehoc ; angle St 106 et St 117 ; 8h-14h et 17h-20h mar-dim)

Gecko
Voir p. 182 (089 924 260 ; www.facebook.com/TheGeckoBattambang ; St 154 ; 12h-20h lun-mer et ven, 10h-20h sam-dim)

Kinyei
Voir p. 181 (069 734 745 ; www.facebook.com/KinyeiCafe Battambang ; 1 St 1½ ; 7h-16h)

K'Trey-K'Trok
Voir p. 181 (26 St 113)

Phnom Sampeau

Miss Wong
Voir p. 182 (092 428 332 ; misswong.net ; St 2 ; 16h-minuit mer-dim)

Pomme
Voir p. 182 (069 233 620 ; www.facebook.com/Pommebattambang ; 61-63 St 2½)

Vintage Wine Bar
Voir p. 182 (071 202 6527 ; 84 St 2½ ; 15h30-23h lun-sam)

Lonely Tree Shop
Voir p. 176 (010 553 755 ; www.thelonelytreecafe.com ; 56 St 2½ ; 10h-21h30)

Psar Nath
Voir p. 176 (069 650 987 ; St 113 ; 6h-18h)

ENVIRONS DE BATTAMBANG

Banteay Chhmar – ensemble de temples
Voir p. 185 (5 $US ; 8h-18h)

Banteay Top
Voir p. 186 (forteresse de l'Armée ; à environ 12 km de Banteay Chhmar)

Chutes de Phnom Khieu
Voir p. 185 (chutes de la montagne Bleue ; moto/voiture 3 000/10 000 r)

Prasat Chen Chiem Trey
Voir p. 186 (Banteay Chhmar)

Vat Khaong Kang
Voir p. 185 (au pied de la colline de Phnom Yat, Pailin)

Vat Phnom Yat
Voir p. 184 (près de la NH57, Pailin)

CBT – Banteay Chhmar
Voir p. 185 (bureau du tourisme communautaire ; 012 435 660, 097-516 5533 ; www.visitbanteaychhmar.org ; NH56, Banteay Chhmar)

CBT Homestay
Voir p. 185 (097-516 5533, 012-435 660 ; www.visitbanteaychhmar.org ; Banteay Chhmar)

City Poipet Hotel
Voir p. 185 (011 973 999 ; citypoipethotel@gmail.com ; St 16, Poipet)

Memoria Palace
Voir p. 184 (015-430 014 ; www.memoriapalace.com ; 5 km à l'ouest de Pailin)

Pailin Ruby Guesthouse
Voir p. 184 (012 208 015 ; www.facebook.com/PailinRubyGuestHouse ; NH57, Pailin)

Pyramid Hotel
Voir p. 185 (054-668 8881 ; St 2 ; Sisophon)

Bamboo Restaurant
Voir p. 184 (011 600 722 ; Pailin)

Soieries du Mékong
Voir p. 186 (soieriesdumekong.com ; NH56 ; 7h30-12h et 13h30-17h lun-ven)

PROVINCE DE PREAH VIHEAR

Chak Angre
Voir p. 194 (Phnom Tbeng)

Eco Global Museum Samdech Techo Hun Sen Preah Vihear
Voir p. 189 (route Sra Em-Kor Muy, Sra Em ; 3 $US ; 8h-17h)

Pagode de Tang You
Voir p. 195 (097 826 424 ; www.facebook.com/tangyou.cbt)

Parc du patrimoine naturel de Phnom Tbeng
Voir p. 194 (ville de Preah Vihear)

Prasat Damrei
Voir p. 192 (Preah Khan, extrémité est du réservoir)

Prasat Neak Buos
Voir p. 195 (monts Dangrek, à 7 km de Choam Ksant ; 7h30-17h30)

Prasat Preah Stung
Voir p. 192 (Preah Khan)

Prasat Preah Thkol
Voir p. 192 (Preah Khan, rive ouest du réservoir)

Prasat Preah Vihear
Voir p. 188 (adulte/enfant 10 $US/gratuit ; billetterie 7h30-16h30, temple 8h30-16h30)

Preah Khan de Kompong Svay
Voir p. 191 (5 $US avec temples satellites inclus)

BoengToal Vulture Restaurant
Voir p. 194 (086 419 597 ; https://samveasna.com/location_sites/boeng-toal-vulture-restaurant/ ; Dong Plet ; 16h30-22h30)

Réserve naturelle de Kulen Promtep
Voir p. 194

Sam Veasna Conservation Tours
Voir p. 194 (SVC ; 092 554 473 ; samveasna.com ; 88 St 26, Siem Reap ; 8h-17h30 mar-ven)

Tang You
Voir p. 194 (097 826 424 ; www.facebook.com/tangyou.cbt)

BeTreed Adventures
Voir p. 191 (078 960 420, 012 765 136 ; betreed.com ; village de Ta Bos)

Chambres chez l'habitant – Preah Khan
Voir p. 191 (dans le proche village de Ta Seng)

Chhouk Tep Guesthouse
Voir p. 188 (011 998 813 ; www.facebook.com/chhouktep ; St 62, Sra Em)

Hanuman Travel
Voir p. 191 (www.hanumantravel.com/fr/safari)

Heng Heng Guesthouse
Voir p. 189 (092 495 078 ; Mlou Prey St, ville de Preah Vihear)

Home Vattanak Guesthouse
Voir p. 189 (012 730 600 ; St A14, ville de Preah Vihear)

Ly Hout Guesthouse
Voir p. 189 (097 777 7463 ; Koh Ker St, ville de Preah Vihear)

Preah Vihear Boutique Hotel
Voir p. 188 (088 346 0501 ; Oknha Franna St, Sra Em)

Preah Vihear Jaya Hotel
Voir p. 188 (071 552 5555 ; jaya-hotel.com ; St 69B, Sra Em)

Ly Hout Coffee
Voir p. 190 (Koh Ker St, ville de Preah Vihear ; 6h-22h)

Phnom Tbaeng Restaurant
Voir p. 190 (092 661 473 ; ville de Preah Vihear ; 6h-22h)

Psar Kompong Pranak
Voir p. 190 (Mlou Prey St, ville de Preah Vihear ; 6h-22h)

ENVIRONS DE LA PROVINCE DE PREAH VIHEAR

Maison de Ta Mok
Voir p. 197 (Anlong Veng ; 2 $US ; 7h-18h)

Peuy Ta Mok
Voir p. 198 (falaise de Ta Mok)

Site de la crémation de Pol Pot
Voir p. 198 (2 $US ; NH67)

Statues à Anlong Veng
Voir p. 197 (NH67, Anlong Veng)

Bot Uddom Guesthouse
Voir p. 197 (011-500 507 ; www.facebook.com/botuddomguesthouse ; Anlong Veng)

Heng Hotel
Voir p. 197 (096 811 2222 ; henghotel2008@gmail.com ; Choam)

Monorom Restaurant
Voir p. 197 (088 681 1144 ; Anlong Veng ; 6h-22h)

PROVINCE DE KOMPONG THOM

Magnanerie de Santuk
Voir p. 201 (012-906 604 ; village de Kakaoh ; 7h-16h lun-sam)

Phnom Santuk
Voir p. 201 (15 km au sud de Kompong Thom)

Sambor Prei Kuk
(www.sambor preikuk.com ; 10 $US ; 6h-18h)

Isanborei
Voir p. 200 (097 95 73 520 ; www.samborpreikuk.com ; vélo 2 $US/jour)

Arunras Hotel & Guesthouse
Voir p. 200 (010 552 222 ; NH6, Kampong Thom)

Kampong Thom Royal Hotel
Voir p. 200 (069 210 000 ; kampong-thom-royal-hotel.business.site ; Kampong Thom)

Sambor Village Hotel
Voir p. 200 (017 924 612 ; www.facebook.com/SamborVillage ; Democrat St, Kompong Thom)

PROVINCE DE PURSAT

Forêt protégée des Cardamomes centrales
Voir p. 203 (contacter Peov Somanak, 017 464 663, peovsomanak@ gmail.com)

Koh Sampeau Meas
Voir p. 203 (Pursat)

Kompong Luong
Voir p. 205 (bateau à moteur en bois depuis l'embarcadère à partir de 13 $US/heure)

Réserve naturelle de Phnom Aural
Voir p. 204 (à l'est du parc national des Cardamomes centrales)

Réserve naturelle de Phnom Samkos
Voir p. 204

Bunrany Hun Sen Development Centre
Voir p. 203 (012 520 017 ; St 109, Pursat ; 7h30-17h30 lun-ven)

DutchCo Trekking Cambodia
Voir p. 204 (097 679 2714 ; www.trekkingcambodia.com ; circuit 1/2/3/4/5 jours 79/154/201/266/322,50 $US)

Osoam Cardamom Community Centre
Voir p. 204 (016 309 075, 089 899 895 ; osoamcbet@gmail.com, osoamccc.weebly.com ; Osoam)

Solo Landscapes
Voir p. 205 (sololandscapes.co, www.facebook.com/sololandscapes)

Chambres chez l'habitant à Kompong Luong
Voir p. 203 (province de Pursat)

Pursat Riverside Hotel
Voir p. 203 (052-952 168 ; pursatriversidehotel.com ; St 101 ; Pursat)

Thansour Thmei Hotel
Voir p. 203 (012-962 395 ; www.facebook.com/profile.php?id=100057349784349 ; St 102, Pursat)

PROVINCE DE KAMPONG CHHNANG

Aéroport de Kampong Chhnang
Voir p. 209 (KZC, NH5)

Chong Kos et Phoum Kandal
Voir p. 207 (proche Kampong Chhnang ; balade en barque avec capitaine 10 $US/heure jusqu'à 3 personnes)

Farmhouse Resort & Spa
Voir p. 209 (011 679 595 ; www.farmhouse-smilinggecko.com ; Sameakki Mean Chey)

Sovann Phum Hotel
Voir p. 208 (012 812 459 ; sovannphumkpchotel@yahoo.com, www.sovannphumhotel.com ; NH5, Kompong Chhnang)

Heng Chamreun Bakery
Voir p. 208 (NH5, Pursat ; 8h-21h)

Sok San Restaurant
Voir p. 208 (068 886 887 ; NH5, Kampong Chhnang ; 6h30-17h)

Pottery Development Centre
Voir p. 208 (Ondong Rossey)

LA CÔTE SUD ET LES ÎLES

PLAGES, ÎLES, ÉCOTOURISME ET HISTOIRE

Connue pour ses plages de sable blanc, la côte sud du Cambodge se démarque aussi par ses forêts tropicales, ses montagnes et ses villes historiques.

Après toutes ces visites de temples, l'appel des plages se fait pressant. Vous en trouverez de superbes sur les îles idylliques de Koh Rong et de Koh Rong Sanloem, ainsi qu'à Kep, avec ses délicieux crabes, son histoire passionnante et ses plaisirs balnéaires à la mode khmère. Les plongeurs trouveront un véritable paradis sous-marin dans l'archipel peu visité de Koh Sdach, mais pour vraiment échapper aux foules, rien ne vaut le havre hippie de la plage de Nesat.

JM TRAVEL PHOTOGRAPHY/SHUTTERSTOCK ©

La région a toutefois beaucoup plus à offrir que ses plages. Kampot, par exemple, est devenue l'une des destinations les plus prisées du Cambodge grâce à son ambiance décontractée, aux sports d'aventure, aux pics calcaires et aux grottes de la campagne environnante, sans parler des fantômes de son passé colonial comme la station d'altitude de Bokor.

C'est un tout autre paysage que l'on découvre au nord du port animé de Sihanoukville. Les parcs nationaux du corridor de conservation de Koh Kong s'étendent à l'est et au sud de la frontière thaïlandaise et vont jusque dans les Cardamomes. Au programme : randonnées, excursions en bateau et rencontres avec la faune. En outre, les visiteurs sont relativement peu nombreux, ce qui permet d'avoir toute cette beauté et cette biodiversité pour soi seul.

SITES PRINCIPAUX

VILLE DE KOH KONG
Écotourisme et parcs nationaux.
p. 220

SIHANOUKVILLE
La porte d'accès aux îles.
p. 229

KOH RONG
Plages fantastiques et complexes touristiques haut de gamme.
p. 234

PAGNARITH SAO/SHUTTERSTOCK ©

Kampot (p. 246)

KOH RONG SANLOEM
Baies cachées et soirées festives.
p. 242

KAMPOT
Détente en bord de rivière, sports d'aventure et histoire.
p. 246

KEP
Fruits de mer, couchers de soleil et architecture. p. 254

S'orienter

Le sud-ouest du Cambodge comprend les provinces de Takeo, Kep, Kampot, Preah Sihanouk et Koh Kong. Nous avons sélectionné les meilleurs endroits pour découvrir ses plages, ses parcs nationaux et son histoire.

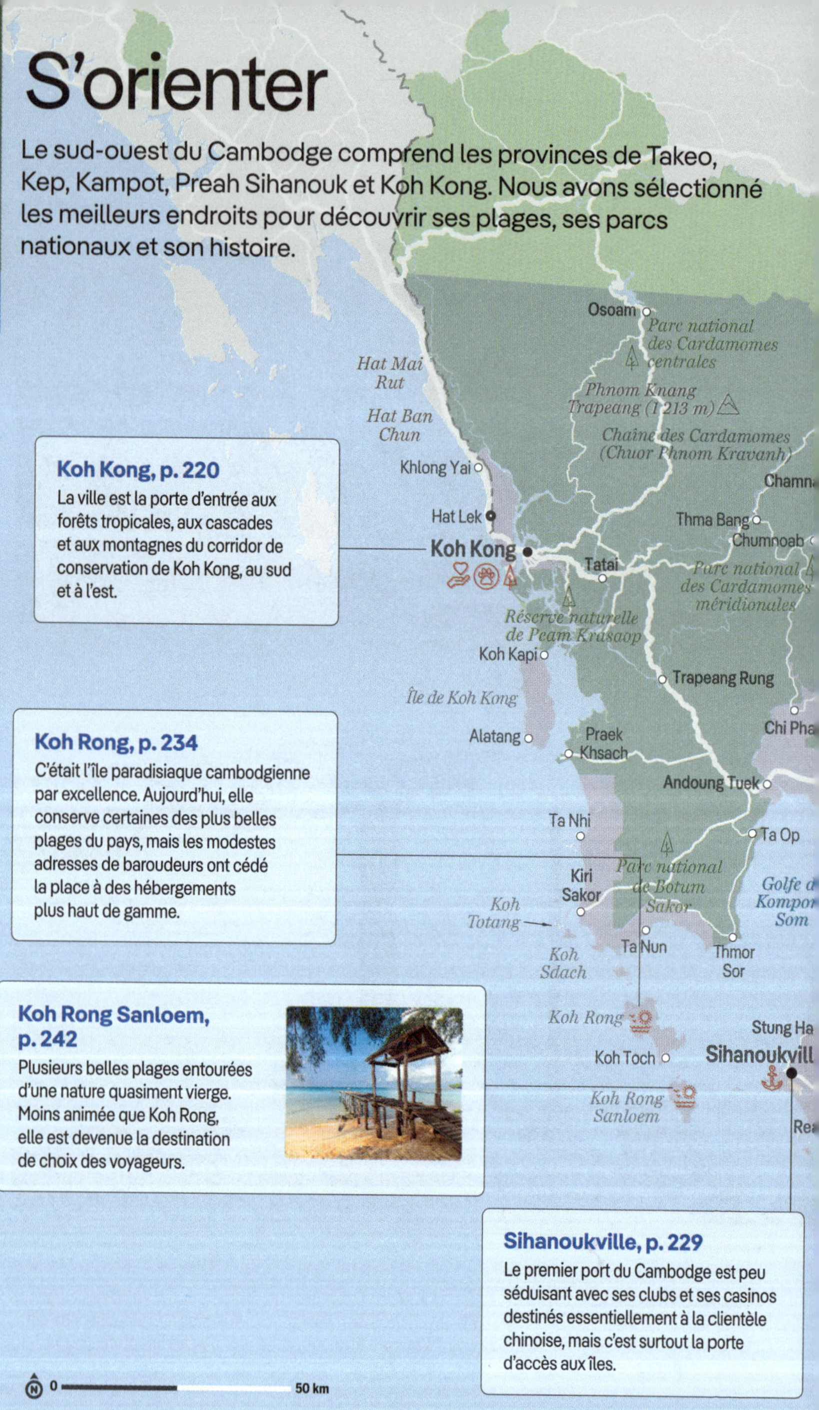

Koh Kong, p. 220

La ville est la porte d'entrée aux forêts tropicales, aux cascades et aux montagnes du corridor de conservation de Koh Kong, au sud et à l'est.

Koh Rong, p. 234

C'était l'île paradisiaque cambodgienne par excellence. Aujourd'hui, elle conserve certaines des plus belles plages du pays, mais les modestes adresses de baroudeurs ont cédé la place à des hébergements plus haut de gamme.

Koh Rong Sanloem, p. 242

Plusieurs belles plages entourées d'une nature quasiment vierge. Moins animée que Koh Rong, elle est devenue la destination de choix des voyageurs.

Sihanoukville, p. 229

Le premier port du Cambodge est peu séduisant avec ses clubs et ses casinos destinés essentiellement à la clientèle chinoise, mais c'est surtout la porte d'accès aux îles.

TRAIN
La ligne de chemin de fer qui relie Phnom Penh à Sihanoukville, avec des arrêts à Takeo, Kep et Kampot, est de plus en plus prisée des voyageurs. Le train est plus confortable, plus pittoresque et moins cher que la route, mais aussi souvent plus lent.

VOITURE ET MOTO
Il peut être intéressant de louer une voiture avec chauffeur pour se déplacer sur la côte sud, car les transports publics sont rares en dehors des liaisons entre les villes principales. Il est également possible de louer une moto, car les routes principales sont plutôt en bon état.

MINIBUS ET BUS
Des minibus relient entre elles les principales villes de la côte sud, les bus étant actuellement limités aux itinéraires depuis/vers Phnom Penh et Siem Reap. D'autres lignes pourraient voir le jour à l'avenir.

Kampot, p. 246
Au programme : détente au bord de la rivière, kayak, escalade, grottes, temples et bâtiments de l'époque coloniale. Vous y trouverez aussi certains des meilleurs restaurants de la côte sud.

Kep, p. 254
Une très agréable station balnéaire célèbre pour son crabe au poivre et ses villas modernistes abandonnées. Il y a aussi quelques îles et un parc national à explorer.

Planifier son séjour

Bien entendu, vous profiterez des plages, mais ne manquez pas de passer quelques jours à Kampot et dans ses environs. Vous pourrez également aller, plus au nord, vers le corridor de conservation de Koh Kong, ses forêts tropicales, ses collines et sa faune.

SONDIPON/SHUTTERSTOCK ©

Long Set Beach, Koh Rong (p. 237)

Si vous avez peu de temps

● Il vous faudra choisir entre les plages de **Koh Rong** (p. 234), plus grande et développée, et celles de sa voisine **Koh Rong Sanloem** (p. 242), même si elles sont suffisamment proches pour faire la navette entre les deux. Les deux côtes de Koh Rong sont bordées d'hôtels de charme, tandis que la plage principale de Koh Rong Sanloem accueille plutôt des auberges de jeunesse (mais vous trouverez de superbes baies cachées de l'autre côté de l'île, qui est moins visité). On peut faire des sorties de plongée correctes depuis les deux îles, ainsi que des sorties de pêche. Surtout, ne manquez pas de prévoir une expédition nocturne avec masque et tuba pour aller nager au milieu du plancton bioluminescent.

Au fil des saisons

Les prix des hôtels peuvent chuter de 50% durant la saison des pluies. L'accès au corridor de conservation de Koh Kong est plus facile durant la saison sèche.

JANVIER

Le **Nouvel An chinois**, qui tombe au mois de janvier ou de février, est célébré par l'importante communauté chinoise de Sihanoukville.

FÉVRIER

La foule se raréfie sur les **îles**, mais le temps reste superbe et l'océan est calme.

MARS

Le climat devient plus chaud. Les **animaux** sont de sortie dans le corridor de conservation de Koh Kong (p. 224).

DE GAUCHE À DROITE : YUG/SHUTTERSTOCK ©, CHAINFOTO24/SHUTTERSTOCK ©, EMMA PETRICHOR/SHUTTERSTOCK ©

Si vous avez trois jours

● Vous baser à **Kampot** (p. 246) vous permettra d'explorer les pics calcaires de la campagne environnante, où l'on trouve grottes et temples et opportunités d'escalade. Visitez la **station d'altitude de Bokor** (p. 251), un vestige de la période coloniale, et offrez-vous un peu de bon temps en bateau, kayak ou en SUP sur la rivière. Depuis Kampot, on peut facilement faire une excursion d'une journée à **Kep** (p. 254), station prisée de la population locale pour les plaisirs balnéaires et ses délicieux crabes. Après avoir découvert les ruines des villas modernistes, prenez un bateau pour rejoindre les plages de **Koh Tonsay** (p. 256) ou tentez une petite randonnée dans le **parc national de Kep** (p. 256), qui domine l'océan. En soirée, partez découvrir la scène culinaire de Kampot, de plus en plus sophistiquée.

Si vous avez plus de temps

● Après avoir passé plusieurs jours dans les îles, suivez la côte vers le nord depuis **Sihanoukville** (p. 229). Vous trouverez certains des meilleurs sites de plongée du pays dans l'**archipel de Koh Sdach** (p. 240), ou vous pourrez vous détendre à la **plage de Nesat** (p. 232), où s'est installée une nouvelle communauté de voyageurs et d'expatriés. Partez ensuite plus au nord, jusqu'à **Chi Phat** (p. 225), centre écotouristique où vous pourrez vous adonner à la randonnée, au VTT et au bateau dans la chaîne des Cardamomes, à la rencontre de la faune. Enfin, **Koh Kong** (p. 220), tout près de la frontière thaïlandaise, est le point de départ d'excursions dans le **corridor de conservation de Koh Kong** (p. 224).

MAI

Mer tranquille, visibilité optimale, touristes peu nombreux... c'est un mois idéal pour **plonger** dans l'archipel de Koh Sdach (p. 240).

JUILLET

Les **durians** cultivés dans la région de Kampot sont connus dans tout le Cambodge. C'est le meilleur mois pour y goûter.

NOVEMBRE

La saison des pluies est terminée et les températures sont agréables. C'est le moment idéal pour faire du **trek** dans les Cardamomes (p. 228).

DÉCEMBRE

Le **Festival de la mer** a lieu tous les ans sur la côte sud, avec des concerts, une mise à l'honneur des plats de produits de la mer et des événements sportifs.

KOH KONG

Située à 8 km de la frontière thaïlandaise, au bord du Koh Poi – lequel se jette dans le golfe de Thaïlande au sud –, la ville de Koh Kong a longtemps vu son économie dominée par la contrebande et le jeu. Cela lui valut la réputation d'être une sorte de "Far West" cambodgien. S'il reste des reliquats de ce passé, le flux constant de migrants khmers qui vont travailler en Thaïlande et la construction du nouveau port devraient stimuler le commerce légal. S'il y a quelques sites intéressants dans la ville et alentour – la destination est prisée de la population locale –, pour la plupart des visiteurs, Koh Kong est avant tout le point de départ des aventures qui les attendent dans la jungle et les montagnes du corridor de conservation de Koh Kong. Le tourisme dans la région a été durement touché par la pandémie de Covid-19, mais les choses rentrent peu à peu dans l'ordre.

Pour les infos pratiques, voir le Carnet d'adresses p. 260

À SAVOIR

La ville de Koh Kong s'étend sur les deux rives du Koh Poi. Les hôtels, restaurants et banques se trouvent dans les rues qui partent du fleuve et rejoignent le marché principal, où attendent les chauffeurs de *moto-dop* et de *tuk-tuk*.

VOIR
1 Chutes de la Tatai
2 Île de Koh Kong
3 Plage de Koh Yor
4 Plage n°6
5 Réserve naturelle de la Tatai
6 Réserve naturelle de Peam Krasaop
7 Vat Neang Kok

ACTIVITÉS, COURS ET CIRCUITS ORGANISÉS
8 Tatai

SE LOGER
(voir 9) 99 Guesthouse
9 Apex Koh Kong Hotel
10 Mangrove Sanctuary Resort
(voir 9) Nathy Hotel Koh Kong
11 Young, Wild & Free

CHAINFOTO24/SHUTTERSTOCK ©

Forêt de mangrove, réserve naturelle de Peam Krasaop

Mangroves et hameaux de pêcheurs

ENCHANTEUSES MANGROVES

Ancrées sur des îles alluviales (certaines ne sont pas plus grandes qu'une maison), les 260 km² de mangroves de la **réserve naturelle de Peam Krasaop** protègent la côte de l'érosion, abritent de nombreux oiseaux et offrent des zones de reproduction vitales aux poissons, aux crevettes et aux crustacés. Une grande partie de Peam Krasaop est inscrite sur la prestigieuse liste Ramsar des zones humides d'importance internationale. La réserve (située à 5,5 km à l'est de Koh Kong) est d'autant plus importante que des mangroves similaires en Thaïlande ont souffert d'un développement irréfléchi, même si certaines parties de Peam Krasaop sont menacées par l'augmentation de l'élevage de crevettes et l'extraction de sable.

Une passerelle longue de 800 m part de l'entrée de la réserve, traverse la mangrove et conduit à un pont en bois précaire et une tour d'observation haute de 15 m, qui permet d'avoir une vue d'ensemble de la zone. La passerelle n'ayant pas de garde-corps et n'étant pas en très bon état, mieux vaut faire attention où l'on met les pieds.

Le bateau constitue donc le meilleur moyen de visiter la réserve. Vous en trouverez à la location à l'entrée. Un circuit de

SOUPE AUX NIDS D'HIRONDELLES

Koh Kong possède un son bien précis : une cacophonie assourdissante de cris d'oiseaux transmis par des haut-parleurs installés sur les toits pour inciter les hirondelles à construire, dans les bâtiments en béton que vous verrez un peu partout en ville, des nids qu'elles consolident avec leur salive.

Ceux-ci représentent l'ingrédient clef de la soupe aux nids d'hirondelles, plat hyper protéiné qui est censé renforcer le système immunitaire. C'est un mets très apprécié en Chine et dans les pays d'Asie du Sud-Est où vivent d'importantes communautés chinoises. Vous pourrez voir et entendre des hirondelles sur toute la côte sud, mais il n'y a qu'à Koh Kong qu'elles font assez de bruit pour aller jusqu'à couvrir celui de la circulation.

OÙ SE RESTAURER DANS LA VILLE DE KOH KONG

Crab Chak
Adresse très prisée, à juste titre, sur la plage de Koh Yor. Spécialité de crabe. **$$**

Anon Cafe & Restaurant
Adresse élégante de cuisine panasiatique et européenne. Bons café et smoothies. **$$**

I Love Pizza
Restaurant italien avec cuisine ouverte. Pâtes et pizzas maison. Petite carte de vins. **$**

OÙ SE LOGER DANS LA VILLE DE KOH KONG

Nathy Koh Kong Hotel $
La meilleure option pour les voyageurs à petit budget. Proche du marché. Petites chambres, modernes, propres et dotées de lits confortables.

Apex Koh Kong Hotel $
Un hôtel un peu désuet, mais avec des chambres spacieuses et climatisées avec eau chaude autour d'une petite piscine.

99 Guesthouse $
Une pension discrète, propre et calme, dans le centre. Chambres quelconques, mais bon marché.

Young, Wild & Free $$
Des bungalows en bambou en bord de plage, avec vue sur la mer et salles de bains communes. Bon restaurant et bar.

Mangrove Sanctuary Resort $$
De grands bungalows de béton avec balcons, entourés par la forêt de mangrove de Peam Krasaop.

CAVAN IMAGES/GETTY IMAGES ©

En bateau sur la Tatai

2 heures 30 conduit les visiteurs au cœur même de la mangrove, en marquant des arrêts dans des hameaux de pêcheurs. Ces derniers attrapent les poissons avec des pièges, ce qui leur permet de les garder vivants dans des filets en partie immergés jusqu'au jour du marché. Plus loin, vous découvrirez des îles de mangrove avec des petites plages isolées occupées par des bernard-l'hermite.

À la découverte de la plus grande île du Cambodge

LES PLAGES DU GOLFE DE THAÏLANDE

Baignée d'une eau si claire que l'on peut distinguer chaque grain de sable au fond sur plusieurs mètres, l'**île de Koh Kong**, au sud de la ville du même nom, est la plus grande du Cambodge. L'île compte sept plages, toutes sur sa côte ouest et adossées à une forêt verdoyante. La plus belle est la **plage n°6**, où un étroit bras de mer mène à un lagon caché. Attention toutefois aux puces de mer sur toutes les plages. La côte orientale de l'île est, elle, bordée de mangroves et dominée par des collines spectaculaires.

OÙ SE LOGER À PROXIMITÉ DE LA TATAI

Donut Guesthouse
Des bungalows à petits prix avec ventilateur et sans eau chaude, dans une ferme près de la rivière. **$$**

Canvas & Orchids Resort
De luxueuses tentes-villas installées sur des pontons sur la rivière. Vue sur la montagne et bon restaurant. **$$$**

Rainbow Lodge
Bungalows écolo-chics en pleine jungle. Tous les repas sont inclus ; accessible seulement en bateau. **$$$**

Il y a une présence militaire importante sur l'île de Koh Kong et l'accès est donc strictement contrôlé (l'intérieur de la jungle est totalement inaccessible). Les forts vents de terre rendent la visite impossible durant la saison des pluies (de juin à octobre). **Young, Wild & Free** peut organiser des excursions sur place.

La **plage de Koh Yor**, aussi connue comme la plage de Rakhlong, se trouve à 6 km environ au sud de Koh Kong, tout à l'ouest de la péninsule qui forme la rive ouest du Koh Poi. C'est une assez belle plage, qui convient bien à la baignade et est appréciée de la population locale le week-end et les jours fériés (mais quasiment déserte en dehors).

En allant vers la plage, vous découvrirez le **Vat Neang Kok**, qui se dresse sur un promontoire rocheux de la rive ouest du Koh Poi et arbore d'effrayantes statues grandeur nature des tourments qui attendent les pécheurs dans l'enfer bouddhique.

Croisière sur la Tatai

TRAVERSER LA JUNGLE EN BATEAU

La **Tatai** serpente à travers une jungle reculée abritant toutes sortes d'oiseaux et d'animaux sauvages. Une excursion ici est une expérience incroyablement sereine. Presque tous les accès se font en bateau ou en kayak et l'on passe les nuits à écouter les sons de la forêt. La zone fait partie des 1 442 km^2 de la **réserve naturelle de la Tatai**, qui est connue pour ses papillons, oiseaux et insectes rares.

Plusieurs écolodges sont installés le long de la rivière. Ils peuvent organiser des excursions en bateau ou en kayak, ainsi que des randonnées dans la jungle pour découvrir différents sites. Les **chutes de la Tatai** sont une succession de rapides qui, à la saison des pluies (de juin à octobre), plongent du haut d'une saillie rocheuse de 4 mètres de haut. L'eau, qui vient de la chaîne des Cardamomes, est propre, ce qui permet la baignade. Les chutes sont accessibles en bateau ou en kayak ou par une piste diabolique qu'il est fortement déconseillé d'emprunter à moins d'être un motard extrêmement expérimenté. En amont des chutes, uniquement accessible par des sentiers dans la jungle, vous trouverez une étendue d'eau qui devient un "lac" à la saison des pluies et est également propice à la baignade.

On accède normalement à la Tatai par le pont de Phun Daung, qui se situe à 18 km à l'est de Koh Kong. C'est à cet endroit que les bateaux des différents lodges viennent chercher leurs clients pour leur faire remonter la rivière.

REJOINDRE LA THAÏLANDE DEPUIS KOH KONG

Le poste-frontière de **Cham Yeam/Hat Lek** est l'un des plus fréquentés du Cambodge et il permet aux voyageurs de passer de la côte sud aux plages de Thaïlande. La frontière se situe à 8 km au nord de Koh Kong et le passage en Thaïlande se fait en général facilement. Dans l'autre sens, cependant, on pourra vous demander de payer un supplément pour un visa cambodgien, qui devrait coûter 30 $US. Avoir déjà un visa avant de traverser la frontière peut donc être une bonne idée.

Une fois en Thaïlande, des minibus (140 B) assurent le trajet jusqu'à la gare routière de Trat (1 heure 30), d'où des bus partent fréquemment pour Bangkok et d'où l'on peut facilement rejoindre l'île voisine de Koh Chang.

COMMENT S'Y RENDRE ET CIRCULER

Des minibus pouvant venir vous chercher à votre hébergement desservent quotidiennement Phnom Penh (6-8 heures, 10-12 $US), Kampot et Sihanoukville (5-6 heures, 9 $US). Des taxis collectifs desservent les mêmes destinations ainsi qu'Osoam, Andoung Tuek et Kiri Sakor. Ils partent de la gare routière abandonnée au nord-est de la ville.

Des motos (8 $US/jour) sont à louer auprès de Young, Wild & Free (www.facebook.com/YWFKH). Vous pouvez aussi contacter Harry (016 629941), qui est un chauffeur de *tuk-tuk* fiable qui parle anglais. Un *tuk-tuk* à destination de la frontière thaïlandaise coûte 5 $US, tandis que l'aller-retour jusqu'à la plage de Koh Yor coûte 10 $US. Comptez 40 $US pour une journée entière de location.

Environs de Koh Kong

Un paysage merveilleusement diversifié et à la biodiversité remarquable, entre forêts humides, rivières, montagnes et cascades.

Aux alentours de Koh Kong se cachent certains des sites naturels les plus époustouflants du Cambodge. Le **corridor de conservation de Koh Kong**, qui s'étire à l'est et au sud de la ville jusqu'au golfe de Kompong Som, baie située au nord-ouest de Sihanoukville, englobe les parcs nationaux et les réserves naturelles de la région.

Le corridor fait partie des 20 746 km² du paysage forestier des Cardamomes (Cardamom Rainforest Landscape), le plus grand bassin forestier continental d'Asie du Sud-Est. Il offre la possibilité d'observer la faune locale, notamment autour de Chi Phat, dans le parc national des Cardamomes méridionales et le parc national de Botum Sakor. D'excellents programmes d'écotourisme communautaires ont été mis en place dans le corridor, offrant aux visiteurs la chance d'explorer les écosystèmes de la région tout en contribuant à sa conservation.

Pour les infos pratiques, voir le Carnet d'adresses *p. 260*

À SAVOIR

Mieux vaut louer une voiture et les services d'un chauffeur ou une moto, les transports publics étant rares après Koh Kong.

Andoung Tuek (p. 227)

Ours malais, Wildlife Alliance Release Station (p. 226)

Écotourisme communautaire à Chi Phat

PORTE D'ENTRÉE DES CARDAMOMES MÉRIDIONALES

Situé en bord de fleuve, le village de **Chi Phat**, à 125 km au sud-est de Koh Kong, dans les Cardamomes méridionales (à 2 heures 30 de route en voiture), est devenu un grand nom de l'écotourisme au Cambodge. Soutenus par l'ONG Wildlife Alliance, les résidents de Chi Phat gèrent aujourd'hui un fructueux projet d'écotourisme communautaire (CBET) qui emmène les visiteurs en plein cœur de l'une des dernières zones véritablement sauvages d'Asie du Sud-Est, tout en contribuant à la conservation et à la protection de cette région à l'immense biodiversité, et en offrant des moyens de subsistance alternatifs aux gens du cru.

Région autrefois connue pour l'exploitation forestière illégale, l'accaparement des terres et le braconnage, Chi Phat s'est transformée en un excellent centre d'écotourisme, et le caractère exceptionnel de la chaîne des Cardamomes s'est fait peu à peu connaître. Ses sommets reculés, qui s'élèvent jusqu'à 1 800 m d'altitude, sont recouverts d'une forêt aux teintes émeraude et sillonnés par 22 grands cours d'eau. Cette forêt pluviale fait partie des sept corridors d'Asie pour éléphants et abrite diverses espèces menacées d'extinction, dont des tigres, des ours malais,

L'IMPACT DE L'ÉCOTOURISME

Sovann On gère le CBET de Chi Phat. Il est né et a grandi ici.

Quelles sont les répercussions du CBET sur Chi Phat ? L'écotourisme a permis de développer infrastructures. Nous fournissons de bons emplois à la population locale et nous protégeons les ressources naturelles pour les générations futures.

Cela a-t-il changé la vie des habitants ? Il y a 332 familles ici : toutes profitent directement ou indirectement de l'écotourisme. Elles proposent des hébergements aux voyageurs ou travaillent comme guides, cuisiniers, etc.

Les Cambodgiens sont-ils plus conscients de la nécessité de protéger l'environnement ? Oui, les mentalités ont changé. Nous recevons beaucoup de touristes nationaux, car les gens veulent un retour à la nature.

OÙ SE RESTAURER DANS LE CORRIDOR DE CONSERVATION DE KOH KONG

Centre d'accueil des visiteurs de Chi Phat
Seul vrai restaurant de Chi Phat, proposant petits-déjeuners et plats khmers ; bar sur place. $

Koh Andaet Cafe & Lodge
En bord de rivière à Tatai ; belle vue. Propriétaire sympathique et serviable. Plats européens et khmers. $

Étals de Chi Phat
Dans le village, des étals vendent nouilles et viandes grillées, à manger sur le pouce avec la population locale. $

RETOUR À LA VIE SAUVAGE

Dans la **Wildlife Alliance Release Station**, près de Chi Phat, les visiteurs pourront admirer ours malais, pangolins, porcs-épics, singes et calaos en cours de réhabilitation et préparés à être relâchés dans la nature après avoir été sauvés des trafiquants. Des visites peuvent être organisées par le CBET (p. 225) à Chi Phat. Elles offrent l'opportunité de voir les animaux à l'heure du nourrissage, de faire des randonnées dans la jungle, de nager dans la rivière et de vérifier les pièges photo qui surveillent les animaux qui viennent d'être relâchés.

Le trajet de 40 minutes à moto entre Chi Phat et le centre est une aventure en soi. C'est un trajet exaltant à travers des forêts, des ruisseaux et des prairies. Méfiez-vous des buffles !

MICHELLE HOLIHAN/SHUTTERSTOCK ©

Calao, Wildlife Alliance Release Station

des crocodiles du Siam, des tortues royales et des pangolins. De nombreux primates et des oiseaux rares tels que le calao bicorne, des gobe-mouches et des ibis y vivent également.

Protégées par le gouvernement cambodgien depuis 2016, les Cardamomes ont échappé, grâce à leur isolement, aux pires catastrophes que peuvent occasionner les promoteurs immobiliers et les sociétés d'exploitation forestière. Ainsi, d'un point de vue environnemental, une grande partie de la région reste préservée, et certains disent même que le potentiel écotouristique de la région est comparable à celui des réserves du Kenya ou des parcs nationaux du Costa Rica.

Tous les circuits au départ de Chi Phat sont gérés par le CBET et doivent être réservés à l'avance auprès du centre d'accueil des visiteurs, dans le village. Les environs de Chi Phat sont parcourus par 200 km de pistes et de sentiers de randonnée, à effectuer entre 1 et 7 jours. En chemin, vous dormirez dans des hamacs ou dans des campements. Avec de la chance, vous entendrez des gibbons ou verrez des singes, des cochons sauvages, des oiseaux et des pistes d'éléphants. Les guides sont, pour la plupart, d'anciens braconniers et chasseurs.

OÙ SE LOGER DANS LE CORRIDOR DE CONSERVATION DE KOH KONG

Cardamom Cottage
Bungalows dans un joli jardin proche du centre d'accueil des visiteurs de Chi Phat. $

Srey Mom Guesthouse
Bungalows sur pilotis, avec salles de bains rudimentaires communes. À Chi Phat. $

Bearcat
Chambre dans une famille sympathique, en retrait de l'axe principal de Chi Phat. $

Des croisières le long de la jolie rivière **Preak Piphot** permettent d'observer les oiseaux au lever du soleil et d'admirer les étoiles à son coucher (une bière ou un cocktail à la main). Il est également possible de faire du kayak et du VTT, à l'occasion de circuits d'un ou deux jours qui mènent les visiteurs jusqu'à des chutes d'eau, des villages et des sites funéraires traditionnels.

Le CBET gère l'hébergement en chambre chez l'habitant et dans les bungalows disséminés autour de Chi Phat dans le cadre du projet visant à permettre aux habitants de générer des revenus grâce au tourisme. Le centre d'accueil des visiteurs dispose d'un restaurant et d'un bar corrects. Pensez à prendre de la monnaie, car il n'y a aucun distributeur automatique de billets à Chi Phat, ni dans les environs. Le CBET est ouvert toute l'année, mais l'accès à certains secteurs peut être difficile durant la saison des pluies (juin à octobre). La meilleure période pour visiter la région va de novembre à mars.

Parc national de Botum Sakor

ESPÈCES EN DANGER, MANGROVES ET PLAGES

S'étendant sur une péninsule de 35 km de large, séparée de Sihanoukville par le golfe de Kompong Som et entourée de forêts de palétuviers et de plages, le **parc national de Botum Sakor** est un autre sanctuaire à la biodiversité incroyable. Couvrant une superficie de 1 825 km², le parc, à 2 heures de route au sud de Koh Kong (environ 120 km), se compose principalement d'une forêt pluviale à feuilles persistantes et de prairies peuplées d'éléphants, de pangolins, de loris paresseux pygmées, d'ours malais, de chats viverrins, de blaireaux et de cervidés, ainsi que de rares gibbons, de loutres, de civettes et de nombreuses espèces d'oiseaux.

Malheureusement, leur habitat est menacé, car environ 75% du parc a été vendu afin de construire un aéroport, une autoroute à 4 voies et un immense complexe hôtelier financés par des Chinois – typiquement le genre d'aménagements à l'origine de la création du corridor de conservation de Koh Kong. Les travaux avaient cependant l'air d'avoir ralenti lors de notre passage. En parallèle, l'ONG Wildlife Alliance est également intervenue et a repris la gestion de 10% du parc dans le but de le protéger.

Mieux vaut mettre le cap vers la partie est de Botum Sakor, beaucoup moins développée. Des bateaux peuvent être loués à **Andoung Tuek**, la commune la plus proche, pour découvrir les quatre cours d'eaux bordés de mangroves qui abritent quantité de primates, comme des gibbons à bonnet, des macaques crabiers et des doucs à pattes noires. Sur la côte est du parc, ils pourront aussi explorer le joli village de pêcheurs de **Thmor Sor**, bâti majoritairement sur pilotis, qui s'étend sur près de 1 km dans la baie.

LA RENAISSANCE DU PANGOLIN

Preuve que le corridor de conservation de Koh Kong a bien joué son rôle : la population de pangolins est aujourd'hui en augmentation dans la région.

Ces fourmiliers nocturnes figurent parmi les mammifères les plus braconnés au monde, chassés pour leur viande (considérée comme un mets délicat en Chine et au Vietnam), ainsi que pour leur sang et leurs écailles (utilisés en médecine traditionnelle chinoise). Jusqu'à récemment, leur nombre était en chute libre dans les Cardamomes.

Mais grâce aux pangolins sauvés et relâchés dans la nature dans les environs de Chi Phat et à une meilleure prise de conscience de leur situation, ils semblent en train de se réinstaller dans la région. Selon l'ONG Wild Earth Allies, le braconnage des pangolins dans les Cardamomes aurait considérablement diminué depuis 2020.

Chez l'habitant à Stung Areng
Le CBET propose des séjours avec repas chez l'habitant. **$**

Kim Chhoun Guesthouse
Chambres avec ventilateur et sans eau chaude pour passer la nuit à Andoung Tuek. **$**

Cardamom Tented Camp
Écolodge du parc national de Botum Sakor avec tentes-safari et excellent restaurant. **$$$**

LE PAYSAGE FORESTIER DES CARDAMOMES

Englobant 11 parcs nationaux, des corridors de biodiversité et des réserves naturelles, le Cardamom Rainforest Landscape est aujourd'hui considéré comme la zone protégée continue la plus importante d'Asie du Sud-Est. Il s'étire sur 20 746 km², sur 7 provinces du sud-ouest du Cambodge, et protège une énorme quantité d'oiseaux et d'animaux sauvages, la plupart menacés d'extinction. Ce n'est qu'en 2016 que le secteur a pu bénéficier d'une protection officielle du gouvernement cambodgien. Aujourd'hui, des ONG travaillent en collaboration avec les autorités pour protéger les 16 écosystèmes distincts pour que les générations futures puissent profiter des trésors nationaux du Cambodge.

Rencontres sauvages dans le parc national des Cardamomes méridionales

EXPLOREZ LE PLUS VASTE PARC NATIONAL DU CAMBODGE

Créé en 2016, le parc national des Cardamomes méridionales est le plus récent et le plus vaste parc national du Cambodge. Il protège un territoire de 4 104 km² qui abrite d'innombrables espèces menacées, notamment des éléphants d'Asie, des crocodiles du Siam, des ours malais, des gibbons et des pangolins. La majeure partie du parc est très isolée ; le braconnage et l'exploitation forestière illégale y sont un véritable problème.

Plusieurs projets d'écotourisme communautaire (CBET) offrent l'opportunité de s'enfoncer dans le parc. Ils opèrent depuis **Stung Areng**, à 84 km à l'est de Koh Kong et à environ 2 heures de route, et du village d'**Osoam**, à 90 km au nord-est de Koh Kong et également à 2 heures de voiture, à une altitude de 700 m (prévoyez des vêtements chauds). Les CBET proposent des randonnées, des circuits en bateau et des excusions à VTT, ainsi que des séjours chez l'habitant dans des maisons très spartiates. Les treks peuvent se révéler assez difficiles. Emportez des espèces, car il n'y a aucun distributeur automatique de billets dans les environs.

Sachez que le projet d'Osoam est un CBET officieux et moins bien organisé que le CBET de Stung Areng. Les visiteurs se rendant à Stung Areng ont plus de chances d'apercevoir les animaux rares dans la vallée d'Areng. Il existe aussi d'excellentes possibilités de faire des treks au départ de Stung Areng vers le sommet de **Khnong Phsar** (1 160 m), à la frontière des provinces de Koh Kong et de Kampong Speu.

À environ 13 km au sud d'Osoam se trouve le **Crocodile Protection Sanctuary**, qui compte une quarantaine de crocodiles du Siam, en danger d'extinction. Les Cardamomes sont désormais le dernier endroit où ces crocodiles vivent à l'état sauvage. La meilleure période pour les apercevoir va de décembre à mai.

ACCÈS À L'ARCHIPEL DE KOH SDACH

C'est de la pointe sud-ouest du parc national de Botum Sakor que les bateaux partent pour une traversée de 10 minutes jusqu'à l'île de Koh Sdach, point d'accès à des spots de plongée de l'**archipel de Koh Sdach** (p. 240), très peu fréquenté des touristes.

COMMENT S'Y RENDRE ET CIRCULER

Andoung Tuek, à 98 km au sud de Koh Kong, est le point de départ pour Chi Phat et le parc national de Botum Sakor. Les minibus circulant depuis/vers Sihanoukville et Koh Kong peuvent vous y laisser. Le CBET de Chi Phat (p. 225) peut proposer un trajet à *moto-dop* (7 $US) ou en *long-tail boat* (15 $US/pers) pour la dernière portion du trajet jusqu'à Chi Phat. Il est possible de louer des bateaux (60 $US) à Andoung Tuek pour se rendre dans le parc national de Botum Sakor.

Un seul taxi collectif se rend à Osoam (15 $US) au départ de Koh Kong (tlj à 14h). Pour Stung Areng, vous devrez louer un taxi privatif (80 $US).

SIHANOUKVILLE

Principal port du Cambodge, Sihanoukville a été victime de puissantes forces extérieures. Tout d'abord, une gigantesque vague d'investissements en provenance de Chine a déferlé, entraînant un développement incontrôlé et une criminalité qui a fait disparaître une grande partie du charme de la ville. Puis, alors que Sihanoukville semblait prête à devenir une sorte de Las Vegas pour touristes chinois, le Covid-19 est arrivé, privant les casinos et les clubs de leurs clients.

La présence de nombreux casinos, hôtels et magasins abandonnés ou à moitié construits donne à Sihanoukville un air vaguement apocalyptique. En revanche, les routes sont en bon état et des efforts sont faits pour améliorer la qualité de l'eau des plages de la ville, qui sont encore belles.

La plupart des voyageurs ne passent ici que parce qu'ils sont en chemin vers les îles, et ils ne dorment sur place que s'ils y sont obligés. Même si Sihanoukville a une réputation sulfureuse, la quasi-totalité des activités illégales ne concernent que des Chinois et/ou des Cambodgiens. La grande majorité des visiteurs ne rencontrent aucun problème.

Pour les infos pratiques, voir le Carnet d'adresses p. 260

À SAVOIR

Sihanoukville est une ville vaste et étendue. Le peu d'infrastructures touristiques restant pour les visiteurs non chinois se concentre principalement sur ou autour de Serendipity Beach Rd, de la plage d'Otres et de l'extrémité sud de la plage d'Ochheuteal. Les prix sont plus élevés ici qu'ailleurs sur la côte sud.

VOIR
1 Plage d'Ochheuteal
2 Plage d'Otres
3 Plage de Serendipity

SE LOGER
4 Onederz
5 Sok Sabay
6 Sunset Lounge

SE RESTAURER
7 Sandan
8 Yasmine Café

OÙ SE LOGER ET SE RESTAURER À SIHANOUKVILLE

Onederz $
Une adresse centrale et bon marché. Plus basique que les autres auberges Onederz.

Sunset Lounge $$
Une pension-restaurant prisée à l'extrémité sud de la plage d'Ochheuteal.

Sok Sabay $$
Un complexe discret avec des bungalows corrects dans ce qu'il reste du petit quartier d'Otres Village, près de la plage.

Sandan $$
Cuisine cambodgienne créative. L'un des rares établissements à avoir conservé un certain charme.

Yasmine Cafe $$
Des plats européens, khmers et thaïlandais près de la plage de Serendipity. Agréable pour un verre au calme.

Les plages de Sihanoukville

BAIGNADE SOUS CONDITIONS

Malgré l'opprobre que suscite le réaménagement de la ville, les plages de Sihanoukville restent de séduisantes bandes de sable blanc bordées de casuarinas et de palmiers. Malheureusement, la qualité de l'eau reste un problème, mais les autorités locales s'efforcent d'y remédier en mettant en place un système d'évacuation des eaux usées digne de ce nom. Si vous souhaitez vous baigner, mieux vaut vous informer sur la qualité de l'eau avant.

Grande étendue de sable d'un blanc aveuglant à 5 km au sud du centre-ville, la **plage d'Otres** est l'attraction principale de Sihanoukville. Avant que la ville soit inondée d'argent chinois, Otres était une étape clé sur la route des voyageurs en Asie du Sud-Est. Bars, restaurants et maisons d'hôtes se regroupaient à quelques pâtés de maisons de la plage, dans Otres Village. La plupart ont aujourd'hui fermé ou déménagé, mais quelques établissements résistent et certains voyageurs continuent de s'y rendre avant ou après leur départ pour les îles. Otres est aussi la meilleure plage pour se baigner.

Immédiatement au nord d'Otres, la **plage d'Ochheuteal** s'étire sur 4 km en direction du centre-ville. Elle est jolie et idéale pour la bronzette et les pique-niques (activités très pratiquées par la population locale le week-end), mais vérifiez la qualité de l'eau avant de vous baigner. À l'extrémité nord d'Ochheuteal, la **plage de Serendipity** est aujourd'hui bordée par une rangée de magasins pour la plupart inoccupés. Ne vous y baignez pas.

LES ANCIENS DE LA PLAGE D'OTRES

Certains des expatriés qui avaient des commerces dans Otres Village ont aujourd'hui migré vers la belle **plage de Nesat** (p. 232), à quelques heures au nord de Sihanoukville.

COMMENT S'Y RENDRE ET CIRCULER

Le train (Roya Railway, royal-railway.com) qui relie Sihanoukville à Phnom Penh (8 $US, 7 heures) via Kampot et Kep est prisé des voyageurs. Les minibus desservent les mêmes destinations ainsi que Koh Kong, Andoung Tuek et Sre Ambel (pour la plage de Nesat).

Tous les ferries à destination de Koh Rong et Koh Rong Sanloem (25 $US pour un aller-retour "open" dans les deux cas, 40 à 60 min) partent désormais du quai des ferries du port de Sihanoukville, à 15 minutes en *tuk-tuk* (3 $US) au nord de la plage de Serendipity. Un cargo, plus lent mais moins cher (5 $US, 1 heure 30 à 3 heures), part tous les jours à 14h du quai 52 au port à destination de Koh Rong Sanloem et Koh Rong.

L'aéroport de Sihanoukville (kos.cambodia-airports.aero), à 15 km à l'est de la ville, a des vols directs pour Siem Reap et Hô Chi Minh-Ville au Vietnam.

Vous trouverez des chauffeurs de *moto-dop* et de *tuk-tuk* dans toute la ville. Ils facturent souvent trop cher ; il faut beaucoup marchander. Pour une location de moto, renseignez-vous auprès de votre hébergement.

Environs de Sihanoukville

Au nord et au sud-est de Sihanoukville vous attendent de splendides plages, des îles peu visitées et une extraordinaire communauté de voyageurs.

Pour les infos pratiques, voir le Carnet d'adresses *p. 261*

À SAVOIR

Il y a peu de transports publics ou d'infrastructures pour les visiteurs, mais les routes sont en bon état et il peut donc être judicieux de louer une moto.

Les voyageurs qui s'aventurent au-delà de Sihanoukville sont récompensés par des plages quasiment désertes, des îles couvertes de jungle qui reçoivent beaucoup moins de visiteurs que Koh Rong et Koh Rong Sanloem, et la possibilité de voir des animaux sauvages en voie de disparition.

Au nord de Sihanoukville, vous découvrirez les plages presque intactes qui longent le golfe de Kompong Som. Parmi elles, la plage de Nesat est devenue prisée des voyageurs en quête de simplicité et d'échanges.

Au sud et à l'est de Sihanoukville, Koh Ta Kiev et Koh Thmei sont deux îles du golfe de Thaïlande qui sont peu visitées. On y voit des espèces rares d'oiseaux et même parfois des dauphins. Des destinations idéales pour sortir des sentiers battus.

Koh Ta Kiev (p. 233)

CASINOS ET CRIMINALITÉ

La communauté de la plage de Nesat s'est en partie formée parce que de nombreux étrangers ont fui Sihanoukville lorsque l'argent chinois a commencé à inonder la ville en 2017. Une grande partie de ces investissements a été consacrée à la construction de casinos pour les parieurs venus de Chine, où les jeux d'argent sont illégaux. Toutefois, les paris clandestins ont également proliféré, de même que les opérations d'escroquerie en ligne et par téléphone contrôlées par des gangs chinois, mais réalisées par des personnes que ces derniers font venir de toute l'Asie en les attirant avec de fausses promesses de travail légal. Le tollé international suscité par ce trafic a incité le Cambodge et la Chine à prendre des mesures répressives, mais Sihanoukville ne semble pas près de perdre sa réputation de métropole du crime en Asie du Sud-Est.

CAMNET/SHUTTERSTOCK ©

Prek Touek Sap, parc national de Ream

Loin des foules sur la plage de Nesat

UN PARADIS POUR VOYAGEURS

À 85 km au nord de Sihanoukville, à environ 2 heures 30 en minibus ou à *moto-dop*, la communauté de voyageurs de la plage de Nesat est en train de se construire son propre petit paradis sud-asiatique. Cet ensemble de pensions, restaurants et cafés tenus par des Occidentaux et reliés par des sentiers a été littéralement creusé dans la jungle. Il dispose même de son propre club nocturne, décoré de bois flotté, le **Klub Haus**, et d'un **marché nocturne**, qui propose objets artisanaux et de quoi manger. Vous y rencontrerez un mélange d'expatriés de longue date, de familles et de voyageurs de passage, le plus souvent européens, mais tous attachés à l'idée de créer quelque chose d'unique. C'est un endroit à l'ambiance décontractée et les visiteurs finissent souvent par y rester plus longtemps que prévu. Les palmiers de la plage de Nesat se trouvent 5 km plus loin par la route non goudronnée qui relie cette partie de la côte à la ville la plus proche, Sre Ambel. C'est l'une des onze plages (pour la plupart de sable blanc et désertes) de la région. Il y a aussi des forêts de mangroves à proximité. Quelques pensions et *resorts* sont perchés sur la côte, mais ils

OÙ SE LOGER SUR LA PLAGE DE NESAT

The Cocoon
Adresse sympathique, avec six chambres confortables et une petite piscine. $

Done Right
Dortoirs de huit lits avec salles de bains communes, bel espace salon et restaurant-bar prisé. $

CornerStone
Les chambres spacieuses, l'appartement et le *rooftop* attirent une clientèle fidèle. $$

s'adressent aux touristes khmers. Techniquement, la communauté de la plage de Nesat fait partie du village de Chrouy Svay, mais les Cambodgiens, qui ont accueilli favorablement les nouveaux arrivants et l'opportunité d'augmenter leurs revenus, l'appellent désormais **Phum Barang**, ou "le village des étrangers". D'autres pensions et restaurants devaient ouvrir lors de la rédaction de ce guide. Mieux vaut profiter de l'endroit avant qu'il ne devienne trop populaire.

Se déconnecter sur des îles peu visitées

RETOUR À LA NATURE

Nichées dans le golfe de Thaïlande, au sud et à l'est de Sihanoukville, **Koh Ta Kiev** et **Koh Thmei** offrent la possibilité de s'évader du XXIe siècle, mais aussi d'observer des dauphins et un grand nombre d'oiseaux rares. Uniquement accessibles par de petits bateaux, les deux îles ne sont pas reliées au réseau électrique et dépendent de l'énergie solaire. Il n'y a pas de fêtes ni de bars, seulement quelques pensions et complexes discrets, avec leurs propres restaurants. Les journées se passent au bord de la mer ou dans la jungle, et les nuits sont bercées par le clapotis des vagues et les bruits des animaux.

À seulement 1 km de la côte, la jungle intérieure de Koh Ta Kiev est entourée de baies et plages isolées, de falaises rocheuses et de mangroves. Bien que certaines parties de l'île aient été cédées à des fins de développement, rien n'a vraiment changé et il faut toujours marcher à travers la forêt pour accéder aux différentes plages. Les plus belles sont **Long Beach** et **Plankton Beach**, où vous pourrez plonger au milieu du plancton bioluminescent. Les deux disposent d'hébergements basiques.

Située à la frontière maritime avec le Vietnam, à quelques centaines de mètres de la côte, Koh Thmei est beaucoup plus grande mais a jusqu'à présent échappé aux promoteurs. Le seul endroit où se loger est le **Koh Thmei Resort**, avec ses bungalows propres sur une plage privée. L'île est parfaite pour observer oiseaux et dauphins. Elle ravira aussi les amateurs de snorkeling, de kayak de mer et de randonnée.

LES DAUPHINS DU MÉKONG

En dehors de l'estuaire de Prek Touek Sap et de Koh Thmei, le seul endroit du Cambodge où il est possible de voir des dauphins est dans les environs de **Kratie** (p. 276), dans les eaux du Mékong où nagent des dauphins de l'Irrawaddy.

OBSERVER LES DAUPHINS

Si le **parc national de Ream** a énormément souffert du développement financé par la Chine, il reste possible d'observer des dauphins le long de l'**estuaire de Prek Touek Sap**, qui serpente à travers ce qu'il reste du parc avant de se jeter dans le golfe de Thaïlande. Des croisières le long de l'estuaire peuvent être organisées auprès du poste des gardes forestiers du parc. Des dauphins de l'Irrawaddy et des dauphins à bosse du Pacifique ont été vus ici. La période de janvier à avril est la meilleure pour les observer. On les trouve le plus souvent à l'embouchure de l'estuaire. Les visiteurs qui se rendent à Koh Thmei voient parfois des dauphins et des poissons volants depuis le bateau.

COMMENT S'Y RENDRE ET CIRCULER

Pour rejoindre la plage de Nesat, des minibus allant vers le nord de Sihanoukville peuvent vous déposer à Sre Ambel, d'où il faut encore faire 18 km à *moto-dop* (5 $US) ou en *tuk-tuk* (15 $US). Possibilité de louer des motos (5 $US/jour) à The Cocoon (www.facebook.com/thecocoon.nesat).

Les pensions de Koh Ta Kiev possèdent leurs propres bateaux pour venir chercher leurs clients sur la plage de Ream, à 20 km environ de Sihanoukville (15 $US en *tuk-tuk*). Le seul complexe ouvert sur Koh Thmei vient chercher ses clients au village de pêcheurs de Koh Kchhang, à 40 km environ à l'est de Sihanoukville.

KOH RONG

Véritable paradis tropical, l'île de Koh Rong séduit les visiteurs avec ses eaux turquoise et ses kilomètres de plages de sable blanc bordées de jungle et de palmiers. Long de 61 km, le littoral compte 22 plages, de sorte que chacun y trouve ce qu'il recherche, qu'il s'agisse d'une escapade amoureuse, d'isolement et de nature sauvage ou d'un séjour détente. Les sorties en bateau (snorkeling, observation du plancton et pêche) constituent l'activité principale et peuvent être réservées partout.

Avant la pandémie, Koh Rong était une île festive pour les jeunes voyageurs et la principale agglomération, Koh Toch, était pleine de bars, de restaurants et de campements. Aujourd'hui, des hôtels de charme bordent les côtes est et ouest et les routards se sont déplacés sur l'île voisine de Koh Rong Sanloem (p. 242).

La construction d'un aéroport promet de nouveaux changements, mais, pour l'instant, Koh Rong reste ce petit paradis fait de superbes plages et de mer scintillant la nuit. Mieux vaut en profiter tant qu'il en est encore temps.

Pour les infos pratiques, voir le Carnet d'adresses *p. 261*

À SAVOIR

Koh Toch, au sud, est le principal village de l'île. Sok San et Prek Svay, respectivement sur les côtes ouest et nord-est, sont les deux autres localités importantes. La majeure partie de Koh Rong est aujourd'hui desservie par des routes goudronnées. Vous aurez besoin d'une moto ou d'une *moto-dop* pour explorer l'île.

SONDIPON/SHUTTERSTOCK ©

Plage de Koh Toch (p. 237)

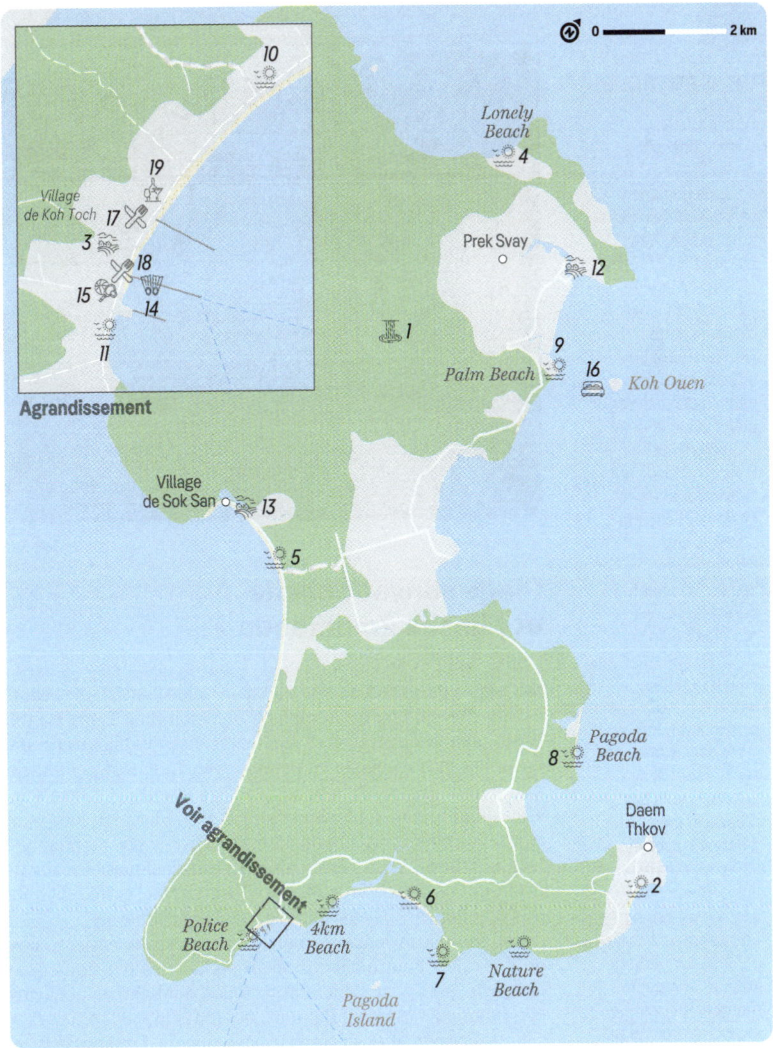

VOIR
1 Chutes de Prek Svay
2 Coconut Beach
3 Koh Toch
4 Lonely Beach
5 Long Beach
6 Long Set Beach
7 Nature Beach
8 Pagoda Beach
9 Palm Beach
10 Plage de Koh Toch
11 Police Beach
12 Prek Svay
13 Sok San

ACTIVITÉS, COURS ET CIRCUITS ORGANISÉS
14 Koh Rong Dive Center
15 Three Brothers

SE LOGER
(voir 11) Firefly Guesthouse
(voir 4) Lonely Beach Eco Resort
(voir 9) Palm Beach Bungalow Resort
16 Song Saa Private Island

SE RESTAURER
17 Bamboo
18 Buffalo
(voir 13) Hakobune
(voir 13) Moon Restaurant
(voir 13) Seng Piset Restaurant

PRENDRE UN VERRE
19 Runaways

INFOS PRATIQUES

Aucune de la soixantaine d'îles de la côte sud (il n'y a pas de nombre officiel) n'a de banque ou de distributeur automatique. Prévoyez de l'argent liquide.

Prévoyez un bon répulsif contre les insectes et un antiseptique. Les piqûres et morsures peuvent facilement s'infecter. Une lampe torche ou une lampe frontale peut également être utile.

Le prix des hébergements baisse fortement durant la saison des pluies (juin à octobre), mais certains établissements ferment et les ferries sont moins nombreux.

Les singes présents sur l'île sont des animaux sauvages. N'essayez pas d'interagir avec eux.

Si vous avez réservé une correspondance à Sihanoukville, ne prenez pas le dernier bateau pour partir des îles. La ponctualité n'est pas toujours de mise et les conditions météorologiques peuvent entraîner retards et annulations.

DIEGO FIORE/SHUTTERSTOCK ©

Sok San

Plage sensationnelle et plaisirs gourmands

LA CÔTE OUEST ET SOK SAN

Sur la côte ouest de Koh Rong, 7 km de sable blanc d'une beauté à couper le souffle vous attendent. Bien nommée, **Long Beach** est la plus belle plage de l'île. Il est remarquable qu'elle soit encore en grande partie non développée. Le matin, vous aurez une grande partie de la plage pour vous seul. Et même s'il y a du monde, il ne faut généralement pas aller bien loin pour trouver un coin tranquille où poser sa serviette pour contempler les eaux turquoise, à peine troublées par quelques bateaux de pêche qui rentrent à **Sok San**, le village situé à l'extrémité nord de Long Beach. Les couchers de soleil sont superbes.

Sok San est devenue une destination à part entière, avec de nouvelles boutiques qui ont remplacé les pensions pour routards qui s'y trouvaient autrefois. Ce village de pêcheurs est composé essentiellement de maisons en bois, et y séjourner permet de découvrir la vie locale. Les soirées sont particulièrement paisibles, l'activité principale consistant à manger des fruits de mer en contemplant l'océan.

Le village s'est aussi étonnamment imposé comme la nouvelle star de la gastronomie à Koh Rong. Ailleurs sur

OÙ SE LOGER SUR LA CÔTE OUEST

White Sand Ark
Chambres minimalistes à Sok San, avec des lits de style futon. Personnel très serviable. **$$**

Sok San Beach Resort
Adresse établie de longue date, avec chambres et bungalows sur une magnifique portion de Long Beach. **$$**

Golden Beach Resort
Nouvelle adresse qui fait sensation à Sok San, avec élégants bungalows et piscine. Apprécié des familles. **$$$**

l'île, les restaurants sont peu nombreux en dehors des établissements hôteliers. C'est à Sok San que vous trouverez le meilleur restaurant khmer de Koh Rong, mais aussi des établissements servant des sushis et sashimis, ainsi que de la cuisine thaïlandaise et chinoise. Pour résumer, vous n'aurez que l'embarras du choix.

Plaisirs balnéaires et baies reculées

CÔTES EST ET SUD

Les côtes est et sud de Koh Rong sont dotées de plages exceptionnelles qui serpentent le long du littoral, de la plage de Pagoda à l'est jusqu'à Koh Toch au sud. Elles sont entrecoupées de baies et de criques cachées, et adossées à d'épaisses collines boisées où vivent des macaques. Les meilleures plages se trouvent principalement sur cette partie de l'île et il est même possible de passer entre certaines d'entre elles via des sentiers qui traversent la jungle. Depuis Coconut Beach, à l'extrémité est de l'île, comptez 2 heures jusqu'à Koh Toch, à condition d'être en bonne forme… et relativement intrépide !

Vaste étendue de sable blanc dans lequel on s'enfonce jusqu'aux chevilles, **Pagoda Beach** est extraordinaire à plus d'un titre. Sept hébergements de charme sont répartis le long de la plage. Ils attirent les couples (c'est l'endroit rêvé pour une lune de miel) et les familles qui veulent s'en tenir à une seule plage.

Plus au sud, après Daem Thkov, le plus petit des villages de Koh Rong, s'étend la jolie plage de **Coconut Beach**. Nichée dans une crique isolée et surplombée de collines escarpées, elle est plus petite que les autres plages de l'île, mais, de nuit, on peut parfois y voir du plancton bioluminescent. Vous n'y trouverez que trois hébergements, plutôt prisés des voyageurs à petit budget en quête de calme et de tranquillité.

Il faut compter une demi-heure à pied entre Coconut Beach et les hébergements de **Nature Beach**, qui s'adressent plutôt aux familles. De là, une courte promenade vous mènera à **Long Set Beach**, autre plage de sable blanc digne d'une carte postale et excellente pour la baignade. La plupart des établissements sont de catégorie moyenne, mais il existe encore quelques options bon marché.

Au-delà de Long Set (et d'un petit promontoire), vous découvrirez la **plage de Koh Toch**, qui longe la baie où se tient le port principal de Koh Rong. À son extrémité est, où sont installées les pensions, entre sable et forêt, elle reste attrayante et propice à la baignade. Toutefois, à mesure que l'on se rapproche des jetées des ferries, la qualité de l'eau se dégrade.

OÙ SE RESTAURER À KOH RONG

Bamboo $
Les meilleures pizzas de Koh Toch. Options végétariennes et véganes disponibles.

Seng Piset Restaurant $$
Délicieux poissons, fruits de mer et plats khmers à déguster sur une terrasse ombragée au-dessus de la mer à Sok San.

Hakobune $$
Sushis, sashimis, grillades japonaises et cocktails puissants dans cette adresse de Sok San.

Moon Restaurant $$
Une adresser prisée de Sok San, tenue par une sympathique famille, avec spécialités de produits de la mer et salades thaïlandaises.

Buffalo $$
C'est le restaurant le plus chic de Koh Toch avec sa cuisine fusion panasiatique, ses viandes succulentes et sa carte de vins.

OÙ SE LOGER SUR LES CÔTES EST ET SUD

Nest Beach Club
La seule auberge de jeunesse de Koh Rong est installée à l'extrémité ouest de Long Set Beach. "Nestival" le samedi. $

Coconutbeach Bungalows
Bungalows, chambres et tentes perchés au-dessus de Coconut Beach. Une adresse familiale. $

White Beach Bungalows
De beaux bungalows de bois à l'extrémité est de la plage de Koh Toch. Supplément pour la clim. $$

OÙ SE LOGER SUR LES CÔTES NORD ET NORD-EST

Palm Beach Bungalow Resort $
Bungalows de bois pratiques et dortoirs juste au bord de Palm Beach. Prisé des groupes de jeunes amateurs d'aventure.

Firefly Guesthouse $
Des espaces basiques mais charmants dans une maison de bois sur pilotis au-dessus de l'eau à Prek Svay.

Lonely Beach Eco Resort $$
Des bungalows de bois simples (énergie solaire, douches à seau, pas de ventilateur) sur Lonely Beach. Restaurant français et khmer.

Song Saa Private Island $$$
Un complexe de luxe, avec de belles villas perchées au-dessus de l'eau sur des îles jumelles à 500 m de la côte.

Koh Toch elle-même est beaucoup plus calme qu'elle ne l'était autrefois, les routards ayant pour la plupart décampé à Koh Rong Sanloem. Les fêtes sauvages qui se déroulaient toute la nuit à **Police Beach**, du côté ouest de Koh Toch, ne sont plus qu'un souvenir. Nombre de bars et de restaurants ont aussi fermé leurs portes, même si **Runaways**, dans la rue principale, continue à faire vivre l'ambiance routarde et hippie avec des fêtes occasionnelles et des soirées barbecue en bord de mer.

Pour faire de la plongée, le **Koh Rong Dive Center** est installé sur l'un des quais du port, mais la plupart des plongées se font au large de Koh Rong Sanloem. **Three Brothers**, qui organise des excursions quotidiennes en bateau, est installé à proximité.

Jouer les Robinson Crusoé

CÔTES NORD ET NORD-EST

Les côtes nord et nord-est de Koh Rong plairont à ceux qui souhaitent vraiment s'éloigner de tout. C'est la partie la moins développée de l'île et la plupart des routes n'y sont pas encore goudronnées (même si les travaux commencent). Les plages sont donc accessibles par des chemins de terre difficiles à trouver et sur lesquels on roule péniblement. La récompense est un splendide isolement dans un environnement époustouflant.

Lonely Beach, à l'extrême nord, porte bien son nom de "plage solitaire" : c'est l'endroit idéal pour jouer les Robinson Crusoé. La plage de sable doré, entourée d'une jungle épaisse, est magnifique et s'enroule autour d'une baie très photogénique. Le seul hébergement disponible ici tient plus du mode de vie que du lieu de villégiature… et certains choisissent d'y rester des mois.

L'agglomération la plus proche de Lonely Beach (à 45 minutes à pied) est le charmant village de pêcheurs de **Prek Svay**, avec ses maisons de bois sur pilotis. Étonnamment, l'endroit accueille peu de visiteurs étrangers et séjourner sur place offre donc une excellente occasion de découvrir pleinement la vie locale.

Au sud du village s'étend la plage isolée de **Palm Beach**, où vous pourrez vous détendre sur une petite mais pittoresque bande de sable entourée de forêt. Les sentiers dans la jungle mènent à des cascades cachées, dont celle de **Prek Svay**, une chute d'eau triple avec deux jolis bassins pour la baignade.

COMMENT S'Y RENDRE ET CIRCULER

Des ferries rapides (25 $US aller-retour "open", 1 heure) partent tous les jours à destination de Sihanoukville et Koh Rong Sanloem depuis l'embarcadère principal de Koh Toch. À la saison haute (décembre à février), les ferries peuvent également prendre les passagers sur d'autres plages de l'île. Si vous souhaitez passer la nuit à Koh Rong Sanloem avant de revenir à Sihanoukville, vous n'aurez pas besoin d'acheter un autre billet. Il est toutefois nécessaire de confirmer votre date de retour à Sihanoukville un jour ou deux avant le départ. Un cargo plus lent et moins cher (5 $US, 3 heures) part tous les jours à 7h pour Sihanoukville.

Des *long-tail boats* sont proposés à la location à Koh Toch pour vous transporter vers d'autres plages de Koh Rong pour 10 $US et plus par personne en fonction de la destination.

Les *moto-dop* peuvent vous faire faire le tour de l'île pour 5 à 20 $US en fonction de votre destination. Des motos (10 $US/jour) sont proposées à la location dans les pensions et à Koh Toch.

Environs de Koh Rong

Îles sans touriste, récifs éloignés et spots de plongée.

Pour les infos pratiques, voir le Carnet d'adresses p. 262

À SAVOIR

Que vous souhaitiez faire de la plongée ou du snorkeling, la meilleure façon de découvrir les îles est de faire appel à une agence spécialisée.

S'aventurer au-delà de Koh Rong et de Koh Rong Sanloem (p. 242) permet de découvrir de petites îles peu fréquentées, dominées par la jungle et des récifs marins grouillant de vie. Vous y trouverez également certains des meilleurs spots de plongée du pays, ainsi que d'authentiques villages de pêcheurs. L'anglais y est peu parlé, mais elles offrent l'avantage de donner un aperçu de la véritable vie insulaire.

Au nord de Koh Rong, les douze îles de l'archipel de Koh Sdach abritent de nombreux sites de plongée impressionnants, ainsi que la plus grande localité des environs. Au sud-ouest de Koh Rong Sanloem, vous découvrirez les spots de plongée formidables de Koh Tang, où eut lieu la dernière bataille de la guerre du Vietnam, et de Koh Pring. Pour l'instant, les deux îles ont été remarquablement épargnées par le tourisme.

Archipel de Koh Sdach (p. 240)

ÎLES RECULÉES

À 3 heures en bateau au sud-ouest de Koh Rong Sanloem et à 5 heures du continent, **Koh Tang** et **Koh Pring** comptent parmi les plus reculées des îles du Cambodge. Elles sont totalement inhabitées, à l'exception d'une présence militaire discrète. Elles attirent les plongeurs avec leurs récifs et leur faune marine (raies pastenagues, poissons rasoirs, platax, barracudas...). Koh Tang est aussi connue pour avoir été le site de la dernière bataille de la guerre du Vietnam. Les marines américains ont débarqué à Koh Tang en mai 1975 afin de libérer l'équipage d'un cargo américain qui avait été détourné par les Khmers rouges. Sous-estimant leur ennemi, ils avaient été contraints de battre en retraite. Ce fut le seul affrontement direct entre soldats américains et Khmers rouges.

CAMNET/SHUTTERSTOCK ©

Spots de plongée, Koh Sdach

Séjourner dans un authentique village de pêcheurs

À LA DÉCOUVERTE DE LA VIE INSULAIRE DE KOH SDACH

L'**archipel de Koh Sdach** est un groupe de douze petites îles situé à 16 km environ au nord-ouest de Koh Rong, mais assez proche du continent pour être accessible par un court trajet en bateau depuis la pointe sud-ouest du parc national de Botum Sakor (p. 227). Surtout connues pour leurs superbes spots de plongée, elles permettent également de découvrir la vie d'un authentique village de pêcheurs qui ne voit passer que très peu d'étrangers.

Koh Sdach ("l'île du roi") est la seule localité un peu importante, avec quelque 3 000 habitants. L'économie locale repose sur la pêche et le village en lui-même est un dédale de ruelles longées de maisons de bois, adossé à une jungle pleine de macaques. Le marché anime la vie du village. Dès la fin d'après-midi, des stands de nourriture s'installent et il est sympathique de se joindre aux habitants tout en grignotant des brochettes de calmars.

OÙ SE LOGER À KOH SDACH

Monorom Guesthouse
Chambres confortables dans cette pension familiale située au milieu de la rue principale de Koh Sdach. **$**

Mean Chey Guesthouse
Un vaste complexe de bungalows quelconques sur la côte ouest, mais proche du port. **$$**

Koh Sdach Resort
Une nouvelle adresse sur la côte ouest, avec des bungalows chics sur la seule plage de sable de l'île. **$$$**

Quelques pensions et un complexe dominent la seule vraie plage de l'île. Des excursions en bateau peuvent être organisées et, si vous ne pratiquez pas la plongée sous-marine, vous trouverez quelques excellentes opportunités pour faire du snorkeling.

L'archipel subit les conséquences du développement de Botum Sakor. Certaines îles ont été désignées pour accueillir des complexes et des plages artificielles sont créées aux dépens des récifs coralliens qui les entourent. Une raison de plus de s'y rendre rapidement.

Aventures sous-marines

PLONGER DANS LES ÎLES

Récifs multicolores, faune marine abondante et extraordinaire… l'archipel de Koh Sdach est un paradis pour les amateurs d'aventures sous-marines. Il y a deux magasins de plongée sur l'île de Koh Sdach : l'**Octopuses Garden Diving Centre** et **Kuda Divers**, tous deux dirigés par des Norvégiens accueillants et professionnels. Outre des cours de plongée pour débutant, ils organisent des sorties en mer et des excursions en bateau vers les îles environnantes, idéales pour le snorkeling. Les deux magasins proposent le gîte et le couvert à tous ceux qui plongent avec eux.

Si les plongeurs aiment tant l'archipel, c'est en raison de sa biodiversité et du fait que les meilleurs spots sont facilement accessibles lors d'excursions d'une journée, beaucoup moins chères que les excursions de plusieurs jours. Et il n'y a jamais plus de deux ou trois bateaux de plongée au même endroit.

Parmi les meilleurs spots, citons **Shark Island**, où vous pourrez non seulement observer des requins de récif, mais aussi des requins-taureaux et des requins-baleines. Une épave gît également sur place. **Condor Reef**, à 30 km au sud de Koh Sdach, est un étonnant récif situé au beau milieu de l'océan, où la visibilité est extraordinaire et où il est possible de voir de gros poissons pélagiques, des requins et des tortues.

Au sein de l'archipel, les destinations les plus remarquables sont **Turtle Island**, où l'on trouve de nombreux poissons de récif, des barracudas géants, des cobias, des platax, et **Koh Chan**, où vous verrez des raies pastenagues, des poissons-clowns et des coraux magnifiques. La haute saison de plongée s'étend de novembre à mai.

PLONGÉE À KOH SDACH

Kristoffer Fjeldså gère l'Octopuses Garden Diving Centre sur l'île de Koh Sdach.

Pourquoi plonger à Koh Sdach ? La biodiversité y est plus grande qu'ailleurs. Les récifs sont en bonne santé et vous verrez de nombreux poissons. Shark Island et Condor Reef sont des sites de plongée d'envergure internationale, avec une excellente visibilité et d'extraordinaires paysages sous-marins.

Est-ce un bon endroit pour apprendre à plonger ? Oui. L'eau est claire et il n'y a pas de gros groupes de plongeurs. On peut aussi y voir beaucoup de poissons.

Est-ce que les îles ont changé depuis que vous êtes là ? Les développements sur le continent n'ont pas été sans conséquences, mais on peut encore y admirer la nature dans toute sa beauté.

COMMENT S'Y RENDRE ET CIRCULER

Depuis Kiri Sakor, à la pointe sud-ouest du parc national de Botum Sakor, des bateaux font la liaison jusqu'à l'île de Koh Sdach (10 minutes) pour 3 à 5 $US.

Des taxis partagés rejoignent Kiri Sakor depuis Koh Kong et Sihanoukville, mais vous pouvez aussi rejoindre Andoung Tuek en minibus puis prendre une *moto-dop* (20 $US) jusqu'à Kiri Sakor (1 heure 10). Un taxi privé depuis Sihanoukville coûte 80 $US.

Des *moto-dop* et des *tuk-tuk* attendent les clients à l'embarcadère de Koh Sdach, mais vous pouvez rejoindre n'importe quel endroit de l'île en 15 minutes à pied maximum.

KOH RONG SANLOEM

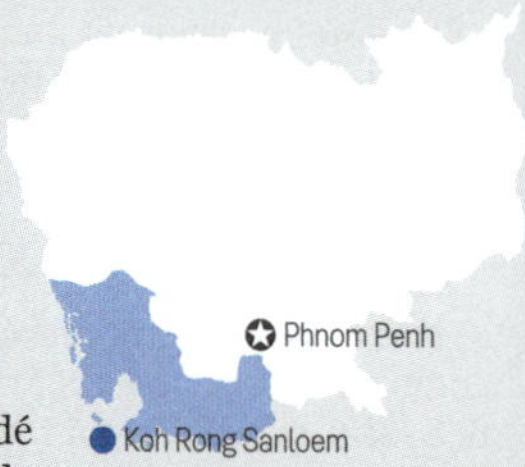

Avec ses magnifiques plages qui jalonnent un littoral bordé de jungles, Koh Rong Sanloem est l'incarnation même de l'île tropicale idyllique. Plus petite que sa voisine Koh Rong, elle est aussi plus densément boisée. Il n'y a toujours pas de route qui relie les différentes plages de l'île, si bien que chacune garde sa propre personnalité et attire un public différent.

La baie de Saracen, sur la côte est, dont le sable blanc s'étend sur 2,5 km, forme la plage la plus fréquentée. Sur la côte ouest se trouvent Lazy Beach et Sunset Beach, connues pour leur ambiance très détendue. Enfin, la baie de M'Pai, accessible uniquement par bateau, abrite le seul village de l'île.

Koh Rong Sanloem est la destination de prédilection des baroudeurs qui viennent dans les îles. L'endroit reste toutefois calme et il n'y a pas encore de fêtes nocturnes organisées sur les plages. En dépit de signes montrant que le développement est en marche, l'île reste encore pour l'instant un petit paradis.

Pour les infos pratiques, voir le Carnet d'adresses *p. 262*

À SAVOIR

Il n'y a pas de transport sur l'île, et pas de véritable route. Il vous faudra donc marcher entre les différentes plages ou emprunter un *long-tail boat*. Ne traversez pas la jungle la nuit.

Baie de Saracen, Koh Rong Sanloem

VOIR
1 Baie de M'Pai
2 Baie de Saracen
3 Lazy Beach
4 Sunset Beach

ACTIVITÉS, COURS ET CIRCUITS ORGANISÉS
(voir 5) Adventure Travel Co.
5 Bubbles Up Dive Centre
6 Dive Shop Cambodia
7 Koh Koun
8 Scuba Nation
(voir 4) Sunset Adventures

SE LOGER
9 Beach House
10 Cliff Hostel
11 Ing Ing Guesthouse

SE RESTAURER
12 Bar Bok Bowie

PRENDRE UN VERRE ET FAIRE LA FÊTE
13 Seapony Cafe

Plongée et excursions en bateau

LA BAIE DE SARACEN

Le long croissant de sable blanc de la **baie de Saracen** est la plage la plus prisée de Koh Rong Sanloem. C'est là que se trouvent la grande majorité des hébergements de l'île, y compris

OÙ SE LOGER DANS LA BAIE DE SARACEN

Sara Resort
Une adresse efficace et accueillante au milieu de la plage. Belle piscine et restaurant correct. **$$$**

Eden Beach Resort
Nouveau venu élégant avec jolis bungalows autour d'un beau jardin et d'une piscine. Personnel aimable. **$$$**

La Passion by Achariyak
Bungalows élégants dans un immense jardin luxuriant. Piscine à débordement et plage privée. **$$$**

POURQUOI J'AIME KOH RONG SANLOEM

David Eimer, auteur

J'adore l'arrivée sur les jetées en bois de la baie de Saracen. Je saute dans le sable si blanc qu'il ressemble à de la farine. Mais ce que j'aime le plus, c'est me réveiller sur Koh Rong Sanloem, quand les plages sont encore baignées par la douce lumière matinale et que les eaux turquoise de la mer donnent envie d'y plonger.

Traverser la jungle jusqu'à Sunset Beach, en écoutant le bruit des singes, des oiseaux et des insectes dans les arbres, est un autre plaisir. Lorsque je sors enfin de la forêt pour fouler le sable doré, j'ai toujours le sentiment d'avoir bien mérité ce petit coin de paradis.

VLADIMIR ZHOGA/SHUTTERSTOCK ©

Lazy Beach, Koh Rong Sanloem

les complexes et auberges haut de gamme, mais la plage est assez grande pour ne jamais paraître surpeuplée. C'est aussi là que les ferries arrivent et partent pour Sihanoukville et Koh Rong.

Les excursions en bateau, en kayak et en paddle constituent l'activité principale et peuvent être réservées partout. La plus intéressante est la **sortie plancton**, qui a lieu toutes les nuits et permet de découvrir les bancs de plancton bioluminescents qui se rassemblent en différents endroits de l'île selon la saison. Nager ou plonger au milieu du plancton qui brille comme un ciel étoilé est une expérience mémorable que les enfants adorent.

La plongée est une autre possibilité et deux agences, **Dive Shop Cambodia** et **Scuba Nation**, se tiennent aux deux extrémités de la plage. Ces prestataires proposent tous les cours PADI, ainsi que de sympathiques excursions et des hébergements sommaires pour tous ceux qui plongent avec eux. Koh Rong Sanloem est dotée de beaux coraux en bonne santé et de poissons de récifs, tout comme l'île inhabitée de **Koh Koun**, immédiatement au nord de l'île. À quelques heures au sud-ouest se trouvent les îles éloignées et à peine visibles de Koh Tang et de Koh Pring (p. 240), où vous attend une faune marine plus rare.

Plages cachées et jungle

SUNSET BEACH ET LAZY BEACH

Dans le roman de 1996 *La Plage*, ainsi que dans le film à succès qui en a été tiré, les voyageurs doivent nager et traverser des collines couvertes de forêts pour rejoindre la plage de leurs rêves. Rejoindre **Sunset Beach** sur la côte ouest de Koh Rong Sanloem n'est pas aussi difficile, mais réclame tout de même un certain effort avant d'être récompensé.

OÙ SE LOGER SUR SUNSET BEACH ET LAZY BEACH

Sunboo Beach Bungalows
Adresse tranquille de Sunset Beach, avec beaux bungalows et quelques places en dortoirs. Sessions yoga quotidiennes. **$$**

Lazy Beach
Le seul *resort* de Lazy Beach. Bungalows sans eau chaude et avec ventilateur. Restaurant très correct ; pas de Wi-Fi. **$$**

Robinson's Bungalows
Adresse la plus ancienne de Sunset, avec bungalows basiques et tentes. Petite aire de sport extérieure. **$$**

Commencez par troquer vos tongs contre des baskets ou des chaussures de marche et laissez si besoin, pour vous alléger, des affaires à Dive Shop Cambodia, dans la baie de Saracen, qui vous les gardera contre un dollar par jour. Le sentier qui mène à Sunset Beach (45 minutes) part de derrière la boutique et devient de plus en plus difficile à mesure que l'on s'enfonce dans la jungle. Le dernier tronçon est ardu car il faut escalader des rochers (une corde permet de s'accrocher) avant de déboucher enfin sur une plage de sable doré qui s'enroule autour d'une baie ravissante.

Plusieurs complexes se sont installés ici. Il est peu probable que vous ayez du Wi-Fi, profitez-en pour vous détendre. Si vous êtes d'humeur active, **Sunset Adventures** propose des excursions en bateau, du kayak, de l'escalade et du yoga.

Toujours sur la côte ouest, **Lazy Beach** est plus facilement accessible (30 minutes) via un sentier qui part non loin du Sara Resort (p. 243). C'est un bon choix pour les familles, car les eaux sont tranquilles et propices à la baignade. On trouve de bons spots de snorkeling aux deux extrémités de la plage.

Village de pêcheurs et bohème insulaire

BAIE DE M'PAI ET MAD MONKEY

À l'extrême nord de la côte, la **baie de M'Pai** possède le seul village de Koh Rong Sanloem. Un séjour dans ce village de pêcheurs offre une expérience très différente des plages plus au sud, auxquelles on ne peut accéder qu'en bateau. Avant la pandémie, la baie de M'Pai était prisée des voyageurs cherchant quelque chose de plus authentique que les complexes balnéaires et certaines pensions du village ont conservé quelque chose de cette ambiance. L'endroit reste prisé des gens qui choisissent de séjourner longtemps sur l'île.

La plage du village n'a rien de spécial, mais il y a des plages plus agréables à quelques minutes à pied, ainsi qu'un promontoire idéal pour admirer le coucher du soleil au-delà de la jetée. Le village fait également face aux superbes récifs de l'île inhabitée de Koh Koun. Le **Bubbles Up Dive Centre** et **Adventure Travel Co.**, au village, y organisent des sorties plongée et snorkeling.

Au sud-est de la baie de M'Pai, Clearwater Bay est désormais aux mains d'un promoteur chinois. La baie suivante abrite la "célèbre" auberge de jeunesse **Mad Monkey**, qui possède sa propre plage privée en face d'une petite base de la marine. On ignore ce que pensent les marins de ce qui se passe là-bas, mais disons que si vous aimez les jeux à boire où l'on finit par se retrouver tout nu, cette auberge est faite pour vous.

OÙ SE LOGER ET SE RESTAURER DANS LA BAIE DE M'PAI

Cliff Hostel $
Le bar-restaurant situé à flanc de falaise offre une vue imprenable. Chambres sommaires et dortoir de 33 lits.

Ing Ing Guesthouse $
Des chambres petites et propres avec balcon partagé dans cette sympathique adresse familiale.

Beach House $$
Une pension en face de la mer avec de petites chambres, mais de l'eau chaude et la clim (chose rare ici).

Bar Bok Bowie $
Tapas de style asiatique, cocktails et une terrasse à l'étage pour voir le soleil se coucher.

Seapony Cafe $
Un café-boulangerie tenu par des Australiens avec d'excellents petits-déjeuners et des choix végétariens. Fermé le mardi.

COMMENT S'Y RENDRE ET CIRCULER

Des ferries rapides relient quotidiennement Koh Rong Sanloem à Koh Rong et Sihanoukville (25 $US aller-retour "open", 40 minutes). Confirmez la date de retour à l'avance. Des ferries assurent également la liaison avec la baie de Saracen, mais la plupart s'arrêtent à la baie de M'Pai. Un cargo, plus lent mais moins cher, relie aussi Koh Rong Sanloem, Koh Rong et Sihanoukville (5 $US, 3 heures). Il part de Koh Rong Sanloem à 8h.

Des *long-tail boats* peuvent vous transporter entre les plages, mais ils sont onéreux. Comptez 25 $US pour aller de la baie de Saracen à celle de M'Pai.

KAMPOT

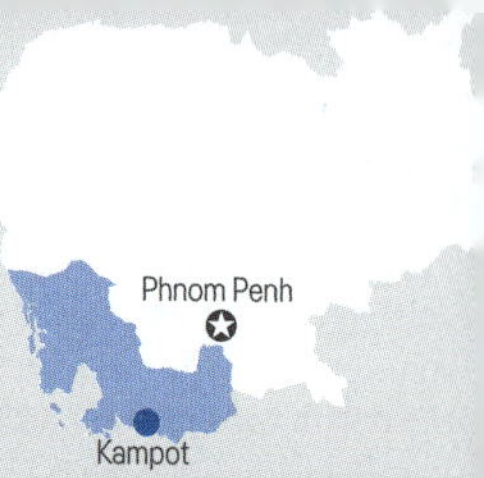

Pour les infos pratiques, voir le Carnet d'adresses p. 263

Kampot est devenue une étape incontournable pour les voyageurs grâce à sa situation privilégiée au bord de la Prek Tek Chhouu, qui sert de terrain de jeu à la population. La vieille ville de Kampot, qui semble être entrée en hibernation dans les années 1950 et avoir oublié de se réveiller, est tout aussi séduisante. Dans les environs, vous trouverez de magnifiques formations calcaires abritant des grottes et des temples cachés, ainsi que la station d'altitude de Bokor, dans le parc national de Bokor, prisée à l'époque coloniale.

Située à seulement 8 km du golfe de Thaïlande, Kampot était le principal port du Cambodge jusqu'à la création de Sihanoukville en 1959. La ville a longtemps accueilli une population chinoise très influente, à qui l'on doit les maisons de négoce qui bordent les rues de la vieille ville aux côtés de quelques vestiges de l'architecture coloniale. Aujourd'hui, Kampot rassemble également la plus grande communauté d'expatriés de la côte sud, ce qui a donné un coup de fouet à la scène gastronomique déjà fort appréciable de la ville.

À SAVOIR

Les hébergements se répartissent sur les deux rives de la rivière, mais la majorité des infrastructures touristiques de Kampot sont situées dans et autour de la vieille ville, que l'on parcourt facilement à pied ou à vélo. Pour les excursions en dehors de la ville, le mieux est de louer une moto ou d'avoir recours aux nombreux *moto-dop* et *tuk-tuk*.

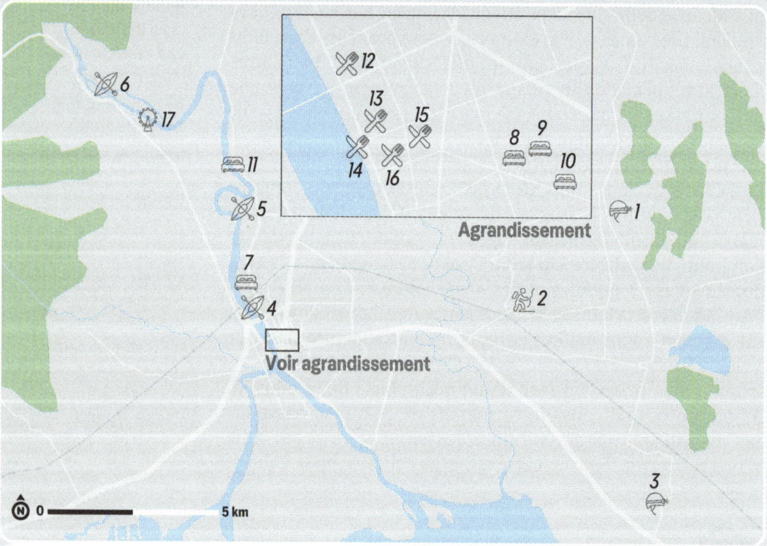

ACTIVITÉS, COURS ET CIRCUITS ORGANISÉS
(voir 2) Climbodia
1 Phnom Chhnork
2 Phnom Kbal Romeas
3 Phnom Sorsia
4 Prek Tek Chhouu
5 SUP Asia
6 Tek Chhouu

SE LOGER
7 Karma Traders
8 Magic Sponge
9 Monkey Republic
10 Onederz
11 Yellow Sun Hostel

SE RESTAURER
12 Ecran Noodles
13 Laundry Cafe Burger Bar
14 Marché aux poissons
15 Tertulia
16 Twenty Three Bistro

SORTIR
17 Arcadia Backpackers & Water Park

KRISTEN WELLS I/SHUTTERSTOCK ©

En kayak dans la "cathédrale verte"

En kayak sur la Prek Tek Chhouu

EXCURSIONS FLUVIALES ET SPORTS AQUATIQUES

La **Prek Tek Chhouu** constitue pour Kampot un parc de sports nautiques naturel. Il est possible de se baigner depuis quasiment tous les hébergements installés le long de la rivière et la plupart des établissements louent des moyens de transport aquatiques, allant des kayaks aux bateaux (il y a même moyen de faire du ski nautique si vous souhaitez vraiment parader).

En remontant la rivière sur une courte distance, l'étalement urbain de Kampot cède la place à un feuillage dense des deux côtés de la rivière, ainsi qu'à des temples cachés et des petits villages de pêcheurs. Les kayakistes pourront rejoindre la "cathédrale verte", voie d'eau étroite au-dessus de laquelle les arbres et les plantes ont formé une arche naturelle. La voie fait une boucle à environ 5 km au nord de Kampot, et on la parcourt en 1 heure 30 en ramant tranquillement. Les kayakistes plus expérimentés pourront se mesurer aux modestes rapides de **Tek Chhouu**, à 10 km environ au nord de la ville.

suite p. 249

OÙ SE LOGER À MOINDRE COÛT À KAMPOT

Karma Traders $
La piscine et le bar sur le toit en font la meilleure adresse du genre. À 20 minutes à pied de la vieille ville.

Onederz $
Excellente piscine, restaurant, dortoirs avec grands placards, chambres claires mais spartiates.

Monkey Republic $
Une grande auberge de jeunesse bien connue et efficace, avec des dortoirs spacieux et un bar très prisé.

Magic Sponge $
Pas de dortoir, mais les doubles avec salle de bains commune sont bon marché pour le centre de Kampot.

Yellow Sun Hostel $
Bien situé en bord de rivière, à 6 km au nord de Kampot. Dortoirs et bungalows basiques.

OÙ SE LOGER EN BORD DE RIVIÈRE À KAMPOT

Bamboo Bungalows
Complexe calme et modeste, avec petits bungalows propres et modernes, chambres et dortoirs de quatre lits. **$**

Sabay Beach
Bungalows séduisants et restaurant très apprécié sur un ravissant segment de la rivière, à 10 km au nord de Kampot. **$$**

Amber Kampot
Adresse tenue par des Japonais aux chambres luxueuses. Spa, salle de sport, piscine et restaurant sur la rivière. **$$$**

PROMENADE DANS LE VIEUX KAMPOT

L'un des plaisirs d'un voyage à Kampot est de flâner dans les rues de la vieille ville en appréciant le mélange de styles architecturaux. Il est idéal de se déplacer à pied, mais le vélo est aussi une bonne option.

Partez du **1 rond-point du Durian**, avec sa grande sculpture de durian dominant la circulation – un monument emblématique de la ville (p. 251). Continuez sur 300 m vers le sud pour rejoindre **2 l'Old Royal Cinema**, bel exemple d'architecture moderniste khmère, aujourd'hui malheureusement désaffecté, avant de rejoindre le rond-point et de descendre St 700 vers l'ouest, jusqu'à arriver au **3 vieux pont français**, qui date des années 1920 et n'est accessible qu'aux motos et aux piétons. Tournez à gauche au pont et descendez le long de la rivière jusqu'au **4 marché aux poissons** des années 1940, aujourd'hui un restaurant.

En face du marché aux poissons, le **5 vieux marché** arbore une façade Art déco des années 1930. C'est le cœur de la vieille ville et les rues qui l'entourent affichent un mélange séduisant de maisons de négoce de style sino-portugais et de maisons coloniales françaises. Certaines, comme le **6 Columns**, ont été reconverties en hôtels de charme. Revenez vers la rivière et marchez quelques centaines de mètres vers le sud pour rejoindre un trio de beaux bâtiments de l'époque coloniale française : le **7 bâtiment de la Croix-Rouge**, la **8 Banque nationale du Cambodge** et le **9 musée provincial de Kampot** (ancienne maison du gouverneur). Ils ont tous été restaurés. Enfin, une courte promenade vers l'est vous conduira à **10 l'étang aux lotus**, autour duquel se promènent les habitants et où s'arrête notre circuit.

suite de la p. 247

Le paddle est aussi très prisé. **SUP Asia** organise toute une série d'excursions sur la rivière, y compris des cours pour débutants, et s'aventure dans les mangroves de la côte entre Kampot et Kep. Des circuits personnalisés sont également possibles, notamment pour observer les oiseaux.

Et si vous voulez seulement faire trempette dans la rivière en ayant une bière à la main, l'**Arcadia Backpackers & Water Park** est fait pour vous. Nous ne recommandons pas les dortoirs, basiques et délabrés, mais les toboggans et la tyrolienne sont amusants. Le tarif est de 6 $US pour les personnes extérieures à la pension.

Dans les hauteurs des environs de Kampot

GROTTES ET ESCALADE

À l'extérieur de Kampot, vous trouverez un paysage époustouflant de formations calcaires qui brillent d'un vert éblouissant au soleil et sont ponctuées de grottes. Une excursion dans les collines conduit les visiteurs le long de pistes cahoteuses à travers des villages où sont cultivés les durians (p. 251) qui ont fait la renommée de Kampot.

Phnom Chhnork s'élève au milieu des rizières, à quelque 12 km au nord-est de Kampot. Des guides vous attendent, mais ils ne sont pas indispensables pour gravir les 203 marches de l'escalier qui mène à la colline, puis à une caverne aussi belle qu'une église. La vue depuis la colline est particulièrement magique en fin d'après-midi.

L'intérieur de la grotte est orné de stalactites en forme d'éléphants et de minuscules chauves-souris, mais le clou du spectacle est un remarquable temple en briques du VIIe siècle, dédié au dieu hindou Shiva. Il est en très bon état grâce à la protection offerte par la grotte. La colline sacrée de **Phnom Sorsia**, à 11 km au sud-est de Phnom Chhnork, mérite également une visite. Elle est truffée de grottes, dont celle de l'Éléphant blanc, où se trouve une stalagmite ressemblant à la tête d'un pachyderme.

Une autre belle façon de découvrir les collines est de les escalader. **Climbodia** organise des excursions quotidiennes, toute l'année, jusqu'à **Phnom Kbal Romeas**, à 7 km à l'est de Kampot. Les novices sont les bienvenus et après l'escalade et la descente en rappel, vous pourrez également faire de la spéléologie. L'agence peut également organiser des excursions plus difficiles pour les grimpeurs et spéléologues chevronnés.

OÙ SE RESTAURER À KAMPOT

Laundry Cafe Burger Bar $
Les meilleurs hamburgers de Kampot, copieux et savoureux. Variations australiennes, hawaïennes, khmères et mexicaines disponibles.

Ecran Noodles $
Un restaurant de rue qui propose de délicieuses nouilles et boulettes faites main. Options végétariennes.

Twenty Three Bistro $$
Une adresse décontractée, mais sophistiquée, avec d'excellents plats et cocktails. Fermé lundi et mardi. Réservation obligatoire.

Tertúlia $$
Cuisine portugaise raffinée dans un bâtiment de l'époque coloniale. Fermé mardi et mercredi.

Fish Market $$
Des plats savoureux, mais chers. Emplacement idéal, dans un bâtiment Art déco en bord de rivière.

COMMENT S'Y RENDRE ET CIRCULER

La ligne ferroviaire (royal-railway.com) qui relie Kampot à Phnom Penh (7 $US, 5 heures), Sihanoukville (6 $US, 2 heures) et Kep est lente, mais pittoresque, et elle est aujourd'hui prisée des voyageurs. Des minibus desservent quotidiennement les mêmes destinations. Giant Ibis (www.giantibis.com) propose deux bus quotidiens pour Phnom Penh et un bus de nuit à destination de Siem Reap.

Vous trouverez des chauffeurs de *moto-dop* et *tuk-tuk* un peu partout en ville. La plupart des établissements louent des motos et des vélos, mais les motos sont moins chères à Bison Tours (5 $US/jour). Le Kampot Dirt Bike Shop loue des VTT à 25 $US/jour, avec casque et lunettes.

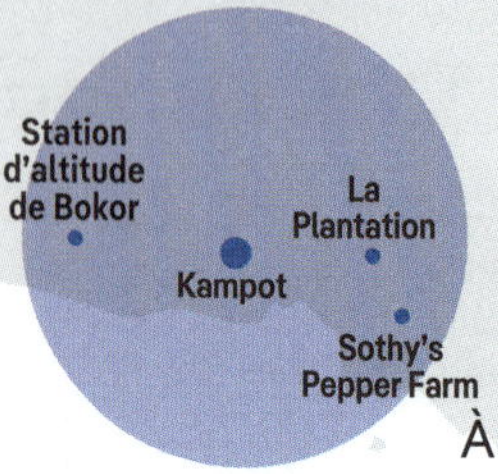

Environs de Kampot

À la découverte d'une ancienne station d'altitude française et des plantations de poivre.

Pour les infos pratiques, voir le Carnet d'adresses *p. 264*

À SAVOIR

La plupart des hébergements peuvent organiser des visites des environs. C'est souvent le moyen le plus pratique de voir les sites.

La région de Kampot est loin de se résumer à la Prek Tek Chhouu et aux formations karstiques calcaires. À l'est et à l'ouest de la ville, les voyageurs découvriront des montagnes, des vestiges de l'époque coloniale et des plantations de poivre.

La station d'altitude de Bokor est perchée sur un sommet à l'ouest de Kampot, à l'intérieur du parc national de Bokor, et ses bâtiments quelque peu inquiétants rappellent la période coloniale française. À l'est de Kampot s'étendent les plantations du poivre pour lequel la ville est connue. Leurs visites sont devenues l'une des activités les plus appréciées des touristes étrangers.

Les forêts de mangrove sur la côte au sud de Kampot sont moins fréquentées. Différentes agences en ville peuvent y organiser des sorties de kayak ou de paddle.

Station d'altitude de Bokor

Église catholique, station d'altitude de Bokor (ci-dessous)

Sommet embrumé et architecture inquiétante

STATION D'ALTITUDE DE BOKOR

Installée au sommet du Phnom Bokor (1 081 m), à environ 39 km à l'ouest de Kampot (une heure en *tuk-tuk*), la **station d'altitude de Bokor** est une ancienne propriété française destinée à permettre aux colons d'échapper à la chaleur oppressante des plaines. Elle est célèbre pour son climat rafraîchissant et ses bâtiments abandonnés qui connurent leur heure de gloire avant la Seconde Guerre mondiale. Lorsque la brume enveloppe ces bâtiments silencieux et que le vent les traverse, il y a parfois de quoi avoir la chair de poule. C'est un cadre qui attire les cinéastes – Bokor a par exemple été le lieu de tournage du film *City of Ghosts* (de Matt Dillon), tourné en 2002 au Cambodge.

Située dans les montagnes de Damrei, la station de montagne fut construite au début des années 1920, mais les soldats et colons français ne purent pas en profiter très longtemps. Ils abandonnèrent Bokor à la fin des années 1940, face aux insurrections locales de groupes khmers luttant pour leur indépendance. Au début des années 1960, la station redevint un lieu de villégiature pour les riches Cambodgiens, mais, en 1972, elle passa aux mains des Khmers rouges. Bokor fut l'un des

L'ANCIENNE CAPITALE CAMBODGIENNE DU DURIAN

La sculpture géante de durian qui trône sur le rond-point principal de Kampot (p. 248) n'est pas seulement un exemple étrange d'architecture publique, elle rappelle que la ville était autrefois la capitale du durian au Cambodge. Fruit piquant au goût... particulier, le durian était la principale culture de la région, avec le poivre, jusqu'à la guerre civile des années 1960 et 1970. Les plantations de durians ont disparu avec l'arrivée des Khmers rouges, qui ont tué leurs propriétaires et planté du riz à la place. Mais la culture du durian a repris à Kampot et les visiteurs qui se rendent dans les plantations de poivre de la région passeront devant de nombreuses fermes de durians. Si vous souhaitez goûter le fruit, vous trouverez des vendeurs autour du vieux marché de Kampot.

OÙ PRENDRE UN VERRE À KAMPOT

Oh Neil's
L'adresse de Kampot qui fait remonter le temps jusqu'aux années 1990. Musique blues et ambiance accueillante.

La Gorda
Un bar plein d'ambiance. Cocktails corrects, bières artisanales et joli choix de tapas espagnoles.

Rusty Keyhole II
Ce bar britannique (avec son traditionnel rôti du dimanche) rassemble tous les expatriés de Kampot les jours de match.

UNE FAUNE RICHE

La station de Bokor fait partie des près de 1 500 km² du **parc national de Preah Monivong**, l'un des deux seuls parcs du patrimoine de l'Association des nations de l'Asie du Sud-Est (Asean ; ou Anase) au Cambodge. Il tire son nom du roi Sisowath Monivong, mort à Bokor en 1941.

La majeure partie du parc se situe à une altitude de 1 000 m. Il abrite des ours noirs et malais, des gibbons et d'autres primates, des panthères nébuleuses, des loris lents, des pangolins et plus de 300 espèces d'oiseaux. Vous apercevrez de nombreux singes sur la route menant à la station d'altitude, mais une grande partie de la faune est nocturne et reste dans les zones les plus reculées afin d'éviter les braconniers, qui sévissent malheureusement toujours dans le parc.

KHLUNGCENTER/SHUTTERSTOCK ©

Vat Sampov Pram

rares endroits où l'armée vietnamienne dut vraiment se battre lors de l'invasion de 1979 qui renversa le régime de Pol Pot. Les Khmers rouges défendirent les bâtiments abandonnés durant plusieurs mois. Au début des années 1990, c'était encore un de leurs bastions.

Édifice emblématique de la station, le **Bokor Palace** est un hôtel prestigieux qui ouvrit en 1925. Après de grands travaux de restauration, c'est l'un des rares bâtiments encore en activité, mais l'entrée n'est normalement permise qu'aux clients. Il est toutefois possible de faire le tour de l'hôtel, qui est très apprécié des membres du gouvernement. Située à l'extrémité, l'**église catholique** a gardé sa croix au sommet du clocher. Des morceaux de verre restent accrochés aux baies de la nef. Les murs de séparation à l'intérieur furent ajoutés par les Khmers rouges lorsqu'ils combattaient l'armée vietnamienne.

Également au sommet, le **Vat Sampov Pram** offre, par beau temps, une vue panoramique sensationnelle sur la plaine côtière qui entoure Kampot. À environ 4 km de là se trouvent les **chutes de Popokvil**, impressionnantes durant la saison des pluies (juin à octobre).

OÙ TROUVER DES CAFÉS À KAMPOT

Cafe Espresso
Sandwichs de qualité, hamburgers, wraps... et l'odeur du café torréfié quand on s'approche ! $

Epic Arts Cafe
Sympathique adresse tenue par une ONG avec gâteaux maison et terrasse ombragée. Apprécié pour petit-déjeuner/buncher. $

J-Break
L'adresse hipster de Kampot pour un verre en soirée en bord de rivière. Le café sert aussi des plats occidentaux et khmers. $

Bokor a été loué à un promoteur cambodgien en 2008 et les visiteurs passeront devant nombre d'hôtels et de complexes d'appartements en construction sur la route menant au sommet. Le signe le plus flagrant de ce développement est le vaste **hôtel Thansur Sokha**, près du Vat Samprov Pram. Il est assez laid vu de l'extérieur, mais il possède un restaurant (le seul autre endroit où se restaurer à Bokor est le restaurant trop cher des chutes de Popokvil, qui ferme à 16h). Spacieuses et bien tenues, les chambres affichent des prix bien plus raisonnables que celles du Bokor Palace, si jamais vous vouliez dormir sur place (et que vous n'avez donc pas peur des fantômes).

Le poivre de Kampot

LA RENAISSANCE D'UNE ÉPICE

Il fut un temps où tout grand restaurant parisien digne de ce nom ne jurait que par le poivre de la province de Kampot. Puis vinrent les Khmers rouges, qui détruisirent les plantations pour installer des rizières et faillirent le faire disparaître. Heureusement, ce poivre délicat et aromatique renaît depuis une dizaine d'années grâce au travail conjoint de planteurs locaux et de gastronomes passionnés.

La plupart des plantations sont des exploitations familiales disséminées dans les vallées à l'est de Kampot. Certaines se trouvent dans la province voisine de Kep. Les grains qui donneront du poivre noir, rouge et blanc sont récoltés de février à mai. La cueillette du poivre vert s'étend de septembre à février. Les visites des plantations, dont certaines possèdent un restaurant, permettent aux visiteurs de découvrir le processus de récolte. Elles offrent en outre la possibilité d'acheter du poivre de qualité supérieure, souvenir léger à emporter et qui restera frais durant des années s'il est bien conservé.

La Plantation, à 17 km à l'est de Kampot (45 minutes de route), assure quotidiennement des visites de sa plantation bio, avec dégustation, en français et en anglais. Il est même possible de prendre des cours de cuisine. L'établissement possède aussi une boutique à Kampot. **Sothy's Pepper Farm**, à une heure de route au sud-est de Kampot et à 15 km au nord-est de Kep, propose une visite gratuite intéressante et dispose d'un bon restaurant et de quelques bungalows rustiques si vous souhaitez séjourner dans une plantation en activité.

OÙ SE LOGER DANS LA VIEILLE VILLE DE KAMPOT

Rikitikitavi $$
Chambres élégantes et restaurant-bar idéal pour un verre au bord de l'eau au coucher du soleil.

Hotel Old Cinema $$
Un cinéma reconverti avec des chambres confortables aux belles salles de bains. Petite piscine et bon restaurant.

Columns $$
D'anciennes maisons de négoce reconverties en hôtel de charme.

Two Moons $$
Chambres spacieuses et lumineuses au sud de la vieille ville. Piscine. Idéal pour les familles.

POIVRE DE KAMPOT

Bien que l'on parle de poivre de Kampot, certaines plantations se trouvent en fait dans les environs de **Kep** (p. 234). Les grains de poivre vert de la région s'accordent d'ailleurs parfaitement au crabe qui fait la réputation de la ville.

COMMENT CIRCULER

Les motards apprécieront sans doute la montée en lacets, et ses singes, jusqu'à la station de Bokor. Des *tuk-tuk* assurent l'aller-retour depuis Kampot moyennant 30 $US. Toutes les auberges de Kampot proposent des circuits jusqu'à Bokor, moyennant 12 à 15 $US par personne.

L'aller-retour en *tuk-tuk* jusqu'à La Plantation coûte 20 $US. Une excursion à la Sothy's Pepper Farm coûte plus cher (accès plus facile depuis Kep).

KEP

Pour les infos pratiques, voir le Carnet d'adresses p. 264

Kep fut la première station balnéaire du Cambodge. Fondée par des colons français, elle devint ensuite prisée des grandes fortunes khmères dans les années 1960. La famille royale cambodgienne y passait ses vacances et le manoir inachevé du roi Sihanouk fait d'ailleurs partie des nombreuses villas modernistes abandonnées qui donnent à Kep son ambiance quelque peu irréelle.

Aujourd'hui, Kep reste une destination populaire auprès des Cambodgiens, qui, le week-end et durant les vacances, affluent sur sa plage et sur celles de l'île voisine de Koh Tonsay pour venir barboter dans des chambres à air et se régaler de crabes au poivre, un mets qui fait la renommée de la ville.

La station est également prisée des étrangers, qui apprécient de flâner entre ses *resorts*, ses plages et ses restaurants de crabe, en s'autorisant parfois une excursion dans le parc national de Kep, où les randonnées sont faciles. Vous l'aurez compris, le rythme ici est tranquille. Très tranquille.

À SAVOIR

S'étirant le long de la côte sur 5 km, Kep n'a pas vraiment de centre. Les hébergements sont répartis le long du littoral ou perchés juste au-dessus de la ville sur les routes qui serpentent vers le parc national. La plupart des restaurants se trouvent au marché aux crabes ou près de la plage.

VOIR
1 Koh Tonsay
2 Parc national de Kep

ACTIVITÉS, COURS ET CIRCUITS ORGANISÉS
3 Kep Adventures

SE LOGER
4 Bird of Paradise Bungalows
5 Khmer Hands Resort
6 Knai Bang Chatt
7 Simone Guesthouse
8 Veranda Natural Resort

SE RESTAURER
9 Holy Crab
(voir 9) Kep Sur Mer
(voir 9) Magic Crab
(voir 9) So Kheang

PRENDRE UN VERRE ET FAIRE LA FÊTE
10 Led Zep Cafe

PARMNA/SHUTTERSTOCK ©

Koh Tonsay (p. 256)

Villas abandonnées et temples cachés

UNE PROMENADE À KEP

Les **villas modernistes** abandonnées qui se cachent au milieu de jardins envahis par la végétation rappellent le passé prestigieux de celle qui fut la première destination balnéaire du pays dans les années 1950 et 1960. Aujourd'hui encore, il est possible de bien distinguer les lignes claires et l'absence de décoration qui caractérisaient le mouvement moderniste. Les villas furent abandonnées lorsque les Khmers rouges procédèrent à l'évacuation de la ville, assassinant beaucoup de leurs propriétaires. Certaines ont été rénovées, mais la plupart sont à l'abandon depuis plus de 45 ans et ce en dépit du renouveau de Kep.

La ville abrite d'autres trésors cachés : les temples troglodytiques nichés dans les collines karstiques à l'est de la ville. Le **Vat Kiri Sela** est ainsi percé d'une centaine de grottes pleines de stalactites et de galeries abritant des sanctuaires bouddhiques. Un autre ensemble de grottes et un point d'eau

LES MEILLEURS RESTAURANTS DE CRABE DE KEP

Magic Crab $$
Crabe au poivre ou à la sauce coco. Portions généreuses, service sympathique et belle vue au coucher du soleil.

So Kheang $$
Une expérience plus locale que dans les autres restaurants au marché aux crabes. Spécialité de crabe au poivre.

Kep Sur Mer $$
Très bons plats de crabe et de poisson à prix corrects, même si l'endroit manque un peu de charme.

Holy Crab $$
Des plats khmers et européens (linguine au crabe) dans un cadre plutôt chic pour Kep.

OÙ SE RESTAURER À KEP

Kep Coffee Cafe
Petits-déjeuners copieux, salades, hamburgers et quelques plats mexicains. $

Arts Cafe
Une adresse tenue par une ONG au marché aux crabes. Savoureux plats khmers et européens. $

Italian Corner
Cuisine italienne savoureuse, des *antipasti* aux pâtes et pizzas maison, et de la carte des vins aux desserts. $

OÙ SE LOGER À KEP

Khmer Hands Resort $
Bungalows et chambres basiques dans un jardin ravissant. Fait également office d'école hôtelière.

Bird of Paradise Bungalows $$
De jolis bungalows dans un jardin de jungle près de la plage et du marché aux crabes.

Veranda Natural Resort $$$
Un complexe à flanc de colline avec de belles chambres en bois, bambou et pierre. Superbe piscine et vue sur le coucher de soleil.

Knai Bang Chatt $$$
Un complexe sur le front de mer. Bon restaurant et très bon service. Les chambres sont plutôt simples compte tenu du prix.

sont situés à 1 km du temple. L'escalier abrupt sculpté dans la colline offre de superbes vues sur le paysage environnant.

Niché dans les collines au-dessus de la ville, le **parc national de Kep** offre une vue imprenable sur la mer à l'ouest, au sud et à l'est. Un circuit de 8 km, facilement praticable, serpente à travers ses forêts épaisses, qui hébergent de nombreux singes et oiseaux. Les itinéraires sont indiqués sur une carte au **Led Zep Cafe**, près de l'entrée du parc.

Farniente à Koh Tonsay

DÉTENTE SUR L'ÎLE DU LAPIN

Koh Tonsay (Rabbit Island ; "l'île du lapin") vous ravira si Kep est trop animée pour vous. Située à seulement 20 minutes en bateau de Kep, c'est une petite île densément boisée dont on peut faire le tour en 2 heures. Elle est bordée de plusieurs plages de sable doré parsemées de palmiers qui ont un air délicieusement rustique par rapport aux plages glamour de Sihanoukville.

Vous ne trouverez ici aucun complexe haut de gamme (même s'il y en a un qui est actuellement en construction à la pointe sud de Koh Tonsay), mais plutôt des bungalows rudimentaires qui donnent sur la plage principale – la seule où il y a des hébergements. Plusieurs récifs coralliens peuvent être explorés au sud de l'île (pensez à apporter un masque et un tuba, qui peuvent être difficiles à trouver sur l'île), mais l'activité reine demeure le farniente. Au programme : promenade tranquille sur la plage, à côté des poules qui picorent et des chiens amicaux, repas de fruits de mer et sieste au son des vagues.

L'île est très fréquentée le week-end par les touristes locaux, mais elle est très calme le reste du temps. Certains voyageurs apprécient tellement l'ambiance qu'ils décident d'y rester des semaines. La **Simone Guesthouse**, au milieu de la plage, possède le meilleur restaurant et on y parle anglais. À proximité de Koh Tonsay, les minuscules **Koh Pos** ("l'île aux serpents" et **Koh Svay** ("l'île aux mangues") peuvent être visitées en *long-tail boat*. **Kep Adventures** propose aussi des visites des îles.

COMMENT S'Y RENDRE ET CIRCULER

Kep est un arrêt de la ligne ferroviaire reliant Phnom Penh à Takeo, Kampot et Sihanoukville. Le trajet en *tuk-tuk* entre la gare et la ville vous coûtera 5 $US.

Des minibus partent tous les jours pour Phnom Penh (2-5 heures), parfois en passant par Kampot et Sihanoukville.

Les bateaux à destination de Koh Tonsay (25 $US aller-retour jusqu'à 6 pers) partent du Rabbit Island Pier, à l'est de Kep Beach, entre 8h et 17h.

Des *tuk-tuk* rallient Kampot (45 minutes) pour 10 $US. Ils peuvent également vous conduire au Vat Kiri Sela. Louer un *tuk-tuk* pour la journée coûte 30 $US. Chanthan (096 6520018) est un chauffeur fiable, qui parle anglais.

Il est généralement possible de louer des motos (5 $US/jour) et des vélos (2 $US/jour) auprès des hébergements.

Environs de Kep

Au nord-est de Kep vous attendent des temples anciens, des chutes d'eau et des bourgades tranquilles au milieu de rizières.

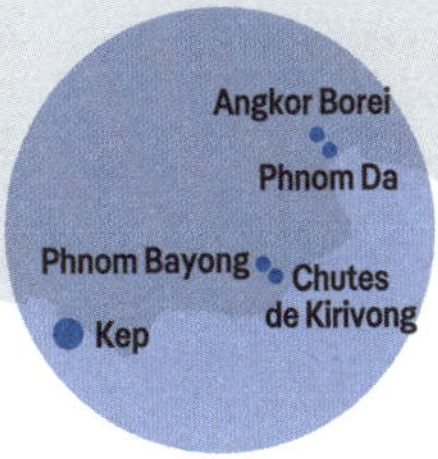

Peu visitée, la province de Takeo, à l'est de Kep, est serrée contre la frontière vietnamienne. Province rurale et pauvre, elle abrite cependant des temples préangkoriens d'une importance considérable, ainsi que des lacs et des cascades. Takeo (aussi appelée Doun Kaev), la capitale de la province, est une commune paisible posée au bord d'un lac, connue pour ses écrevisses et le tissage de la soie. Elle est peu fréquentée par les touristes, mais peut servir de base pour une agréable promenade en bateau jusqu'aux étonnantes collines de Phnom Da, coiffées de temples, et jusqu'au musée archéologique d'Angkor Borei.

Au sud de Takeo se trouvent le temple de Phnom Bayong, posté au sommet d'une falaise, et les chutes pittoresques de Kirivong, un endroit idéal pour passer du temps avec les habitants.

Pour les infos pratiques, voir le Carnet d'adresses *p. 265*

À SAVOIR

Les motos à louer sont difficiles à dénicher, mais vous pouvez prendre des *moto-dop* pour vous déplacer. Pour les transports par bateau, mieux vaut réserver à l'avance.

Temple, Angkor Borei (p. 258)

L'ÉCREVISSE DE TAKEO

Takeo est célèbre pour ses écrevisses géantes, élevées dans le lac Roka Khnong. La saison pour les déguster s'étend d'octobre à décembre. Le week-end, des Khmers fortunés viennent de Phnom Penh pour les déguster. À d'autres moments de l'année, il est toujours possible d'en manger, mais elles sont plus petites.

De nombreux restaurants de Takeo attirent les passants avec de grands viviers remplis d'écrevisses qui attendent d'être bouillies ou grillées. Attention, le prix est élevé : comptez 45 $US/kg. Les plus petites sont vendues 25 $US/kg. Le restaurant **Stung Takeo**, avec son accueillante terrasse donnant sur le lac, est une bonne adresse pour les déguster.

HEMIS / ALAMY STOCK PHOTO ©

Temple, Phnom Da

Le berceau de la civilisation khmère

ANGKOR BOREI ET PHNOM DA

Depuis le lac Roka Khnong à Takeo, une promenade en bateau de 50 minutes le long d'un canal mène à deux sites préangkoriens qui sont aujourd'hui considérés comme l'un des berceaux de la civilisation khmère. Les archéologues y ont découvert des objets datant de 400 avant notre ère, dont les premiers exemples connus d'inscriptions khmères.

Angkor Borei servit de capitale au VIIIe siècle durant la période Chenla. C'était toutefois déjà un centre important durant la période Funan, entre le Ier et le VIe siècle de notre ère, lorsque la grande route commerciale maritime entre l'Inde et la Chine passait par le delta du Mékong, tout proche. Le mur d'enceinte qui s'étend sur près de 6 km autour du village témoigne de l'importance passée d'Angkor Borei. Le petit musée d'Angkor Borei, rénové en 2019, présente des objets des périodes Funan et Chenla.

À 3 km d'Angkor Borei, le **Phnom Da** n'est pas accessible en bateau si le niveau de l'eau est trop bas. D'influence hindoue, les temples qui s'y dressent sont les premiers exemples de

OÙ SE LOGER ET SE RESTAURER À TAKEO

Daunkeo Guesthouse
Grandes chambres avec terrasse commune, et jardin plein de plantes, près du lac. Service décontracté. **$**

Alice Villa
La meilleure adresse de Takeo pour ses bungalows, avec lits confortables et bonnes salles de bains. **$$**

Le Petit Bistro de Takeo
Un vrai plaisir que cet authentique petit restaurant français avec terrasse en plein Takeo. **$$**

sculpture khmère. Une randonnée jusqu'au sommet de la colline offre une vue fantastique sur le Vietnam et le delta du Mékong.

Le trajet en bateau jusqu'aux temples offre un excellent aperçu de la vie rurale locale, notamment durant la saison des pluies (juin à octobre), lorsque les rizières environnantes sont inondées et que le paysage devient particulièrement photogénique.

Temple en bord de falaise et vues sur le delta du Mékong

PHNOM BAYONG ET CHUTES DE KIRIVONG

À 43 km au sud de Takeo (à 1 heure à moto) à travers les rizières, et à proximité de la frontière du Vietnam, se dresse le **Phnom Bayong**, un temple en haut d'une falaise qui jouit d'une vue exceptionnelle sur le delta du Mékong. Durant la saison des pluies (juin à octobre), lorsque la mosaïque de rizières du delta est inondée et brille d'un vert éclatant, la vue est tout simplement magique. Au coucher du soleil, la vue est tout aussi époustouflante.

Le Phnom Bayong fut érigé au VIIe siècle pour célébrer la victoire du royaume du Chenla sur le Funan, le royaume à qui l'on doit les temples d'Angkor Borei et de Phnom Da. Le *linga* (ou lingam, symbole phallique) que le temple abritait autrefois est désormais exposé au musée Guimet, à Paris. Mais le temple a conservé un certain nombre de panneaux en bas-relief sur le thème de la flore et de la faune, notamment sur les linteaux de trois fausses portes et dans la brique.

Du parking, une voie sinueuse en béton mène à la base du temple. Il est possible de s'y rendre à pied (environ 30 minutes) ou d'y être conduit à moto. De là, comptez 10 minutes pour effectuer la difficile montée de l'escalier en ruine qui accède au temple.

La ville la plus proche du Phnom Bayong est **Kirivong**, à 3 km à l'est. À environ 3,5 km à l'ouest de la ville, vous découvrirez les modestes **chutes de Kirivong**. L'ambiance est sympathique le week-end, quand la population locale vient s'y baigner et pique-niquer.

PASSER AU VIETNAM DEPUIS KEP ET TAKEO

Au départ de Kep, le poste-frontière de **Prek Chak/Xa Xia** est prisé des voyageurs se rendant à Phu Quoc ou à Hô Chi Minh-Ville. En *tuk-tuk*, le trajet de Kep à la frontière coûte 15 $US. Les formalités sont en principe simples, mais vous devrez peut-être vous acquitter de modestes frais de "traitement" supplémentaires. De la frontière, Ha Tien est à 7 km à *moto-dop* (5 $US), et de là, des ferries quotidiens rallient Phu Quoc et des bus desservent d'autres destinations.

De Takeo, le **poste-frontière de Phnom Den/Tinh Bien**, peu fréquenté, relie le Cambodge à Châu Dôc, au Vietnam. La frontière se trouve à 47 km au sud-est de Takeo ; comptez 20 à 25 $US à *moto-dop*. Côté vietnamien, les chauffeurs de *moto-dop* parcourent les 30 km menant à Châu Dôc (15 $US) ; négociez.

COMMENT S'Y RENDRE ET CIRCULER

Takeo se trouve sur la ligne ferroviaire reliant Phnom Penh à Sihanoukville via Kep et Kampot. La gare de Takeo est à 4 km de la ville, comptez 2 $US à moto. Sinon, les minibus qui circulent du nord au sud depuis/vers Phnom Penh peuvent vous laisser descendre à Angk Tasaom, à 10 km au nord-ouest de Takeo (5 $US en *tuk-tuk*).

Réservez les liaisons par bateau pour Angkor Borei et Phnom Da (40 $US aller-retour) avant d'arriver, car il y a moins de bateaux ces temps-ci. Kit (092 839654) est un conducteur de bateau qui parle un peu anglais.

Les chauffeurs de *moto-dop* et de *tuk-tuk* attendent au bord du lac, près du marché. Le trajet à *moto-dop* pour Kirivong (au départ du Phnom Bayong) devrait revenir à 20 $US.

Carnet d'adresses

KOH KONG

Chutes de la Tatai
Voir p. 223 (NH48, Km 134 ; 1 $US)

Réserve naturelle de Peam Krasaop
Voir p. 221 (015 688 183 ; 5 000 r ; 7h-17h)

Réserve naturelle de la Tatai
Voir p. 223

Vat Neang Kok
Voir p. 223 (côte ouest du Koh Poi)

99 Guesthouse
Voir p. 222 (035-660 0999 ; 99guesthouse@gmail.com ; 135 St 6)

Apex Koh Kong Hotel
Voir p. 222 (015 558 988 ; www.apexkohkong.com ; village 2, district de Samach Mean Cheay, ville de Koh Kong)

Canvas & Orchids Resort
Voir p. 222 (097 64 34 032 ; canvasandorchids.com ; près de la NH48, Tatai)

Donut Guesthouse
Voir p. 222 (016 724 290 ; cheaoudom999@gmail.com ; près de la NH48, Tatai)

Mangrove Sanctuary Resort
Voir p. 222 (097 411 0808 ; entrée de la réserve naturelle de Peam Krasaop)

Nathy Koh Kong Hotel
Voir p. 222 (011 766 668 ; St 3, ville de Koh Kong)

Rainbow Lodge
Voir p. 222 (012-160 2585 ; rainbowlodgecambodia.com ; Tatai)

Young, Wild & Free
Voir p. 222 (096 560 2759 ; www.facebook.com/YWFKH ; plage de Pak Khlong, ville de Koh Kong ; restaurant 8h-22h)

Anon Cafe & Restaurant
Voir p. 221 (015 836 667 ; Asia Koh Kong Hotel, St 1, ville de Koh Kong ; 6h-23h30)

Crab Chak
Voir p. 221 (035 644 0111, 097 990 2045 ; plage de Koh Yor)

I Love Pizza
Voir p. 221 (088 620 9661 ; près de St 1, ville de Koh Kong ; 12h-14h30 et 17h-21h mar-dim)

ENVIRONS DE KOH KONG

Crocodile Protection Sanctuary
Voir p. 228 (13 km au sud d'Osoam ; mai-déc)

Parc national de Botum Sakor
Voir p. 227 (120 km au sud de Koh Kong)

CBET de Chi Phat
Voir p. 225 (035 675 6444 ; chi-phat.org ; 7h-19h)

Wildlife Alliance Release Station Tours
Voir p. 226 (095 970 175 ; www.wildlifealliance.org/wildlife-release-koh-kong ; 1 nuit adulte/enfant 120/50 $US, 2 nuits 200/75 $US)

Bearcat
Voir p. 226 (Chi Phat)

Cardamom Cottage
Voir p. 226 (088 902 0808 ; Chi Phat)

Cardamom Tented Camp
Voir p. 227 (096 641 0783 ; cardamomtentedcamp.com ; parc national de Botum Sakor)

Kim Chhoun Guesthouse
Voir p. 227 (Andoung Tuek)

Srey Mom Guesthouse
Voir p. 226 (Chi Phat)

Chez l'habitant – Stung Areng
Voir p. 227 (CBET ; 097 355 5638 ; www.areng-valley.org)

Étals de nourriture de Chi Phat
Voir p. 225 (Chi Phat)

Centre des visiteurs de Chi Phat
Voir p. 225 (035-675 6444, 092 720925 ; chi-phat.org ; CBET, Chi Phat ; 6h-8h30, 11h-13h et 18h-19h30)

Koh Andaet Cafe & Lodge
Voir p. 225 (012 903 037 ; NH48, Tatai)

SIHANOUKVILLE

Plage d'Ochheuteal
Voir p. 230

Plage d'Otres
Voir p. 230

Onederz
Voir p. 230 (090 200 400 ; www.onederz.com ; baie de Saracen)

Sok Sabay
Voir p. 230 (016 406 080 ; Otres Village)

Sunset Lounge
Voir p. 230 (097 734 0486 ; sud de la plage d'Ochheuteal)

Sandan
Voir p. 230 (098-454 400 ; www.facebook.com/sandan.restaurant ; St 1031I ; 10h-22h)

Yasmine Cafe
Voir p. 230 (Serendipity Beach Rd ; 24h/24)

ENVIRONS DE SIHANOUKVILLE

Plage de Nesat
Voir p. 232 (85 km au nord de Sihanoukville)

Parc national de Ream
Voir p. 233 (092 678 878 ; 18 km au sud de Sihanoukville)

CornerStone
Voir p. 232 (016 863 003 ; www.facebook.com/CornerStone.PhumBarang ; Phumi Chrouy Svay)

Done Right
Voir p. 232 (www.facebook.com/DoneRightGuesthouse ; Phumi Chrouy Svay)

Koh Thmei Resort
Voir p. 233 (378 065 327 ; koh-thmei-resort.com ; Koh Thmei)

The Cocoon
Voir p. 232 (096 994 5485 ; www.facebook.com/thecocoon.nesat ; Phumi Chrouy Svay)

Klub Haus
Voir p. 232 (081 995 701 ; www.facebook.com/KlubHaus.PhumBarang ; Phumi Chrouy Svay)

Marché nocturne
Voir p. 232 (Phumi Chrouy Svay)

KOH RONG

Coconut Beach
Voir p. 237 (au sud-est de Koh Rong)

Lonely Beach
Voir p. 238 (au nord-est de Koh Rong)

ALEKSANDAR TODOROVIC / STOCK.ADOBE.COM ©

Koh Rong

Long Set Beach
Voir p. 237 (au sud de Koh Rong)

Nature Beach
Voir p. 237 (au sud de Koh Rong)

Pagoda Beach
Voir p. 237 (à l'est de Koh Rong)

Palm Beach
Voir p. 238 (à l'est de Koh Rong)

Plage de Koh Toch
Voir p. 237 (au sud-ouest de Koh Rong)

Police Beach
Voir p. 238 (au sud de Koh Rong)

Sok San
Voir p. 236 (à l'ouest de Koh Rong)

Three Brothers
Voir p. 238 (jetée sud, Koh Toch)

Koh Rong Dive Center
Voir p. 238 (096 560 7362 ; kohrongdivecenter.com ; Centre Pier, Koh Toch ; snorkeling 25 $US, plongée à partir de 80 $US ; 8h-20h)

Coconutbeach Bungalows
Voir p. 237 (077 766 333 ; www.facebook.com/coconutbeachbungalows ; Coconut Beach)

Firefly Guesthouse
Voir p. 238 (010 418 567 ; Prek Svay)

Golden Beach Resort
Voir p. 236 (089 535 551 ; goldenbeachsoksan.com ; Sok San)

Lonely Beach Eco Resort
Voir p. 230 (097 605 7040 ; www.lonely-beach.net ; Lonely Beach)

Nest Beach Club
Voir p. 237 (096 752 8301 ; www.facebook.com/nestkohrong ; Long Set Beach)

Palm Beach Bungalow Resort
Voir p. 238 (081 500 632 ; www.palmbeachkohrong.com ; Palm Beach)

Sok San Beach Resort
Voir p. 236 (017 777 831 ; soksanbeachresort.com ; Long Beach, Sok San)

Song Saa Private Island
Voir p. 238 (023 886 750 ; www.songsaa-privateisland.com ; Koh Ouen)

White Beach Bungalows
Voir p. 237 (070 396 082 ; www.whitebeachbungalows.com ; plage de Koh Toch)

White Sand Ark
Voir p. 236 (011 675 130 ; Sok San Beach)

Bamboo
Voir p. 237 (bamboo-pizza-restaurant.business.site ; Koh Toch ; 8h-23h)

Buffalo
Voir p. 237 (070 270 315 ; www.facebook.com/BuffaloKohRong ; Koh Toch ; 8h-23h)

Hakobune
Voir p. 237 (Sok San)

Moon Restaurant
Voir p. 237 (011 558 660 ; Sok San ; 8h-21h30)

Runaways
Voir p. 238 (081 550 971 ; www.facebook.com/RunawaysKohRong ; Koh Toch ; 7h-2h)

Seng Piset Restaurant
Voir p. 237 (Sok San)

ENVIRONS DE KOH RONG

Archipel de Koh Sdach
Voir p. 240 (16 km au nord-ouest de Koh Rong)

Condor Reef
Voir p. 241 (30 km au sud de Koh Sdach)

Koh Chan
Voir p. 241 (île de l'archipel ; plongée nov-mai)

Shark Island
Voir p. 241 (île de l'archipel)

Turtle Island
Voir p. 241 (île de l'archipel ; plongée nov-mai)

Kuda Divers
Voir p. 241 (090 909 846 ; kudadivers@gmail.com, www.facebook.com/kudadivers ; 8h-17h)

Octupuses Garden Diving Centre
Voir p. 241 (086 413 380 ou 086 412 432 ; octopuscambodia.com)

Koh Sdach Resort
Voir p. 240 (081 577 875 ; Coconut Beach, Koh Sdach)

Plantation de poivre, Kampot

BTWIMAGES / STOCK.ADOBE.COM ©

Mean Chey Guesthouse
Voir p. 240 (011 979 797 ; Koh Sdach)

Monorom Guesthouse
Voir p. 240 (011 666 791 ; Koh Sdach)

KOH RONG SANLOEM

Koh Koun
Voir p. 244 (au nord de Koh Rong Sanloem)

Lazy Beach
Voir p. 245 (côte ouest de Koh Rong Sanloem)

Baie de M'Pai
Voir p. 245 (côte nord de Koh Rong Sanloem)

Baie de Saracen
Voir p. 243 (côte est de Koh Rong Sanloem)

Sunset Beach
Voir p. 244 (côte ouest de Koh Rong Sanloem)

Adventure Travel Co.
Voir p. 245 (096 427 5133 ; www.facebook.com/adventuretravelcosiemreap ; baie de M'Pai)

Bubbles Up Dive Centre
Voir p. 245 (096 551 9870 ; www.facebook.com/Bubblesupcambodia, bubblesupcambodia.com ; baie de M'Pai ; plongées à partir de 50 $US ; 9h-18h)

Dive Shop Cambodia
Voir p. 244 (097 764 7222 ; www.diveshopcambodia.com ; baie de Saracen ; 2 plongées 80 $US, stage Open Water 420 $US)

Scuba Nation
Voir p. 244 (071 781 9266 ; www.divecambodia.com ; baie de Saracen ; snorkeling 1 journée 30 $US, stage PADI Open Water 445 $US)

Sunset Adventures
Voir p. 245 (☎088 616 6484 ; www.facebook.com/profile.php?id=100056657062925 ; Sunset Beach)

Beach House
Voir p. 245 (☎096 270 8074 ; www.beachhousecambodia.com ; baie de M'Pai)

Cliff Hostel
Voir p. 245 (☎016 329 508 ; www.facebook.com/thecliffhostelmpaybay ; baie de M'Pai)

Eden Beach Resort
Voir p. 243 (☎071 522 2610 ; baie de Saracen)

Ing Ing Guesthouse
Voir p. 245 (baie de M'Pai)

La Passion by Achariyak
Voir p. 243 (☎070 661 000 ; www.lapassionresort.com ; baie de Saracen)

Lazy Beach
Voir p. 244 (☎016 214 211 ; www.lazybeachcambodia.com ; côté sud-ouest de Koh Rong Sanloem)

Mad Monkey
Voir p. 245 (www.madmonkeyhostels.com ; baie de M'Pai)

Robinson's Bungalows
Voir p. 244 (☎088 454 6872 ; www.robinsonbungalows.com ; Sunset Beach)

Sara Resort
Voir p. 243 (☎097 986 5551 ; sararesort.com ; baie de Saracen)

Sunboo Beach Bungalows
Voir p. 244 (☎097 970 1755 ; www.sunboobeachbungalows.com ; Sunset Beach)

Bar Bok Bowie
Voir p. 245 (☎096 294 0322 ; www.facebook.com/bokbowie ; baie de M'Pai ; 16h-22h mer-jeu, 12h-22h ven-dim)

Seapony Cafe
Voir p. 245 (☎096 2264 5541 ; www.facebook.com/seaponybungalow ; baie de M'Pai ; 8h30-15h mer-lun)

KAMPOT

Banque nationale du Cambodge
Voir p. 248 (National Bank of Cambodia ; Riverside Rd)

Bâtiment de la Croix-Rouge
Voir p. 248 (à l'angle de River Rd et St 730)

Musée provincial de Kampot
Voir p. 248 (www.kampotmuseum.org ; River Rd ; 2 $US ; 8h-11h et 14h-17h)

Old Royal Cinema
Voir p. 248 (St 279)

Phnom Chhnork
Voir p. 249 (12 km au nord-est de Kampot ; 1 $US ; 7h-18h)

Phnom Kbal Romeas
Voir p. 249 (à 5 km à l'est de Kampot)

Phnom Sorsia
Voir p. 249 (11 km au sud-est de Phnom Chhnork ; entrée libre ; 7h-17h)

Tek Chhouu
Voir p. 247 (NH33, 10 km au nord de Kampot)

Vieux pont français
Voir p. 248 (Entanou Bridge ; prolongement de la St 700)

Arcadia Backpackers & Water Park
Voir p. 249 (☎097 745 5073 ; www.arcadiabackpackers.com ; Tek Chhouu Rd ; accès au parc aquatique 6 $US)

Bison Tours
Voir p. 249 (☎012 442687 ; keusarun@yahoo.com ; St 730 ; 7h-19h)

Climbodia
Voir p. 249 (☎070 255210 ; www.climbodia.com ; 34 St 724a ; demi-journée 35-45 $US ; 8h30-19h)

Kampot Dirt Bike Shop
Voir p. 249 (☎070 240444 ; NH33 ; 7h-17h30)

SUP Asia
Voir p. 249 (☎093-980 550 ; supasia.org ; River Rd ; 2 heures 30 $US, demi-journée 60 $US ; 8h30-19h sam-jeu oct-août)

Amber Kampot
Voir p. 247 (☎078 775 542 ; amber-kampot.com ; village de Ta Ang)

Bamboo Bungalows
Voir p. 247 (☎070 665 766 ; www.kampotbamboo.com ; Tuek Chhou Rd)

Columns
Voir p. 248 (☎092-128 300 ; www.the-columns.com ; St 278)

Karma Traders
Voir p. 247 (☎016 556 504 ; www.karmatraderskampot.com ; Red Rd)

Magic Sponge
Voir p. 247 (☎017-946 428 ; magicspongekampot.com ; St 730)

Monkey Republic
Voir p. 247 (☎012 848 390 ; www.monkeyrepublickampot.com ; St 730)

Onederz
Voir p. 247 (☎098 309 551 ; onederz.com ; St 726)

Sabay Beach
Voir p. 247 (☎096 528 1681 ; www.sabaybeach.com ; village d'Ordnung Chimern)

Yellow Sun Hostel
Voir p. 247 (☎010 663 001 ; www.facebook.com/yellowsunhostel ; rive est de la Prek Tek Chhouu, au nord de Kampot)

Ecran Noodles
Voir p. 249 (010 249 411 ; www.facebook.com/ecrannoodlesanddumplings ; River Rd ; 10h45-20h45)

Fish Market
Voir p. 249 (012 728 884 ; www.facebook.com/FishMarketKampot ; River Rd ; 9h-23h)

Laundry Cafe Burger Bar
Voir p. 249 (085 811 001 ; St 74 ; 12h-22h dim-ven, 12h-1h sam)

Tertúlia
Voir p. 249 (096 264 5251 ; www.facebook.com/kampottertulia ; St 724a ; 12h-15h et 16h30-21h30 jeu-lun)

Twenty Three Bistro
Voir p. 249 (088 607 9731 ; www.facebook.com/23kampot ; 23 St 726 ; 12h-21h30 mer-dim)

Vieux marché
Voir p. 248 (River Rd)

ENVIRONS DE KAMPOT

Bokor
Voir p. 251 (39 km à l'ouest de Kampot)

Chutes de Popokvil
Voir p. 252 (Bokor ; juin-oct)

Église catholique
Voir p. 252 (Bokor ; entrée libre)

Parc national de Preah Monivong
Voir p. 252 (parc national de Bokor ; moto/voiture 2 000/10 000 r)

Vat Sampov Pram
Voir p. 252 (Bokor)

La Plantation
Voir p. 253 (017 842 505 ; laplantation.com ; 17 km à l'est de Kampot ; visite guidée gratuite ; 9h-18h, dernière visite à 16h)

Sothy's Pepper Farm
Voir p. 253 (088 951 3505 ; mykampotpepper.asia ; près de la NH1333, 15 km au nord-est de Kep ; entrée libre ; 8h-17h)

Columns
Voir p. 253 (092-128 300 ; www.the-columns.com ; St 278, Kampot)

Hotel Old Cinema
Voir p. 253 (081 897 246 ; www.facebook.com/oldcinemahotel ; 27 St 700, Kampot)

Le Bokor Palace
Voir p. 252 (088 335 5608 ; www.lebokorpalace.com.kh ; Bokor)

Rikitikitavi
Voir p. 253 (017 306 557 ; www.rikitikitavi-kampot.com ; River Rd, Kampot)

Thansur Sokha Hotel
Voir p. 253 (033 683 8888 ; www.sokhahotels.com.kh ; près du Vat Samprov Pram)

Two Moons
Voir p. 253 (077 324 889 ; River Rd, Kampot)

Cafe Espresso
Voir p. 252 (092-388 736 ; kampotcoffee.wixsite.com/espresso ; NH33, Kampot ; 8h15-16h mar-ven, 9h-16h30 sam-dim)

Epic Arts Cafe
Voir p. 252 (092 922 069 ; www.epicarts.org.uk ; St 724, Kampot ; 7h30-16h)

J-Break
Voir p. 252 (016 673 919 ; River Rd, Kampot ; 7h30-22h)

La Gorda
Voir p. 251 (070 754 264 ; 16 St 726, Kampot ; 17h-minuit mer-lun)

Oh Neil's
Voir p. 251 (015 207 790 ; River Rd, Kampot ; 16h-tard)

Rusty Keyhole II
Voir p. 251 (077 650 195 ; 2000 Roundabout, Kampot ; 8h-minuit)

KEP

Koh Pos
Voir p. 256 (au-delà de Koh Tonsay)

Koh Svay
Voir p. 256 (au-delà de Koh Tonsay)

Koh Tonsay
Voir p. 256 (Rabbit Island ; 20 minutes en bateau de Kep)

Parc national de Kep
Voir p. 256 (1 $US)

Vat Kiri Sela
Voir p. 255 (près de Kompong Trach ; 1 $US ; 7h-18h)

Kep Adventures
Voir p. 256 (015 892 434 ; kep-adventures.com ; journée entière 35-120 $US/pers, demi-journée 15-40 $US/pers ; nov-mai)

Bird of Paradise Bungalows
Voir p. 256 (088 728 2011 ; www.facebook.com/birdofparadisebungalows)

Khmer Hands Resort
Voir p. 256 (088 215 0022 ; khmer-hands.business.site)

Knai Bang Chatt
Voir p. 256 (078 888 554 ; www.knaibangchatt.com)

Simone Guesthouse
Voir p. 256 (070 644 321 ; Koh Tonsay)

Veranda Natural Resort
Voir p. 256 (012 888 619 ; www.facebook.com/VerandaNaturalResort)

Arts Cafe
Voir p. 255 (016 204 466 ; www.facebook.com/artscafekep ; marché aux crabes ; 7h30-22h)

Holy Crab
Voir p. 255 (071 439 9998 ; 8h30-22h30)

Italian Corner
Voir p. 255 (096 614 8638 ; 9h30-14h45 et 17h-21h45 jeu-mar)

Kep Coffee Cafe
Voir p. 255 (097 260 7472 ; www.facebook.com/KepCoffee ; NH33a ; 7h-18h mar-dim)

Kep Sur Mer
Voir p. 255 (097 367 7745 ; marché aux crabes ; 11h-22h30)

Magic Crab
Voir p. 255 (095 240 098 ; marché aux crabes ; 8h-22h)

So Kheang
Voir p. 255 (097 253 9186 ; marché aux crabes ; 7h-21h)

Led Zep Cafe
Voir p. 256 (010 311 712 ; parc national de Kep ; 10h-18h30 mer-lun)

ENVIRONS DE KEP

Takeo
Voir p. 258

Kirivong
Voir p. 259 (chutes de Chruos Phaok ; 3 km à l'est de Phnom Bayong)

Kep

Musée d'Angkor Borei
Voir p. 258 (012 201 638 ; 50 minutes en bateau de Takeo ; 1 $US ; 8h-16h30)

Phnom Bayong
Voir p. 259 (5 $US ; 43 km au sud de Takeo)

Phnom Da
Voir p. 258 (2 $US ; 3 km d'Angkor Borei)

Alice Villa
Voir p. 258 (015 662 278 ; www.alicevilla.com ; Takeo)

Daunkeo Guesthouse
Voir p. 258 (032-210 303 ; www.daunkeo.com ; St 9, Takeo)

Le Petit Bistro de Takeo
Voir p. 258 (097 991 1037 ; St 9, Takeo ; 9h-21h30)

Stung Takeo
Voir p. 258 (032-665 4111 ; St 9, Takeo ; 8h-20h)

NHUT MINH HO/SHUTTERSTOCK ©

Chutes de Bou Sraa, province du Mondolkiri (p. 291)

SITES PRINCIPAUX

KOMPONG CHAM
Trépidante ville fluviale.
p. 272

KRATIE
Dauphins et couchers de soleil sur le Mékong.
p. 276

STUNG TRENG
Le Mékong Discovery Trail, aux portes du Laos.
p. 280

EST DU CAMBODGE

ÉCOTOURISME, ÉLÉPHANTS ET COMMUNAUTÉS INDIGÈNES

Les forêts, collines, rivières et cascades de l'est du Cambodge dessinent un paysage spectaculaire. Moins touristique qu'ailleurs, la région promet des rencontres mémorables avec la faune locale.

En s'avançant dans l'est sauvage du Cambodge, les rizières et palmiers à sucre des plaines cèdent la place à d'imposantes montagnes, couvertes de forêts vierges et striées de cours d'eau. La région foisonne de vie sauvage – des éléphants et gibbons chantants de la province du Mondolkiri aux dauphins de l'Irrawaddy évoluant dans les eaux douces du Mékong – et abrite une myriade d'oiseaux rares.

Ici, l'écotourisme est en plein essor, un des plus grands parcs nationaux du pays occupant une bonne partie de l'Est. Néanmoins, la déforestation illégale et l'accaparement des terres continuent de poser problème. Les voyageurs peuvent traverser la campagne à pied, à vélo ou en kayak, se baigner dans les lacs de cratères ou sous les chutes d'eau, et visiter les villages des différentes *chunchiet* (minorités ethniques) rassemblées sous la dénomination commune de Khmer Leu, ou “Khmer d'en haut”.

Les agglomérations principales des provinces du Mondolkiri, du Ratanakiri et de Stung Treng tiennent plus du grand village que de la ville. L'infrastructure touristique est à ses débuts, et les routes de terre rouge peuvent tourner à la soupe pendant la saison des pluies (juin à octobre). Malgré cela, les hébergements sont nombreux, et les habitants sont accueillants. Les villes fluviales de Kratie et de Kompong Cham, elles, sont plus développées, dotées de temples et de solides restaurants, offrant une occasion rêvée de se détendre devant un coucher de soleil sur le Mékong.

PROVINCE DU RATANAKIRI

Villages de minorités ethniques et parc national de Virachey.

p. 284

PROVINCE DU MONDOLKIRI

Réserves fauniques pour éléphants et gibbons.

p. 289

S'orienter

L'est du Cambodge comprend Kompong Cham ainsi que les quatre provinces situées à l'est du Mékong : Kratie, Stung Treng, Ratanakiri et Mondolkiri. Absente de la plupart des cartes touristiques, la région est idéale pour les aventuriers.

Stung Treng, p. 280

Excursions en bateau, à vélo, en kayak et en randonnée au départ de la ville, et séjours chez l'habitant sur le fameux Mekong Discovery Trail.

Kratie, p. 276

Cette charmante bourgade est la seule de tout le Cambodge où l'on peut observer les dauphins de l'Irrawaddy. Prisée aussi pour ses couchers de soleil sur le Mékong.

Kompong Cham, p. 272

Les pieds dans l'eau et entourée de villages traditionnels et de temples historiques, la sympathique Kompong Cham est aussi authentique qu'abordable.

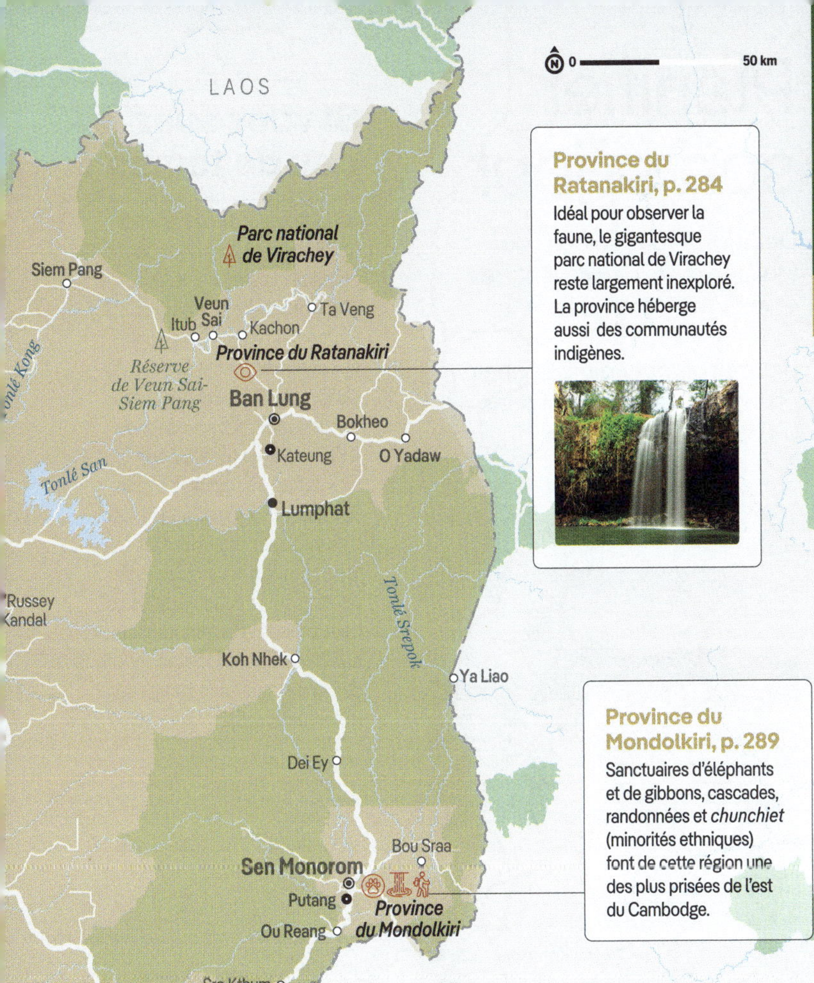

Province du Ratanakiri, p. 284

Idéal pour observer la faune, le gigantesque parc national de Virachey reste largement inexploré. La province héberge aussi des communautés indigènes.

Province du Mondolkiri, p. 289

Sanctuaires d'éléphants et de gibbons, cascades, randonnées et *chunchiet* (minorités ethniques) font de cette région une des plus prisées de l'est du Cambodge.

MOTO-DOP ET REMORK-MOTO

Si conduire une moto vous rend nerveux, les *moto-dop* (motos-taxis) et *remork-moto* (*tuk-tuk*) se trouvent partout. Si votre chauffeur parle un peu anglais, vous aurez ainsi déniché un guide non officiel en prime.

VOITURE ET MOTO

Louer une voiture avec chauffeur est une solide option pour se déplacer dans la région compte tenu des transports en commun plutôt limités. Louer une moto est aussi faisable, mais notez que les routes sont généralement en mauvais état.

BUS ET MINIBUS

Un des seuls transports en commun proposés dans l'est du Cambodge est le minibus. Les minibus relient les villes principales entre elles et peuvent passer vous prendre à votre hébergement sur réservation. Les lignes de bus se limitent souvent à des liaisons depuis/vers Phnom Penh.

Planifier son séjour

Détendez-vous au bord du Mékong entre deux aventures en plein air dans les hautes terres. Pour une nuit, vous pourrez camper dans la jungle ou loger chez l'habitant dans un village de minorités.

AFRICA924/SHUTTERSTOCK ©

À vélo, Koh Trong (p. 278)

Si vous avez peu de temps

- Partez pour **Sen Monorom** (p. 290) dans la province du Mondolkiri pour une visite au **Elephant Valley Project** (p. 293), où l'on peut explorer la jungle aux côtés des pachydermes du sanctuaire. Ou traversez la forêt vierge avant l'aube au **Jahoo Gibbon Camp** (p. 291) pour écouter les incroyables chants des gibbons à joues jaunes. Ces destinations permettent également de rencontrer la communauté bunong, très impliquée dans ces deux projets. À la tombée de la nuit, retournez à Sen Monorom, qui abrite de bons restaurants malgré son isolement relatif.

Au fil des saisons

La saison sèche est à privilégier pour un voyage (de novembre à mai). La saison des pluies rend les routes difficiles à pratiquer.

JANVIER

Le **Nouvel An chinois et vietnamien** tombe en janvier ou février, célébré en fanfare par la communauté khmère chinoise.

MARS

Faible niveau du Mékong : **observation des dauphins** et excursions en **kayak** plus faciles depuis Kratie. (p. 278)

MAI

Les **montagnes** des provinces du Ratanakiri et du Mondolkiri permettent d'échapper aux fortes chaleurs des basses terres.

DE GAUCHE À DROITE : HERNAN J. MARTIN/SHUTTERSTOCK ©, NA-ME/SHUTTERSTOCK ©, CAMNET/SHUTTERSTOCK ©

Si vous avez trois jours

- Combinez une visite de la province du Mondolkiri avec une pause détente à **Kratie** (p. 276). Partez vers le nord en kayak ou en bateau pour observer les dauphins de l'Irrawaddy qui s'ébattent dans le fleuve. L'après-midi, promenez-vous à vélo autour de Koh Trong (p. 278), un petit îlot de fermes juste en face de Kratie. Rentrez à temps pour admirer le coucher de soleil sur le Mékong. Le soir venu, vous pourrez découvrir l'architecture coloniale française de la ville avant de dîner dans l'un des nouveaux restaurants fusion de Kratie.

Plus d'une semaine

- De Kratie, dirigez-vous vers **Stung Treng** (p. 280) à VTT ou en bateau, explorant au passage les villages bordant le **Mekong Discovery Trail** (p. 282) en logeant chez l'habitant. Depuis Stung Treng, partez vers l'est en minibus pour rejoindre **Ban Lung** (p. 286), la tranquille capitale du **Ratanakiri**. L'un des plus beaux lacs du Cambodge en est proche : le **Boeng Yeak Lom** (p. 286) aux eaux émeraude. Continuez votre chemin pour rejoindre les villages des communautés indigènes, ou attaquez-vous aux 3 380 km^2 du **parc national de Virachey**, peuplé de panthères nébuleuses, d'éléphants, d'ours, de primates et d'oiseaux rares.

AOÛT

Saison des pluies : les **cascades** de la région coulent à flots. Elles sont moins impressionnantes pendant la saison sèche.

SEPTEMBRE

Collines du Mondolkiri tapissées de fleurs sauvages. La meilleure saison pour rencontrer **éléphants** et **gibbons** (p. 287).

OCTOBRE

À Kompong Cham (p. 272), les bateaux font la course sur le Mékong pour célébrer **Bon Om Tuk**, la fête de l'Eau.

NOVEMBRE

Mois parfait pour un trek dans le Ratanakiri (p. 284). Les pluies ont cessé, mais le paysage reste verdoyant.

KOMPONG CHAM

Autrefois considérée comme la troisième ville du pays après Phnom Penh et Battambang, Kompong Cham s'imposa en tant que comptoir d'échange majeur durant la période coloniale, aidée par son emplacement en bord de fleuve. De nos jours, cette capitale provinciale pleine de charme s'anime en fin d'après-midi, quand les habitants sortent profiter des berges et que le marché de nuit se remplit de badauds.

Son héritage colonial s'observe à travers les bâtiments de cette ère qui constellent la ville, dont le vieux phare. Tout autour de la ville, temples historiques et villages de pêcheurs et de tisseurs de soie traditionnels offrent un aperçu d'un Cambodge plus rural.

Moins fréquentée par les étrangers que jadis, Kompong Cham procure pourtant aux voyageurs une expérience de la culture khmère loin des plaques tournantes du tourisme, et mérite toujours une visite.

Pour les infos pratiques, voir le Carnet d'adresses p. 294

À SAVOIR

La majorité des hôtels et des restaurants de Kompong Cham sont regroupés vers le bord du fleuve, formant une zone facile à emprunter à pied, comprenant aussi le marché de nuit, des options de transports et des distributeurs automatiques. Le marché principal se tient à quelques blocs du fleuve.

Pont en bambou, Koh Paen (p. 275)

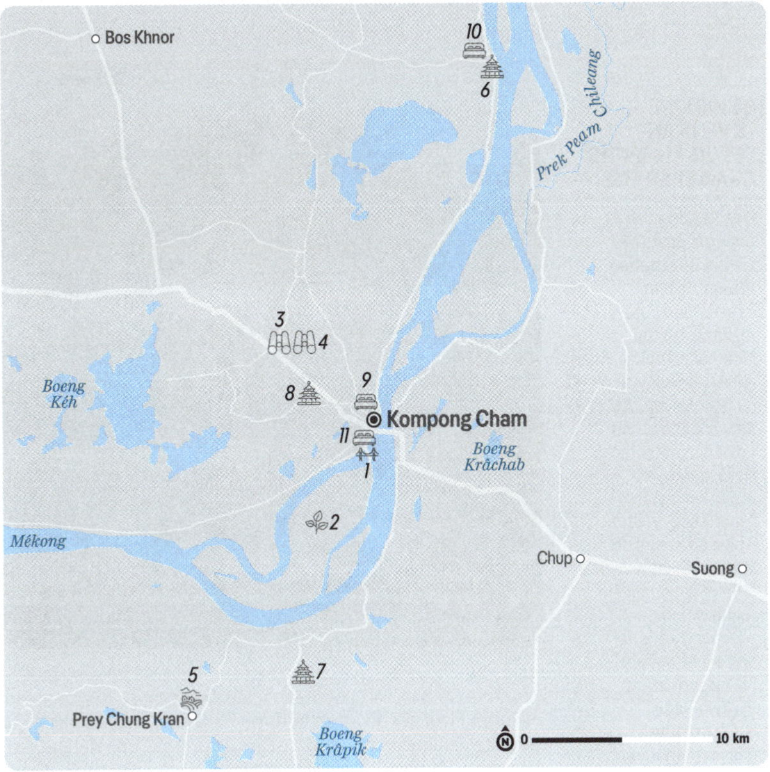

VOIR
1 Pont en bambou
2 Koh Paen
3 Phnom Pros
4 Phnom Srei
5 Prey Chung Kran
6 Vat Hanchey
7 Vat Maha Leap
8 Vat Nokor Bachey

SE LOGER
9 Daly Hotel
10 Hanchey Bamboo Resort
11 KC River Hotel
(voir 9) LBN Asian Hotel
(voir 9) Tmor Da Guesthouse

SE RESTAURER
(voir 9) Lazy Mekong Daze

Les temples historiques de Kompong Cham

PAGODES EXCEPTIONNELLES ET VUE SUR LE MÉKONG

Du haut de sa colline, le **Vat Hanchey** offre un des plus beaux points de vue sur le Mékong de tout le Cambodge. Lieu de culte de la période préangkorienne Chenla, il est entouré de vestiges d'édifices du VIIIe siècle. Son sanctuaire de brique de l'ère Chenla est une vraie merveille, avec sa porte entourée d'inscriptions en sanskrit ancien très bien préservées. Situé à 20 km de Kompong Cham, le Vat Hanchey est accessible par une route un peu cabossée.

Au sud-est de Kompong Cham, le splendide **Vat Maha Leap** est une des dernières pagodes de bois du pays. Sa structure est soutenue par de larges troncs d'arbre peints

REJOINDRE LE VIETNAM DEPUIS KOMPONG CHAM ET KRATIE

Depuis Kompong Cham, le poste de frontière **Trapeang Plong/Xa Mat** est pratique pour rejoindre Hô Chi Minh-Ville. Prenez un minibus en direction de Snuol sur la NH7 et descendez au rond-point de Krek (Kraek). De là, parcourez les 20 km restants à *moto-dop*. Veillez à bien être muni de votre visa vietnamien si votre nationalité le requiert.

Depuis Kratie, le poste de frontière le plus proche est **Trapeang Sre/Loc Ninh**. Passez par Snuol, puis descendez les 18 km vers le sud à *moto-dop*. Du côté vietnamien, *moto-dop* et taxis vous emmèneront vers la ville la plus proche, Binh Long.

PETER STUCKINGS/SHUTTERSTOCK ©

Le Vat Hanchey (p. 273)

en noir et ornés de motifs dorés. La partie centrale de la pagode est couverte de panneaux d'une grande délicatesse illustrant la vie du Bouddha. On y accède par bateau privé de juillet à décembre, avec un aperçu de la vie locale au bord de l'eau en prime. Le reste de l'année, on y va par la route (40 km).

À visiter également : **Phnom Pros** (colline des hommes) et **Phnom Srei** (colline des femmes), dont les pagodes offrent de beaux panoramas. Elles se trouvent à 7 km de la ville, vers le nord-est, et sont proches du **Vat Nokor Bachey**, dont la structure originelle datant du XIIe siècle est harmonieusement intégrée à un temple moderne.

OU SE RESTAURER À KOMPONG CHAM

Smile Restaurant
Géré par une association, ce restaurant mêle spécialités européennes, khmères et d'Asie du Sud-Est. **$$**

Lazy Mekong Daze
Ce tranquille bar-restaurant au bord de l'eau propose les meilleures pizzas de la ville. Propriétaire anglophone. **$$**

Marché de nuit
Favori des locaux pour manger à petits prix. Plusieurs stands de restauration sur le front d'eau. **$**

Villages de tisseurs et îles sur le Mékong

UN AVANT-GOÛT DE LA CAMPAGNE

Tout voyage au départ de Kompong Cham vous plongera dans un paysage de maisons sur pilotis, de villages pieds dans l'eau reliés entre eux par des ponts branlants, de champs de maïs et de plantations d'hévéas. Les temples environnants offrent un aperçu de la vie rurale cambodgienne. Kompong Cham est aussi connue pour sa soie de haute qualité : vous pourrez observer de nombreux métiers à tisser dans les villages voisins.

Spécialiste en la matière, le petit hameau de **Prey Chung Kran** est connu pour ses *krama*, les foulards de soie emblématiques de la culture khmère. Il n'est qu'à 4 km du Vat Maha Leap (p. 273), et on peut y observer les tisseurs en pleine action. Le processus de teinture est particulièrement intéressant, produisant les célèbres motifs à carreaux des *krama*.

Pour une expérience des plus authentiques, direction **Koh Paen**. Cette île sur le Mékong couverte de fermes et de vergers se trouve juste au sud de Kompong Cham, ville à laquelle elle est reliée par un superbe pont en bambou durant la saison sèche, de novembre à mai. Reconstruit chaque année, il ressemble de loin à une sculpture en allumettes. Les bancs de sable émergeant pendant la saison sèche font office de plages. Plus haut sur le Mékong, des petites îles sauvages peuvent être explorées en bateau avec **Lazy Mekong Daze**.

LES MEILLEURS HÉBERGEMENTS DE KOMPONG CHAM

Tmor Da Guesthouse $
Confortables et abordables, au bord de l'eau. Balcons et vue sur la rivière depuis certaines chambres.

Daly Hotel $
Chambres spacieuses. Impersonnel mais pratique, à un bloc du Mékong.

Hanchey Bamboo Resort $$
Bungalows de bonne taille et dortoir basique en haut d'une colline. Belle vue sur le fleuve.

LBN Asian Hotel $$
L'option la plus chic de la ville, avec restaurant et bar sur le toit.

KC River Hotel $$
Similaire au LBN mais un peu moins élégant, à l'autre extrémité de la rive.

COMMENT S'Y RENDRE ET CIRCULER

Kompong Cham se situe à 120 km de Phnom Penh, soit à 3 heures de voyage en minibus. Ceux-ci connectent également Kompong Cham à Kratie et Stung Treng. Les bateaux de passagers ne desservent plus Kompong Cham, mais Lazy Mekong Daze propose des croisières privées vers Kratie.

Les chauffeurs de *moto-dop* et de *remork-moto* convergent vers les hôtels et pensions du front d'eau. Pour visiter les sites voisins, une *remork* vous coûtera entre 25-30 $US/jour contre 15-20 $US pour une *moto-dop*. Vélos et motos peuvent aussi être loués pour 2-7 $US/jour chez Lazy Mekong Daze.

KRATIE

Posée au bord du fleuve, la languide Kratie (prononcer kra-*tché*) invite les voyageurs à s'attarder plus longtemps que prévu. Seul endroit du Cambodge où l'on peut encore voir les dauphins de l'Irrawaddy nager, on y admire aussi des couchers de soleil sur le Mékong ultraphotogéniques.

Épargnée par les bombardements qui réduisirent bien d'autres capitales provinciales en miettes, Kratie recèle quelques exemples d'architecture coloniale bien préservés et des temples nichés dans la campagne environnante. La belle île de Koh Trong trône sur le Mékong. Sans voiture, elle offre un aperçu de la vie rurale cambodgienne.

L'atmosphère de Kratie n'a d'égale que son décor. On ne peut se lasser d'admirer ses couchers de soleil écarlates sur le Mékong. Les voyageurs conquis se sont passé le mot, et la ville devient de plus en plus populaire. Elle est aussi l'endroit rêvé pour faire une pause sur la route du nord ou du Laos.

Pour les infos pratiques, voir le Carnet d'adresses *p. 294*

À SAVOIR

L'infrastructure touristique de Kratie se concentre sur le bord du fleuve, en centre-ville. Des *remork-moto* et *moto-dop* peuvent vous mener partout, et des vélos et motos peuvent être loués.

Koh Trong (p. 278)

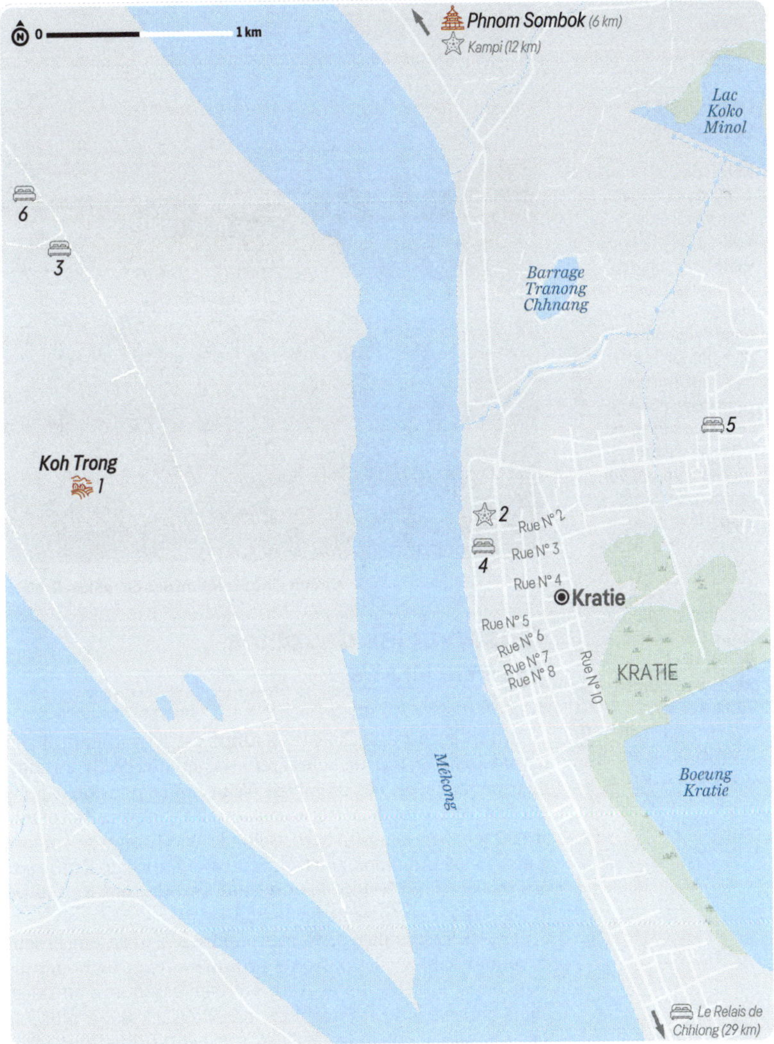

INCONTOURNABLE
1 Koh Trong

ACTIVITÉS, COURS ET CIRCUITS ORGANISÉS
2 Cambodian Rural Discovery Tours
(voir 2) Sorya Kayaking Adventures

SE LOGER
3 Koh Trong Community Homestay 1
4 Mekong Dolphin Hotel
5 River Dolphin Hotel
6 Soriyaburi Villas Resort
(voir 2) Sorya Guesthouse

UNE ÎLE SUR LE MÉKONG

Koh Trong trône au milieu du fleuve, juste en face de Kratie. L'île offre aux visiteurs un aperçu de la vie paysanne de la région (on y cultive principalement le pomélo). On trouve un village flottant vietnamien au large de sa rive sud-ouest.

Pas de voitures sur l'île : la route qui l'entoure sur 13 km est parfaite pour circuler à vélo, à louer à l'arrivée du ferry. Pour dormir sur place, direction le **Koh Trong Community Homestay 1** ou le plus huppé **Soriyaburi Villas Resort**.

Le ferry pour Koh Trong fait la traversée en 10 minutes depuis le quai à environ 300 m au nord de la Sorya Guesthouse.

CHARLIE WARADEE/SHUTTERSTOCK ©

Circuit d'observation des dauphins, Kratie

Observer les dauphins près de Kratie

À LA RENCONTRE DES DAUPHINS DE L'IRRAWADDY

À 15 km au nord de Kratie, **Kampi** est le seul endroit du Cambodge d'où l'on peut observer les dauphins de l'Irrawaddy. Espèce menacée, ces dauphins d'eau douce pouvaient jadis être aperçus près de la frontière laotienne, mais cette colonie a malheureusement disparu. Selon le WWF, on n'en compte plus que 92 individus, tous concentrés au nord de Kratie sur un tronçon du Mékong long de 190 km. Ils sont tout aussi rares dans le reste de l'Asie du Sud-Est.

Ces cétacés gris-bleu peuvent atteindre 2,75 m de long et sont reconnaissables à leurs fronts protubérants et leurs petites nageoires dorsales. Ils peuvent vivre en eau douce ou salée, mais on les trouve rarement en mer. Pour en savoir plus sur ces dauphins, consultez le site Internet worldwildlife.org/species/irrawaddy-dolphin (en anglais).

Près d'un millier de dauphins peuplaient les eaux du Cambodge avant la guerre civile. Ils furent chassés pour leur huile sous le régime des Khmers rouges et leur nombre continua de chuter dans les décennies suivantes, malgré des

OÙ SE RESTAURER À KRATIE

Street Three Eatery
Spécialités khmères revisitées et petits-déjeuners européens. Ingrédients frais et locaux. Ambiance sympathique. **$**

Mekong MoJo
Restaurant végan au délicieux menu style fusion asiatique et bons cocktails. Terrasse dans la cour. **$$**

Jasmine Boat Restaurant
Plats asiatiques et européens au bord de l'eau. Prix excessifs, mais parfait pour un happy hour au soleil couchant. **$$**

mesures de protection incluant une interdiction de la pêche et des bateaux à moteur sur plusieurs zones entre Kratie et Stung Treng. Ces mesures commencent enfin à payer, la population de dauphins ayant un peu augmenté depuis 2015.

Au départ de Kampi, des excursions en bateau d'une heure vous mèneront près des dauphins (que l'on peut voir toute l'année), respectant une distance de 10 à 40 m entre l'embarcation et les colonies. Celles-ci se rassemblent généralement près de la rive est du Mékong. On ne trouve souvent qu'un bateau ou deux sur la rivière – ce calme relatif permet de mieux voir les dauphins quand ils émergent de l'eau. Les conducteurs des bateaux coupent leur moteur à proximité des dauphins pour ne pas les déranger.

Pour une alternative plus sportive et écologique, considérez le kayak. Basée à Kratie, la compagnie **Sorya Kayaking Adventures** propose d'excellentes excursions en kayak (en solo ou en tandem) d'une demi-journée. Entre bancs de sable et forêts inondées, vous pourrez pagayer près des dauphins sans les déranger. Toujours à Kratie, **Cambodian Rural Discovery Tours** offre une expérience similaire, et **SUP Asia** à Kampot (p. 246) propose des circuits d'un jour entier en stand-up paddle.

En route vers Kampi, un arrêt à **Phnom Sombok** s'impose pour voir d'espiègles macaques sautillant sur les marches menant à une pagode perchée sur une colline. D'ici, la vue sur le Mékong est superbe. Le temple se situe en bordure de route entre Kratie et Kampi.

OÙ VOIR LES DAUPHINS AILLEURS AU CAMBODGE

En dehors de Kratie, les seuls endroits où observer des dauphins au Cambodge sont dans le sud du pays, au sein du parc national de Ream : dans l'**estuaire de Prek Touek Sap** (p. 233) et aux abords de l'**île de Koh Thmei** (p. 233).

LES MEILLEURS HÔTELS DE KRATIE

Sorya Guesthouse $ Personnel sympathique et restaurant/bar au dernier étage.

River Dolphin Hotel $ Plus loin du fleuve, adapté aux voyageurs à petit budget. Vieillissant mais convenable.

Mekong Dolphin Hotel $$ Les chambres sont grandes et confortables. Balcon et vue sur la rivière pour certaines.

Soriyaburi Villas Resort $$$ Sur Koh Trong. Chambres raffinées donnant sur un superbe jardin, piscine et restaurant.

Le Relais de Chhlong $$$ Hôtel de style colonial au bord du fleuve, à 30 km de Kratie. Piscine, restaurant et jardin.

COMMENT S'Y RENDRE ET CIRCULER

Des minibus relient quotidiennement Kratie à Phnom Penh (8 $US, 4 heures), Siem Reap (12 $US, 6 heures), Kompong Cham, Sen Monorom (7 $US, 3 heures 30), Ban Lung et Stung Treng (6 $US, 2 heures), d'où l'on peut rejoindre la frontière laotienne.

Certaines pensions et Cambodian Rural Discovery Tours (dev.crdtours.com) proposent des circuits en bateau. La plupart des pensions louent aussi motos et vélos (7/4 $US/jour).

Les *moto-dop* et *remork-moto* peuvent vous mener aux sites touristiques. Comptez 12 $US pour un aller-retour en *tuk-tuk* pour aller voir les dauphins ou 25 $US pour la journée.

STUNG TRENG

À 65 km seulement au sud de la frontière laotienne, Stung Treng est un bon point de départ pour rejoindre le Mekong Discovery Trail, qui longe le fleuve autour de Stung Treng et Kratie. Si vous souhaitez rejoindre le Laos, vous passerez sans doute par cette ville.

Stung Treng est située au bord du Tonlé San (ou Sesan), qui rejoint le Mékong non loin de là. Son apparence quelconque cache une riche histoire : la région a appartenu à l'Empire angkorien et à plusieurs royaumes laotiens avant d'être rattachée au Cambodge par les Français durant l'ère coloniale. On y entend d'ailleurs souvent du lao.

Au-delà de la ville, forêts, rivières et cascades s'explorent en randonnée, à vélo ou en kayak. Le potentiel touristique de la région est évident, mais peu exploité, et vous devriez en profiter en toute tranquillité.

Pour les infos pratiques, voir le Carnet d'adresses p. 294

À SAVOIR

Hôtels, restaurants, banques, minibus et *moto-dop* sont regroupés autour du marché central de Stung Treng, proche du bord de l'eau. Peu de motos sont disponibles à la location, mais les hébergements peuvent réserver vos transports. Beaucoup d'habitants de la ville parlent lao.

Chutes de Preah Nimith (p. 283)

VOIR
1 Chutes de Preah Nimith
2 Koh Pdao
3 Koh Preah
4 Koh Samseb
5 O'Svay
6 Preah Rumkel
7 Sambor
(voir 7) Vat Sorsor Moi Roi

ACTIVITÉS, COURS ET CIRCUITS ORGANISÉS
8 Cambodia Mekong Trail (Xplore-Cambodia)

SE LOGER
(voir 8) 4 Rivers Hotel
(voir 8) Angkor Meas Hotel
(voir 8) Apsara Guesthouse
(voir 8) Savet Guesthouse

LES MEILLEURS HÔTELS ET PENSIONS À STUNG TRENG

Savet Guesthouse $
Option abordable près du marché, avec chambres spacieuses, balcons et eau chaude. Propriétaire serviable.

Apsara Guesthouse $
Proche de la rivière et des transports. Eau chaude, chambres propres. Non anglophone.

4 Rivers Hotel $$
Le plus attrayant, avec vue sur la rivière, restaurant et bar sur le toit (ces derniers ouverts de temps en temps seulement).

Angkor Meas Hotel $$
Impersonnel mais moderne et bien entretenu, de style chinois. Restaurant et petite piscine sur place.

SAYAN CHUENUDOMSAVAD/GETTY IMAGES ©

Forêt alluviale, Stung Treng

Explorez le Mekong Discovery Trail

MYSTÉRIEUX MÉKONG

Le **Mekong Discovery Trail** est un réseau de voies s'étendant sur 180 km entre Kratie et la frontière laotienne, et traversant plusieurs des régions les moins peuplées et connues du nord-est du Cambodge. Ils peuvent se parcourir à pied, à VTT, à moto, en bateau et en kayak, ou en combinant le tout. En chemin, logez chez l'habitant dans un village, ou misez sur le camping.

Créé en 2006 avec le soutien du gouvernement cambodgien et de l'Organisation mondiale du tourisme, le Mekong Discovery Trail vise à développer le tourisme communautaire dans cette région peu fréquentée par les voyageurs. Un de ses objectifs est de fournir un revenu supplémentaire aux pêcheurs afin de protéger les dauphins d'eau douce et d'autres espèces rares de ce tronçon du Mékong. Les fonds publics de cette initiative se sont récemment taris, menant plusieurs compagnies privées à reprendre le flambeau.

OÙ SE RESTAURER À STUNG TRENG

Ponika's Palace
Plats européens, indiens et khmers sont au menu, ainsi que des bières bien fraîches ; propriétaire anglophone. $

Sidewalk Cafe
Populaire et convivial ; on y sert café, burgers et sandwichs (attention, clim poussée au maximum). $

Blue River
Flottant sur le Mékong, il s'agit du restaurant khmer le plus charmant de Stung Treng. $$

Au nord de Stung Treng, en s'approchant de la frontière laotienne, le circuit borde un des segments les plus beaux et les plus sauvages du Mékong. On y trouve les villages de **Preah Rumkel** et d'**O'Svay**, modestes centres d'écotourisme. Depuis leurs rives, on peut partir en bateau ou en kayak pour explorer les forêts inondées et les petites îles voisines. On peut voir aussi les rapides du Mékong cascadant du Laos, et les gigantesques chutes d'eau de **Preah Nimith**. Les deux sont à voir pendant la saison des pluies, qui rend le spectacle encore plus impressionnant. De belles randonnées traversent également la région. Un groupe de dauphins s'ébattait autrefois près de Preah Rumkel, mais il a malheureusement aujourd'hui disparu.

Au sud de Stung Treng, trois incontournables du circuit : les îles de **Koh Preah** et de **Koh Pdao**, d'où l'on peut observer les dauphins d'eau douce, et **Koh Samseb**. Destinations phares pour les ornithologues amateurs, les visiteurs peuvent y prendre part aux activités communautaires. Tout aussi populaire, le village de **Sambor** et son historique **Vat Sorsor Moi Roi**, dont des colonnes du XIXe siècle soutiennent encore la structure de bois.

Basé à Stung Treng, **Cambodia Mekong Trail** (aussi connu sous le nom **Xplore-Cambodia**) est votre meilleure option pour une excursion sur le Cambodia Mekong Trail. Les aventures durent 1 à 7 jours et comprennent notamment un circuit de 3 jours pour relier Stung Treng à Kratie à VTT, transfert de bagages inclus. L'agence offre également des sorties en bateau entre la frontière laotienne et Stung Treng ou les îles du Mékong et Kratie. Kayak, treks, camping et séjours chez l'habitant figurent également au catalogue des activités et expériences proposées. À Kratie, les circuits de **Cambodian Rural Discovery Tours** (p. 279) vous mèneront à Koh Pdao et aux villages de pêcheurs alentour, et ceux de **NTFP-EP Cambodia** à Koh Pdao et Koh Samseb. NTFP-EP soutient aussi plusieurs projets de tourisme communautaire de la région de Stung Streng. Il est recommandé de réserver en avance pour tous les circuits mentionnés.

REJOINDRE LE LAOS DEPUIS STUNG TRENG

Plutôt reculé, le poste frontière **Trapeang Kriel/Nong Nok Khiene** se trouve à 65 km de route (pas très bonne) au nord de Stung Treng. Tous les jours à 13h, un minibus (30 $US) quitte le marché de Stung Treng pour Pakse et Don Det au Laos. Vous pouvez aussi prendre un taxi ou une *moto-dop* pour gagner la frontière, mais peu d'options de transport vous attendent du côté laotien.

Les visas laotiens peuvent être obtenus à la frontière pour 40 $US (pensez à apporter une photo d'identité). On vous demandera peut-être de modestes "frais de procédure". En venant du Laos, le visa cambodgien coûte ici 35 $US.

COMMENT S'Y RENDRE ET CIRCULER

Tous les jours, des minibus relient Stung Treng à Phnom Penh (13 $US, 7 heures), Siem Reap (18 $US, 5 heures), Kratie (5 $US, 2 heures 30), Ban Lung (6 $US, 2 heures), dans la province du Ratanakiri, ainsi qu'à Don Det (12 $US, 3 heures) et Pakse (15 $US, 6 heures) au Laos. Départs au marché principal, où l'on trouve aussi *moto-dop* et *tuk-tuk*. Ponika's Palace propose une moto à la location pour 8 $US/jour, et Cambodia Mekong Trail (cambodiamekongtrail.com) loue des VTT (5 $US/jour). Hôtels et agences de voyages peuvent vous procurer une voiture avec chauffeur.

PROVINCE DU RATANAKIRI

La province du Ratanakiri offre des paysages aussi variés que spectaculaires. Plusieurs minorités se partagent son territoire : les Jarai, les Tompuon, les Brau, les Kreung et les Lao. Les treks pour aller à leur rencontre sont populaires. Occupant une grande partie du nord-est de la province, le parc national de Virachey abrite de nombreux animaux rares.

Capitale de la province, **Ban Lung** constitue une base idéale pour explorer le Ratanakiri. Les minorités des villages voisins se retrouvent tous les jours à son marché. En périphérie de la ville, on trouve des cascades et l'un des plus beaux lacs du pays.

Le Ratanakiri est une des provinces les plus pauvres du pays, comme l'état des routes le laisse à deviner. Pendant la saison sèche, la poussière rouge s'insinue partout. À la saison humide, les routes se transforment en vraies pataugeoires. La meilleure saison pour circuler est le mois de novembre, après la fin des pluies.

Pour les infos pratiques, voir le Carnet d'adresses p. 295

À SAVOIR

La majorité des commerces et hébergements sont groupés autour du marché et de Boeng Kansaign, un petit lac au cœur de Ban Lung. La ville est plutôt étendue, mais les pensions proposent vélos et motos à la location. Les chauffeurs de *moto-dop* et *remork-moto* peuvent vous mener aux curiosités du coin.

Plateforme d'observation, Boeng Yeak Lom (p. 286)

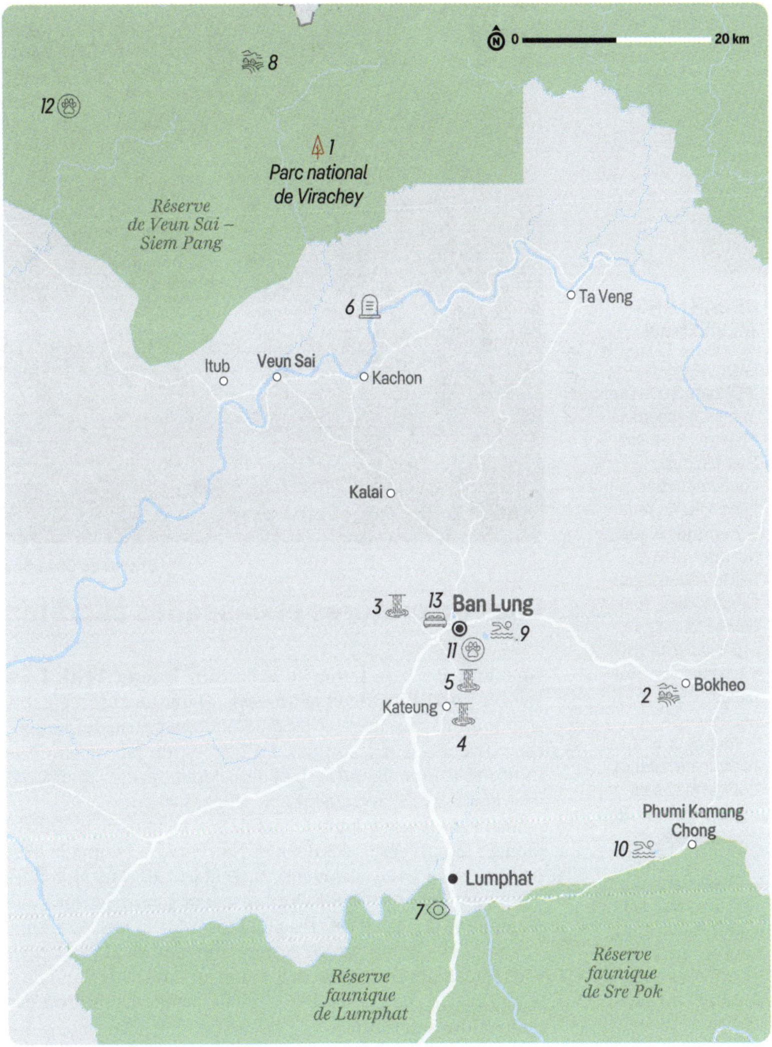

INCONTOURNABLE
1 Parc national de Virachey

VOIR
2 Bokheo
3 Cascade de Chaa Ong
4 Cascade de Ka Tieng
5 Cascade de Kinchaan
6 Kaoh Paek
7 Lumphat
8 Veun Sai

ACTIVITÉS, COURS ET CIRCUITS ORGANISÉS
9 Boeng Yeak Lom
10 Lac Lumkut
11 Parrot Tours
12 Réserve de Veun Sai-Siem Pang

SE LOGER
13 Family House Homestay
(voir 13) Ratanakiri Boutique Hotel
(voir 13) Lodge des Terres Rouges
(voir 13) Thy Ath Lodge
(voir 11) Tree Top Ecolodge

Chutes de Chaa Ong

Lacs de cratères et cascades secrètes

NAGER DANS LA JUNGLE

Non loin de Ban Lung, le cristallin **Boeng Yeak Lom** semble sorti tout droit d'un rêve. D'une beauté et d'une tranquillité rarissimes, ce lac émeraude au milieu de la jungle est rafraichissant à souhait. La gestion du lac revient à la minorité Tompuon, qui le considère comme sacré ; une partie des recettes va directement aux villages voisins.

Aucun bateau ne traverse ce lac de 800 m, mais vous pourrez plonger depuis ses jetées de bois. Notez que la baignade n'est pas surveillée, et que des courants troublent les eaux profondes (50 m) au centre du lac. Évitez de vous y rendre le week-end ou les jours fériés : il est très populaire auprès des habitants.

Si vous voulez un lac de cratère au cœur de la forêt pour vous seul, tentez le **Lumkut**, à 48 km au sud-est de Ban Lung. Attention, la route y devient difficile pendant la saison des pluies (juin à octobre).

Des cascades se cachent au sein des plantations de noix de cajou et d'hévéas qui entourent Ban Lung. Trois d'entre elles valent particulièrement d'être vues, surtout pendant la saison pluvieuse : les majestueuses **Kinchaan** et **Ka Tieng**, et **Chaa Ong**, la plus haute.

DE BAN LUNG AU VIETNAM

Le poste frontière d'**O'Yadaw/Le Thanh** permet d'accéder à Pleiku au Vietnam. Des minibus connectent Ban Lung à Pleiku tous les jours (5 heures de trajet, 15 $US). Les formalités sont simples, mais vous devrez toutefois être muni d'un visa vietnamien si votre nationalité le nécessite.

Vous pourrez aussi prendre un minibus pour O'Yadaw au marché de Ban Lung puis prendre une *moto-dop* pour le reste du trajet. Ces derniers attendent côté Vietnam pour conduire les voyageurs à Duc Co, d'où l'on peut rejoindre Pleiku en bus.

OÙ SE RESTAURER À BAN LUNG

Green Carrot
Menu sophistiqué mêlant spécialités khmères et européennes. Options végétariennes et véganes. $

Ta Nam
Favori des habitants pour ses bols de nouilles, plats vietnamiens et smoothies. Ferme à 15h. $

Coconut Shake Restaurant
Au bord du lac, ce repaire des branchés locaux propose des plats khmers simples et des milkshakes à la noix de coco. $

On peut se rendre à Boeng Yeak Lom et aux cascades en *tuk-tuk*. Pendant la saison des pluies, louer une moto et conduire vous-même ne sont pas recommandés, les routes devenant très dangereuses.

Parc national de Virachey : l'état sauvage

TREKS DANS LA JUNGLE ET OBSERVATION ANIMALIÈRE

Le **parc national de Virachey** s'étend à l'est vers le Vietnam, au nord vers le Laos et à l'ouest vers la province de Stung Treng. Sur 3 380 km², ses paysages reculés varient de la jungle aux prairies puis aux montagnes. Une grande partie de ce parc, deuxième plus vaste du pays, reste inexplorée à ce jour. Il abrite de nombreuses espèces animales : éléphants, panthères nébuleuses, ours malais, gibbons, cervidés, pangolins, calaos bicornes… Une soixantaine de villages de minorités ethniques sont éparpillés aux limites du parc.

D'une grande importance pour la région du Mékong, le Virachey est classé parc du patrimoine asiatique (Asean Heritage Park) depuis 2003. Il est l'un des projets d'écotourisme les mieux gérés du Cambodge, et seules certaines agences sont autorisées à y mener des treks. Les autres doivent se contenter de la périphérie du parc, bien moins riche en vie sauvage. Basé à Ban Lung, **Parrot Tours** pourra vous mener au cœur du Virachey, avec l'aide d'un guide anglophone issu des minorités locales.

Plus on s'avance dans le parc, plus on a de chances d'apercevoir un animal rare, surtout entre janvier et mars. La randonnée emblématique : le **Phnom Veal Thom Wilderness Trek**, une odyssée de six à sept jours traversant jungle et prairies riches en faune. Les participants (6 maximum par trek) campent dans la nature ou dorment chez l'habitant.

OÙ SE LOGER À BAN LUNG

Family House Homestay $
Accueillant, avec bungalows, chambres ou dortoir, et un joli jardin.

Tree Top Ecolodge $
Bungalows de bois entourant un jardin. Belle vue depuis le restaurant.

Ratanakiri Boutique Hotel $$
Chambres modernes et confortables, avec balcons et vue sur le lac.

Thy Ath Lodge $$
Un peu démodé mais spacieux, avec vue sur le lac ; café adjacent.

Lodge des Terres Rouges $$$
Au bord du lac, l'ancienne demeure du gouverneur est devenue un charmant hôtel avec piscine et restaurant.

Villages de minorités, cimetières et gibbons

REMONTER LA RIVIÈRE VERS LES COMMUNAUTÉS INDIGÈNES

À 39 km au nord-ouest de Ban Lung se trouve **Veun Sai**, une localité regroupant des villages de minorités, lao et chinois. S'étalant sur les deux rives du Tonlé San, elle est plus connue pour ses cimetières de minorités ethniques. Les *chunchiet* du Ratanakiri enterrent leurs morts dans la jungle, leurs tombes ornées de sculptures à leur effigie. Selon la tradition, deux figurines de bois (généralement masculine et féminine) ornent

À LA RENCONTRE DES GIBBONS

Au-delà des gibbons de Veun Sai, vous pourrez observer la plus grande colonie de gibbons à joues jaunes du monde au sein du fabuleux **Jahoo Gibbon Camp** (p. 291), dans la province du Mondolkiri.

PRESTATAIRES D'ACTIVITÉS À BAN LUNG

Parrot Tours
Propose des treks dans le parc national de Virachey, à Veun Sai et dans les villages de minorités.

DutchCo Trekking Cambodia
Spécialiste des treks de 2 à 5 jours à Veun Sai et autour du parc national de Virachey.

Sona Trekking & Tours
D'origine kreung, Sona, anglophone, pourra vous mener aux villages de minorités. sonatours168@gmail.com.

VILLES FANTÔMES ET PIERRES PRÉCIEUSES

Les villes fantômes parsemant le Ratanakiri témoignent de la brutalité de son histoire récente. Ancienne capitale régionale, **Lumphat**, qui compte aujourd'hui moins de 800 habitants, ne s'est jamais relevée de son bombardement par l'armée américaine. Entourée de cratères de bombes, elle se situe à 35 km au sud de Ban Lung sur la rivière Tonlé Srepok, dont le capitaine Benjamin Willard remonta le cours dans le film *Apocalypse Now*.

En Khmer, Ratanakiri signifie "colline aux gemmes". Ses mines de zircons et d'améthystes sont exploitées depuis bien longtemps, comme celles de **Bokheo**, près du lac Lumkut (p. 286). Les prestataires de Ban Lung organisent des excursions vers Lumphat et Bokheo.

HEMIS/ALAMY STOCK PHOTO ©

Écolodge Tree Top, Ban Lung (p. 286)

un côté de la tombe, deux cornes de buffle l'autre. Des tombes plus récentes faites de béton sont parfois décorées d'accessoires modernes, comme un téléphone portable ou des lunettes de soleil.

La plupart des cimetières sont interdits aux étrangers. Celui de la minorité kachah à **Kaoh Paek** fait exception ; on peut le rejoindre par la rivière depuis Veun Sai en 45 minutes de bateau. **Family House Homestay** (p. 287) et d'autres prestataires peuvent arranger une visite. Ces sites sont sacrés : soyez respectueux, ne touchez à rien, et demandez l'autorisation avant de prendre des photos.

Toujours au nord de Veun Sai, on trouve la remarquable **réserve de Veun Sai-Siem Pang**. Les visiteurs peuvent camper dans la jungle ou dormir chez l'habitant, puis se réveiller avant l'aube pour écouter le chant des gibbons à favoris roux du Nord. Ils ne peuvent être observés que durant la saison sèche (novembre à juin), et par groupe de 6 personnes maximum. **Parrot Tours** (p. 287) peut organiser des circuits de découverte pour des groupes allant de 4 à 6 personnes.

COMMENT S'Y RENDRE ET CIRCULER

Ban Lung est à 510 km au nord-est de Phnom Penh. Tous les jours, des minibus la relient à Phnom Penh (Virak Buntham, www.virakbuntham.com ; 10-14 $US, 8-10 heures), Siem Reap, Stung Treng (7 $US, 2 heures), Sen Monorom, ainsi que Pleiku au Vietnam, et Don Det (17 $US, 7 heures, correspondance à Stung Treng). Un bus de nuit rejoint également Phnom Penh.

Louez une moto ou un vélo (8/4 $US) à votre pension ou chez Parrot Tours, ou cherchez un chauffeur de *moto-dop* ou *remork-moto* au marché. Anglophone et fiable, M. Happy est chauffeur de *tuk-tuk* et guide : contactez-le via le Tree Top Ecolodge (p. 287). Un circuit des curiosités autour de Ban Lung en *tuk-tuk* coûte environ 35 $US.

PROVINCE DU MONDOLKIRI

La province du Mondolkiri ne pourrait être plus différente des basses terres du Cambodge : nul palmier ou rizière à l'horizon dans cette région toute en collines sauvages et forêts vierges. Éléphants, primates, ours et léopards (dont le rare léopard d'Indochine) arpentent ses terres. Avec une altitude moyenne de 800 m, le Mondolkiri est plus venteux et frais que le reste du pays. C'est aussi la province la moins peuplée du Cambodge, avec une densité de seulement 6 habitants/km², que les allergiques aux foules apprécieront.

Capitale de la province, **Sen Monorom** est une grande bourgade sympathique, proposant une impressionnante offre culinaire. C'est une base idéale pour aller découvrir les trésors qui l'entourent, des cascades cachées aux sanctuaires d'éléphants et de gibbons et aux villages de la minorité Bunong. De quoi ravir les amateurs de randonnées.

Pour les infos pratiques, voir le Carnet d'adresses p. 296

À SAVOIR

Autour du marché de Sen Monorom, on trouve hôtels bon marché, restaurants et banques. Les hôtels plus chics sont en périphérie de la ville. L'intérêt de Sen Monorom réside surtout dans ses alentours, où *moto-dop*, *remork-moto* ou taxis privés pourront vous emmener.

Trek, Elephant Valley Project (p. 292)

VOIR
1 Cascade de Bou Sraa
2 Cascade de Monorom
3 Cascade de Romanear
4 Réserve faunique de Keo Seima

ACTIVITÉS, COURS ET CIRCUITS ORGANISÉS
5 Elephant Valley Project
6 Jahoo Gibbon Camp
7 Mondulkiri Project

PROVINCE DU MONDOLKIRI

RESPECTEZ VOS HÔTES

Le tourisme peut profiter aux communautés indigènes, mais son impact n'est pas que positif : dégradation de l'environnement, mainmise des Khmers des basses terres sur l'industrie, mépris de certains touristes pour les coutumes locales...

Pour minimiser votre impact, faites appel à un guide issu des minorités. Les Bunong connaissent la jungle comme leur poche, et votre argent reviendra ainsi directement à leur communauté. Votre guide pourra aussi vous expliquer les traditions locales, enrichissant d'autant plus votre expérience.

Villages Bunong et cascades

L'AUTHENTIQUE MODE DE VIE BUNONG

La région de Sen Monorom est la terre natale des Bunong, la plus importante minorité ethnique des hautes terres du Cambodge. Ils sont encore plus nombreux de l'autre côté de la toute proche frontière vietnamienne, où ils sont appelés Mnong. Ce peuple est connu pour ses liens étroits avec les éléphants de la région ainsi que pour l'efficacité de leur médecine traditionnelle. Traditionnellement animiste, une partie de cette communauté s'est convertie au christianisme sous l'influence des missionnaires.

Pour visiter les villages bunong proches de Sen Monorom, des treks d'un ou de plusieurs jours menés par des guides issus de cette minorité sont proposés par **Mondulkiri Project** (organisation d'écotourisme) et par certaines pensions. De nombreux circuits promettent d'interagir avec les éléphants, souvent en marchant à leur côté, en les nourrissant ou en les lavant. Nous vous déconseillons fortement les promenades à dos d'éléphant.

La majorité des circuits s'arrêteront devant une des nombreuses chutes d'eau cachées dans les plantations de café, poivre, manioc et noix de cajou qui entourent Sen Monorom.

OÙ SE LOGER À SEN MONOROM

Avocado Guesthouse
Chambres compactes et propres, avec eau chaude ; café sur place. Proche du marché et des transports. $

Tree Lodge
Bungalows de bois basiques à flanc de colline. Quartier général du Mondulkiri Project. $

Nature Lodge
Bungalows confortables, grand jardin et restaurant sur place. $$

IDOME/SHUTTERSTOCK ©

Village bunong, Sen Monorom

La plus impressionnante est celle de **Bou Sraa**. Célèbre dans tout le Cambodge, cette double cascade plonge au cœur d'une jungle luxuriante. À voir également : les chutes de **Romanear** et de **Monorom**. On peut nager sous la plupart des cascades, mais soyez vigilant, l'eau n'étant pas forcément propre.

Passer la nuit au Jahoo Gibbon Camp

AU CHANT DES GIBBONS

Au **Jahoo Gibbon Camp**, les visiteurs peuvent s'aventurer au cœur de la jungle pour observer les gibbons à joues jaunes et écouter leur chant si mémorable au lever du soleil. Les 1 300 gibbons de cette réserve faunique partagent leur territoire avec des doucs à pattes noires. Ces deux espèces sont aujourd'hui menacées, victimes de la perte de leur habitat naturel et de l'empiètement humain.

Situé à 30 km au sud-ouest de Sen Monorom, le Jahoo Gibbon Camp travaille en collaboration avec un village bunong voisin. Pour chaque visite, le camp reverse 30 $US à cette communauté animiste, qui utilise ces fonds pour protéger ses terres et subventionner des bourses scolaires. Les guides issus de cette minorité mènent

PARADIS DE LA FAUNE

Le Jahoo Gibbon Camp fait partie de la **réserve faunique de Keo Seima**, qui s'étend de la province du Mondolkiri à celle de Kratie. Ce haut lieu de la biodiversité s'étend sur 3 000 km² et abrite 950 espèces dont le léopard d'Indochine, aujourd'hui menacé. On y trouve aussi de nombreux oiseaux.

Les treks et safaris nocturnes du Jahoo Gibbon Camp permettent d'accéder au poste de gardes forestiers et à l'ancienne base militaire américaine de la réserve.

Basé à Siem Reap, **Sam Veasna Conservation Tours** propose des circuits d'observation des oiseaux.

À LA RENCONTRE DES GIBBONS

Plus rares encore, des gibbons à favoris roux du Nord peuvent être vus dans la **réserve de Veun Sai-Siem Pang**, dans la province du Ratanakiri (p. 284), de novembre à juin.

Green House Retreat
Les bungalows sont reliés entre eux par des passerelles de bois dans un beau jardin. Personnel serviable. **$$**

Pidoma Resort
Le *resort* le plus luxueux du Mondolkiri : élégants bungalows et villas, piscine à débordement et jolie vue. **$$$**

Mayura Hill Resort
Bonne option pour les familles, mais un peu chère. Cadre tranquille avec restaurant, piscine et aire de jeux. **$$$**

POURQUOI J'AIME LE MONDOLKIRI

David Eimer, auteur

La province du Mondolkiri rassemble tout ce qui fait de l'est du Cambodge une destination si fascinante. Entre collines, jungle, rivières et cascades, peuplée d'animaux sauvages rares, elle abrite aussi certains des projets d'écotourisme les plus impressionnants du Cambodge tout en offrant une chance inestimable de rencontrer les minorités qui peuplent les hautes terres du pays.

Mais pour moi, c'est la singularité de la géographie de cette province qui la rend si spéciale. Ses prairies ondulées et son altitude plus élevée donnent au Mondolkiri un aspect et une ambiance complètement différents du reste du Cambodge. Et si les nuits sont plus fraîches, l'accueil chaleureux de ses habitants vous le fera vite oublier.

SNUDUWELA/SHUTTERSTOCK ©

Elephant Valley Project

des petits groupes dans la forêt bien avant l'aube pour être aux premières loges du chant des gibbons.

Au vu du départ plus que matinal des excursions, mieux vaut dormir sur place. Trois élégants bungalows de bambou et plusieurs tentes sont disponibles, et les visiteurs peuvent y découvrir la culture bunong, son mode de vie ainsi que sa cuisine.

En décembre et en janvier, les grands vents peuvent noyer le chant des gibbons. Visez septembre-novembre pour une visite, quand la jungle est d'un vert hypnotique. Le camp n'est pas recommandé pour les enfants de moins de 13 ans, qui peuvent réagir de façon trop exubérante face aux animaux sauvages.

Dans les pas des éléphants

VISITEZ L'ELEPHANT VALLEY PROJECT

Selon la légende, plus d'un million d'éléphants auraient été employés pour la construction d'Angkor Vat. En réalité, ils n'étaient sans doute que 6 000, mais les pachydermes ont joué un rôle clé dans l'histoire du Cambodge. Les rois d'Angkor se servirent notamment d'eux pour étendre leur pouvoir sur la région. Traditionnellement, les éléphants étaient capturés

OÙ SE RESTAURER À SEN MONOROM

Route 76
Le meilleur restaurant européen de l'est du pays, tenu par un affable Italien. Pâtes fraîches et bonne carte des vins. $$

Mondulkiri Pizza
Pizzas à la mode khmère dans un joli cadre. Offre aussi plusieurs bungalows propres à louer. $$

Chom Nor Thmei
Apprécié des habitants, notamment pour ses soupes. Options végétariennes, menu en anglais. $

dans la nature par des peuples indigènes comme les Bunong, puis mis au service des souverains d'Angkor.

De nos jours, il ne reste que 400 à 600 éléphants sauvages dans tout le Cambodge, dont une majorité dans les forêts du Mondolkiri. Comme tous les éléphants d'Asie, ils sont menacés par la perte de leur habitat naturel et par les braconniers. À 10 km de Sen Monorom, l'**Elephant Valley Project** (EVP) offre un sanctuaire à 11 éléphants autrefois utilisés notamment pour le tourisme, protège 3 000 km² de forêt et soutient les communautés bunong locales en échange de l'utilisation de leurs terres.

L'EVP propose à ses visiteurs des randonnées d'une demi-journée à trois jours pour parcourir la forêt aux côtés des éléphants. Ici, les touristes ne montent pas les pachydermes, et ils ne les nourrissent pas non plus. Ils sont en revanche invités à marcher en leur compagnie et à les observer se baignant dans la rivière. L'expérience est des plus immersives : on se promène parfois à seulement un mètre de ces doux géants. Les guides anglophones de la minorité bunong encadrent des groupes de 12 personnes maximum, tout en expliquant le comportement des éléphants. Ils offrent aussi de passionnants détails sur la forêt ainsi que sur les coutumes et traditions des Bunong.

Les visiteurs sont invités à participer au projet, et l'EVP organise également des treks d'observation des macaques et des langurs. Avec un peu de chance, vous pourrez entendre le chant des gibbons. Vestiges de la guerre du Vietnam, des cratères de bombes sont visibles dans cette partie du Mondolkiri, autrefois traversée par la piste Hô Chi Minh.

Il est possible de dormir sur place : le camp principal comprend quatre bungalows basiques (avec ventilateurs mais sans eau chaude), ainsi qu'un dortoir. Les repas sont inclus dans le tarif. Les pistes à parcourir avec les éléphants s'étendent sur 3 à 4 km dans la forêt, avec montées et descentes parfois raides, mais restent praticables si vous êtes en assez bonne forme. Familles bienvenues.

Offrant une des meilleures expériences avec les éléphants du pays, cette initiative d'écotourisme connaît un franc succès, comme sa popularité en atteste : mieux vaut réserver bien en avance. Notez que l'EVP ne loge pas de visiteurs les vendredis et samedis, et qu'aucun trek n'est proposé le samedi. À visiter entre novembre et février, pendant la saison sèche.

ÉTIQUETTE PACHYDERMIQUE

Ne vous approchez pas d'un éléphant sans surveillance. Seuls ceux qui connaissent bien ces animaux, comme les cornacs, peuvent déterminer leur humeur.

Les éléphants n'aiment pas être montés : transporter quelqu'un sur leur dos peut nuire à leur santé.

Gardez vos distances pour prendre des photos, surtout un selfie où vous leur tournerez le dos. Les éléphants peuvent avoir peur des flashs.

Si vous nourrissez un éléphant, assurez-vous qu'une barrière vous sépare. Avancez la nourriture vers sa trompe, pas sa bouche. Les éléphants peuvent s'énerver s'ils ne sont pas nourris correctement, ou assez vite.

Seuls les cornacs ont l'expérience nécessaire pour se baigner avec les éléphants. Des touristes ont déjà été blessés en essayant de les laver.

COMMENT S'Y RENDRE ET CIRCULER

Sen Monorom est à 370 km au nord-est de Phnom Penh. Des minibus la relient quotidiennement à Phnom Penh (par exemple la compagnie Virak Buntham Express, www.virakbuntham.com ; 11 $US, 6-8 heures), Siem Reap (8 $US, 10 heures), Kratie (7 $US, 3 heures) et Ban Lung (7 $US, 3 heures).

Les pensions louent des motos (7 à 10 $US/jour), et on trouve des chauffeurs de *moto-dop* et *remork-moto* vers le marché. Un *tuk-tuk* vous reviendra entre 30 et 35 $US pour une journée. Kim San (088 5623399) est un chauffeur de *tuk-tuk* fiable qui parle un peu anglais.

Carnet d'adresses

KOMPONG CHAM

Koh Paen
Voir p. 275 (au sud de Kompong Cham ; pont 1 $US ; pont nov-mai)

Phnom Pros
Voir p. 274 (colline des hommes ; 3 $US ; à 2 km au nord-ouest de Kompong Cham)

Phnom Srei
Voir p. 274 (colline des femmes ; à 2 km au nord-ouest de Kompong Cham)

Prey Chung Kran
Voir p. 275 (à 4 km du Vat Maha Leap, au sud-est de Kompong Cham)

Vat Hanchey
Voir p. 273 (093 377 470 ; 20 km au nord de Kompong Cham)

Vat Maha Leap
Voir p. 273 (au sud-est de Kompong Cham)

Vat Nokor Bachey
Voir p. 274 (3 $US)

Lazy Mekong Daze
Voir p. 275 (011 624 048 ; Sihanouk St ; 6h-22h)

Daly Hotel
Voir p. 275 (077 757 957 ; Kompong Cham)

Hanchey Bamboo Resort
Voir p. 275 (076 254 2440 ; www.hancheybambooresort.org ; village de Preaek Preah Angk)

KC River Hotel
Voir p. 275 (097 777 8989 ; Sihanouk St, Kompong Cham)

LBN Asian Hotel
Voir p. 275 (012 999 942 ; www.lbnasian.com ; Sihanouk St, Kompong Cham)

Tmor Da Guesthouse
Voir p. 275 (011 662 659 ; Sihanouk St, Kompong Cham)

Lazy Mekong Daze
Voir p. 274 (011 624 048 ; Sihanouk St, Kompong Cham ; 6h-22h)

Marché de nuit
Voir p. 274 (Preah Bat Ang Chan St ; 16h-22h)

Smile Restaurant
Voir p. 274 (www.bsda-cambodia.org ; Sihanouk St, Kompong Cham ; 6h30-22h)

KRATIE

Kampi
Voir p. 278 (15 km au nord de Kratie)

Koh Trong
Voir p. 278 (10 min en bateau depuis Kratie, 1 000 r ; traversée 6h-18h)

Phnom Sombok
Voir p. 279 (entre Kratie et Kampi ; entrée libre ; 6h-18h)

Cambodian Rural Discovery Tours
Voir p. 279 (CRD Tours ; 099 834 353 ; www.crdt.org.kh ; St 3 ; 8h-12h et 14h-17h30 lun-ven)

Sorya Kayaking Adventures
Voir p. 279 (010 285 656 ; www.soryakayaking.com ; Preah Suramarit St ; selon le nombre de participants 25-52 $US)

Koh Trong Community Homestay 1
Voir p. 278 (Koh Trong)

Le Relais de Chhlong
Voir p. 279 (012 347 309 ; www.lerelaisdechhlong.com ; 308 Rd)

Mekong Dolphin Hotel
Voir p. 279 (072 669 9999 ; www.mekongdolphinhotel.com)

River Dolphin Hotel
Voir p. 279 (072 210 570 ; riverdolphinhotel.com)

Soriyaburi Villas Resort
Voir p. 279 (www.soriyabori.com ; Koh Trong)

Sorya Guesthouse
Voir p. 279 (010 285 656 ; soryaguesthouse.com ; Preah Suramarit St)

Jasmine Boat Restaurant
Voir p. 278 (097 919 5577 ; www.facebook.com/profile.php?id=100064439991133 ; Preah Suramarit St ; 6h-22h)

Mekong Mojo
Voir p. 278 (086 606 330 ; Preah Suramarit St)

Street Three Eatery
Voir p. 278 (081 271 503 ; www.facebook.com/streetthreekratie ; St 3 ; 8h-21h)

STUNG TRENG

Preah Nimith
(2 $US)

Vat Sorsor Moi Roi
Voir p. 283 (temple aux Cent Colonnes ; Sambor)

Cambodian Rural Discovery Tours
Voir p. 283 (CRD Tours ; 099 834 353 ; www.crdt.org.kh ; St 3, Kratie ; 8h-12h et 14h-17h30 lun-ven)

Cambodia Mekong Trail
Voir p. 283 (Xplore-Cambodia ; 011 433 836 ; cambodiamekongtrail.com)

NTFP-EP Cambodia
Voir p. 283 (090 44 33 22 ; ntfp.org.kh)

4 Rivers Hotel
Voir p. 282 (077 507 822 ; www.4rivershotel.com)

Angkor Meas Hotel
Voir p. 282 (074 622 2666 ; www.facebook.com/people/Angkor-meas-Hotel/100057245929703/ ; St 63)

Apsara Guesthouse
Voir p. 282 (012 939 162 ; St 64)

Savet Guesthouse
Voir p. 282 (017 412 512 ; St 14)

Blue River
Voir p. 282 (088 666 6105 ; 10h-22h)

Ponika's Palace
Voir p. 282 (012 916 441 ; St 4 ; 6h-22h)

Sidewalk Cafe
Voir p. 282 (090 700 740 ; St 61 ; 7h-17h30)

PROVINCE DU RATANAKIRI

Boeng Yeak Lom
Voir p. 286 (5 km à l'est de Ban Lung ; 2 $US)

Bokheo
Voir p. 288 (29 km à l'est de Ban Lung)

Cascade Chaa Ong
Voir p. 286 (à l'ouest de Ban Lung ; 4 000 r)

Cascade Ka Tieng
Voir p. 286 (à l'ouest de Ban Lung ; 2 000 r)

SCOTTIEBUMICH / STOCK.ADOBE.COM ©

Province du Mondolkiri

Cascade Kinchaan
Voir p. 286 (Kachang ; à l'ouest de Ban Lung ; 4 000 r)

Cimetière de Kaoh Paek
Voir p. 288 (à 45 minutes en bateau de Veun Sai)

Lac Lumkut
Voir p. 286 (48 km au sud-est de Ban Lung)

Lumphat
Voir p. 288 (35 km au sud de Ban Lung)

Parc national de Virachey
Voir p. 287 (contactez Parrot Tours à Ban Lung pour les circuits ; Parrot Tours 097 403 5884)

Réserve de Veun Sai-Siem Pang
Voir p. 288 (Veun Sai-Siem Pang Conservation Area, VSSPCA ; 39 km au nord-ouest de Ban Lung)

DutchCo Trekking Cambodia
Voir p. 287 (097 679 2714 ; www.trekkingcambodia.com ; circuit 1/2/3/4/5 jours 79/154/201/266/322,50 $US)

Parrot Tours
(097 403 5884 ; www.facebook.com/parrot.tours/?locale=fr_FR)

Sona Trekking & Tours
Voir p. 287 (sonatours168@gmail.com)

Phnom Veal Thom Wilderness Trek
Voir p. 287 (097 333 4775 ; somsophanyvnp@gmail.com ; 236-413 $US/pers)

Family House Homestay
Voir p. 287 (097 481 4444 ; Ban Lung)

Ratanakiri Boutique Hotel
Voir p. 287 (011 443 433 ; ratanakiri-boutiquehotel.com ; Ban Lung)

Lodge des Terres Rouges
Voir p. 287 (012 770 650 ; ratanakiri-lodge.com/?lng=en ; St 422 Ban Lung)

Thy Ath Lodge
Voir p. 287 (097 315 5559 ; St 422, Ban Lung)

Tree Top Ecolodge
Voir p. 287 (012 490 3333 ; St 78a, Ban Lung)

Coconut Shake Restaurant
Voir p. 286 (075 677 7789 ; St 422, Ban Lung ; 7h-21h)

Green Carrot
Voir p. 286 (071 929 3278 ; St 78a, Ban Lung ; 8h45-22h)

Ta Nam
Voir p. 286 (Ban Lung ; 6h-20h)

PROVINCE DU MONDOLKIRI

Cascade de Bou Sraa
Voir p. 291 (33 km à l'est de Sen Monorom ; 2,50 $US ; 7h-17h)

Cascade de Romanear
Voir p. 291 (18 km au sud-est de Sen Monorom)

Cascade de Monorom
Voir p. 291 (à l'ouest de Sen Monorom)

Elephant Valley Project
Voir p. 292 (EVP ; 099 696 041 ; elephantvalleyproject.org ; lun-ven, dim en haute saison)

Jahoo Gibbon Camp
Voir p. 291 (088 614 8854 ; www.gibbon.life ; réserve faunique de Keo Seima)

Mondulkiri Project
Voir p. 290 (097 723 4177 ; www.mondulkiriproject.org ; 8h30-17h)

Réserve faunique de Keo Seima
(ex-forêt protégée de Seima ; cambodia.wcs.org ; Andong Kroloeng ; circuit faunique 85-125 $US/pers)

Sam Veasna Conservation Tours
Voir p. 291 (092 554 473 ; samveasna.com ; 88 St 26, Siem Reap ; 8h-17h30 lun-ven)

Avocado Guesthouse
Voir p. 290 (011 803 884 ; Sen Monorom)

Green house Retreat
Voir p. 291 (017 905 659 ; www.facebook.com/profile.php?id=100063806160059 ; Sen Monorom)

Mayura Hill Resort
Voir p. 291 (077 980 980 ; www.mayurahillresort.com ; Sen Monorom)

Nature Lodge
Voir p. 290 (012 230 272 ; naturelodgecambodia.com ; Sen Monorom)

Pidoma Resort
Voir p. 291 (098 319 600 ; www.pidomaresort.com ; Sen Monorom)

Tree Lodge
Voir p. 290 (097 723 4177 ; www.treelodgecambodia.com ; Sen Monorom)

Mondulkiri Pizza
Voir p. 292 (097 522 2219 ; www.facebook.com/mdkpizza ; village de Kandal, Sen Monorom ; 9h-22h)

Route 76
Voir p. 292 (016 283 300 ; www.facebook.com/Route76Group?_rdc=1&_rdr ; Sen Monorom ; 7h-21h30)

Marché, province du Ratanakiri

CARNET PRATIQUE

Ce chapitre présente toutes les informations pratiques essentielles dont vous aurez besoin pour voyager au Cambodge.

***Tuk-tuk*, Siem Reap (p. 96)**

Arriver au Cambodge

La plupart des visiteurs arrivent au Cambodge par les aéroports internationaux de Phnom Penh ou Siem Reap, et plus rarement par celui de Sihanoukville, plus proche des îles. Beaucoup de voyageurs indépendants entrent dans le pays et en sortent par les frontières laotienne, vietnamienne et thaïlandaise. On peut passer au Cambodge depuis le Vietnam par le Mékong.

Visas

Un visa de tourisme pour 30 jours coûte 30 $US à l'aéroport et aux postes-frontières. E-visas disponibles sur evisa.gov.kh (37 $US). Pour un séjour plus long, optez pour un visa d'affaires (35 $US).

Cartes SIM

Au Cambodge, les frais d'itinérance peuvent coûter très cher : achetez plutôt une carte SIM locale. Vous pourrez en trouver dès votre arrivée à l'aéroport.

À la frontière

Plus d'une douzaine de postes-frontières séparent le Cambodge de la Thaïlande, du Laos et du Vietnam. Le e-visa n'est pas toujours accepté.

Wi-Fi

Wi-Fi gratuit dans les trois aéroports internationaux du pays, mais rarement aux postes-frontières. On trouve facilement des cafés ou restaurants offrant le Wi-Fi en cas de besoin.

Depuis/vers l'aéroport

	Phnom Penh	Siem Reap	Sihanoukville
TUK-TUK	45-60 min 10 $US	30-45 min 9 $US	45-60 min 15-20 $US
BUS	60 min 0,40 $US	N/A	N/A
TAXI	30-60 min 15 $US	20-30 min 15 $US	30-45 min 20-25 $US

VOIE TERRESTRE : POSTES-FRONTIÈRES

Le Cambodge partage un poste-frontière avec le Laos, six avec la Thaïlande et sept avec le Vietnam. Les visas cambodgiens sont disponibles à chacun de ces postes. Pour le Laos, des visas à l'arrivée sont disponibles, et la plupart des nationalités peuvent rester 15 à 30 jours sans visa en Thaïlande (c'est le cas des Français, des Belges, des Suisses et des Canadiens). Les visas à l'arrivée sont réservés à certaines nationalités seulement pour le Vietnam : veillez à vérifier le statut de votre passeport avant d'arriver à la frontière – les Français bénéficient ainsi d'une exemption de visa pour une durée maximum de 15 jours. La plupart des postes sont ouverts de 7h à 17h. Les plus populaires restent ouverts plus longtemps, et les plus isolés ferment pendant le déjeuner.

Voie aérienne

Le Cambodge possède trois aéroports internationaux.

AÉROPORTS ET COMPAGNIES AÉRIENNES

L'**aéroport international de Phnom Penh** (PNH ; ☎023-862800 ; pnh.cambodia-airports.aero) est la porte d'entrée pour la capitale, tandis que l'**aéroport international de Siem Reap** (☎063-962400 ; rep.cambodia-airports.aero) accueille les visiteurs des temples d'Angkor. L'**aéroport international de Sihanoukville** (☎012-333524 ; kos.cambodia-airports.aero ; près de la Hwy 4) dessert une douzaine de grandes villes chinoises ainsi que Bangkok, Hô Chi Minh-Ville et Kuala Lumpur.

Cambodia Angkor Air (☎023-212564 ; www.cambodiaangkorair.com) est la compagnie nationale. Elle propose de nombreuses liaisons internationales avec d'autres villes de la région, notamment Pékin, Danang, Guangzhou et Hô Chi Minh-Ville.

Thai Airways (www.thaiairways.com) et **Bangkok Airways** (www.bangkokair.com) assurent de nombreux vols quotidiens via Bangkok.

Air Asia (www.airasia.com) propose des vols quotidiens pour Bangkok depuis Phnom Penh et Siem Reap. La compagnie dessert aussi Sihanoukville depuis Bangkok. Les autres transporteurs reliant Bangkok à Phnom Penh et/ou Siem Reap est la compagnie low cost cambodgienne **Lanmei Airlines** (☎023 981363, billets 093-822999 ; www.lanmeiairlines.com) et la compagnie low cost thaïlandaise **Thai Smile** (www.thaismileair.com).

Vietnam Airlines (www.vietnamairlines.com) propose quelques liaisons utiles, de Phnom Penh et Siem Reap à Hô Chi Minh-Ville, Danang et Hanoi notamment. **Philippine Airlines** (www.philippineairlines.com) assure quatre oucinq vols hebdomadaires pour Phnom Penh depuis Manille.

Il existe plusieurs liaisons directes quotidiennes entre le Cambodge etd'autres villes asiatiques, comme Hong Kong, Kuala Lumpur, Séoul et Taipei.

DEPUIS L'EUROPE

Il n'existe pas de vols directs entre les pays européens et le Cambodge. La plupart des liaisons se font via les grandes métropoles d'Asie du Sud-Est (notamment Bangkok, Kuala Lumpur et Hô Chi Minh-Ville) ou de la péninsule Arabique (Dubaï, Abu Dhabi ou Doha).

Selon la saison, les tarifs les plus intéressants pour un vol économique avec une ou deux escales au départ de Paris ou Bruxelles s'échelonnent entre 750 et 1 200 €. Depuis Genève ou Zurich, comptez de 900 à 1 550 FS environ. Prévoyez pas moins de 15 heures de voyage avec une escale – souvent *beaucoup* plus.

FRANCE

Quelques agences et transporteurs :

Air France (www.airfrance.fr)
China Eastern Airlines (fr.ceair.com)
China Southern Airlines (global.csair.com/FR/FR/Home/)
Etihad (www.etihad.com)
Malaysia Airlines (www.malaysiaairlines.com/fr/fr.html)
Thai Airways (www.thaiairways.com)
Vietnam Airlines (www.vietnamairlines.com)

BELGIQUE

Quelques adresses utiles :

Airstop (www.facebook.com/AirstopBe/)
Brussels Airlines (www.brusselsairlines.com)
Connections (www.connections.be)
Gigatours Voyages Éole (www.voyageseole.be)
Qatar Airways (www.qatarairways.com)

SUISSE

Voici quelques adresses utiles en Suisse :

Etihad (www.etihad.com)
Singapore Airlines (www.singaporeair.com)
Swiss International Air Lines (www.swiss.com/ch/fr)
Thai Airways (www.thaiairways.com)

DEPUIS LE CANADA

Il n'existe pas actuellement de vols directs entre le Canada et le Cambodge. Au départ de Toronto, les tarifs les plus bas pour un aller-retour en classe économique sont compris entre 1 500 et 3 000 $CA selon la saison (comptez 21 heures de vol). Les prix sont plus intéressants depuis Vancouver : ils démarrent entre 1 300 et 2 500 $CA selon la période (au moins 16 heures 30 de vol).

Air Canada (www.aircanada.com) propose des vols pour le Cambodge uniquement en partenariat avec d'autres compagnies aériennes.

Quelques adresses utiles :

Expedia (www.expedia.ca)
Travelocity (www.travelocity.ca)

Comment circuler

Au-delà des avions, trains et voitures, la moto est le transport de choix pour bien des visiteurs, et les bus, bateaux et *remork-moto* (ou *tuk-tuk*) se trouvent partout.

BUDGET

Voiture avec chauffeur
25-75 $US/jour

Location de moto
5-15 $US/jour

Bus longue distance
3 $US/100 km

Tour de *tuk-tuk* en ville
2-5 $US

Avion

Les vols nationaux permettent d'éviter des trajets routiers parfois imprévisibles. Les trois aéroports majeurs sont souvent reliés entre eux. Cependant, l'effondrement du tourisme causé par la pandémie pèse encore sur l'industrie, avec pour résultat des prix élevés et un nombre de vols limités.

Bus et minibus

C'est le moyen de transport le plus populaire. Toutes les villes majeures sont connectées à Phnom Penh par des bus. Si vous voyagez d'un bout à l'autre du pays, il vous faudra probablement prendre une correspondance. Réservations sur **bookmebus.com**.

Scannez ce QR-code pour réserver.

VÉLO PRATIQUE

Hôtels et pensions louent des vélos. À Phnom Penh, on trouve facilement vélos de qualité, équipement et pièces détachées à prix raisonnables.

LE CAMBODGE À VÉLO

Le Cambodge se prête au voyage à vélo... à condition d'être un cycliste expérimenté. En raison du mauvais état des routes, il vaut mieux opter pour un VTT. La majeure partie du pays est plate ou légèrement vallonnée. De belles pistes s'étirent généralement le long des routes. Paradoxalement, la sécurité est un problème majeur sur les routes nouvellement goudronnées ; les usagers y roulent très vites. Les vélos peuvent être transportés à travers le pays, à l'arrière des pick-up ou sur le toit des minibus.

CODE DE LA ROUTE

40

La vitesse est limitée à 40 km/h en agglomération, autour de 80 km/h sur les autoroutes régionales et 120 km/h sur les autoroutes les plus récentes.

Un permis international est requis pour louer une voiture au Cambodge.

Voiture et moto

Nombre de visiteurs profitent du bas coût des locations de voiture ou de moto pour accéder à des curiosités plus reculées et s'arrêter selon les envies. Presque toutes les voitures sont louées avec chauffeur, mais des voitures à conduire soi-même sont aussi disponibles à Phnom Penh.

Train

Deux lignes desservent le Cambodge de manière quotidienne. La ligne sud relie Phnom Penh à Sihanoukville via Kampot et Takeo, et la ligne nord circule de Phnom Penh à Poipet en passant par Pursat et Battambang. Le pays projette d'étendre ces services à la Thaïlande et au Vietnam.

Bateau

De pittoresques balades en bateau relient Siem Reap à Battambang. On peut voguer sur le Tonlé Sap toute l'année, mais seulement sur des petits bateaux entre mars et juillet. Les navettes rapides qui connectaient Phnom Penh à Siem Reap ont disparu au profit des bus et minibus.

Transports locaux

BUS

Phnom Penh dispose de quelques lignes de bus principalement empruntées par les étudiants, mais très peu par les visiteurs. Il n'existe aucun autre réseau de bus de ville dans le pays.

CYCLO-POUSSE

Comme au Vietnam et au Laos, le cyclo-pousse permet de se déplacer en ville à peu de frais. À Phnom Penh, beaucoup circulent dans les rues ou attendent à proximité des marchés et des hôtels. Attendez-vous à devoir marchander si vous en empruntez un devant un hôtel coûteux, un bar ou un restaurant réputé. Les tarifs varient entre 1 et 3 $US. Rares en province, les cyclo-pousses souffrent dans la capitale de la concurrence des *moto-dop*.

MOTO-DOP

Parfois appelées *moto-doup* (*doup* vient du français "double"), les *moto-dop* sont des motos-taxis. En ville, elles offrent le moyen le plus rapide de parcourir de courtes distances. Comptez entre 2 000 r et 1,50 $US ou plus, selon la distance et la ville, et un peu plus en soirée. Avec l'augmentation du nombre de touristes, beaucoup de chauffeurs ont pris la mauvaise habitude de majorer leurs tarifs. Mieux vaut négocier le prix de la course au préalable, surtout dans les centres touristiques, devant les hôtels haut de gamme ou la nuit.

TUK-TUK

On trouve deux types de *tuk-tuk* au Cambodge. Le *moto-remork* (ou juste *remork*) est un petit chariot couvert tiré par une moto, où deux personnes peuvent s'installer confortablement. Ils sont utilisés à la campagne pour transporter des passagers et des marchandises ; on en voit souvent à la périphérie des villes, prêts à ramener les fermiers dans leur village. Les destinations touristiques les plus fréquentées, comme Phnom Penh, Siem Reap et la côte sud, ont leur propre version plus confortable, munie d'une petite carriole couverte pour 2 personnes. C'est un moyen de transport pratique et agréable pour explorer les temples, car il permet de voyager à l'air libre tout en étant protégé du soleil et des intempéries.

Ces dernières années, une importante flotte d'auto-rickshaws fabriqués en Inde – semblables aux rickshaws indiens ou aux *tuk-tuk* thaïlandais ont envahi le paysage urbain. Plus rapides que les *remork* (ils se faufilent facilement à travers les voitures), ils sont aussi plus exigus et moins confortables : préférez le *remork* si vous êtes plus de deux ou trois et/ou avez beaucoup de bagages.

À SAVOIR

Pour obtenir des tarifs plus avantageux, *tuk-tuk* et taxis peuvent être réservés via les applications **Grab** (grab.com) et **PassApp** (passapptaxis.com).

ROTEI SES

Rotei signifie "chariot" ou "voiture" et *ses*, "cheval". Le terme désigne en fait tout chariot tiré par un animal. Le char à bœufs (ou à buffles), très courant dans les régions reculées, est le seul mode de transport qui puisse affronter la boue au plus fort de la saison des pluies. Certains projets d'écotourisme communautaire incluent désormais des promenades en char à bœufs.

TAXI COLLECTIF

Avec l'amélioration de l'état des routes, les taxis collectifs perdent du terrain au profit des minibus express. Dans les taxis collectifs, n'hésitez pas à acheter une place supplémentaire pour voyager plus confortablement. Doublez le prix pour une place à l'avant, et quadruplez-le pour vous octroyer toute la banquette arrière. Sachez qu'il n'existe pas forcément de prix fixe sur tous les itinéraires ; il faut négocier.

Vous pouvez en réserver un pour vous seul, ou acheter une place et attendre qu'il se remplisse d'autres passagers. Les pensions se chargent volontiers de trouver un taxi collectif, moyennant une commission.

TAXI

Si les taxis deviennent plus courants en ville, peu de compagnies de Phnom Penh ont des véhicules munis d'un compteur. Les hôtels, les pensions et les agences de voyages pourront vous trouver une voiture pour visiter une ville et ses alentours. Des applications pour commander les taxis sont apparues sur le marché. Elles servent surtout à réserver des *remork* en province, mais on peut réserver des voitures de différentes tailles dans les grandes villes.

Argent

MONNAIE : **RIEL (R)**

Cartes bancaires

Les hôtels modernes, boutiques haut-de-gamme et restaurants acceptent la plupart des cartes bancaires. Ils peuvent cependant ajouter des frais supplémentaires.

Paiements mobiles

Les banques cambodgiennes ont adopté le paiement mobile, mais les services internationaux comme Apple Wallet ou Google Pay ne sont pas encore autorisés au Cambodge.

Distributeurs automatiques de billets (DAB)

Les DAB se trouvent facilement, surtout dans les villes touristiques et capitales provinciales. Ils proposent généralement de retirer en riel ou en dollars US. On peut retirer jusqu'à 500 $US en une fois, si le compte bancaire le permet. Restez vigilants quand vous retirez de l'argent la nuit.

Pourboires

Au Cambodge, les pourboires sont fort appréciés.

Hôtels 1 $US par valise, et un petit pourboire pour le personnel d'entretien.

Restaurants Quelques milliers de riel, 5 à 10% de l'addition dans les restaurants chics.

Tuk-tuk Pas nécessaires pour les courtes distances.

Temples Glissez quelques milliers de riel dans la boîte à dons.

COMBIEN COÛTE...

Une entrée dans un parc national
5 $US

Une entrée au musée
10 $US

Un déjeuner local
10 $US

Un billet de train
7 $US

BONS PLANS... Faites des économies

Pendant la basse saison (surnommée "saison verte" au Cambodge), les prix des boutiques-hôtels et hôtels de luxe peuvent être bien plus bas. Pour économiser dans les bars et les restaurants, optez pour l'happy hour, partout proposé. On offre souvent 50% de réduction, ou du "deux pour le prix d'un".

À SAVOIR

Si vous arrivez par voie terrestre, arrangez-vous pour obtenir des dollars avant d'arriver au Cambodge. On peut échanger la plupart des monnaies dans les grandes villes, mais les taux sont moins avantageux que pour le dollar.

RIEL OU DOLLAR

Afin de sevrer le pays de sa dépendance au dollar américain, le gouvernement cambodgien s'efforce de promouvoir le riel, et beaucoup de distributeurs proposent ainsi les deux monnaies – qui ne délivrent en définitive bien souvent que des billets de 100 dollars. Autant le dire : le dollar reste dans les faits omniprésent. Avec suffisamment de dollars sur vous, vous n'aurez pas besoin de passer par les banques : on échange le dollar contre du riel partout dans les hôtels, les restaurants et les marchés. Vous pourrez donc payer en dollars et recevoir la monnaie en riel. Le baht thaïlandais est aussi utilisé dans l'ouest du pays, notamment à Koh Kong, Poipet et Sisophon. Approximativement : 4 000 r = 1 $US = 35 B.

Hébergement

Se faire plaisir

À Phnom Penh, à Siem Reap et sur la côte sud, les hôtels gagnent nettement en qualité passé la barre des 20 $US par nuit. Pour 30 à 50 $US, on peut trouver une chambre confortable dans un hôtel avec piscine. De plus en plus nombreux, les boutiques-hôtels de charme proposent des chambres pour environ 50 à 100 $US par nuit.

Authenticité chez l'habitant

Plusieurs programmes de séjours chez l'habitant existent au Cambodge, notamment dans les provinces de Kompong Cham et Kompong Thom. Dans des endroits reculés comme Chi Phat ou Stung Areng dans les Cardamomes, ils sont parfois pilotés par des ONG. Ces séjours sont facilement accessibles le long du Mekong Discovery Trail entre Kratie et la frontière laotienne, et dans la province de Siem Reap.

Séjour en pension

Des pensions (*guesthouses*) abordables se trouvent dans quasiment toutes les capitales régionales. Comptez de 5 à 15 $US pour un lit, souvent avec ventilateur, salle de bains et satellite. L'eau chaude est rarement incluse dans les pensions de cette tranche de prix, sauf dans leurs chambres plus chères. Sur la côte et dans le Mondolkiri ou le Ratanakiri, des bungalows rustiques avec matelas et ventilateur sont aussi disponibles.

COMBIEN COÛTE UNE NUIT DANS...

Un boutique-hôtel
50-100 $US

Une auberge de jeunesse en dortoir
5-15 $US

Une pension
5-10 $US

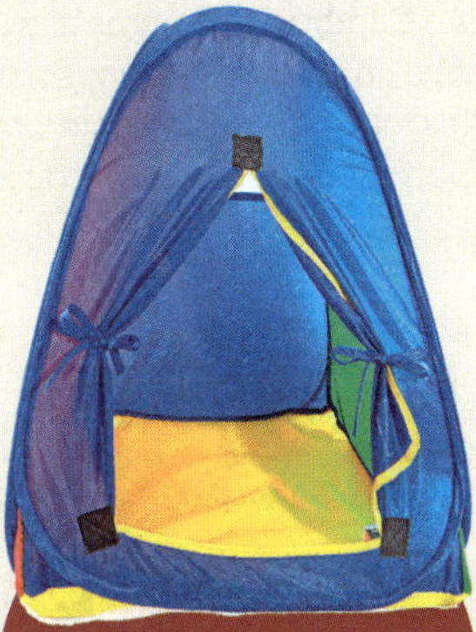

Camping

Jusqu'à récemment, le camping était chose rare au Cambodge. La pandémie a changé la donne : la jeunesse khmère s'est initiée aux escapades en pleine nature et en raffole aujourd'hui. En raison de la chaleur et du bas coût des hébergements, il est encore rare de voir des étrangers camper, mais on trouve des campings près de certains sites comme Phnom Kulen et Khnong Phsar.

L'option auberge de jeunesse

Elles sont omniprésentes, surtout dans les destinations populaires comme Phnom Penh, Siem Reap et Kampot. Elles sont animées et bien tenues, mais leurs dortoirs ne sont pas une si bonne affaire – une chambre en pension revient souvent au même coût. Les chambres privées sont cependant agréables, et certaines auberges de jeunesse ont une piscine.

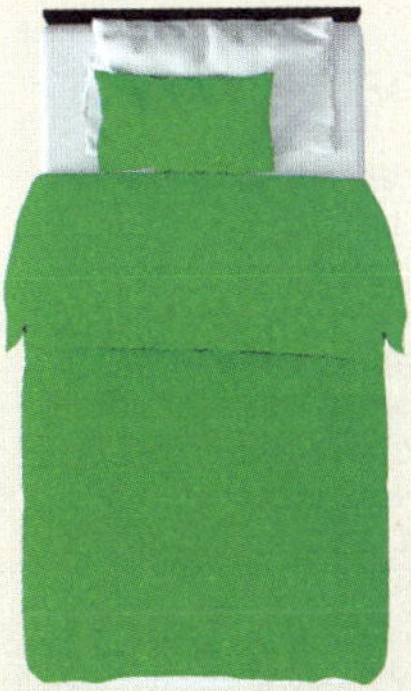

VOYAGER EN SOLO

Les hôtels cambodgiens offrent rarement des tarifs réduits pour les voyageurs solos, avec des exceptions notables à Siem Reap et à Phnom Penh. Mieux vaut miser sur les pensions locales pour dormir confortablement sans se ruiner, surtout dans les provinces les moins fréquentées. Pour faire de nouvelles rencontres, les fameuses auberges de jeunesse du Cambodge sont idéales, aussi bien pour les fêtards que pour les voyageurs en quête de sérénité. La plupart proposent des chambres privées pour ceux qui veulent éviter les dortoirs, mais même en choisissant celles-ci, vous aurez l'option de socialiser avec d'autres baroudeurs.

DEPUIS EN HAUT À GAUCHE, DANS LE SENS DES AIGUILLES D'UNE MONTRE :SAM DCRUZ/SHUTTERSTOCK ©, IVONNE WIERINK/SHUTTERSTOCK ©, DMITRIYMOROZ/GETTY IMAGES ©, 5N2/SHUTTERSTOCK ©

Avec des enfants

Au Cambodge comme ailleurs en Asie du Sud-Est, voyager en famille peut être un vrai plaisir si vous adoptez la bonne attitude. Les Khmers adorent les tout-petits et combleront d'attentions vos enfants, qui trouveront partout des camarades de jeux.

Visites et activités

Les tarifs réduits pour les enfants sont chose commune au Cambodge, de l'entrée gratuite aux temples d'Angkor pour les moins de 12 ans aux billets à moitié prix dans certains parcs aquatiques ou réserves fauniques. Il vaut mieux être muni de pièces d'identité pour les enfants grands pour leur âge : les Cambodgiens pourraient penser qu'ils sont plus vieux. Peu de réductions dans les transports publics, en revanche.

Voyager avec les tout-petits

Les stations de change dans les toilettes publiques sont rares au Cambodge, et limitées à certains sites touristiques dans les grandes villes. De nombreux produits pour bébés sont disponibles dans les supermarchés et les pharmacies des villes, mais veillez à en faire une réserve avant de vous aventurer en zone rurale.

La sécurité avant tout

Si les ceintures de sécurité sont monnaie courante, les sièges enfant sont rares – à demander dès la réservation si vous passez par une agence. Dans les zones reculées, ne laissez pas vos enfants s'éloigner des sentiers : les mines restent un fléau pour le Cambodge.

Déplacements avec poussette

En ville, la densité de la foule peut rendre la circulation en poussette plutôt compliquée. À la campagne, mieux vaut avoir des roues robustes : vu l'absence de trottoirs, vous devrez marcher le long de la route.

NOTRE SÉLECTION

Réserve animalière de Phnom Tamao (p. 81)
Devenez gardien d'ours ou d'éléphant pour une journée. Proche de Phnom Penh.

Ta Prohm (p. 142)
Ce temple au cœur de la jungle fut le décor du film *Lara Croft : Tomb Raider.*

Angkor Zipline (p. 146)
Envolez-vous dans la jungle ancestrale avec Angkor Zipline, tout près des temples et de Siem Reap.

Lazy Beach (p. 245)
Loin de la foule, Lazy Beach à Koh Rong Sanloem est un bel endroit pour un moment en famille.

INTRODUCTION AUX FRUITS TROPICAUX

Durian Vos bambins n'oublieront pas de sitôt l'odeur nauséabonde de cet énorme fruit hérissé de piquants.

Litchi La saison du *kulen* s'étend de mai à juillet.

Mangue Si les mangues poussent toute l'année, les plus goûteuses sont récoltées à partir du Nouvel An khmer (mi-avril) et en mai.

Mangoustan On le surnomme la "reine des fruits" en souvenir de la reine Victoria qui aurait promis d'offrir 100 £ à quiconque pourrait lui apporter un mangoustan mûr.

Ramboutan Vos enfants hésiteront peut-être devant l'aspect de ce "litchi chevelu", mais c'est un en-cas pratique et savoureux, disponible toute l'année.

Santé et sécurité

Partir au Cambodge sans assurance santé est une très mauvaise idée. En province, les hôpitaux sont rudimentaires, et même ceux des villes peinent parfois à traiter les maladies graves ou les blessures sérieuses. Certains cas nécessitent des évacuations d'urgence vers Bangkok, qui peuvent coûter jusqu'à 20 000 $US aux non-assurés. Mais attention ! avant de souscrire une assurance, vérifiez que vous ne bénéficiez pas déjà d'une assistance avec votre carte bancaire, votre mutuelle ou votre assurance automobile.

Le **ministère des Affaires étrangères** (www.diplomatie.gouv.fr/voyageurs) effectue une veille sanitaire et met régulièrement en ligne des recommandations sur les vaccinations.

Eau potable

Règle numéro un : évitez de boire l'eau du robinet. Les glaçons sont souvent produits en usine, à la française, mais mieux vaut rester vigilant. Pensez à voyager avec un moyen de purifier l'eau, et si vous achetez de l'eau en bouteille, choisissez-en une que vous pourrez réutiliser pour minimiser votre consommation de plastique.

Moustiques

Le moustique peut être porteur de maladies graves, voire mortelles, comme le paludisme et la dengue, mais on ne souffre généralement que de piqûres bénignes ; prévoyez antimoustique et vêtements clairs et couvrants à la tombée de la nuit. Le paludisme est présent près de la frontière thaïlandaise et sur les îles du Sud, et la dengue est répandue pendant la saison des pluies.

MÉDICAMENTS FACTICES

Privilégiez les cliniques et les pharmacies fiables pour vous assurer de l'authenticité de vos médicaments.

SE FAIRE SOIGNER AU CAMBODGE

Calmette Hospital (www.calmette.gov.kh). Le meilleur hôpital public du pays.

Royal Angkor Hospital (royalangkorhospital.com). Le meilleur hôpital privé à Siem Reap.

U-Care Pharmacy Chaîne de pharmacies fiables.

Eurodental Clinic (www.facebook.com/eurodentalclinichcm). Services dentaires aux normes internationales.

Tropical & Travellers Medical Clinic (travellersmedicalclinic.com). Clinique adaptée aux voyageurs à Phnom Penh.

Méfiez-vous du *yaba*

Méfiez-vous du *yaba*, la drogue "crazy" de Thaïlande, connue au Cambodge sous le sinistre nom de *yama* (le dieu hindou de la Mort). Surnommée "ice" ou "crystal meth" en Occident, il s'agit d'une métamphétamine produite dans des laboratoires cambodgiens ou des pays voisins. Les pilules comprennent souvent des substances toxiques – mercure, lithium...

MINES ET MUNITIONS NON EXPLOSÉES

Ne touchez sous aucun prétexte aux mortiers, mines, bombes ou autres munitions non explosées que vous pourriez trouver. La zone la plus minée du pays se situe autour de la frontière thaïlandaise, mais on retrouve malheureusement des mines un peu partout au Cambodge. Veillez donc à rester sur les chemins bien tracés.

Manger, boire et sortir

Une énigme culinaire

La cuisine du Cambodge reste assez peu connue sur la scène internnationale, surtout comparée à celles de la Thaïlande et du Vietnam. Elle est pourtant tout à fait remarquable, et d'une grande variété. Certains plats sont inspirés des pays voisins, comme les curries ou les rouleaux de printemps, mais tous présentent une touche proprement cambodgienne.

bai riz
bobor bouillie de riz
nohm paang pain
kyteow soupe de nouilles de riz
samlor soupe traditionnelle
soup chhnang dei soupe à préparer soi-même
sach j'ruuk porc
sach kow bœuf
sach moan poulet
trey poisson
ahntohng anguille
bawng kawng langouste
bawngkia crevette
k'daam crabe
meuk calamar
buhn lai légumes
chek banane
duong noix de coco
khnau jaque
menoa ananas
mongkut mangoustan
sao mao ramboutan
svay mangue
tourain durian
kh'nyei gingembre
m'teh chilli
prahoc pâte de poisson fermentée
teuk sii iw sauce soja
teuk trey sauce de poisson
tuek kmom miel
ahng grillé
jien frit
jamhoi vapeur
khor ragoût
kaa fey café
tai thé
teuk eau
teuk kalohk jus de fruits mixés
teuk koh glace
tukalok milk-shake aux fruits

Où se restaurer

En ville, les options ne manquent pas, mais les régions plus reculées offrent moins de choix.

Restaurants Ils varient de la cantine de quartier au bistro sophistiqué. Si les cuisines du monde sont bien représentées dans les villes, on trouve surtout de la cuisine cambodgienne, chinoise et vietnamienne ailleurs.

Cafés Introduite pendant la colonisation française, la culture des cafés perdure au Cambodge. Les meilleurs sont à **Phnom Penh** et à **Siem Reap**.

Marchés La plupart des marchés abritent des stands de restauration, où l'on peut goûter les spécialités locales pour presque rien.

L'ART DE...

Porter un toast

Que ce soit au restaurant, au bar ou pour une grande occasion, les Cambodgiens ne ratent pas une occasion de trinquer ensemble. La personne qui le propose doit annoncer la quantité du verre qui doit être bu. Si elle est d'humeur généreuse, ce sera *ha-sip peah-roi* (50%), mais c'est plus souvent *moi roi peah-roi* (100%) qui prime. Cette particularité explique pourquoi les Cambodgiens préfèrent mettre des glaçons dans leurs bières – sans cette dilution, la soirée se terminerait trop tôt. Les *barang* (étrangers) qui trinquent sans suivre leur exemple le regretteront : il n'est pas rare de les retrouver écroulés sur une table pendant un mariage khmer.

Pour trinquer avec vos nouveaux amis, le vocabulaire est simple. On dit souvent *chaul mouy*, soit “à la vôtre”. *Sokha pheap lahore* est l'équivalent de “à votre santé”, même si les soirées arrosées y mènent rarement.

COMBIEN COÛTE...

Une *kyteow* (soupe de nouilles de riz)
1,50-3 $US

Un *bobor* (bouillie de riz)
1-2 $US

Un expresso
1-2 $US

Un cocktail
4-10 $US

Un dîner gastronomique
25-50 $US

Une boule de glace
1,50 $US

Une bière à la pression
0,50-2 $US

Un verre de vin
4-7 $US

L'ART DE...

Réussir sa soirée au Cambodge

Les soirées cambodgiennes démarrent avec un verre au bord de la rivière, du lac ou de la mer. Loin de l'eau, les terrasses en plein air ou les toits font l'affaire : pour les habitants, l'essentiel est de trouver un peu d'air frais.

Pour une expérience plus sophistiquée, les restaurants gastronomiques cambodgiens et internationaux proposent une belle sélection de cocktails et de vin au verre. À Phnom Penh et à Siem Reap, une fois le dîner terminé, on commence la tournée des bars. Pour ceux qui séjournent dans la capitale, **Bassac Lane** (p. 71) est la destination de choix ; dans ce lacis de ruelles et d'allées s'amassent plus de 20 bars et des restaurants de toutes sortes. À Siem Reap, les voyageurs plébiscitent la fameuse **Pub St** (p. 107), où le volume est perpétuellement à fond. **St 26** (p. 108), sa rivale à l'ambiance plus posée, gagne aussi en popularité.

Si vous voulez danser jusqu'au bout de la nuit, Phnom Penh est reine. Dans ses boîtes de nuit, la fête ne commence qu'autour de 23h et s'achève au petit matin. La plupart des clubs ne facturent pas l'entrée, à moins qu'un DJ célèbre ne s'y produise – notez toutefois que l'alcool est beaucoup plus cher que dans les bars et restaurants locaux. Pas de code vestimentaire, mais on pourra vous refuser l'entrée si vous arrivez en tongs ou en débardeur.

Barbecue cambodgien

Les barbecues khmers sont parfaits pour un dîner arrosé : ils servent des bières locales bon marché pour accompagner le *phnom pleung* (montagne de feu), un barbecue individuel où l'on fait griller sa viande. Autre possibilité : concocter soi-même sa soupe dans un récipient en terre (*soup chhang dei*).

DANS LES VERRES DES CAMBODGIENS

Les Cambodgiens aiment boire ensemble, et entre la chaleur et l'humidité, vous serez vous aussi à la recherche de tout ce qui pourra étancher votre soif. Ici, on sert de tout : café, thé, bière, vin, soda, jus de fruits frais, eau-de-vie exotiques... Le thé est la boisson nationale, mais de nos jours, la bière se consomme tout autant.

Elle n'est d'ailleurs jamais difficile à trouver : même dans les villages les plus reculés, on peut trouver un stand qui en vend quelques canettes. Une bière pression coûte entre 0,50 et 2 $US près des sites touristiques. Les marques populaires incluent les classiques Angkor Beer et Cambodia Beer, ainsi que les petites nouvelles comme Hanuman Beer. On importe aussi des bières du monde entier, dont l'excellente Beerlao laotienne.

Les vins locaux sont généralement des vins de riz, très populaires auprès des minorités ethniques du Nord-Est. Certains fermentent pendant des mois jusqu'à devenir très forts ; d'autres, plus jeunes, sont frais en bouche et s'apparentent presque à des cocktails. Il est très mal vu de refuser si on vous invite à en boire. Les supermarchés des zones touristiques proposent vins et spiritueux étrangers à des prix étonnamment bas vu leur provenance lointaine : une bouteille de vin se vend à partir de 5 $US, et les alcools de grandes marques entre 7 et 15 $US. On comprend donc mieux pourquoi les cocktails sont si peu chers...

Voyage responsable

Voyage et changement climatique

L'impact des voyages sur l'environnement est aujourd'hui bien connu et impose de faire ce qui est en notre pouvoir pour le limiter. Lonely Planet recommande ainsi aux voyageurs de se renseigner sur l'empreinte carbone de leurs déplacements. Divers outils en ligne permettent de calculer les émissions de CO_2 générées par chaque trajet, notamment celui de l'Ademe. De nombreuses plateformes de réservation et compagnies aériennes proposent de compenser leurs émissions de gaz à effet de serre par une contribution financière à des projets respectueux de l'environnement, partout dans le monde. À Lonely Planet, nous continuons à compenser l'empreinte carbone de tous nos auteurs, tout en étant conscients que ce n'est qu'une solution partielle.

Scannez pour accéder au calculateur d'émissions de carbone de l'Ademe

Un sanctuaire pour les éléphants

L'**Elephant Valley Project** (p. 292) de la province du Mondolkiri propose de marcher aux côtés du troupeau. Heureux événement : un bébé éléphant est récemment né au sanctuaire.

Au profit des plus démunis

Au Cambodge, on peut faire son shopping tout en soutenant les plus démunis, notamment chez **Daughters of Cambodia** (p. 65) ou **Artisans Angkor** (p. 79) à Phnom Penh.

À la réserve faunique de Keo Seima, on peut observer le gibbon à joues jaunes au **Jahoo Gibbon Camp** (p. 291), dont les treks guidés par les communautés locales soutiennent la conservation des espèces.

Situé à Battambang, **Jaan Bai** (p. 179) est un excellent restaurant cambodgien qui s'associe au Cambodian Children's Trust pour aider les jeunes Khmers en difficulté à se former au tourisme.

Tous en piste

Détenteur du record mondial de la plus longue performance de cirque après un marathon caritatif de 24 heures, **Phare Ponleu Selpak** (p. 180) est une entreprise innovante basée à Battambang.

Dîner pour la bonne cause

De nombreux restaurants du pays aident à former la jeunesse défavorisée aux arts culinaires. Parmi les meilleurs : **F3 Friends Futures Factory** (p. 56) à Phnom Penh et **Spoons Cafe** (p. 114) à Siem Reap.

Soutenir les espèces en danger

Au **Cardamom Tented Camp** (p. 227), un campement d'écotourisme dans la jungle du parc national de Botum Sakor, en bordure des Cardamomes, les séjours contribuent aux efforts de conservation locaux, comme àxla pérennité des patrouilles de gardes forestiers et à la relâche d'animaux sauvages.

Déminer le Cambodge

On peut rencontrer des rats héroïques à l'**Apopo Visitor Center** (p. 106) de Siem Reap : ils utilisent leur incroyable odorat pour détecter les explosifs encore cachés dans les communautés isolées du Cambodge, accélérant ainsi le processus de déminage du pays.

Scannez ce QR-code pour trouver circuits ornithologiques et écotours.

Protection des oiseaux

Sam Veasna Conservation Tours (samveasna.com) propose des sorties ornithologiques de qualité au profit de la protection des espèces. Les oiseaux aquatiques rares s'observent à la **réserve de Prek Toal** (p. 118) et à **Tmat Boey** (p 194), où l'on aperçoit parfois l'ibis géant.

La conservation en coulisses

Wildlife Alliance (wildlifealliance.org) propose des expériences touristiques responsables d'observation de la faune. Parmi elles, une découverte des coulisses de la **réserve animalière de Phnom Tamao** (p. 81) et une visite de la **Wildlife Alliance Release Station** (p. 226), près de Chi Phat.

À **Kampi** (p. 278), près de Kratie, on peut apercevoir le dauphin de l'Irrawaddy en pagayant sur le Mékong.

Les villages de **Chi Phat** (p. 225) et de la **vallée d'Areng** (p. 87) ouvrent leurs portes aux voyageurs pour des séjours chez l'habitant.

50

50% de l'électricité du Cambodge provient de sources d'énergie renouvelables, dont l'hydraulique, le solaire, les éoliennes et la biomasse. Des projets de centrales à charbon ont récemment été freinés suite au désaveu du charbon étranger par la Chine.

"Refill Not Landfill"

Afin de combattre l'omniprésence des bouteilles en plastique, la campagne cambodgienne Refill Not Landfill ("recharge pas décharge" ; refilltheworld.com) s'associe aux hôtels, restaurants et boutiques pour proposer bouteilles réutilisables et points d'approvisionnement en eau potable.

Scannez ce QR-code pour trouver le point d'approvisionnement en eau potable le plus proche de vous.

SITES UTILES

ecocambodia.org
Portail de l'écotourisme au Cambodge.

concertcambodia.org
Guide des initiatives d'écotourisme à Siem Reap.

wildlifealliance.org
Soutien à la protection des animaux via des activités immersives et hotline contre les atteintes à la faune.

LA FACE CACHÉE DES VISITES EN ORPHELINAT

Selon l'organisation Save the Children, l'idée que les enfants qui peuplent les orphelinats du Cambodge ont perdu leurs parents est un mythe. Beaucoup y sont en fait envoyés quand leurs familles n'ont plus les moyens de s'occuper d'eux : seul un quart des pensionnaires serait réellement orphelin.

Nombre d'orphelinats cambodgiens relèvent de l'escroquerie, et les enfants qu'ils sont censés protéger souffrent de maltraitance et de négligence. Les institutions légitimes existent bien sûr, mais selon l'Unicef, Save the Children et Friends International, les preuves s'accumulent pour suggérer que même ceux-ci causent plus de mal que de bien. Les orphelins grandissent dans de meilleures conditions s'ils peuvent rester dans leurs villes natales, entourés par leur communauté ou leur famille étendue.

Les voyageurs devraient donc éviter de visiter les orphelinats ou de les soutenir en général. Consultez thinkchildsafe.org/thinkbeforevisiting pour ne pas contribuer à ce problème, même à votre insu. Childsafe est un mouvement international de protection des enfants qui a établi une liste d'hôtels, de restaurants et autres établissements comme "sûrs", dans le cadre de son combat contre le tourisme sexuel et le trafic d'êtres humains.

De la même façon, réfléchissez à deux fois avant de visiter une école cambodgienne : vous ne visiteriez sans doute pas un établissement scolaire dans votre propre pays, donc pourquoi aller perturber les cours d'une école cambodgienne ?

Visitez le site de **Plastic Free Southeast Asia** (plasticfree cambodia.com) pour découvrir comment limiter votre consommation de plastique.

Le **Cooperation Committee for Cambodia** (ccc-cambodia.org) liste des ONG renommées qui ont parfois besoin de bénévoles.

Scannez ce QR-code pour accéder à une liste d'ONG fiables.

Le juste prix

Les Khmers sont loin d'être des négociateurs implacables : avec un sourire persuasif et un peu d'humour, vous pourrez convenir d'un prix convenable pour vous comme pour eux.

Photographier les enfants

Souvent très photogéniques, les enfants cambodgiens peuvent être d'accord pour être photographiés, mais veillez à toujours demander la permission à leurs parents, et n'encouragez pas le travail infantile en les payant en retour.

Respecter le code vestimentaire

Par respect, épaules et genoux doivent rester couverts, surtout dans les villages reculés ou au sein de sites religieux comme Angkor Vat.

Voyageurs LGBTIQ+

La scène LGBTIQ+ cambodgienne est moins active que celle de la Thaïlande, mais Phnom Penh et Siem Reap comptent de nombreux établissements *gay-friendly*. La scène LGBTIQ+ de Siem Reap, en partculier, discrète mais bien développée, se concentre autour des *guesthouses*.

Destinations *gay-friendly*

Capitale diverse et dynamique, Phnom Penh est sans conteste la destination la plus accueillante du Cambodge pour la communauté LGBTIQ+, entre ses bars, ses boîtes de nuit, et la seule compagnie de danse gay du pays, **Prumsodun Ok & Natyarasa** (p. 62). Siem Reap n'est pas en reste : le spectacle de drag-queens de **Barcode** (p. 119) vaut le détour à lui seul. Sans être nécessairement dotées de bars gays, d'autres destinations comme Battambang, Kampot et les îles du Sud sont aussi *gay-friendly*.

SELON LA LOI

Les relations homosexuelles ne sont pas illégales, mais elles ne sont pas non plus reconnues par la loi cambodgienne. Selon le Haut-Commissariat des Nations unies aux droits de l'homme (HCDH), la communauté LGBTIQ+ du Cambodge fait face à des discriminations quotidiennes, dans le cercle familial comme dans la sphère publique (école, emploi, hôpitaux...).

FIERTÉ LOCALE

Tous les ans, la communauté gay du Cambodge célèbre sa Gay Pride, avec sa campagne "I am what I am" (soutenue par les Nations unies) et une myriade de festivités à la **F3 Friends Futures Factory** (p. 56) de Phnom Penh : concerts, concours de beauté, etc.

Attitudes envers les homosexuels

Les Cambodgiens n'ont généralement aucun problème avec les différences de nationalité, de religion ou de sexualité. Toutefois, la vieille garde des bouddhistes theravada applique plus cette tolérance aux étrangers qu'à leurs compatriotes. Les jeunes Khmers hésitent parfois à afficher leur orientation, surtout dans les zones rurales. Qu'on soit homosexuel ou non, les démonstrations publiques d'affection sont mal vues.

SITE UTILE

Parmi les sites Internet de voyage à connaître pour découvrir le Cambodge gay, mentionnons le suivant :

Cambodia Gay (cambodia-gay.com). Tout sur la communauté LGBTIQ+ du Cambodge.

Spectacles de drag

À Phnom Penh et Siem Reap, les drag-queens se mettent régulièrement en scène. Dans la capitale, **Blue Chilli** (p. 62) et **Heart of Darkness** (p. 56) produisent des spectacles de drag du mercredi au samedi, et à Siem Reap, **Barcode** (p. 119) en propose tous les week-ends.

Voyage et handicap

Entre trottoirs défoncés, rues pleines de nids-de-poule et escaliers raides comme des échelles, les personnes à mobilité réduite peuvent avoir des difficultés à voyager au Cambodge.

Transport accessible

Mobilituk (facebook.com/mobilituk) est une initiative locale visant à fournir la population en *tuk-tuk* adaptés aux handicapés, avec rampe rabattable pour les fauteuils roulants.

Aéroports

Les aéroports du Cambodge sont équipés d'ascenseurs et de rampes d'accès. Des fauteuils sont disponibles pour les voyageurs à mobilité réduite, et les trois aéroports principaux proposent des toilettes pour personnes handicapées.

Hébergement

La plupart des pensions et petits hôtels offrent des chambres en rez-de-chaussée faciles d'accès, mais peu d'établissements sont aménagés pour accommoder les personnes handicapées.

SITES UTILES

Wheelchair Travel (wheelchairtravel.org/phnom-penh). Compte rendu écrit à la première personne, truffé de conseils utiles pour découvrir la capitale en fauteuil roulant.

Disabled Holidays (disabledholidays.com). Informations concernant le Cambodge pour les touristes handicapés et voyages organisés dans le pays.

LES ÎLES DU SUD

L'accès aux îles n'est pas sans encombre pour les voyageurs en fauteuil roulant : les quais des ferries sont plutôt délabrés, et certains *resorts* ne sont accessibles que par des étendues de sable.

Champions paralympiques

Le Cambodge ne cesse d'améliorer ses performances aux jeux paralympiques de l'Anase (Association des nations de l'Asie du Sud-Est), où il a remporté 28 médailles en 2022, dont sept médailles d'or. Sa spécialité : les sports d'équipe, comme le basket et le volleyball.

Massages aveugles

Le Cambodge ne manque pas d'initiatives pour soutenir les personnes malvoyantes. Basée à Phnom Penh et à Siem Reap, **Seeing Hands Massage** (p. 111) forme notamment des aveugles à l'art du massage.

LES TEMPLES D'ANGKOR

Le pire casse-tête du Cambodge s'avère aussi être son attraction phare : les temples d'Angkor. Sentiers irréguliers couverts d'obstacles, escaliers d'une raideur considérable… Seuls les temples majeurs sont parfois équipés de rampes.

AMPUTÉS AU CAMBODGE

Le Cambodge a l'un des taux d'amputations les plus élevés au monde. Entre 1979 et 2021, les mines et restes explosifs de guerre ont tué 19 806 personnes et en ont blessé ou mutilé plus de 45 000. Encore aujourd'hui, 5 à 10 Cambodgiens sont blessés ou tués tous les mois

Bon à savoir

HEURES D'OUVERTURE

Pendant les jours fériés de Chaul Chnam Khmer (Nouvel An khmer), P'chum Ben (fête des Morts) et Chaul Chnam Chen (Nouvel An chinois), le pays entier est à l'arrêt.

Administrations 7h30-11h30 puis 14h-17h lundi-vendredi

Banques 8h-15h30 lun-ven, sam matin

Bars 17h-tard

Magasins 8h-18h, plus tard dans les zones touristiques

Marchés 6h30-17h30

Musées variable, souvent 7 jours/7

Restaurants internationaux 7h-22h ou aux heures des repas ; locaux 6h30-21h

Cigarettes

Tous les hôtels et la plupart des pensions ont des chambres non-fumeurs. Depuis 2016, il est interdit de fumer dans certains lieux publics comme les restaurants et les bars, mais dans la pratique cette interdiction dépend du bon vouloir de chaque établissement.

EN BREF

Fuseau horaire
GMT/UTC
+ 7 heures

Indicatif du pays
855

Numéro d'urgence
117

Population
16,5 millions

JOURS FÉRIÉS

Les banques, les ministères et les ambassades ferment pour les fêtes et les jours fériés. Ces derniers sont décalés s'ils tombent le week-end, et les périodes de festivités peuvent déborder sur un ou deux jours supplémentaires.

Nouvel An 1er janvier

Victoire sur le génocide 7 janvier ; marque la fin du régime khmer rouge

Journée internationale de la femme 8 mars

Nouvel An khmer 14-16 avril

Fête internationale du Travail 1er mai

Anniversaire du roi 13-15 mai

Cérémonie du Sillon sacré mai

Anniversaire de la reine-mère 18 juin

Fête de la Constitution 24 septembre

Fête des Morts septembre/octobre

Jour de commémoration du roi père Norodom Sihanouk 15 octobre

Fête du Couronnement 29 octobre

Fête de l'Eau octobre/novembre

Fête de l'Indépendance 9 novembre

Poids et mesures

Système métrique, sauf pour les pierres et les métaux précieux (unités de mesure chinoises).

Cartes de réductions

Pas de réductions pour les voyageurs étudiants ou retraités.

Électricité

120 V/60 Hz (type A)
220 V/50 Hz (type C)

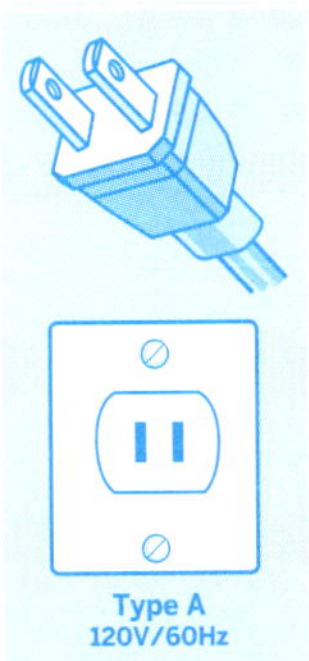

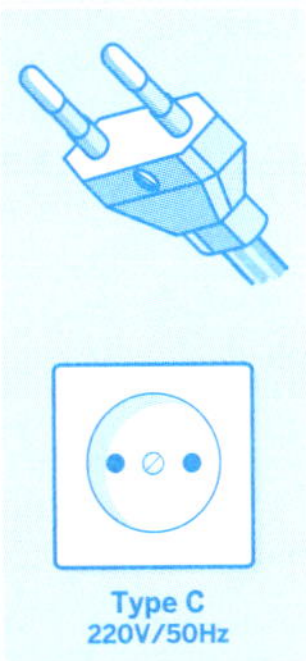

Langue

L'alphabet khmer est basé sur le brahmi, une ancienne écriture du sud de l'Inde. La translittération utilisée dans cette rubrique vise non pas l'exactitude linguistique, mais l'efficacité de la communication. Elle emploie l'alphabet romain et propose un équivalent le plus proche possible des sons khmers.

Les essentiels

Bonjour. ជំរាបសួរ *johm riab sua*
Au revoir. លាសិនហើយ *lia suhn hao-y*
Oui. បាទ/ចាំស *baat/jaa (m/f)*
Non. ទេ *te*
S'il vous plaît. សូម *sohm*
Merci. អរគុណ *aw kohn*
Excusez-moi/Pardon.
សុំទោស *sohm toh*
Comment vous appelez-vous ?
អ្នកឈ្មោះអី? *niak ch'muah ei*
Je m'appelle... ខ្ញុំឈ្មោះ ...
kh'nyohm ch'muah ...
Parlez-vous anglais ?
អ្នកចេះភាសាអង់គ្លេសទេ?
tii nih mian niak jeh phiasaa awngle te
Je ne comprends pas. ខ្ញុំមិនយល់ទេ
kh'nyohm muhn yuhl te

Demander son chemin

Où est (le centre-ville) ?
(មជ្ឈៈមណ្ឌលក្រុង) នៅឯណា?
(mah·chay·uh mahn·dahl grohng) neuw ei naa
Quelle est l'adresse ?
សុំអាស័យដ្ឋាន?
sohm aa·say·yah·taan
Pourriez-vous l'écrire, s'il vous plaît ?
សូមសរសេរឲ្យខ្ញុំ?
sohm saw·say ao·y kuh·nyohm
Pouvez-vous me montrer (sur la carte) ?
សុំបង្ហាញខ្ញុំ (លើផែនទី)
sohm bawng·hain kuh·nyohm (ler pain·đee)

Panneaux

Entrée/Sortie ផ្លូវចូល/ផ្លូវចេញ
Ouvert/Fermé បើក/បិត
Information កន្លែងពត៌មាន
Toilettes បង្គន
Station de police ប៉ុស្តប៉ូលិស

Heure et date

Quelle heure est-il ?
ឥឡូវនេះម៉ោងប៉ុន្មាន?
eileuv nih maongpohnmaan
le matin ពេលព្រឹក *pel pruhk*
le soir ពេលល្ងាច *pel l'ngiach*
hier ម្សិលមិញ *m'suhl mein*
aujourd'hui
ថ្ងៃនេះ *th'ngay nih*
demain ថ្ងៃស្អែក *th'ngay s'aik*

Urgences

À l'aide ! ជួយផង! *juay kh'nyohm phawng*
Allez-vous-en ! ទៅអោយឆ្ងាយ! *đeuw ao·y chuh·ngaay*
Je suis perdu(e). ខ្ញុំវង្វេងផ្លូវ
kuh·nyohm wohng·weng pleuw
Appelez ...! ជួយហៅ ... មក
juay haa·ew ... mao
un docteur គ្រូពេទ្យ *kru paet*
une ambulance ឡានពេទ្យ
laan paet
la police ប៉ូលិស *pow·lih*

Au restaurant

L'addition, s'il vous plaît.
សុំគិតលុយ *sohm kuht lui*

NOMBRES

1
មួយ *muy*
2
ពីរ *pii*
3
បី *bei*
4
បួន *buan*
5
ប្រាំ *bram*
6
ប្រាំមួយ *bram muy*
7
ប្រាំពីរ *bram pii*
8
ប្រាំបី *bram bei*
9
ប្រាំបួន *bram buan*
10
ដប់ *dawp*

DIALECTES RÉGIONAUX

Bien que le khmer tel qu'il est parlé à Phnom Penh soit généralement compris dans l'ensemble du pays, plusieurs régions possèdent des dialectes distincts. Ainsi, les habitants de la province de Takeo tendent à modifier ou à glisser sur les combinaisons de consonnes/voyelles qui comportent un "r" : *bram* (cinq) devient ainsi *pe-am*, *sraa* (alcool) donne *se-aa* et *baraang* (Français ou étranger) est prononcé *be-ang*. À Siem Reap, les voyageurs à l'ouïe fine noteront des intonations spécifiquement lao.

Sons

Certaines combinaisons de consonnes sont étranges aux oreilles d'un Occidental. Afin d'en faciliter la prononciation, nous avons séparé ces consonnes par une apostrophe. Le khmer n'utilise pas les tonalités.

Grammaire

La grammaire khmère est relativement simple : pas de terminaison singulière, plurielle, masculine ou féminine. Les verbes n'étant pas conjugués, c'est souvent le contexte qui permet de situer une action dans le temps.

EMPRUNTS AU FRANÇAIS

Si l'anglais tend à devenir la première langue étrangère parlée au Cambodge, de nombreux mots khmers ont gardé leur appellation française, notamment les termes médicaux et techniques, mais aussi des objets comme "robinet" ou "ampoule" dont l'introduction au Cambodge remonte à la colonisation française. Les francophones communiqueront aisément avec les personnes âgées, la plupart des Khmers éduqués ayant appris le français à l'école.

Questions et requêtes

Pour poser une question à réponse oui/non, ajoutez *te* ទេ (non) en fin de phrase. Pour répondre "oui", les hommes disent *baat* បាទ et les femmes *jaa* ចាស Tout le monde dit *te* ទេ pour "non". Pour une demande polie, placez *sohm* សូម (s'il vous plaît) avant le verbe.

LE KHMER DANS LE MONDE

Le khmer, ou cambodgien, est parlé par quelque 9 millions de personnes au Cambodge et compris dans de nombreux pays frontaliers.

COMPRENDRE LE

CAMBODGE

Nos auteurs proposent une découverte des multiples facettes du Cambodge.

Danseuse apsara, Siem Reap (p. 96)
STEVE ESTVANIK/SHUTTERSTOCK ©

UNE HISTOIRE DU CAMBODGE EN 15 LIEUX

Pour le meilleur et pour le pire : voilà qui peut résumer l'histoire du Cambodge. Après la gloire de l'Empire angkorien, le vaste territoire du royaume fut fragmenté par ses voisins, et le XXe siècle fut le théâtre de sanglantes tragédies, de la guerre civile au génocide des Khmers rouges, dont le pays peine encore à se remettre.

LE CAMBODGE ÉTAIT JADIS une étape majeure de la Route de la soie, prise entre la Chine et l'Inde. Cette dernière eut, sur le pays, une influence notable, et y diffusa, dès le Ier siècle, ses traditions écrites et religieuses. L'Empire khmer régna sur la région six siècles durant, propageant l'hindouisme et le bouddhisme jusqu'au Laos et en Thaïlande. Après sa chute, le Cambodge fut colonisé par les Français, dont l'héritage demeure, pour l'essentiel, d'ordre architectural.

La période qui suivit l'indépendance fut un bref âge d'or. Phnom Penh gagna en taille et en importance, et les temples d'Angkor devinrent la destination touristique phare de l'Asie du Sud-Est. Mais, bien vite, le pays fut pris dans la tourmente du conflit au Vietnam. Les Khmers rouges s'emparèrent du pouvoir en 1975, et la dictature révolutionnaire de Pol Pot coûta la vie à deux millions de personnes. Cette perte abyssale et les horreurs qui l'accompagnèrent hantent encore le Cambodge d'aujourd'hui.

Après avoir renversé les Khmers rouges en 1979, le Vietnam occupa le pays une décennie durant. Moins rudes que les précédentes, ces années n'en furent pas moins marquées d'un risque récurrent de famine et ponctuées d'opérations militaires menées contre les partisans de Pol Pot, réfugiés dans des bastions, puis en Thaïlande. L'héritage décisif de la supervision des élections de 1993 par l'ONU perdure encore par le biais des nombreuses ONG actives dans le royaume, et le bon niveau d'anglais de la population témoigne de cette ère d'ouverture. Depuis la libéralisation de l'économie, le Cambodge a bénéficié de nombreux investissements étrangers, mais ce développement a eu un prix terrible pour son environnement, jadis préservé.

1. Phnom Da

LE ROYAUME DE FUNAN

Au sommet d'une colline dans la province de Takeo, ce temple proche d'Angkor Borei fut un site religieux phare du royaume de Funan. L'indianisation du Cambodge débuta dès le Ier siècle, avec l'installation de nombreux comptoirs commerciaux sur la côte, escales indispensables pour les navires marchands entre la baie du Bengale et les provinces de Chine méridionale. Le vaste territoire qui s'étendait alors entre l'actuelle Phnom Penh et Oc-Eo, dans le sud du Vietnam, était appelé Funan par les Chinois. On en sait fort peu sur ce royaume mystérieux, sinon qu'il fut une puissance de premier plan dans l'Asie du Sud-Est d'alors.

Pour en savoir plus sur Phnom Da, rendez-vous page 258.

2. Sambor Prei Kuk

LA CAPITALE DU CHENLA

Inscrits au patrimoine mondial de l'Unesco, les temples préangkoriens de Sambor Prei Kuk (voir photo) figurent parmi les plus importants du pays. Appelé à l'origine Isanapura, ce site fut la capitale du royaume de Chenla au VIIe siècle. Contrairement à Angkor, rien n'indique que le Chenla ait été un royaume unifié, ni n'atteste de son influence sur le Cambodge dans son ensemble. Entre le VIe et le VIIIe siècle, la région comptait plusieurs royaumes rivaux, dont les souverains respectifs s'appuyaient sur un système de castes à l'indienne. À ne pas manquer : l'incroyable temple de briques, enserré par les racines d'un figuier étrangleur.

Pour en savoir plus sur Sambor Prei Kuk, voir page 200.

3. Phnom Kulen

LA MONTAGNE DU DIEU-ROI

Lieu de pèlerinage très fréquenté de nos jours, la montagne sacrée de Phnom Kulen du nord-est d'Angkor porte encore une inscription annonçant la proclamation du roi Jayavarman II (r. 802-850) en tant que “monarque universel” ou *devaraja* (dieu-roi) en l'an 802. On pense que le souverain avait passé sa jeunesse à la cour des Sailendra bouddhistes de Java, et qu'il fut inspiré par les grands temples javanais de Borobudur et de Prambanan. Revenu au Cambodge, il fomenta un soulèvement contre les Javanais qui en contrôlaient le littoral. Jayavarman II fut le premier roi à régner sur le plus gros du territoire correspondant au Cambodge actuel.

Pour en savoir plus sur Phnom Kulen, voir page 154.

4. Koh Ker

LA CAPITALE DES USURPATEURS

Capitale établie par l'usurpateur Jayavarman IV vers 928, Koh Ker est l'un des sites les moins étudiés de la période angkorienne. On y trouve pourtant la célèbre grande pyramide de Prasat Thom (Prasat Prang). Des recherches archéologiques y furent menées dans les années 1950 et 1960, mais les registres en disparurent dans la tourmente des années 1970. Cette perte participe du caractère énigmatique associé à cet ensemble. Victime d'intenses pillages durant la guerre civile, Koh Ker vit nombre de ses plus belles sculptures atterrir dans des musées étrangers. Le gouvernement cambodgien s'emploie désormais à les récupérer.

Pour en savoir plus sur Koh Ker, voir page 158.

BEIBAOKE/SHUTTERSTOCK ©

5. Angkor Vat

SYMBOLE DE LA NATION

Ensemble architectural exceptionnel, Angkor Vat est considéré comme l'un des plus grands édifices religieux au monde. Sa construction par Suryavarman II (r. 1112-1152) marque un des moments-clés de la civilisation khmère, dont l'influence s'étendait à l'époque jusqu'aux confins de la Malaisie et de la Birmanie modernes. Suryavarman II avait alors unifié le Cambodge après des années de guerre civile. Sur le plan religieux, ce souverain se démarque de ses prédécesseurs par sa dévotion à Vishnou : Angkor Vat est d'ailleurs consacré à ce dieu protecteur du panthéon hindou.

Pour en savoir plus sur Angkor Vat, voir page 122.

6. Bayon

LE TEMPLE AUX VISAGES

En 1177, Angkor fut mise à sac par les Cham du Vietnam du Sud, alors royaume de Champa. Venue par le Tonlé Sap, et non par la terre, cette attaque prit les Khmers par surprise. Les Cham pillèrent et incendièrent la cité de bois. Quatre ans plus tard, Jayavarman VII (r. 1181-1219) lança sa contre-attaque, chassant les Cham du Cambodge et reprenant Angkor. Son règne vit une multitude de temples sortir de terre, avec Angkor Thom pour apogée. Le point d'orgue de ce renouveau architectural est le temple de Bayon, orné d'immenses visages sculptés et mondialement célèbre.

Pour en savoir plus sur le Bayon, voir page 134.

7. Siem Reap

LA DÉFAITE FACE AUX THAÏS

La mort de Jayavarman VII, en 1219, marqua le début du déclin de l'Empire khmer, déjà poussé à ses limites, à son apogée, par une surexploitation de ses ressources. Avec le retour de l'hindouisme en tant que religion nationale, de nombreuses statues bouddhiques furent détruites, dans des élans de fanatisme. Les Thaïs mirent Angkor à sac en 1351, puis à nouveau en 1431. Ce second pillage fut particulièrement dévastateur. La capitale passa alors, pour un temps, à Phnom Penh, et Angkor fut abandonnée à son sort. Non loin de la cité, la communauté de Siem Reap se maintint pourtant, son nom, plutôt optimiste, pouvant se traduire par "défaite siamoise". En plus d'avoir enlevé des milliers de lettrés, artisans et artistes, les conquérants thaïs s'inspirèrent des splendeurs d'Angkor pour embellir leur capitale, Ayuthaya, qui connut son âge d'or entre le XIVe et le XVIIIe siècle.

Pour en savoir plus sur Siem Reap, voir page 96.

8. Phnom Penh

PUISSANCE HISTORIQUE

Après le sac d'Angkor par les Thaïs, la cour khmère s'établit à Phnom Penh, avantageusement située à la confluence du Mékong et du Tonlé Sap. Fort d'une position plus centrale au sein des territoires khmers, l'endroit se prêtait idéalement à développer le commerce fluvial avec la Chine et le Laos via le détroit du Mékong. Selon la légende, la ville fut fondée après la découverte, par une vieille dame du nom de Penh, de quatre statues du Bouddha échouées au bord du Mékong. Elle les aurait déplacées sur une colline voisine, et la ville qui s'établit autour de celle-ci fut appelée Phnom Penh, ou "la colline de Penh".

Pour en savoir plus sur Phnom Penh, voir page 43.

9. Oudong (Udong)

L'ANCIENNE CAPITALE ET SES STUPAS

Oudong fut la capitale du Cambodge entre le XVIIe et le XIXe siècle, alors que le pays s'enfonçait dans un profond déclin (ironiquement, Oudong signifie "victorieux"). Plusieurs souverains y furent couronnés, dont feu le roi Norodom Sihanouk. Ses sites principaux sont les deux collines de Phnom Udong. Les stupas qui les jalonnent marquent la sépulture de plusieurs monarques cambodgiens de renom, comme le roi Soriyopor (stupa de Damrei Sam Poan), le roi Ang Doung et le roi Monivong, dont les cendres reposent au stupa de Mak Proum. Les sommets des collines offrent une vue magnifique sur la campagne alentour.

Pour en savoir plus sur Udong, voir page 78.

10. Battambang

L'HÉRITAGE ARCHITECTURAL FRANÇAIS

Après une longue et douloureuse période d'alternance entre domination thaïe et vietnamienne, les Français changèrent la donne en 1863. Par la force de leurs canonnières, ils obligèrent le roi Norodom Ier (r. 1860-1904) à signer un traité de protectorat. Ledit protectorat en était du reste bel et bien un, le Cambodge risquant alors de connaître le même sort que le royaume de Champa, en disparaissant de la carte. La France interféra au départ assez peu dans les affaires du pays, ses intérêts résidant principalement au Vietnam. L'héritage architectural des Français perdure de nos jours au Cambodge, et Battambang a eu soin de préserver ses édifices coloniaux, dont de nombreuses boutiques.

Pour en savoir plus sur Battambang, voir page 174.

11. Kampot

AUX MILLE ÉPICES

Bien avant que Sihanoukville eut pris le relais, en 1959, Kampot était le principal port du Cambodge : de là partaient les marchandises destinées à l'exportation et arrivaient les migrants chinois, fuyant les troubles du tournant du XXe siècle. La province était aussi riche en épices, dont le poivre, le curcuma, le galanga ou le gingembre, tous très prisés par son gigantesque voisin au nord. Distingué par l'Unesco, le poivre de Kampot est aujourd'hui encore tenu pour l'un des meilleurs au monde. On peut en visiter des plantations dans les provinces de Kampot et de Kep.

Pour en savoir plus sur Kampot, voir page 248.

12. Prison S-21 et camp d'exécution de Choeung Ek

LES HORREURS DES KHMERS ROUGES

En 1975, les forces de sécurité de Pol Pot firent du lycée Tuol Svay Prey de Phnom Penh la tristement célèbre prison de haute sécurité 21 (S-21), qui devint le plus grand centre de détention et de torture du pays. Au fil des trois années suivantes, quelque 20 000 hommes, femmes et enfants détenus et martyrisés au S-21 furent conduits au

camp d'exécution de Choeung Ek, aussi surnommé Killing Fields ou "champs de la mort". La prison S-21 est devenue le musée du Génocide Tuol Sleng, témoin de l'ampleur des crimes commis par les Khmers rouges du temps du Kampuchéa démocratique.

Pour en savoir plus sur S-21 et le camp d'exécution de Choeung Ek, voir pages 68 et 69.

13. Palais royal

DEMEURE DES MONARQUES CAMBODGIENS

Le roi Norodom Sihanouk, figure marquante de la tumultueuse scène politique cambodgienne, était un personnage hors du commun, aux passions et aux alliances aussi changeantes que ses opinions. Après une jeunesse princière marquée par un certain amateurisme, il accompagna la fin du protectorat français, avant de diriger le pays durant son nouvel âge d'or. Assigné à résidence par les Khmers rouges, il fît un retour triomphal aux affaires au sortir d'années d'un exil doré consécutif à l'invasion vietnamienne. À sa mort, le 15 octobre 2012, un million de Cambodgiens défilèrent dans les rues de Phnom Penh pour accompagner sa dépouille jusqu'au Palais royal, où lui furent données de somptueuses funérailles nationales. Norodom Sihanouk s'est assuré sa place dans l'histoire, comme dernier souverain de la lignée des dieux-rois d'Angkor.

Pour en savoir plus sur le Palais royal, voir page 49.

14. Prasat Preah Vihear

UNE DISPUTE DE LONGUE DATE

Pendant des générations, la province de Prasat Preah Vihear (ou Khao Phra Wihan pour les Thaïlandais) fut disputée par le Cambodge et la Thaïlande. Aux mains de cette dernière pendant près de deux siècles, elle revint sous contrôle cambodgien durant le protectorat français. En 1959, l'armée thaïlandaise s'empara de son célèbre temple ; le Cambodge porta l'affaire jusqu'à la Cour internationale de justice (CIJ), qui reconnut la souveraineté cambodgienne par son jugement de 1962. Le conflit ressurgit en 2008, après le classement du temple de Preah Vihear au patrimoine mondial de l'Unesco, avant de marquer le pas cinq ans plus tard, lorsque le CIJ eut confirmé sa décision originelle.

Pour en savoir plus sur le Prasat Preah Vihear, voir page 188.

15. Anlong Veng

LE DERNIER COMBAT DES KHMERS ROUGES

En 1998, le PPC (Parti du peuple cambodgien) annonça une offensive générale contre ses ennemis, les Khmers rouges. Ces derniers étaient alors retranchés dans l'un de leurs derniers bastions, Anlong Veng, proche de la frontière thaïlandaise. Tandis que les combats faisaient rage, Pol Pot réussit à échapper pour de bon à la justice des hommes : captif de ses anciens camarades, il mourut de mort naturelle le 15 avril. De nos jours, Anlong Veng est un endroit tranquille, où l'on peut visiter de nombreux sites associés au régime des Khmers rouges, dont la maison de l'ancien commandant militaire Ta Mok, surnommé, non sans raison, "le boucher".

Pour en savoir plus sur Anlong Veng, voir page 197.

À LA RENCONTRE DES CAMBODGIENS

Les Cambodgiens savent vivre avec leur temps, mais n'oublient ni leurs traditions ni leur passé douloureux. MADÉVI DAILLY fait les présentations.

ON PARLE BEAUCOUP de la chaleur et du sourire contagieux des Cambodgiens, mais notre affabilité et notre sens de l'accueil dissimulent une identité nationale plutôt complexe. Si on devait écrire un guide des bonnes manières locales, il s'étendrait sur plusieurs volumes, tant les conventions sociales qui unissent les 17 millions d'habitants du royaume sont denses et enchevêtrées.

Voyez par exemple comment on s'adresse les uns aux autres : si on porte les noms sanskrits d'étoiles (Dara), de fleurs (Bopha) et de divinités (Devi), vous les entendrez rarement dits à voix haute. On leur préfère un bon surnom, et si vous êtes joufflu ou dégingandé, votre sobriquet est tout trouvé. Pour chaque nouvelle connaissance, vous devrez deviner l'âge et le statut social de la personne afin d'utiliser le titre correct, honorifique ou informel. Faites bien attention : appeler une femme *ming* (tatie) quand elle mérite le respect d'une *yeay* (grand-mère) pourrait vous mettre bien dans l'embarras.

Khmers ou Cambodgiens ?

On utilise souvent "khmer" et "cambodgien" de manière interchangeable, mais c'est incorrect : les Khmers forment l'une des ethnies les plus anciennes de la région, représentant 90% des Cambodgiens, mais on en trouve aussi en Thaïlande et au Vietnam.

La vie au Cambodge coule au rythme des prières bouddhistes, cette religion restant pratiquée par 93% des Cambodgiens – un nombre surprenant vu la persécution méthodique des moines sous le régime khmer rouge. Il n'est pas rare pour les garçons de passer quelques années au monastère pour parfaire leur éducation, avec plus ou moins de dévotion. De leur côté, les minorités sont libres de pratiquer leurs religions librement : de nombreux Vietnamiens sont catholiques romains, les Cham souvent musulmans sunnites et, au fond de la province du Mondolkiri, les Bunong restent attachés à leurs pratiques animistes.

Les colons français ne cachaient pas leur scepticisme à propos de l'esprit d'entreprise khmer, illustré par la phrase acerbe "le Vietnamien plante le riz, le Cambodgien le regarde pousser". Phnom Penh bouge pourtant à une vitesse folle, loin de la douce lenteur de la campagne. La population est jeune (environ 60% des Cambodgiens ont moins de 25 ans) et de plus en plus connectée, forçant la société à se moderniser. La générosité fait aussi partie de notre ADN : attardez-vous où que ce soit, et on vous proposera un morceau de fruit ou une place sur un hamac.

Plus important encore, on adore faire la fête. Pour les mariages, les festivités s'étalent sur trois jours, et les villes se vident pour le Nouvel An khmer, les retardataires s'empilant dans des minibus pour tenter de rentrer chez eux à temps pour les festivités. La K-pop est extrêmement populaire, tout comme la scène hip-hop et R&B locale, importée par les réfugiés de retour au pays. Pour vous faire de nouveaux amis, n'hésitez pas à entrer dans la danse : rejoignez un *romvong* (cercle dansant folklorique) et vous gagnerez peut-être l'approbation d'une *yeay*.

JE SUIS CAMBODGIENNE… OU À PEU PRÈS

C'est à Dakar que je suis venue au monde fin 1979, alors que les Khmers rouges battaient leur dernière retraite vers les collines de Pailin. Ma mère est arrivée en France au début des années 1970 avec une bourse universitaire, avant de perdre contact avec sa famille en 1975 à la chute de Phnom Penh. Elle a suivi mon père français au Japon, puis au Qatar et au Sénégal ; j'ai passé mon enfance dans six pays différents.

Mon histoire est loin d'être unique : 260 000 réfugiés cambodgiens s'établirent à l'étranger après 1975. Par un hasard du destin, j'ai pu vivre en sécurité et dans le privilège ; nous avons fait le voyage en sens inverse en 1982, à bord d'un avion de la Croix-Rouge, pour enfin retrouver mes grands-parents. Ayant passé la majorité de ma vie d'adulte au Royaume-Uni, j'ai eu peu de contact avec la diaspora cambodgienne, et mon khmer est plus que bancal. Mais je tiens beaucoup au visa "K" qui trône sur mon passeport français : preuve, si besoin, que je suis toujours cambodgienne.

Prison S-21, actuel musée du Génocide Tuol Sleng (p. 68)

CESARE PALMA/SHUTTERSTOCK©

LES KHMERS ROUGES FACE À LA JUSTICE

Les tribunaux extraordinaires parrainés par l'ONU ont rendu leurs verdicts, mais les cicatrices ne sont pas encore refermées.

LES KHMERS ROUGES ont contrôlé le Cambodge pendant trois ans, huit mois et 20 jours, une période gravée à jamais dans la conscience khmère. Après s'être emparés de Phnom Penh en avril 1975, les Khmers rouges installèrent un régime fondé sur la collectivisation des terres, la déportation de la population urbaine et l'épuration des opposants réels ou supposés. Le Kampuchéa démocratique fut renversé par les Vietnamiens le 7 janvier 1979, mais la guerre civile déchira le pays pendant encore vingt ans, jusqu'en 1999. Il fallut attendre le début du XXIe siècle pour que les Chambres extraordinaires au sein des tribunaux cambodgiens (CETC) inculpassent les dirigeants khmers rouges, responsables de la mort de près de deux millions de Cambodgiens.

Le dossier n°001, ou procès de Kaing Guek Eav (ou Kang Kek Leu), alias Douch, commença en 2009. Chef de la prison de haute sécurité S-21, Douch est considéré comme un personnage-clé dans le régime du Kampuchéa démocratique, véritable maillon entre le pouvoir et ses crimes. Il fut condamné à 35 ans de réclusion en 2010, une peine qui fut réduite à 19 ans, au motif du temps qu'il avait déjà passé en prison et de sa collaboration avec les enquêteurs. Nombre de Cambodgiens vécurent cette décision comme un véritable affront. Douch s'étant reconnu responsable de la mort de quelque 17 000 personnes, sa sentence ne correspondait qu'à une dizaine d'heures de détention par victime. Elle fut par la suite transformée en réclusion à perpétuité, et Douch mourut en prison en 2020.

Ouvert en 2011, le dossier n°002 concernait au départ les plus hauts dirigeants encore vivants du Kampuchéa démocratique : Nuon Chea (Frère n°2), l'ancien chef de l'État Khieu Samphan, l'ex-ministre des Affaires étrangères Ieng Sary et l'ex-ministre des Affaires sociales Ieng Thirith, épouse du précédent. Or Ieng Sary décéda en 2013 et Ieng Thirith fut déclarée inapte pour cause de démence. Nuon Chea et Khieu Samphan furent tous deux condamnés à la réclusion à perpétuité à deux reprises : pour crime contre l'humanité en 2014, pour génocide

en 2018. Les condamnés firent appel de la seconde condamnation, mais Nuon Chea mourut en 2019, avant que le CETC eut rendu son verdict définitif en 2022, confirmant la condamnation de Khieu Samphan. Celui-ci est le dernier haut dirigeant khmer rouge encore vivant.

Le dossier n°003 a été déposé en 2009 contre Meas Muth, chef de la marine du Kampuchéa démocratique, et Sou Met, chef de l'aviation. En 2015, les CETC ont décidé de mises en examen complémentaires dans le cadre du dossier n°004 : furent inculpés Im Chaem, secrétaire de la zone du Nord-Est, pour homicide, extermination et réduction en esclavage ; son bras droit Yim Tith ; et Ao An, ex-secrétaire adjoint de la zone centrale, pour génocide contre la minorité cham. Ces procès traînèrent en longueur, du fait de la volonté du gouvernement cambodgien de tirer un trait sur toute procédure après la clôture du dossier n°002. Les dossiers furent finalement classés sans suite, le co-juge d'instruction cambodgien des CETC ayant refusé de porter des accusations.

Plus de 330 millions de dollars ont été dépensés pour ces procès, sur fond d'allégations de mauvaise gestion et de corruption. Certains Cambodgiens sont persuadés que ces procès enverront un important message politique qui incitera certains dirigeants actuels à se montrer à la hauteur de leurs responsabilités. D'autres affirment qu'ils ne sont qu'un vaste gaspillage d'argent, au vu de la masse de preuves incontestables accablant les hauts dirigeants khmers rouges, et qu'une Commission de vérité et de réconciliation eut apporté des réponses plus convaincantes aux Cambodgiens désireux de comprendre ce qui avait pu motiver, à tous échelons, jusqu'au plus modeste, les Khmers rouges à perpétrer ces crimes.

La confirmation de la sentence de Khieu Samphan par les CETC le 21 septembre 2022 a marqué la fin d'un processus entamé plus de 15 ans auparavant, avec la constitution du tribunal spécial en 2006. Des victimes ont été entendues par une cour de justice internationale et une partie des Cambodgiens ayant souffert des crimes du régime khmer rouge ont pu avancer dans leur travail de deuil. En revanche, seul l'avenir dira si les verdicts rendus amèneront les tribunaux cambodgiens à un plus grand respect du droit international et des droits de l'homme.

Pol Pot : Frère numéro 1

S'agissant du tristement célèbre Pol Pot, qui incarne la folie sanguinaire d'un régime ayant entraîné misère, souffrance et mort pour des millions de ses concitoyens, les procès commencèrent presque dix ans trop tard. Maints Cambodgiens nourrissent encore des doutes quant aux circonstances de sa mort, le 15 avril 1998. Officiellement, il aurait succombé à une crise cardiaque. Toutefois, aucune autopsie ne fut pratiquée avant son incinération sur un bûcher de pneus.

Saloth Sar (de son vrai nom) naquit en 1925 dans un village proche de Kompong Thom. Il obtint une bourse pour étudier à Paris, où il rejoignit le Cercle marxiste des étudiants khmers et adhéra à la pensée communiste, qu'il appliqua sous la forme d'un maoïsme extrême.

En 1963, les mesures répressives de Sihanouk incitèrent Saloth Sar et ses camarades à fuir dans les jungles du Ratanakiri ; c'est à cette époque qu'il adopta le nom de Pol Pot. Quand les Khmers rouges entrèrent dans Phnom Penh le 17 avril 1975, rares étaient ceux qui auraient pu prédire l'enfer qui allait suivre. Pol Pot et les siens furent les architectes de l'une des révolutions les plus brutales et violentes de l'histoire. C'était pour le Cambodge l'année zéro d'un processus autodestructeur de rupture totale avec le passé.

Après le renversement du régime par les Vietnamiens, Pol Pot passa l'essentiel des années 1980 en Thaïlande. Il y reconstitua des troupes et demeura une menace pour le Cambodge jusqu'à sa mort en 1998.

Pour en savoir plus sur Pol Pot et le régime des Khmers rouges, lisez l'une des excellentes biographies qui lui sont consacrées : *Pol Pot. Frère numéro un* de David Chandler (Plon, 1993) ou *Pol Pot. Anatomie d'un cauchemar* de Philip Short (Denoël, 2007).

LE RENOUVEAU DES ARTS CAMBODGIENS

Anéantis par le régime des Khmers rouges, les arts traditionnels renaissent de leurs cendres.

LE RICHE PATRIMOINE du Cambodge s'incarne dans toutes les formes d'art – architecture, sculpture, musique, arts de la scène, cinéma… Les visiteurs ne manquent pas d'occasions de le découvrir, des temples d'Angkor, incarnation ultime du talent khmer, aux initiatives de revitalisation culturelle telles que le cirque Phare Ponleu Selpak, immensément populaire, qui se produit à Battambang et à Siem Reap.

L'architecture et la sculpture khmères atteignirent leur apogée à l'époque angkorienne (IXe-XIVe siècle). Angkor Vat et les temples d'Angkor Thom comptent parmi les plus belles réalisations de cette période. L'Empire khmer a produit des sculptures d'un extrême raffinement. Déjà aux périodes préangkoriennes du Funan et du Chenla étaient taillées ici des œuvres d'une merveilleuse sensualité. Les sculpteurs locaux redécouvrent aujourd'hui ce savoir-faire, dont ils peuvent vivre grâce au tourisme et au marché qui est apparu pour les copies en pierre des célèbres bustes et statues de l'époque d'Angkor.

Durant les années 1950 et 1960, l'âge d'or du Cambodge moderne, un groupe de jeunes architectes khmers a façonné la capitale selon ses idées, expérimentant ce qu'on appelle aujourd'hui la nouvelle architecture khmère. Chef de file de cette école, Vann Molyvann (1926-2017) conçut plusieurs des monuments les plus remarquables de Phnom Penh tels le stade olympique, le théâtre Chaktomuk et le monument de l'Indépendance.

Le régime des Khmers rouges a porté un coup terrible à l'art, au point que les Cambodgiens ont longtemps cru leur culture irrémédiablement perdue. De fait, toute personne liée à une quelconque forme d'art ou de culture devait être éliminée. Ainsi des chanteurs et chanteuses de l'âge d'or comme Sinn Sisamouth, Ros Serey Sothea et Pen Ran disparurent-ils pendant cette période. Le régime de Pol Pot a aussi détruit quantité d'objets, de statues, de livres rappelant un passé dont ils tentaient d'effacer toute trace. Hormis les temples d'Angkor, épargnés en tant que symboles de la grandeur khmère, peu d'œuvres ont échappé à leur folie destructrice.

Revenu de l'horreur, le Cambodge connaît désormais une renaissance de ses traditions

Danseuses apsaras, Siem Reap (p. 102)

MEUNIERD/SHUTTERSTOCK ©

artistiques, ainsi qu'un engouement croissant pour la création contemporaine et interculturelle. L'organisation Cambodian Living Arts joue un rôle primordial dans ce renouveau en soutenant des artistes de multiples manières, notamment au moyen de bourses et de formations.

La musique de l'âge d'or d'avant la guerre a pratiquement disparu sous le régime de Pol Pot, mais les traditions musicales plus anciennes sont littéralement gravées dans la pierre, puisque les bas-reliefs de certains temples d'Angkor représentent des musiciens dont les instruments ressemblent à ceux toujours en usage aujourd'hui. L'une des formes musicales propres au Cambodge est le *chapaye*, sorte de complainte chantée en accompagnement d'un instrument en bois à deux cordes, le *chapey*, dont le son ne va pas sans rappeler celui d'une basse sans amplificateur.

De nombreux Khmers émigrés aux États-Unis y ont développé une forme distinctive de pop. Certains rentrent par ailleurs au pays pétris de culture rap, si bien que de nouveaux artistes émergent, dont le très populaire VannDa. Le groupe Dengue Fever, formé de la chanteuse Chhom Nimol et de cinq musiciens américains, s'est rapidement fait un nom au delà des États Unis et du Cambodge avec son style éclectique et psychédélique.

Plus que tout autre art traditionnel, le Ballet royal du Cambodge (également appelé danse classique khmère et classé au patrimoine immatériel de l'Unesco) est un lien tangible et vivant avec la splendeur d'Angkor. Ses traditions remontent à un lointain passé, quand l'art des apsaras (nymphes célestes) faisait écho à la gloire du roi divin. Très tôt au cours de son règne, le roi Sihanouk libéra le "harem" d'apsaras rattaché à la couronne. La danse, ses interprètes et ses professeurs payèrent un lourd tribut au régime des Khmers rouges ; rares furent ceux à survivre. En 1981, l'École des beaux-arts rouvrit ses portes grâce à une poignée de professeurs et la formation des danseurs reprit.

Parmi les danses contemporaines figure le *rom vong*, une sorte de ronde probablement venue du Laos. Les danseurs se déplacent en cercle en faisant trois pas en avant et deux pas en arrière. Le hip-hop et le breakdance, eux, sont prisés des jeunes citadins, qui apprécient également d'autres styles de musique internationales, comme la K-pop.

L'industrie cinématographique cambodgienne a produit plus de 300 films entre 1960 et 1975, dont certains réalisés par le chef de l'État Norodom Sihanouk, passionné de septième art. L'arrivée des Khmers rouges sonna le glas de cette activité, qui ne ressuscita que vingt-cinq ans plus tard.

Le cinéaste franco-cambodgien Rithy Panh a rencontré un grand succès avec ses films qui sont autant d'explorations de la tragédie cambodgienne. *L'Image manquante*, qui relate, au moyen de figurines d'argile et d'images d'archives, l'histoire personnelle du cinéaste et sa survie au régime des Khmers rouges, fut nommé pour l'oscar du meilleur film en langue étrangère en 2014, et primé à Cannes dans la catégorie Un certain regard en 2013. Dès 1994, son film *Les Gens de la rizière* concourut, quant à lui, en sélection officielle, au Festival de Cannes. *The Last Reel* (*La Dernière Bobine*, 2014), de la cinéaste Kulikar Sotho, explore également l'impact du passé sombre du Cambodge sur la génération actuelle, et a été primé au Festival international du film de Tokyo.

Un certain nombre de films étrangers ont été tournés au Cambodge depuis le nouveau millénaire, dont *Tomb Raider* (2001), *City of Ghosts* de Matt Dillon (2002) et *Deux Frères* de Jean Jacques Annaud (2004), qui mettent tous en valeur la beauté des paysages. Angelina Jolie est revenue depuis au Cambodge pour y tourner *D'abord, ils ont tué mon père*, un long-métrage inspiré du livre de Luong Ung et disponible sur Netflix.

Parmi tous les films, s'il y a bien un incontournable sur le Cambodge, c'est *La Déchirure* (1985). Le réalisateur Roland Joffé y relate l'histoire du journaliste américain Sydney Schanberg et de son assistant cambodgien Dith Pran. Le tournage a principalement eu lieu en Thaïlande, car, en 1984, le Cambodge était fermé à l'Occident.

FRAIS, SÉCHÉ, FUMÉ ET SALÉ

Si le saumurage et la fermentation ont aujourd'hui le vent en poupe partout dans le monde, ces techniques sont au cœur de la cuisine cambodgienne depuis des siècles. Par Madévi Dailly

BAIGNÉ PAR les eaux riches en nutriments du Mékong et du Tonlé Sap, le sol du Cambodge est fertile à souhait : plantez une graine et, en quelques semaines seulement, un arbuste s'étirera vers le soleil. Toutefois, l'agriculture vivrière peine parfois à nourrir les habitants. Entre moussons capricieuses, printemps secs et systèmes d'irrigation peu fiables, les échecs de récolte ne sont pas rares dans les rizières. Privilégier les produits offerts par la nature et donc de saison, qu'ils viennent de la terre, des rivières ou de la mer, est donc ici crucial ; les Cambodgiens sont devenus experts en la matière.

La cuisine cambodgienne est à la croisée des chemins entre les gastronomies thaïlandaise et vietnamienne – moins épicée que la première, plus riche que la seconde, et dotée d'un penchant certain pour les saveurs prononcées. Sur tous les marchés, on trouve les éléments de base de la cuisine cambodgienne, dont l'indispensable poisson. Il se déguste sous toutes ses formes : grillé, séché au soleil, fumé... Certains ne jurent que par l'*amok*, un curry de poisson devenu "plat national" dont l'origine est néanmoins parfois remise en question. Le *teuk trey* (littéralement "eau de poisson"), sauce de poisson salé

Crabe fermenté, Psar Thmei, Phnom Penh (p. 60)

et fermentée dans des jarres d'argile, est semblable au nuoc-mam vietnamien. On l'utilise pour assaisonner marinades, plats sautés au wok ou comme sauce à tremper. Pour démarrer la journée du bon pied, dégustez du poisson frit à l'ail avec un bol de *bobor* (bouillie de riz) fumant, ou pilonné et grillé avec une salade de pastèque. La forte odeur du *prahoc* lui vaut le surnom de "fromage cambodgien" : il est fait de poisson écrasé, exposé au soleil pendant une journée, puis fermenté dans du sel pour une durée pouvant aller jusqu'à trois ans. Grillé dans des feuilles de bananier, il ajoute une touche salée au riz blanc très appréciée. Le *prahoc* a un goût auquel il faut s'habituer, dont la saveur complexe est si addictive que les Américains d'origine khmère ont commencé à l'appeler "crack sauce". Il se marie délicieusement bien avec une viande grillée.

SERVIS DANS DE GRANDS PLATS À PARTAGER, LES REPAS CAMBODGIENS VISENT L'ÉQUILIBRE DES SAVEURS ET DES TEXTURES : LÉGER ET RICHE, CROUSTILLANT ET TENDRE, ACIDE ET DOUX.

Poissonnier, Phnom Penh (p. 43)

Servis dans de grands plats à partager, les repas cambodgiens visent l'équilibre des saveurs et des textures : léger et riche, croustillant et tendre, acide et doux. Une bouchée de porc au caramel se suit d'une gorgée de soupe aigre, une tendre brochette de bœuf du croquant d'une salade de mangue verte. Les rois et reines de la cuisine khmère affirment qu'un bon repas nécessite une touche finale qui serait presque en trop, comme une cuillerée de sucre de palme supplémentaire, ou l'acidité d'un légume mariné. Souvent faits de radis daïkon, de carotte ou de concombre baignés dans un mélange d'eau sucrée et de vinaigre, ces légumes marinés se dégustent avec du *bai sach j'ruuk* (porc grillé et riz) au petit-déjeuner. Les *jrouk spey* se préparent dans une saumure bouillante, préservant le croquant de ces feuilles de moutarde ensuite servies avec du poisson grillé ou du poulet. Quant au citron vert confit, il ajoute zeste et saveur prononcée aux soupes de canard et de poulet. Glanés dans les rizières, les petits crabes d'eau douce sont aromatisés de galanga, basilic sacré, piment, ail, feuilles de combava, jus de citron vert et de beaucoup de sel. Ces *k'daam prai*, ou crabes salés, égayent à merveille les salades de mangue ou de papaye, mais leur goût peut intimider les papilles de certains. Si vous avez l'estomac solide, tentez les palourdes séchées proposées par les vendeurs de rue comme petit en-cas.

Ces spécialités sont rarement proposées dans les restaurants destinés aux touristes : gardez donc l'œil ouvert en passant près de stands de cuisine de rue ou en explorant les campagnes. Si le reste du monde a appris à aimer le *kimchi* coréen, pourquoi pas le *prahoc* ?

L'HÉRITAGE FRANÇAIS AU CAMBODGE

Architecture coloniale et baguettes de pain restent omniprésentes, mais les vestiges du protectorat français s'effacent peu à peu.

DIFFICILE À PREMIÈRE VUE d'ignorer le passé colonial du Cambodge, qui demeura sous protectorat français de 1863 à 1953. C'est la France qui laissa son nom et ses frontières actuelles au pays, et des vestiges d'architecture coloniale subsistent partout, de la même manière qu'on vend des baguettes de pain à tous les coins de rue et du café dans tous les cafés. Lorsqu'on y regarde de plus près toutefois, les choses apparaissent un peu plus nuancée.

Beaucoup d'habitants utilisent le terme "Kampuchéa" pour désigner leur pays, un mot inspiré du sanskrit et remontant à l'époque du Funan, il y a quelque 2 000 ans. D'autres l'appellent Srok Khmer, ou "terre khmère". Il est également à noter que la domination française dura moins d'un siècle et que son impact sur le Cambodge fut globalement moindre que sur le Vietnam voisin, considéré par la métropole comme une colonie de plus grande importance. Tout en payant plus de taxes aux colonisateurs que les Vietnamiens, les Cambodgiens héritèrent d'infrastructures beaucoup moins développées au départ des Français. La liaison ferroviaire entre Phnom Penh et Sihanoukville, si populaire auprès des touristes, fut construite pour sa part après l'indépendance, tout comme le port de Sihanoukville, aujourd'hui le premier du pays. Si, fait incontestable, ce

Bureau de poste datant de la période française, Phnom Penh (p. 61)

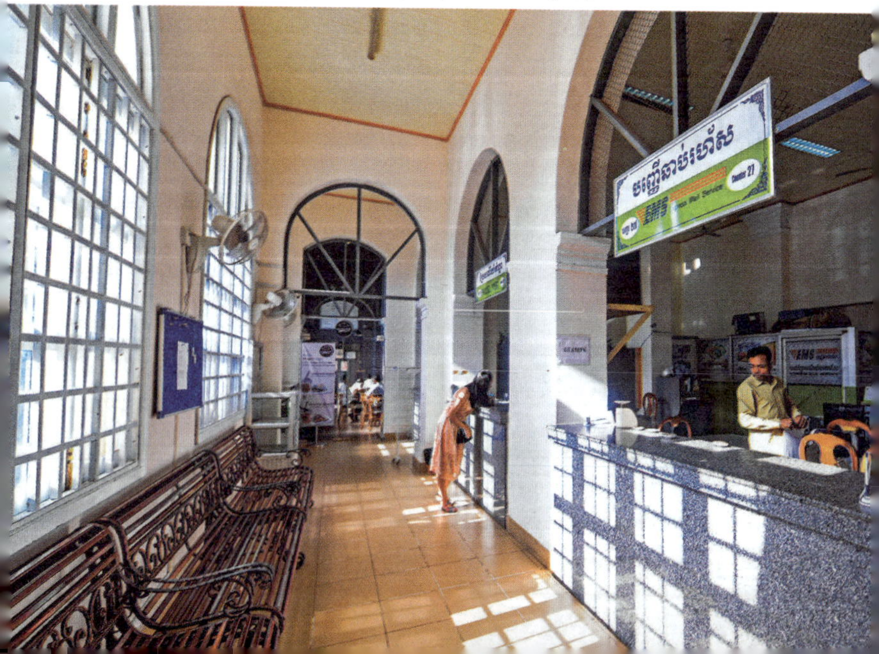

sont bien des archéologues français qui ont arraché Angkor Vat à la jungle au début du XXe siècle, le récit selon lequel la France aurait rendu par ce biais son histoire au Cambodge est désormais largement critiqué par les universitaires.

Pour le voyageur, le vestige le plus visible de la colonisation française dans le pays est bien l'architecture. Phnom Penh et Battambang, ainsi que dans une moindre mesure Kampot, Kep et Kratie, ont conservé nombre de demeures coloniales reconnaissables à leur toit rouge, leurs persiennes, leurs vastes pièces hautes de plafond et leurs balcons, mais aussi des édifices d'inspiration Art déco tels que le marché central de Phnom Penh et le vieux marché de Kampot. Certaines de ces demeures, élégamment restaurées, servent désormais d'hôtels, de banques ou de sièges d'entreprises. D'autres, en revanche, tombent en ruine. Au demeurant, rares sont les Khmers qui choisissent de vivre dans ces édifices ; en raison de leur coût élevé bien sûr, mais aussi parce qu'ils préfèrent généralement opter pour un logement plus moderne – une tendance qui s'observe dans toute l'Asie du Sud-Est.

POUR LE VOYAGEUR, LE VESTIGE LE PLUS VISIBLE DE LA COLONISATION FRANÇAISE DANS LE PAYS EST BIEN L'ARCHITECTURE.

La langue française, elle, a disparu plus rapidement que les édifices coloniaux. On aperçoit encore ici ou là des enseignes à demi effacées en khmer et en français sur des bâtiments officiels, mais peu de Cambodgiens parlent ou apprennent le français. Dans les années 1970, les Khmers rouges ont massacré de nombreux francophones, bien que beaucoup de dirigeants aient eux-mêmes étudié dans des universités parisiennes ; l'usage du français n'a cessé de décliner depuis. D'après un rapport de 2022 de l'Organisation internationale de la francophonie, seuls 2,7% de la population parlent français. L'anglais et le mandarin sont désormais considérés comme plus utiles.

Dans le pays, la période coloniale fait rarement l'objet de discussions, d'autant que l'étude de l'histoire n'est pas une priorité dans les écoles et les universités ; de nombreuses universités privées ne proposent pas de cours de cette matière jugée peu utile pour trouver un emploi.

Aujourd'hui, 500 000 Cambodgiens vivraient en France, principalement à Paris et à Lyon, mais les relations entre les deux pays se sont distendues, notamment depuis le rapprochement opéré par le Premier ministre Hun Sen avec la Chine.

Pour tout dire, vous remarquerez vite que la période coloniale suscite à présent majoritairement l'indifférence dans le pays, tout en assistant bien à quelques parties de pétanque lors de votre séjour– un autre héritage de la France.

Banque nationale du Cambodge, Battambang (p. 248)

À GAUCHE : KIKUJUN3BOY CC/SHUTTERSTOCK © À DROITE : BTWIMAGES/SHUTTERSTOCK ©

Femme vendant du poisson sur un marché
RAWPIXEL.COM/SHUTTERSTOCK ©

LES FEMMES DANS LE CAMBODGE D'AUJOURD'HUI

Si les valeurs traditionnelles restent profondément ancrées au Cambodge, une nouvelle génération de femmes n'en affirme pas moins sa voix. Par Madévi Dailly.

INCONTESTABLEMENT, la tradition conserve une place solide dans la société cambodgienne. Dans ce cadre ancestral, la place des mères, filles et épouses est au sein du foyer. Les attentes que la société fait porter sur leurs épaules sont lourdes : la femme cambodgienne idéale se doit d'être humble, chaste, souriante et douce – l'incarnation vivante des apsaras, ces figures angéliques représentées par les sculptures d'Angkor. Cette représentation de la féminité se perpétue depuis des siècles à travers le Chbab Srey, sorte de code de conduite destiné aux filles et aux femmes aujourd'hui controversé (il en existe une version masculine, le Chbab Pros, dont le contenu est évidemment tout autre). Longtemps transmis à l'oral, ces conseils d'une mère à sa fille sur le point de se marier prônent la soumission, le respect du mari, la discrétion (marcher sans faire bruire sa jupe) et le maintien de la paix du foyer. Transformé en un recueil de poèmes didactiques au XIXe siècle sous l'égide du roi Ang Duong, le Chbab Srey fut enseigné dans les écoles avant d'en être retiré en 2007 – signe d'une évolution des mentalités.

Sous cette apparence patriarcale, la réalité est toutefois plus nuancée. Les femmes ont obtenu le droit de vote dès 1955, peu après la fin de la colonisation française. Au cours des 15 ans qui suivirent, le Sangkum Reastr Niyum de Norodom Sihanouk (mouvement socialiste à la fois royaliste et bouddhiste, qui prônait aussi bien l'égalité sociale que les valeurs traditionnelles) apporta beaucoup d'améliorations à la condition des femmes.

Le nombre de filles suivant un enseignement primaire et secondaire ne cessa d'augmenter dans les années 1960, en accord avec la vision d'un Cambodge moderne, "Perle de l'Asie", défendue par Sihanouk. Une tendance qui gagna en popularité, particulièrement dans les villes, où le travail dans des bureaux modernes et la diffusion de la culture occidentale amenèrent aussi une mode nouvelle : celle des cheveux bouffants et des jupes courtes. Sous l'influence du rock et de la soul venus d'Occident, un nouveau style de musique pop émergea dans les années 1960 et 1970, offrant à toute une génération de femmes un autre moyen de

s'exprimer. La chanteuse Pen Ran, par exemple, s'amusait à défier les conventions de son temps avec ses chorégraphies osées et ses paroles libérées qui offraient une vision nouvelle de la sexualité féminine. On peut notamment traduire certains de ses titres par "Il n'y a pas de quoi avoir honte" ou "C'est trop tard, mon vieux".

Le régime des Khmers rouges mit un coup d'arrêt tragique à l'émancipation des femmes. Malgré des principes affichés d'égalité des sexes, les tentatives d'effacement de toute influence occidentale entraînèrent l'exécution de figures culturelles, dont Pen Ran, d'autres chanteuses de musique populaire et des danseuses de ballet. Les mariages forcés furent institués comme méthode brutale d'augmentation de la population et de contrôle de la vie des citoyens. La violence domestique et sexuelle fut utilisée comme outil de pouvoir par le régime. La conséquence de tout ceci fut un vaste traumatisme, largement tu et peu traité, dont les effets – problèmes de santé mentale, d'addiction, de marginalisation – se font encore sentir sur des générations de femmes.

Les inégalités entre hommes et femmes persistent dans le Cambodge d'aujourd'hui. Après la guerre, de nombreuses femmes ont repris le travail (85% des 800 000 travailleurs de l'industrie textile sont des femmes), mais rares sont celles qui ont accédé à des postes à responsabilité. Toutefois, comme dans beaucoup de pays d'Asie du Sud-Est, les femmes ont gagné une place primordiale au sein de la famille, loin de l'idéal de soumission prôné par le Chbab Srey. Elles héritent et gèrent la maison, y compris les finances – qu'il s'agisse de dépenses quotidiennes ou d'investissements –, gagnant en respectabilité en même temps qu'en expérience avec l'âge – un modèle aux contours matriarcaux sous certains aspects. L'égalité des droits, le droit à l'éducation et au congé maternité sont inscrits dans la Constitution depuis 1993, mais la route est encore longue pour améliorer la condition des femmes, en particulier dans les campagnes, où les normes culturelles restent très traditionnelles.

Créé dans les années 1990, le ministère des Affaires féminines a mis en place une série de plans quinquennaux visant à améliorer les opportunités économiques, l'accès à l'éducation et à la santé pour les femmes. Nommés Neary Rattanak ("les femmes sont des pierres précieuses", en réaction au proverbe khmer "les hommes sont d'or, les femmes ne sont que des morceaux de tissu blanc"), ces plans continuent à battre en brèche le sexisme persistant. Le recensement de 2019 a révélé une nette progression de l'alphabétisation, mais aussi un écart grandissant entre les hommes (91,1%) et les femmes (86,2%) ; les taux d'inscription à l'école sont similaires pour les deux sexes, le taux d'abandon plus élevé pour les garçons. Grâce à une meilleure prise en charge des mères et des nourrissons, les taux de mortalité maternelle et infantile ont beaucoup diminué. Des programmes gouvernementaux dans le cadre du Fonds national de sécurité sociale permettent aux travailleuses vulnérables de l'industrie textile de bénéficier d'un congé maternité, tandis que les programmes d'alphabétisation dans les usines mis en œuvre par l'Unesco ont pour but de favoriser l'accès des travailleurs à leurs droits fondamentaux.

Mais le changement est lent. Les violences domestiques, l'exploitation sexuelle des mineures et la traite sont toujours de véritables fléaux ; les victimes de violences sexuelles peinent à se réintégrer dans une société où sont bien ancrées des croyances les représentant comme impures. De nombreuses femmes prennent leur destin en main, comme la militante pour les droits LGBTQI+ Chhoeung Rachana, la militante pour les droits à la terre Tep Vanny ou la très médiatique experte en relations de couple DJ Nana. Sur la scène politique, les femmes restent très minoritaires ; elles représentent 21% des parlementaires et doivent s'affirmer dans un contexte général de corruption, de répression de l'opposition et de préjugés culturels. Mu Sochua, ancienne ministre nommée pour le prix Nobel de la paix pour son travail contre le trafic sexuel des femmes, a dû quitter le pays en 2017 pour échapper à des représailles. Aujourd'hui, on ne peut que souhaiter des avancées notables à la nouvelle génération de Cambodgiennes qui, encouragées par une meilleure éducation, de nouveaux espoirs et l'accès aux réseaux sociaux, continuent à lutter pour faire entendre leur voix.

L'ENVIRONNEMENT AU CAMBODGE

Le militantisme écologique prend de l'ampleur, tandis que le Cambodge est confronté à des défis environnementaux de taille.

LE CAMBODGE RECOUVRE UNE surface de 181 035 km², soit l'équivalent d'un peu plus de la moitié du Vietnam, ou d'un tiers de la France métropolitaine. Deux éléments géographiques notables sculptent son paysage : le fleuve Mékong, qui traverse le Cambodge de la frontière laotienne au nord à la frontière vietnamienne au sud, et le Tonlé Sap, le plus grand lac d'eau douce de toute l'Asie du Sud-Est.

Les sédiments déposés par le Mékong durant la saison des pluies (juin à octobre) rendent le Cambodge central particulièrement fertile. Ce n'est pas un hasard si la majorité de la population vit dans cette région. Au nord-ouest, le Tonlé Sap foisonne de poissons de toutes sortes, et la moitié des Cambodgiens dépendent de ce lac pour s'alimenter et irriguer leurs champs.

Près de 45% du pays est tapissé de forêts, surtout dans le sud-ouest montagneux et à l'est. Ces régions abritent la majorité des animaux sauvages du Cambodge, dont certaines espèces rares et menacées comme l'éléphant d'Asie, la panthère nébuleuse, le dauphin de l'Irrawaddy (un dauphin d'eau douce), le crocodile du Siam, l'ours malais et le pangolin. D'autres espèces, comme le tigre ou le kouprey, bovidé sauvage qui fut l'animal national du Cambodge dans les années 1960, ont aujourd'hui quasiment disparu. Nul ne les a aperçues dans la nature depuis des décennies.

Si une partie non négligeable du pays reste peu explorée, notamment dans la chaîne des Cardamomes ou les plaines et forêts du Nord-Est, la biodiversité du Cambodge "connu" est déjà très impressionnante. Le pays recense 666 espèces d'oiseaux, dont le rare ibis géant et le grébifoulque d'Asie. On y trouve aussi une grande variété d'insectes et de reptiles, et, selon les estimations de Fauna & Flora International, au moins 8 260 espèces végétales.

La vie aquatique est tout aussi abondante au large des 435 km de côtes du Cambodge, dans ses mangroves, et autour de sa soixantaine d'îles souvent parées de récifs coralliens. Ces derniers sont un bel exemple de réussite environnementale : 70 espèces de coraux y ont été repérées, et les récifs sont bien plus sains que bon nombre de ceux de la Thaïlande voisine.

Cet effort de conservation n'est malheureusement pas le même sur le continent, où la nature est menacée par la déforestation et le nombre croissant de barrages construits sur le Mékong. Pour le gouvernement, la croissance économique prime avant tout, et un développement

Mangrove, parc national de Ream (p. 233)

DONYANEDOMAM/GETTY IMAGES ©

sauvage ronge le pays. Les autorités centrales comme locales semblent pour le moment déterminées à ignorer les militants écologistes du pays, de plus en plus nombreux, qui s'efforcent de préserver les splendeurs naturelles du royaume.

La déforestation est la préoccupation la plus pressante pour le Cambodge, avec en cause l'exploitation forestière illégale et le défrichage des terres au profit de l'agriculture industrielle. Malgré la protection offerte aux parcs nationaux, sanctuaires naturels et réserves animales, une surface forestière considérable disparaît chaque année. Global Forest Watch estime que 26% des forêts du pays (soit 26 400 km^2) ont disparu entre 2000 et 2020. Selon un rapport de l'Université du Maryland publié en mai 2022, le Cambodge a perdu 1,5% de sa couverture forestière en 2021, la plus grande perte proportionnelle sur un an enregistrée dans le monde entier à l'échelle d'un pays.

L'impact du déboisement est dévastateur : la perte d'habitat est la plus grande menace qui pèse sur la faune, mais elle peut aussi gravement nuire aux habitants des régions concernées, entraînant inondations et appauvrissement des sols, alors qu'une grande partie des Cambodgiens vivant en campagne dépendent des forêts pour se nourrir et se chauffer. Les régions les plus affectées par la déforestation abritent la majorité des communautés autochtones du pays, pour qui les forêts sont aussi essentielles d'un point de vue culturel et spirituel.

L'apparition de barrages sur le Mékong est aussi une menace grandissante pour l'environnement. Le Cambodge en a plusieurs, la Chine en a récemment construit huit en amont du fleuve, avec d'autres en projet, et le Laos a démarré la construction de deux barrages controversés. Selon un rapport de la Mekong River Commission, tous ces barrages altèrent grandement le cours du fleuve au Cambodge. Ils affectent aussi les sédiments déposés par le Mékong, qui fertilisent les terres, et l'écoulement des eaux vers le Tonlé Sap, lac dont les poissons représentent 70% des protéines consommées par les Cambodgiens.

Dans le nord du Cambodge, les pêcheurs du Mékong disent attraper près de la moitié moins de poissons aujourd'hui qu'il y a cinq ans. En 2020, le gouvernement a décidé de proscrire la construction de barrages sur le Mékong pendant 10 ans. Cependant, deux ans plus tard, un conglomérat cambodgien fut autorisé à lancer une étude de faisabilité pour un barrage colossal au nord de Stung Treng, sur l'un des tronçons les plus sauvages et reculés du fleuve.

Les écologistes du Cambodge font face non seulement au laxisme face aux infractions environnementales, mais aussi à l'indifférence des autorités. En 2021, le Premier ministre Hun Sen a prétendu que la déforestation était causée par les pauvres coupant des arbres pour construire leurs maisons ou comme combustible, comme si cela pouvait expliquer la perte de plus de 25 000 km^2 de forêts en deux décennies.

Parallèlement, le gouvernement a intensifié sa pression sur les militants écologistes. Trois jeunes membres de l'ONG Mother Nature Cambodia ont été condamnés pour terrorisme en 2021. Leur crime : avoir révélé que des eaux usées non traitées étaient déversées dans la rivière Tonlé Sap, non loin du Palais royal de Phnom Penh. À travers le Cambodge, les écologistes dénonçant les exploitations forestières illégales sont confrontés à des menaces, et parfois à de la violence

Un futur meilleur est cependant possible, les Cambodgiens étant de plus en plus sensibles à la cause environnementale. Les projets d'écotourisme des Cardamomes méridionales voient toujours davantage de Cambodgiens en visite venir à eux, et les communautés affectées par le déboisement illégal surveillent leurs forêts avec attention. Mais tant que le gouvernement ne s'engagera pas réellement à protéger les ressources naturelles du pays, le Cambodge continuera de subir les terribles conséquences de sa négligence.

INDEX

Cartes **000**

N

O

P

LES GUIDES LONELY PLANET

Une vieille voiture déglinguée, quelques dollars en poche et le goût de l'aventure, c'est tout ce dont Tony et Maureen Wheeler eurent besoin pour réaliser, en 1972, le voyage d'une vie : rallier l'Australie par voie terrestre via l'Europe et l'Asie. De retour après un périple harassant de plusieurs mois, et forts de cette expérience formatrice, ils rédigèrent sur un coin de table leur premier guide, *Across Asia on the Cheap*, qui se vendit à 1 500 exemplaires en l'espace d'une semaine. Ainsi naquit Lonely Planet, dont les guides sont aujourd'hui traduits dans le monde entier.

À PROPOS DE CET POUVRAGE

Cette 13e édition française du guide *Cambodge* est la traduction-adaptation de la 13e édition du guide *Cambodia* (en anglais), actualisée et rédigée par Nick Ray, Madévi Dailly et David Eimer.

Traduction Yann Champion, Servane Heudiard, Margaux Montagner, Jeanne Robert et Pauline Tardieu

Direction éditoriale Dominique Bovet

Responsable prépresse Jean-Noël Doan

Adaptation française Carole Huon

Maquette Christian Deloye

Cartographie Cartes adaptées en français par Caro Sahanouk

Couverture Adaptée en français par Laurent Briard

Merci à Camille Batschelet pour la préparation du manuscrit et des carnets d'adresses, et à Vahagn Terzian pour son travail de référencement, à Angélique Adagio et Jean-Victor Rebuffet pour leur précieux travail sur le texte, et à Marjorie Bensaada pour sa relecture attentive. Merci à Stéphanie Rian à Paris. Enfin, merci à Luan Angel, Kim Else et Nigel Longuet à Londres, et à Jean-Pierre Masclef à Melbourne.

Cambodge

13e édition
Traduit et adapté de l'ouvrage *Cambodia, 13th edition*

92 avenue de France - 75013 Paris

Dépôt légal Septembre 2023
ISBN 978-2-38492-230-7

Imprimé par Pollina, Luçon, France - 49588
Réimpression 02, avril 2024

En Voyage Éditions | un département édi8